MALAYSIA

An Equatorial Nation of Co-existing Multiplicities

馬來西亞

多元共生的赤道國度

廖文輝　編著

編輯前言

South——南方視點的跨國人文書房

高嘉謙（台灣大學中文系副教授）

南方，對於台灣，從來不僅僅是一個地理方位的辨識。它有自身的歷史和地緣政治脈絡。尤其從東亞—東南亞的地緣政治，以及閩粵移民大遷徙的角度而言，以南海為核心的海上絲路與朝貢貿易，向來是理解中國境外南方的重要起點。在十六世紀末，福建商人、漁民開始在台灣西海岸水域活動，漢人移民與海上貿易的開拓，凸顯台灣在中國大陸南方以南的島嶼位置。而西方帝國勢力東渡，在殖民東南亞後，為鞏固和拓展殖民地的布局與貿易經營，由南往北，覬覦台灣在海洋貿易的戰略位置。荷蘭人在南台灣建立熱遮蘭城，西班牙佔領北台灣淡水，標誌了西方殖民勢力，取道南方，直接將台灣置入龐大的貿易網絡。明鄭時代，鄭成功在台灣的抗清勢力，多方經營從日本長崎、福建、台灣與南洋各處的帆船貿易，正式開啟了南海世界對台灣的意義。海洋台灣，因此有一個顯著的南方視野。到了日本殖民後期，台灣甚至成為日本大東亞侵略戰爭的南進基地，連帶捲入了區域戰爭。戰後的台灣文學和歷史紀錄，清晰可見跟熱帶南方牽連的歷史創傷和記憶。以上種種，指陳了歷史台灣的南方視點。航路強調了移動，而知識視野的建立，也必然在播遷與傳釋過程找出其立基點。我們著眼南方，旨在強調台灣自身不能忽視的知識脈絡。

放眼二十一世紀，現代漢語是亞洲地區的主流與強勢語言。相對於中國大陸，台灣是最密集使用現代漢語的地區。本書系有二個重點。一是關注南方知識與文化的華語生產，以及不同語種的南方知識在華語世界的出版。二是文化傳釋，認識和探索台灣建構南方知識視域的必要性，關注台灣與南方世界在知識、文學、文化傳播、詮釋的種種可能。

近年「全球華語」概念的興起，乃著眼現代漢語的異質性，強調從語言學與文化生產的脈絡，觀察華語文化與文學文本在不同語境的在地化實踐，進而觀察各地漢語生態環境、華人認同與文化創造。而在「南向」的思維裡，我們擴大解釋「全球華語」的概念，挪用為一種華語界面的知識傳釋和轉譯。我們回顧華人移民史，兼及當代華人離散跨境現象，以及東南亞各語族的文明與文化脈絡，如何透過華語書寫與翻譯的可能，建立其華語世界的南方知識視域。舉例而言，新加坡、馬來西亞是一個漢語方言、華語，以及英語、馬來語、淡米爾語等不同族裔的語言多樣性環境，遂產生了迥異於東亞世界（台灣與中國）的漢語腔調和語用習慣，卻又直接或間接吸收東亞華語世界的養分。此外，台灣對新馬地區的華語傳播更有其歷史脈絡。從一九五〇年代以降，台灣大專院校經由僑教與外籍生政策，長期招收東南亞的僑生和外籍生，從大學部到碩、博士班，迄今「留台人」數量已相當可觀。無論從學術生產、文學創作、影視傳播、流行文化等不同領域，台灣對新馬兩地已播下了無數文化種子，締造了不同層面和意義的華語生產及想像。因而關注東南亞各地的華語知識、文化與文學書寫的呈現，同時將東南亞在地知識透過華語界面的轉譯，建立華語世界的南方想像與接觸，顯得重要與必要。

文化傳釋，涵涉思想、著作、現象、語言等文化內涵，如何在台灣與東南亞各國間的傳播，締造知識的連結與文化的交織？我們強調傳釋或轉譯，著眼這些思想、現象、語言、文化等如何在台灣與東南亞各地（國）與地方知識互動。經由出版，我們藉助兩地能動者（agent）的理解與詮釋，在華語世界建立新的知識平台，打開台灣認識南方的門戶，這是轉化後的南方知識，或可名之為「在地化的南洋論述」。

因此，我們所強調的「跨國人文書房」既是展示各種文化、社會歷史思潮的對話和交流形式，又是彼此碰撞火花，交融辯證、相互理解的公共領域。書的編輯與出版，帶動的是學術思潮的傳播和撞擊、文化人與知識人的合作、文學與文化作品的翻譯，以及南方知識的系統引介和編纂。在此基礎上，我們著眼的「新南向」，箇中的「新」，是轉向南方，謀求在地知識。South，是南方、南向、南望、南遷，面向南方的知識起點。我們播撒知識、文化與文學的種子，尋找沃土，在台灣和華語世界謀求文化扎根的最大可能。

本書系得以成立，必須感謝科技部鄭毓瑜司長的支持，科技部「南向華語與文化傳釋」計畫的支援。最重要的，還是聯經胡金倫總編輯的大力促成，替聯經的知識版圖開啟了新的視窗。

推薦序一

彌補單一史觀　平實且均衡的馬來西亞史

陳劍虹（馬來西亞資深學者）

在文化亂象叢生，歷史敘事受扭曲，歷史教學被操控的今天，廖文輝博士《馬來西亞》新著的出版，是可喜的好事，我們鼓掌為它慶賀。

馬來亞通史的具體撰述，以一九二五年米爾斯（L.A. Mills）的《英屬馬來亞》（*British Malaya, 1824–1867*）為淵藪。它和一九三五年溫斯德（R. O. Winstedt）的《馬來西亞史》（*A History of Malaya*）是這一領域的經典之作。它們以官方檔案為治史資料，以西方觀點為參照系統，是學人建構殖民知識的重要著作。這兩部書分別在一九六〇年代初期，修訂問世，再領風騷，是大學歷史系師生的必讀書，影響深遠。

馬來亞獨立後，一場歷史大辯論在新加坡的馬來亞大學蔓延開來。受到印度歷史學者

Nilankanda Shastri 和 K. M. Panikkar 影響的歷史學家，積極提倡以馬來亞本位書寫馬來亞史。歷史系主任特烈岡寧（K. G. Tregonning）即根據他的榮譽班授課講義，在一九六四年出版 *A History of Modern Malaya*，對馬來亞社會歷史演變中的每一個元素都給予相應的重要闡述。

馬來西亞成立在即，新加坡廣播局臚列之前新加坡和吉隆坡兩地馬來亞大學歷史系老師所播出的演講稿，編輯刊印 *History of the Malaysian States* 作為通識教育讀物。一九六六年，在英國的巴斯汀（John Bastin）和 R. W. Winks 接受牛津大學出版社的邀請，以傳統殖民史觀的條目處理手法，編輯眾多馬來亞歷史名著和論文的摘錄，推出《馬來西亞歷史文件選讀》（*Malaysia: Selected Historical Readings*）。

馬來亞通史的第二道寫作動力，來自教育部歷史教學大綱在一九五九年的重大改變。從一九六〇年開始，馬來亞歷史成為劍橋文憑和馬來亞聯合邦教育文憑共同考試的其中一項選擇。辛格傑西（Joginder Singh）一九六三年的《馬來亞史（一四〇〇年－一九五九年）》（*History of Malaya, 1400–1959*）成為第一本在地歷史老師纂寫的暢銷教科書。

馬來亞通史的第三道編寫源泉則是民事公務員的參考讀物，與英文師範學院的歷史教學教材。它造就了一九五七年陶德甫（G. P. Dartford）的 *A Short History of Malaya* 和 F. J. Moorhead 的 *History of Malaya and Her Neighbours*，還有之後甘迺迪（J. Kennedy）的《馬來亞史》（*History of Malaya, 1400–1959*）。

這期間的中文著作，就是大家所熟悉，由許雲樵翻譯的《馬來亞史》和鍾敏璋的《馬來亞歷史》，以華文師訓學院的師生和在職教師為讀者群。另有趙世洵的《馬來亞建國史》，則是一般性的讀物。

這一時期的通史著作，皆以濃郁的政治敘事和淺淡的經濟說明為撰述內容，歐洲本位的架構十分明顯，是一九七〇年代初，兩次馬來西亞歷史會議中備受批判的對象。Zainal Abidin bin Abd. Wahid 主編的 *Glimpses of Malaysian History*，即以當代歷史學家的新本位和新觀點，對石器時代到獨立的馬來亞，作包容性的歷史敘事和分析。之後各級的歷史教學趨勢，即逐漸傾向以馬六甲王朝為馬來西亞史的開端，以馬來社會文化制度為背景，以馬來民族歷史人物為主角。一九七八年的中學歷史課程綱要，和歷史課本的編撰，均充分反映馬來中心主義對通史內容的莫大影響。後來成為專書的 *Malaysia: Warisan dan Perkembangan*，即代表這一學人群體的史觀和史識。

馬來西亞的歷史教學和內容，在一九九八年和二〇一三年兩次遭遇前所未有的大顛覆。在宣導愛國思想教育的命題底下，中學的統一課程綱要和統一課本直接大轉彎，馬來西亞史幾乎成為伊斯蘭文明和馬來民族發展史的載體，是中四和中五的必修科目，以及中五 SPM 官方考試必須及格的科目。至此，歷史已經淪為馬來本位思想意識的塑造，狹隘政治說教的仲介，與政權合法化的工具，失去自身的本體性。

在這樣錯配的時空下，文輝的《馬來西亞》，不失為一部平實、均衡、詳盡又完備的通史著作，是對當今掌握歷史話語權者的適度反應。不像 Mohammed Amin 與 Malcolm Caldwell 合編的 *Malaya: The Making of A Neo-Colony*，或 Azlan Tajuddin 獨力完成的 *Malaya in the World Economy, 1824–2011* 般，具有強烈的思想性和理論性，它的章節架構仍然是傳統的，沒有特別驚喜的設計，只是沿襲馬來西亞的歷史發展軌跡逐一開展，從遠古石器時代先民的原始活動，到當代馬來西亞二〇〇八年的國會大選，貫穿古今，兼及東西馬，詳略論述考古新發現、各分期的歷史事件和歷史人物。

文輝具有三語的學力優勢，又浸染馬來西亞史學史多年，因而得以博覽群書，廣採眾說，努力編著此書。我觀察到在歷史敘事中，他所引用的中、英、巫文資料和闡述，多是現有的第二手出版物。宏觀的通史是由微觀歷史蓋搭組建而成，而其部件只能從論文中汲取。

文輝在選題上也費了一定的心思，雖非新穎，但層次清晰，避免爭論性議題的纏繞，諸如近期沸沸揚揚的馬來亞是否是英國直接統治的殖民地等問題。最後一章的〈馬來傳統文化〉在章節構思和編排上雖有些突兀，卻是其他同類著作所欠缺，對了解族群最為龐大的馬來民族文化景觀和文化心理有相當的幫助。附錄討論大馬英雄的原則和標準，也頗有見地。

整體而言，這是一本融集現實性和指向性的學術著作，體系完整、結構縝密，論述穩健、語言樸實，綜述馬來西亞上下幾千年的歷史，並且以文化融和、政治角力、經濟動力和民族團結的視角，看待祖國歷史發展的變與常。

文輝篤實勤敏，是新一代歷史工作隊伍佼佼者，大家對他都寄予厚望。我信筆寫來，拉雜談說，就算是一個長期從事國中和大專院校歷史教研的離休者的心裡話吧。

推薦序二

我們都需要一本馬來西亞史

阿潑（轉角國際專欄作家）

在我踏上馬來西亞土地前，對這個國家的認識相當貧乏——不是錫，就是橡膠——這當然是中學教育所致，除了考試該填入的答案，像我這樣的台灣孩子對這個世界的一切都難以產生記憶。但或許，我的認識沒有我想像中少，例如我知道半島旁是馬六甲海峽，還有個城市馬六甲，不消說，這是「鄭和下西洋」這一課的重點，但除了明朝的海洋出使威望與商業交流外，似乎就沒有更多可以說的了。

因此，當我進大學第一天，赫然發現我有兩個馬來西亞室友（同學）時，便很心虛且慌亂，再努力扒光腦袋，都找不到「錫礦橡膠馬六甲」之外的招呼語來裝熟，反倒弄巧成拙地彰顯了自己的無知：「為什麼你們會說中文？為什麼你們會講廣東話？」

同學只是淺淺笑一笑，以不甚流利的普通話解釋：「因為我們是華人。」「喔。」我腦袋裡裝了大概八百五十個問題，很想發問，例如：馬來西亞是什麼樣的國家，為什麼來台灣上學？「你們住在叢林裡嗎？」（必須要解釋，我從中學就看張貴興小說，對馬來西亞的想像不免跟著「扭曲」）但四年過去，沒有一個問題得到答案，因為我沒有真正發問，我的同學也是自自然然地接受這些外地來的學生，沒有太多好奇。

然而，很多年後，一個馬華學妹抱怨台灣人對他們的認識，建立在某些荒謬的想像上：「是不是住在樹上？」「會不會騎大象上學？」「你們有冰箱嗎？」這時我已經去過數次馬來西亞，於是跟著義憤填膺：「台灣人真的對東南亞太無知太歧視了。」罵完後旋即想起過去困於教科書建構的世界裡的自己，不也如此？

我對馬來西亞的認識，是透過踏上那片土地，一點一點建構出來的。那時，除了馬華作家的小說，沒有什麼中文出版可以幫助我認識異地，我只能靠自己的舌頭、雙腳來畫出輪廓，爾後我才知道，在這裡能隨意地嚐到類似家鄉的滋味，可以輕易聽到普通話、粵語，甚至閩南語。也在一次又一次前往之後，發現各個城鎮大異其趣，展現不同文化風情，在吉隆坡看到高樓，但在馬六甲進出，又彷若看到粉色的「鹿港」（我個人的感覺），搭著火車穿過柔佛海峽到了新加坡，飛到婆羅洲沿著拉讓江與伊班共舞……馬來西亞種族多元文化不同、語言繽紛，怎麼想都不是一個樣子可以框定的，更別說東馬根本不認同西馬主張的「獨立紀念日」，甚至他們主張自己應該要獨立。

應該怎麼定義馬來西亞？這是我「認識」這個國家之後，繼生的問題。但我想，馬來西亞朋友或許也不太清楚答案。

說到底，在這個族群隔閡且有著歷史傷痕的土地成長，在不同教育系統、又受主流族群扭曲的歷史觀下學習，我猜測他們恐怕比台灣人還不了解自己，或者說，沒能有一個可以理解自身歷史的方法。

在這種情況下，馬來西亞歷史學者廖文輝的作品《馬來西亞》一出版，即大受歡迎——據他自己的說法，是因為教學所需，自然成書，正因如此，這本書的結構仍不脫歷史教科書樣貌，時序從遠而近，以通史形式敘明，字句嚴謹，不如西方學者、記者書寫東南亞時的古今穿梭、鮮活的對話場景。乍看沒什麼可讀性，但如果放在長期被馬來、伊斯蘭主義保持的歷史軸線上來看，這本華人執筆的歷史書較為開放且多元，沒有難以避免的華人中心——唯獨對於日本侵略、西方殖民還是帶著負面敘述。

因為，廖文輝老師在全書一開始即站穩立場：「如果要總結這幾千年馬來西亞歷史文化的發展特徵，一言以蔽之，為異文化異民族的應對與融合。從地質、氣候、國民到各種族與文化，無不受外來影響。」他採用學者許雲樵的觀點，認為馬來亞有來自「外來」的傳統，就算馬來亞或馬來這個名稱，也是外來的——這倒是真的，「馬來亞」其實是蘇門答臘巨港聖山附近的河流名，而將這當標誌的馬六甲王朝諸王認同祖先的家園讓它成為合法的根源，即使蘇門答臘現在屬於印尼。

即使我們清楚馬來文與印尼文相似性高，但看了這本書如何拆解馬來文的語詞出處——梵文、阿拉伯語、葡萄牙語等等，即可看出馬來文化，其實是在中印兩個文明體與東南亞各種勢力消長間，藉著商業貿易往來所揉捏而成。這應該是自然成形混合體，指向現在馬來西亞的色彩風貌。

讀這本《馬來西亞》跟讀其他東南亞史一樣，開始會在諸國諸邦的興起與衰敗之間迷路，最後到了殖民時期、第二次世界大戰，乃至獨立之後，才進入我們現在認知的主權國家。也就是我們帶著「國別史」的鞋子來尋一隻適合的腳，其實應該是反過來思考：我們現在閱讀的「馬來西亞」其實並不是一個有著具體輪廓與形狀的國家，應該是由這個國家為開始，引領我們去認識過去歷史的浩瀚、相互影響與往來的文化族群，在偌大的尺度中定位自己。反著看這本《馬來西亞》，就給了我這樣的感覺：馬來西亞像是周遭文化大河的匯流處。那為何馬來西亞朋友卻不知自己擁有什麼呢？

如果開放地閱讀歷史，或許，當我們對這國家產生問題時，就不會得到狹隘的答案。即使是「是否生活在叢林裡」這樣的問題。

台灣版序

二〇一七年，《馬來西亞史》出版後引起不少迴響，如此生硬的著述，在短短兩個月內即刻售罄，始料未及。不久後，再接再勵，第二刷也推出市場，同樣地在短期內斷市。同年十二月台灣聯經出版公司總編輯胡金倫聯繫我，表達出版繁體中文版的意願。二〇一八年一月，金倫兄微信告知《馬來西亞史》入選《亞洲週刊》十大好書（非小說類），欣喜之餘，難免戰戰兢兢，故此在台灣版排版之前，除了補充資料，也修訂了書稿中一些細部的訛誤，但增刪幅度微小。

金倫兄也建議我嘗試從交通史或海洋史的視角，進行一些補充。事實上，本書稿基本也是從這個視角切入書寫，故此我僅以注腳的方式，補充了一些馬來西亞與古代中國交往和相互影響的說明，如馬六甲王朝的六封華文國書、影響洪秀全的冊子和世界第一份華文報都在馬六甲印製、黃花崗起義是在檳榔嶼策劃等重大事件的發生。

最後，附錄的部分加入了一篇梳理一九四一年以前馬來西亞通史研究的文字，以補充陳劍虹老師序文中所沒有論及的，有關日據以前的馬來西亞通史的研究情況。

台灣版付梓在即，我補綴數語以為序。

自序

打從二〇〇三年在新紀元學院任教開始，就有撰寫《馬來西亞》的念頭，那是有見於自一九六一年許雲樵《馬來亞史》出版以來，從未再見中文書寫的《馬來亞史》，反觀英文的著述卻不斷湧現，而且水準極高。即便是中、台學界，也有相關的出版，陳鴻瑜教授的鴻篇鉅構《馬來西亞史》就是重要的著述之一，馬來西亞學界如果再不急起直追，那可是無地自容了。二〇〇四年九月二十七至三十日，筆者在《東方日報》連續四期發表〈馬來西亞歷史文化之總體發展趨勢〉一文，其實就是本書的總論，為著述方向定調。

光陰如梭，一晃眼數年過去，二〇一一年，我在學院以「馬來亞史」為名開了一門通識課給全校學生選修。由於備課之需，僅是準備綱要式的投影片，不如直接編寫完整的史著來得實際，除可成為教材，還能一了心願，並藉此向許雲樵致敬。二〇一一年七月開始動筆，並於二〇一二年九月完成約十五、六萬字的初稿。同時陳鴻瑜教授的《馬來西亞史》也出版了，篇章結構竟然大同小異，可謂異地同聲，覺得初稿同其著述相較，自愧不如，故此在接下來幾年的教學中不斷修正補充，有者甚至是大幅度修訂。期間好些友朋不斷鼓勵出版，但內心始終無法踏實，故此延宕至今始付梓。然而，考慮官方重構單元國史的意圖日益明顯，而小學歷史課本的偏頗和謬誤隨處可見，已達觸目驚心的地步。思前想後，如此氛圍，拙稿雖有不少不能盡如人意之處，但不失在官方史觀以外，提供另一不同的視角，故此不吝譾陋，先予付梓，容後再版修訂。

本書著述方向以多元為取向，這包括三大塊，首先是在三大族群之外，也特重原住民的歷史和貢獻，其次是論述範圍給東馬來西亞以足夠的關注和同等的論述，其三是政經社文各領域皆有所涵蓋，盡量全面。故此，本書有別於眼下一般馬來西亞史從馬六甲王朝為起點的書寫，以三章的篇幅從史前至印度化時期，期望能完整詳盡呈現馬來西亞早期豐富多元，兼且源遠流長的歷史文化。本書也特闢專章論述社會、經濟和文化的部分，並在政治史論述中出現的重要人物給予相應的介紹和評介，不以傳統政治史為論述主軸。馬來西亞現當代的發展，較廣為人知，也有很多相關的論述，其發展仍屬現在進行式，故此本書僅提綱挈領點出關鍵所在，不作詳述，而標題所示為全篇眼目，讀者諸君讀之，當能明瞭。

本書原是通史，此類文體向不為當今學界所重，認為不過是拾人牙慧，掇拾成書。內容主要擷取學界研究成果，兼採各家之長，加以匯集整理，但其中約三分之一的文字乃筆者多年的研習心得，尤其整體架構和書寫取角，確是筆者多年思考的成果。但全書本質上仍是一本編纂的教材，限於個人才識，當中多有疏漏錯誤之處，惟待識者教正。

最後，必須感謝陳劍虹老師審閱全書，提出許多修改意見，並撰寫序文，使本書生色不少。同時，董總課程局歷史組編輯何玉萬小姐詳細的校閱，將筆誤減至最少，提高本書品質，也是功不可沒。當然，是書得以付梓面世，文語控股董事經理劉慶輝先生承擔所有出版經費，還有從旁穿針引線的馬六甲督學劉榮禧先生，更是令筆者銘感五內。

謹以此書獻給所有熱愛這片國土的馬來西亞國民，是為序。

目次

導讀

誰的馬來西亞史？

張正（燦爛時光東南亞主題書店負責人）

那天晚上燦爛時光書店打烊拉下鐵捲門之後，二十歲談第一次戀愛的店員，擺桌分享她遇見渣男的慘烈經歷。眾人興致勃勃買齊飲料鹹酥雞，搬板凳圍坐聽講。

一段歷時兩個禮拜無疾而終的戀情，女主角講了一個多鐘頭。聽眾頻頻打斷，希望加快速度切入重點，女主角說不行呀不行這個細節很重要、那個配角也很重要，講得鉅細靡遺。

我年老力衰撐不住聽不完，先回家了。

關於說故事

如果認真追究起來，每個人、每件事，都可以從盤古開天闢地說起，談起因，談轉折，談因果關係，談後續影響。

無奈咱的時間有限，報導的篇幅有限，讀者的理解能力與精力興致有限，說故事的時候，必須找個深入淺出的起頭，必須忍痛刪減龐雜的細節，必須在平鋪直敘的間隙抖個包袱舉個例子，必須在總結眾多事件的異同時加以評析，還必須找個恰當的結尾。蠻難的。

如果一段兩個禮拜的戀情都得講一個多鐘頭，而且還僅僅是一面之詞，那麼，一個國家的歷史該講多久？又該以誰為主角來敘述？難上加難。

關於寫歷史

還記得大學時第一次讀到中國大陸出版的中國近代史。明明是同一段歷史，怎麼和過去學校教的完全不同？簡直如同一對分手後的怨偶各自解讀同一段感情。

歷史書寫標榜客觀，其實主觀得一塌糊塗。怎麼是忠誠、怎麼是背叛，到底是解放還是淪陷，端視站在哪個立場。即便只是按照年分貌似冷靜地記錄，也得嚴格篩選什麼該記錄、什麼不該記錄。否則在時間長流裡，每個人每個動作每次相遇都是歷史，那得用上多厚的筆記本才記得完？

所以，「一本書」所能收錄的歷史，即便再怎麼綜覽全局、面面俱到，往往仍僅是強者的觀點，就算不是強者，至少也是具表述能力者的觀點。同時為了顧及篇幅，勢必去頭去尾，鎖定類別，劃定時間或者空間的邊界，否則沒完沒了。例如「科技史」，只談科技。例如「斷代史」，以時間切割。例如「國別史」，則是以國家為敘述的範圍。

這本《馬來西亞》，終究也是層層考量下的產物。

作者以現有的馬來西亞國境為疆界，四平八穩地從地形氣候史前文明開始說起，引述了提及馬來世界的中國古籍，描寫了此地與各個古代霸權之間的愛恨情仇。

在談及立國於馬來半島的馬六甲王朝之後，算是切入正題，爾後依著時序，描述歷代馬來邦國與外部強權的更迭興替，直至今日。

我懷著盡信書不如無書的內心小劇場，囫圇吞棗但也一頁一頁老實讀完編輯寄給我的書稿。像是讀完了一部完整的歷史教科書，對於馬來西亞上下千年的歷史有了比較清楚的輪廓，也對以馬來西亞為圓心的東南亞與南亞古今國度，多了一些認識：

原來，以和善聞名的泰國人在當年如此鴨霸，三不五時逼迫馬來諸邦國稱臣進獻「金銀花」。原來，要不是英國和荷蘭私自劃海為界，否則同一個文化圈的馬來半島和蘇門答臘不會分屬兩國。原來，新加坡之所以加入馬來西亞又退出，作者認為是一種輾轉獨立的途徑。

由於作者是華人，我特別留意華人在書中的篇幅。作者在描述馬來西亞華人時，雖然用字遣詞稍帶感情，不過並沒有大書特書，整體而言不算太偏頗。

而我在讀完全書之後最大的疑問是，聽說這本書在馬來西亞大賣，賣到斷貨再版。一本歷史教科書，怎麼會變成暢銷書呢？

第二個疑問也與銷售有關：將這本書引進台灣，台灣的讀者會買單嗎？

關於馬來西亞史

上網找到作者廖文輝教授在《亞洲週刊》的專訪，文中提到這本「教科書」大賣的關鍵：它是「體制外」的教科書，大大不同於馬來西亞的官方歷史論述。

廖文輝在專訪中說，主流的馬來史觀肯定無法苟同他的論點，如「外來說、印度化的作用」等。這也正是廖文輝的寫作動機，因為他極不同意官方歷史教材的「馬來化和伊斯蘭教化的偏頗性」，「官方重構單元國史的意圖日益明顯，而小學歷史課本的偏頗和謬誤隨處可見，已達觸目驚心的地步」。他主張：「馬來西亞史教育應該是全民和多元的，不是單一偏頗，突出某個族群和宗教。」

歷史學者陳劍虹在為此書寫序時的指控更明白：「在倡導愛國思想教育的命題底下……馬來西亞史幾乎成為伊斯蘭文明和馬來民族發展史的載體。」

可惜我沒讀過官方版的馬來西亞史，無法具體比較兩者的差異。不過並不難想像。台灣讀者可以將官方版與廖文輝版的馬來西亞史，類比為所謂「藍媒」與「綠媒」對於同個政治事件但完全相反的報導，或者想想當年國民黨版與共產黨版的中國現代史，總是揀對自己有利的說。

回頭再讀一遍作者在書中首章開宗明義的這段話：「總結這幾千年馬來西亞歷史文化的發展特徵，一言以蔽之，為異文化異民族的應對與融合。」一開始，我雖然覺得這段話很有道理，但也質疑這不是廢話嗎？有哪一個國家民族能夠不受他人影響呢？但若考量到作者嚴詞批評的馬來西亞官方史觀，原本是「廢話」的這段話，就顯得格外醒目了。

馬來西亞與我

至於我的第二個疑問，想必出版方比我考慮得更多：這本書在台灣能賣嗎？台灣人關心馬來西亞的歷史嗎？

台灣人對於馬來西亞的認識，絕大部分來自馬來西亞華人，畢竟語言相通，文化相近。而且從學生時代，身邊總會出現一些來自馬來西亞的同學。

我和大學時代的馬來西亞同學不熟，熟的反倒是從書本上認識的溫瑞安這位馬來西亞天才作家，不過這並沒有讓我因此熟悉馬來西亞。那時，從社團裡翻到一本溫瑞安的詩集《將軍令》，他以古老的印刷與文白夾雜的詩詞，以朦朧的白衣女子與冷冽的劍氣豪情，打造了一幕無邊無際的浪漫哀傷古典武俠劇，讓年輕的我在睡不著覺的深夜，用毛筆沾墨汁，配著一盅竹葉青一字一字抄寫。

在讀暨南國際大學東南亞研究所的時候，我一度要以馬來西亞作為論文題目，在「國家研究」這個必修科目也選了馬來西亞，覺得馬來西亞的族群紛爭與台灣頗有類似，值得研究。不過進一步考慮現實狀況之後，決定放棄，主要是因為太多馬來西亞同學在台灣讀書了，我這個台灣人怎麼寫得過他們？光是從頭認識起馬來西亞，就是一個大工程。於是，馬來西亞再度被我略過。

二〇一五年開了燦爛時光書店之後，一年舉辦三百多場與東南亞相關的講座，當然少不了馬來西亞。但是，一般講座的觀眾絕大多數都是台灣人，唯獨以馬來西亞為主題的講座，來的大半都是馬來西亞同學。而一般台灣人聊到馬來西亞，甚至連「柔佛」還是「佛柔」都分不清。

馬來西亞似乎難以引起台灣人的興趣。為什麼？

可能是因為，馬來西亞缺乏泰國普吉島、印尼峇里島、菲律賓長灘島、柬埔寨吳哥窟、越南下龍灣這種知名景點。可能是因為，台灣人覺得馬來西亞蠻荒落後，無須理會。可能是因為，台灣人覺得馬來西亞人的中文腔調怪里怪氣，敬而遠之。可能是因為，台灣很多人都有馬來西亞親友，覺得對於馬來西亞已經夠了解。

上述理由當然都不充分也不理性，卻是真實的心理狀態。這本書能否殺出重圍？能否撩起台灣人對於馬來西亞歷史的興趣？我實在沒有信心，就靠來自馬來西亞的聯經出版公司總編輯胡金倫發功了。

馬來西亞與台灣

姑且不管銷售狀況，無論是馬來西亞歷史，或者這本《馬來西亞》出版的本身，其實都與台灣本地的歷史論述及爭議遙相呼應。

台灣和馬來西亞，都不是主流強勢文明的發源地，但也都沒能置身事外。在「現代」之前，兩地都有原住民，無奈都被晚到的漢人與馬來人驅至邊陲。台灣除了不像馬來西亞曾受印度與伊斯蘭文明影響之外，中國、日本、西歐列強，都在兩地留下深刻的痕跡。

不如這麼說，馬來西亞的歷史不只是馬來西亞的（就像台灣的歷史或中國的歷史，也絕不只是台灣的或中國的），而是每一個讀者都可以用來認識世界的切入點，讓你在時間軸上向過往回溯、向未來追問，在地圖版面上向內探索、向外開展。然後發現，看似各自獨立的歷史，其實彼此牽連、內外鑲嵌。雖然沒有人能讀完所有的歷史，但若多了解一點歷史，卻能夠讓我們自己更完整一點。

細細讀完古時馬來半島邦國與周邊強權的關係，當代馬來西亞之於「大馬來世界」（包括印尼、菲律賓、汶萊）的關係，以及西馬、東馬、新加坡分分合合的恩怨，最大的感觸是，國界雖然分割出不同的國家，但是割不斷界線內外相同的民族與文化，也無法將國界之內不同的民族與文化勉強統一。

一個國家的組成元素隨時在改變，這本歷史也只是當下的一家之見。聰明且慈悲的觀點，正是作者所謂：「總結這幾千年馬來西亞歷史文化的發展特徵，一言以蔽之，為異文化異民族的應對與融合。」而這段話，何嘗不應該套用在當前的台灣？

總論

馬來西亞歷史文化之總體發展趨勢

一

如果要總結這幾千年馬來西亞（Malaysia）歷史文化的發展特徵，一言以蔽之，為異文化異民族的應對與融和。這是因為馬來西亞的一切，從地質、氣候、國名到各種族與文化，無不受外來的影響。著名歷史學者許雲樵曾謂：「馬來亞史料的搜求須向外發展，並不足奇，因為馬來亞的，都有其『外來』的傳統——這也是她所以成為馬來亞的特徵。地質學家告訴我們，馬來亞的土地是七千萬年前，中國發生的『燕山運動』所造成，那是她受外來影響的開始。考古學家告訴我們，馬來亞的人種和史前文化，都是從亞洲大陸移植來的。氣象學家也告訴我們，馬來亞的氣候受季風所操縱，而季風卻是澳洲和中國兩地的高低氣壓中心輪流輻散和輻合的結果，從而影響到她的土產和人民經濟活動。最奇怪的，甚至連『馬來亞』或『馬來』這個名稱，也是外來的。」這樣的一個研究結果，在其他族裔學者中均得出大同小異的結論。

外來既表示新因素的進入，相對於本土而言即是一種挑戰。面對挑戰，本土文化就要有相應的回應。剛開始的接觸通常是痛苦、排斥和對抗，久之則為接收、吸納和融和。縱觀數千年來馬來半島的歷史文化發展，莫不循此模式演進和發展。外來元素的不斷加入，亦表示不斷豐富和多元本土文化，無形中形成一種百花齊放春滿園的格局。這樣的一種演進和發展格局，如洪潮般沛然莫之能禦，不是任何政治勢力或統治力量所能抵擋的。如今當權者的種種所為，莫不是對本國歷史文化演進發展大勢不明所以而產生的盲動和不自量力的螳臂當車之舉。無論當權者多麼努力的推行單元同化的政策，他們皆不能抹煞因為外來而形成的多元內涵，最後他們也勢必難逃從對抗到融和的發展模式。

二

馬六甲（Melaka）王朝是馬來西亞歷史上最光輝的篇章，她的影響反映在以下四件事情上。首先，馬來民族政權之確立。馬六甲王朝的成立，其最大貢獻厥為確立馬來民族在這塊土地上的主流地位，奠定了往後馬來民族的說話權。半島上各州的王室若不是系出馬六甲，也與馬六甲有難以分割的關係。其二，政治制度之確立。馬六甲王朝建國後所制定和採行的朝廷禮儀、典章制度、律法風俗，莫不成為往後各個馬來土邦的藍本，沿襲因循，只是略事增刪損益。其三，宗教文化的確立。馬六甲第五任蘇丹目扎法沙（Sultan Muzaffar Shah）在位時將伊斯蘭教定為國教。蘇丹目扎法沙此一國策，其功能無異於漢武帝之獨尊儒術，使伊斯蘭教從此在馬來半島定於一尊，成為主流文化，形成往後馬來民族即伊斯蘭教，伊斯蘭教即馬來民族，馬來民族與伊斯蘭教不分的局面。其四，版圖的確立。

惟其如此，有一點是吾人不能抹煞的，即馬六甲王朝的光輝是由外來多元文化所摶積而成的。首先，確立馬來民族政權的是來自蘇門答臘深受印度文化影響的巨港（Palembang）王子。而屬於馬來西亞第一大種族的馬來民族，是在十二世紀左右才開始大量移入。他們大多是從蘇門答臘的室利佛逝（Sri Vijaya）、米南加保（Minangkabau）、亞齊（Acheh）等國移來，而武吉斯人（Bugis）的移入，已是荷蘭殖民時期的事了。其二，在政治制度的確立上，也烙上了大量外來文化的影子。拜里米蘇拉（Parameswara）曾親蒞明朝學習中國朝廷之禮儀，現時馬來王室以黃色為主色，採用黃傘，皆是明朝制度的沿襲。

馬六甲典章制度的大致抵定是第三任統治者斯里馬哈拉加（Seri Maharaja）仿效室利佛逝的遺制而來。此外，馬六甲的四朝首相敦霹靂（Tun Perak）在任期間，採用許多印度的制度，使馬六甲的行政更有效率。其三，在宗教文化方面。伊斯蘭教的傳入是從阿拉伯途經波斯、印度、蘇門答臘，最後才進入馬來半島。在伊斯蘭教傳入以前，馬來半島主要信仰佛教或印度教，許多地區甚至仍處自然崇拜。由於馬六甲王朝極力推廣伊斯蘭教，使她獲得「小麥加」的美譽。在文化方面，馬來民族的舞蹈，皮影戲、建築、風俗等等莫不有印度、伊斯蘭教、米南加保等民族的影子。

無可否認，馬來半島在蘇丹目扎法沙定伊斯蘭教為國教以前，印度文化在馬來半島少說已有近十二或十三世紀的歷史。但是在印度文化成為主導文化的同時，伊斯蘭教也開始傳入馬來半島。已有學者考訂，早於八、九世紀時在吉打已有伊斯蘭教的蹤影，但伊斯蘭教在馬來半島活動，有文物佐證，並確實可考的年分為一三〇三年，這是因為登嘉樓（Terengganu）石碑的出土。可見伊斯蘭教從傳入到成為國教，至少花費數世紀來融和，始取代印度文化在馬來半島的影響力。即使在被欽定為國教的馬六甲王朝時代，印度文化仍有相當大的影響力，與伊斯蘭教時相衝突，這種情況一直持續到馬六甲王朝覆亡，兩者之間的衝突可說是馬六甲王朝滅亡的原因之一。在敦霹靂主政期間，他致力於調和兩者的關係，使其相配合而非相衝突，此一時期可說是馬六甲王朝的黃金時期，國勢一時無兩。可惜敦霹靂身後，兩者糾紛再起，最後引致葡萄牙的入侵而亡國。由此可見，伊印文化的相處如鳥之兩翼、車之兩輪，合則兩美，分則兩傷。兩者的和平相處成就了馬六甲王朝的偉大，敦霹靂在國史的地位由此可見。

三

馬六甲王朝除須面對伊印文化對抗的棘手問題，同時也得妥善處理其與土著之間的關係。第二任統治者伊斯干陀沙（Megat Iskandar Shah）為了調和雙方之間的關係，曾經迎娶土著公主。這是因為馬六甲王室是來自蘇門答臘巨港，相較於馬來半島的土著無疑是外來民族。這些土著長久盤踞沿海與內陸森林，握有龐大的海上優勢，同時也掌控了一定的經濟力量。馬六甲王朝立國之初，國基未穩，和當地土著和睦共處，攜手建國，成為馬六甲王室的當務之急，也可被視為馬六甲立國的國策。而與當地有權勢者聯姻，無疑是最直接和有效的方法之一。

來自蘇門答臘的巨港王室除了在統治上積極與內陸土著合作，取得其認同之外，在國防軍事上也因其與室利佛逝的淵源，而得到以海為生的海人（Orang Laut）之絕對效忠和配合。馬六甲王朝的海防力量主要得力於這些海上土著，這種情況一直持續到一六九九年柔佛王朝的馬六甲血統斷絕，始出現一些變化，其中有一批拒絕效忠非源自巨港神聖血統的海人因此離棄柔佛王朝。蘇丹馬末沙（Sultan Mahmud Shah）的後裔為了反攻復國，以柔佛為基地所建立的柔佛王朝，其軍事力量可說完全來自海人毫無保留的絕對效忠。據統計，柔佛王朝四百餘年的歷史，遷都次數不下四十次，其中因兵戎摧毀而遷都占絕大多數。但柔佛王朝卻往往能在短期內重新建都並結集軍隊，主要便是依賴靈活機動，難以捕捉主力的海人。換句話說，如果沒有海人的絕對效忠，就難有柔佛王朝的四百餘年歷史。以馬六甲和柔佛之例比照馬來亞的獨立，若非三大種族共同努力，馬來亞焉能輕鬆如意取得獨立自主權？馬來西亞的建設和發展，若無華印族的血汗，焉能有今天安定成就？當政者不見及此，一意孤行，實行單元趨同的政策，無疑乃是對歷史的無知和蠢動。

四

地理大發現以後，歐人憑其海上優勢，紛紛向海外殖民。葡萄牙人在十六世紀初期進入馬來半島，標誌了西方勢力入侵的開始。由於葡萄牙的入侵是以傳教和商業壟斷為主，除了葡萄牙村和甲必丹制（Capitan），葡萄牙對馬來半島的影響可謂少之又少。接著葡萄牙之後進入馬來半島的是荷蘭，葡屬馬六甲的淪陷，幾乎可歸因於荷蘭和柔佛王朝的合作。由於柔佛王朝的協助，使得荷蘭能夠順利地在東南亞建立橋頭堡，雙方的關係可謂合作夥伴多於敵對狀態。但荷蘭發展的主力主要在以巴達維亞（Batavia）為中心的東印度群島，在馬來半島則以錫米壟斷為務，故對馬來半島的影響也不大。十八世紀後期，英國人重回東南亞，先後占領檳榔嶼、新加坡、馬六甲和其他馬來土邦，並設置了三個行政單位，即海峽殖民地（Straits Settlements）、馬來聯邦（Federated Malay States）和馬來屬邦（Unfederated Malay States）分別管治。英國在經濟剝削之餘，也進行了許多相應的建設，從硬體的學校、醫院、郵局、鐵路和馬路，到軟體的人才栽培、文官制度、官僚行政體系等皆是。馬來西亞的獨立建國，從憲法、政治體制到各種的行政措施無不仿效英國，現今馬來西亞的政治制度基本上可說是英國體制的遺銳，英人的影響可謂至深且巨。

西力的入侵，對當家作主的馬來民族而言無疑是主權的喪失，因此反抗殖民與帝國主義的統治無日無之，直到英殖民政府退出馬來半島為止。即便如此，到了十九世紀下半期馬來土邦各王室，也不得不隨順潮流，進行維新改革。十九世紀後期的各馬來土邦，在面對強勢的西方官僚與律法制度的衝擊之下，從最早的強烈反抗過渡到逐次接受英國人引進的文物制度。

五

談馬來西亞歷史通常都得從馬六甲王朝開始，因為她是檳城（Penang）、吉打（Kedah）、玻璃市（Perlis）和森美蘭（Negeri Sembilan）以外各馬來土邦的淵源，不論在血緣、律法或制度上都是如此。可是觀察十九世紀馬來半島各土邦的歷史發展，我們發現傳統根源正在逐漸地流失，甚至喪失。十九世紀後期以來馬來半島的歷史發展可說是一個傳統逐漸沒落，並且逐步走向現代的一個歷程。在法律上，行之久遠的「天猛公法」（Adat Temenggung）和伊斯蘭教法漸為英國的刑事法和民事法所取代，一些不符合現代律法精神的制度及諸如奴隸制及強迫勞役制等，均被廢除。在行政體系上，英國引進議會民主制和文官制度，取代了君主專制和土酋制，在各州設立了州議會和各司其職的專管部門和行政局。在一些公共設施上，現代的交通體系、郵政、醫院等也逐步興建。

在西力東漸的同時，來自鄰近東印度群島的各馬來民族也相繼移入馬來半島，其中又以來自蘇拉威西（Sulawesi，Celebes）的武吉斯人和蘇門答臘巴東高原（Padang Highlands）的米南加保人最為重要。前者在十八世紀馬來半島的歷史扮演著舉足輕重的角色，除了建立雪蘭莪王室，也掌控柔佛王朝，同時也左右了吉打和霹靂（Perak）的政局，並且是當時唯一有能力與荷蘭相抗衡的力量。後者則早在武吉斯人進入之前即已在森美蘭站穩腳跟。這些外來族裔的進入對原有的馬來政權而言，無疑是一種威脅，彼此雖來自同一族裔，但在政權上卻互不相讓，兵戎相見。即便是來自同一族群的武吉斯人，因所在州屬的不同，也各分彼此、時相對抗。在二十世紀以前散居於馬來土邦的馬來土著，其實是四分五裂，不相統屬，各自為政的；直到戰後，英國提出馬來亞聯邦計畫（Malayan Union），馬來民族才在巫統（United Malays National Organization, UMNO）的領導下團結一致，共同對外。

六

至於華人在馬來半島的活動，漢朝時已有記載，那是因為互通有無的經商關係而來，數量有限，影響不大。馬六甲王朝與中國建立了良好的邦交，鄭和七下西洋，多次途經馬六甲，遂開始有少數華人定居馬六甲，並與當地土著婦女通婚，形成獨有的峇峇（Baba）社群。到了十九世紀中葉開始，由於英國極力推動錫米與橡膠事業的發展，引進大量中國和印度的移民。華人和印度人這才開始在此落葉生根，形成往後三大族群的建國格局。

馬來半島本是蠻荒不毛之地，葡荷的殖民勢力所及亦只限於沿海地帶，即使是剛介入馬來半島事務的英國也不願深入內地發展。可是，十九世紀大量華裔移民卻以大無畏的犯難精神，深入不毛與當地土酋共同開發。檳榔嶼的開闢，華人移民的功勞更是居功厥偉，萊特（Francis Light）曾讚曰：「我們居民最有用的一部。」柔佛（Johor）由榛莽未闢到青蔥林立，應歸功於港主制度（Kangchu System）的推行，後雖因國家主權的問題遭廢除，但其開闢之功不可沒。

馬來西亞兩大經濟命脈——錫和橡膠，莫不與華人的墾殖息息相關。十九世紀中葉錫礦大量開採，許多華工在各邦政府的鼓勵下湧入各地開礦，且引進新的採錫法，華籍礦工的人數和錫產突飛猛進，錫業成為馬來西亞的重要稅收來源。此外，西海岸沿海主要城鎮的興起，更是因錫業發展而人口聚集的結果。換句話說，這些城鎮的開埠，無不是華裔先賢血淚的交織。同樣的，樹膠的種植，亦由少數華裔企業家如陳齊賢、林文慶、陳嘉庚等人率先回應，其後歐人資本及巫印族群才紛紛跟進。

對於華人在馬來西亞的貢獻，前華民護衛司兼著名學者巴素（Victor Purcell）博士曾有這樣的評價：「事實上，假如沒有他們，馬來亞這塊土地，至少仍舊跟八十多年前大部分的情勢無二——沿海和江河的上游，只有少數開墾的地帶；在森林和沼澤之間，便沒有公路、橋梁、公共機關、醫院、學校及法庭這類東西的出現了。近代馬來亞，大半可以說是英人和華人合力經營的。」

太平洋戰爭爆發，日寇南侵，華人更負起保家衛國的責任。馬來亞人民抗日軍是馬新華人抗日運動的主要軍事力量，而一三六部隊的華人隊員也為抗日活動作出貢獻，其中最著名的是英勇犧牲的林謀盛。從開山墾林，建立國家到建設發展，華族皆有勞焉，史跡斑斑，在在昭著。

七

世界有四大古文明，各有各的地理環境、成長歷程和文化特色。馬來半島的地理環境不同於各有大水系的文明古國，半島文化的產生地只是在河口、沿海或小河邊完成，靠海產和林產為生，自給自足，環境不困難，不必與大自然搏鬥，故習性悠閒自在。馬來半島文化的成長有賴外來因素的滋養，不似中國或印度可在內部自我積澱，搏成一文化體系。由於馬來半島地處季風相送的起點和終點，是東南亞的心臟地帶，擁有先天優越的商業條件，加上豐富的物產，無形中成為東西文化交匯之處，各不同人種的匯集處，也形成不同政治勢力的競逐場，此起彼落。人種的進出和流動，不同文化的衝撞碰擊，時至今日，我們已經不容易區分何者源自阿拉伯，何者源自印度，這些文化已經混合為一，日用而不知，形成一種特有的馬來西亞文化，或謂之為「rojak」，意即混雜。這種情況在馬來文字和馬來風俗習慣上尤其明顯。

大馬文化不似廳中大吊燈般光亮，能普照四海；也不是大廳中多盞的燈光，綿延長久。她有其本身的特色，彷彿一盞太陽能電燈，借他人之光來發亮；她也像一塊海綿，吸納各種不同文化的養分來滋養自己，形成其本身所獨有的文化體系。

馬來西亞歷史文化史這幾千年的特徵，可謂是一部對異文化異民族之應對與融和的歷史。準此，吾人可將之概分為四期：第一期對印度文化（來拓殖的印度人）的融和與應對（共花費千餘年）；第二期對伊斯蘭教的融和與應對（共花費幾百年）；第三期對西方文化的融和與應對（從十六世紀開始）；第四期對華人文化的融和與應對（從十九世紀開始）。其中，前兩期已完成其歷史使命，後兩期仍屬現在進行式，以後會往何處去，仍在未定之天。

八

大馬歷史文化肯定有其發展途徑和獨特的演進軌跡，數千年的國史可謂是種從內力與外力的緊張對峙到融和的狀態，對峙只是文化歷史發展中的變態，最終必朝向融合的軌跡演進。至於融合的關鍵則須視政治力而定，政治力需外力配合時，便會與之相合，反之則採排斥和對抗。

概論

第一節　歷史舞台

地形、山脈與河流

馬來西亞主要是由兩個地區所組成，一為馬來半島，一為加里曼丹島（Kalimantan，也稱婆羅洲〔Borneo〕）的北部，中間隔著南中國海，東西遙相對望。前者由十一個州和兩個直轄區所組成，是為西馬來西亞（簡稱西馬），後者由兩個州和一個直轄區所組成，是為東馬來西亞（簡稱東馬）。西馬十一州為玻璃市、吉打、吉蘭丹（Kelantan）、登嘉樓、檳城、霹靂、雪蘭莪（Selangor）、森美蘭、馬六甲、柔佛和彭亨（Pahang），直轄區為吉隆坡和布城（Putrajaya），東馬兩個州為沙巴（Sabah）和砂拉越（Sarawak），直轄區為納閩（Labuan）。全國總面積三十二萬九千八百四十七平方公里。

據地質學家的推斷，馬來半島本是一塊古陸地，稱作「印度馬來地塊」（Indo Malayan Block），至於地塊的形成，是受距今七千萬年前中生代（Mesozoic）後半期，中國發生的燕山運動的影響，而有以致之。此陸塊包括了中南半島、馬來半島、婆羅洲的大部分、蘇門答臘的東海岸和爪哇島的北部沿海一帶。此時期並無所謂的馬六甲海峽、暹羅灣、爪哇海或馬來半島和婆羅洲之間的淺海。這個地塊一直持續到距近一千五百萬年的新生代（Cainozoic）第三紀時，因為阿爾卑斯喜馬拉雅造山運動（Alpine Himalayan Orogenesis），新褶曲山脈自緬甸向東南彎曲，形成了蘇門答臘西海岸的山脈和爪哇島的南部，這塊增大的地塊即是地理學家所稱的

「巽他大陸」（Sundaland），馬來半島也包括在內。到了距今近兩萬五千年前洪積世（Diluvial epoch）的最後冰期，北方大陸的冰蓋溶解，海水驟然增高，低地被淹沒，成為海峽或淺海，馬來半島這塊內陸也就變成一個狹長的半島。❶經過這三次的激烈地殼變動、海水增高和陸地沉沒，馬來半島於焉成形，與婆羅洲相隔南中國海遙相對望。由於這三次地形的變動，蓋由外力而有以致之，無怪乎許雲樵要說：「馬來亞史料的搜求須向外發展，並不足奇，因為馬來亞的，都有其『外來』的傳統——這也是她所以成為馬來亞的特徵，地質學家告訴我們，馬來亞的土地是七千萬年前，中國發生的『燕山運動』所造成，那是她所受外來影響的開始。」❷

經過如上三次的變動後，現今馬來半島的地形基本形成。她三面環海，西面為馬六甲海峽，與蘇門答臘遙相對；東瀕南中國海，與加里曼丹島遙相望；東北角是暹羅灣，古稱金鄰大灣；半島南端則蒞地不老（Tebrau）海峽，與新加坡僅一水之隔。馬來半島地理位置優越，位居東南亞的中心，介於太平洋與印度洋之間，是東西方海上交通必經之地。馬六甲海峽自馬六甲王朝建立以來，即成為繁忙水道，帆蹤桅影，穿梭往返，不絕於途，至今馬六甲海峽仍然是世界上最繁忙的水道之一。

由於如此重要的地理形勢，成了古來兵家必爭之地，無形中使得馬來半島長期飽受外來侵略，並成為各種勢力角逐的競逐場——從西元前後即受印度勢力和文化的滲透，往後北方大陸東南亞各古國如扶南（Funan）、緬甸和暹羅武力的南下，以及島嶼東南亞政治力量如室利佛逝和滿者伯夷（Majapahit）的擴展，還有印度注輦（Cholas）的跨海遠征，到地理大發現以後歐人覬覦東南亞的市場和資源。馬來半島長期處在這些或近或遠的勢力籠罩之下，成為這些勢力進出往返的一個港站。除了盛極一時的馬六甲王朝以外，眾小國對這些外來的力量始終沒有能力給予有效的抵禦，唯有與之合作或依附其下，俯首聽命，然後再伺機反抗。

在半島的北部是一塊狹長的地峽，名為克拉地峽（Kra Isthmus），現隸屬於泰國。早期馬來半島的範圍，遠比現在吾人所認知的要來得大，除包括最南端的新加坡島，也涵蓋了北部的克拉地峽。克拉地峽在古代是一交通要衝，來自中國或印度的商人，為了節省時間，通常會捨棄舟楫，改用陸路，橫越地峽，直奔對岸，再換船繼續其行程。所以此處在馬六甲王朝以前的印度化時代，曾經有許多港口小國，往南一直延伸至吉打皆是如此。唐代開始，馬六甲海峽逐漸成為東西交通孔道。馬六甲王朝建立後馬六甲海峽的地位日益重要，地峽的盛況才逐漸衰退以至沒落，[3]標誌了克拉地峽印度化時代的結束，半島的歷史進入了馬六甲海峽回教化時代。從這時開始，馬六甲海峽航線上的幾個港口——馬六甲、檳城、新加坡更替迭興。除了馬六甲、檳城、新加坡三個相繼成為重要的商港之外，東海岸的登嘉樓在十八世紀時曾經是繁榮的商港。從克拉地峽時代到新加坡成為國際大商港，可以看到半島的發展態勢，基本上是由北向南。

馬來半島的中間恰好為一南北走向的狹長中央山脈或主幹山脈所切割，而分成東海岸和西海岸兩部分，早期聯繫兩岸之間唯一的通道為拉牽道（Jalan Penarikan），她聯繫馬六甲和彭亨，其水道是由彭亨河（Sungai Pahang）逆流而上，先後進入其支流百樂河（Sungai Bera）和瑟丁河（Sungai Serting），在瑟丁河上游的伯那力幹（Penarikan）上岸，步行約三百公尺，到麻河（Sungai Muar）順流而下，直抵麻河河口。由於全程崎嶇不平，又要穿越湖沼，必須動用人力拉牽船隻，故而得名。❹ 由於崇山峻嶺的阻隔，造成交通往來的不便，阻礙了東西之間的交流和溝通，形成了兩邊略有差異的歷史文化發展。馬來西亞歷史的發展，在馬六甲王朝以前，因為航道之故，發展側重東海岸，往後則偏重西海岸，形成由東而西的發展勢態。馬來亞歷史上著名的馬六甲王朝，英人側重發展的海峽殖民地、馬來西亞的首都吉隆坡皆在西海岸。換句話說，長期以來西海岸成為馬來西亞政治、經濟、社會和文化中心，也是其生命線所在。

至於東馬的發展，從古代開始向以汶萊（Brunei）為中心，往後才向西才有砂拉越，向東才有北婆羅洲，而南部則為印尼的領土。

不論在東馬或西馬皆廣布河流與支流，沿河或河口成為平民百姓的生活作息所在。至於蘇丹或勢力較大的酋長，常據有河流的港口，因為他們能在此徵收該流域的商業賦稅，而較小的酋長則各據支流。❺ 河流在西馬歷史的重要性，從以「sungai」（河）和「kuala」（河口）命名的市鎮俯拾皆是，可見一斑。

氣候與物產

馬來西亞位於赤道以北，地處北緯一度至七度，東經九十七度至一百二十度之間，終年平均氣溫為攝氏二十七度。年平均降雨量，西馬為兩千至兩千五百毫米，東馬在三千毫米以上，有「終年都是夏，一雨便成秋」的說法。沒有四季，沒有水、旱、蝗等天災，氣候得天獨厚，非常適宜農作物的種植，甚至有人戲稱，即便將拐杖種在地上也能長成植物。職是之故，物產豐腴，不愁溫飽，其他經濟作物如橡膠、油棕、可可、甘蜜、煙草等皆可大量種植。

在古代，馬來半島是各國商旅取道的水域，這是因為她恰好是東北和西南季風的交會處，亦即「順風相送」的起點和終點，是「海上絲綢之路」必經之地。每年五月至九月為西南季風時期，來自印度或阿拉伯一帶的旅商即揚帆而來。在這之前乘著十一月到三月東北季風遠洋而來的中國客商，就乘西南季風飄送回航，而印度和阿拉伯商人則隨東北季風歸國。

古時航海靠羅盤針的指示，所以把航線叫做「針路」，這是中國古代的航海術語，現代稱之為「航線」。在張燮的《東西洋考》如此記載：「汶萊即婆羅國，東洋盡處，西洋所自起也。」所以針路又分東洋和西洋兩道，以汶萊為兩洋的分界線，而馬來半島則恰在西洋針路上。如此劃分主要是商貿航線往還的緣故，許雲樵認為西洋針路應是「自福建出發抵馬來半島，取蘇門答臘，轉東經爪哇、峇厘（Bali），而達地悶（Timor），或更繞婆羅洲西南而返，沿途商港連接，無曠城程迂道，其沿婆羅洲北返者，決不擬更越汶萊而東，西洋以是而止」。而東洋針路則「經澎湖台灣而達呂宋（Luzon），因急欲東航，故由自而南，越蘇綠海（Sulu），直取西里伯（Celebes），東達美洛居（Molucca，摩鹿加）而返，沿途亦均商港連接，惟自蘇綠而東，不若西洋之密耳」。由於自摩鹿加南下的航線所經之地「均蕞爾荒島，無貿易價值，且欲繞道西洋而返，航程亦嫌久長；其返抵汶萊者，經美洛居之航程顛波，已感疲倦，歸心如箭，自更不欲再涉西洋，曠延時日矣，東洋緣是而盡也」。[6]

另外，馬來人稱東方諸國為「風下之地」（Angin Bawah），西方諸國為「風上之地」（Angin Atas），而波斯航海家則以印度半島尖端以西為「上風」，以東為「下風」，因此馬來半島也有稱為「風下之國」。古代西方的地理方位以印度為座標，東南亞的位置以印度為定點來確認，故此大陸東南亞被稱為外印度、前印度或後印度（further India），島嶼東南亞也稱東印度群島。印度人則將印度以外的印度化地方稱為「調盤多羅」（Dvipantara），即洲間區之謂，其範圍包括中南半島和馬來半島，相等於中國人的南洋和歐洲人的東南亞。

第二節　國名小識

馬來西亞，簡稱大馬，一九五七年獨立建國。在此之前，對馬來半島這塊土地的稱呼可謂名目繁多，琳琅滿目，但這些稱呼皆其來有自，絕非生造硬搬或胡拼瞎湊。由於馬來西亞是東西文化交會激盪的所在，形成多元文化的特色。職是之故，本地的許多事物，都烙上了深刻的外來影子，即使國名也不例外。

黃金半島

在眾多的稱謂中，以「黃金半島」（Golden Chersonese）的使用最早。古代馬來半島據聞曾是名聞遐邇的黃金產地，馬六甲有金礦，柔佛河流有金粒，彭亨遍地黃金，還有柔佛的金山（Gunung Ledang）等說法皆是。《聖經》中也一而再地提及黃金產地金山；而西元前三世紀的印度孔雀王朝（Maurya），曾遣使至金地（Savarnabhumi）傳布佛教，這金地指的就是克拉地峽以南的地方。故此，在西元一世紀中葉有一位住在埃及的希臘人寫了一部《印度洋環航記》（*Periplus of the Erythraean Sea*），即稱此地為「金地」（Chryse）。西元二世紀中葉，一位住在亞力山大城（Alexandria）的希臘地理學家托勒密（Claudius Ptolemy）曾在他的地理學著作中稱馬來半島為「黃金半島」（Aurea Chersonnesus）。[7]

在印度的載籍也曾出現諸如「Suvarnabhumi」（意即黃金地）或「Suvarna Dvipa」（意即黃金半島）的字眼，此所指稱即是本區域出產黃金的國家。[8]例如印度的長篇史詩《羅摩衍那》（*Ramayana*）提及的「Suvarna Dvipa」指的即是馬來半島。[9]這無疑是印度人把當地著名的物產作為其命名的標準，就像婆羅洲被稱為「Karpuradvipa」，即謂盛產樟腦（karpubarus）之地；泰國的大瓜巴稱為「Takkola」，意謂盛產豆蔻（buah pelaga）之地等等皆是。[10]

羅馬史學家美拉（Pomponius Mela）在其著作*De Choragraphiazho*中，也曾提及黃金半島。[11]以黃金半島為書名撰述的最早之南洋文獻當數十六世紀葡萄牙人伊里地亞（Manoel Godinho De Eredia）題奏於葡王的報告，題名《黃金半島題本》（*Informacao Da Aurea Chersoneso, ou Penisula das Ilhas Auriferas, Carbunculas, e Aromaticas*，*Report on the Golden Chersonese*），內容詳述黃金半島（馬來半島）及南洋群島各地之風土。[12]

由上所述可知，「黃金半島」之稱主要是泛指下緬甸，即克拉地峽以南的馬來半島，由於盛產黃金而名之。當然，有者認為其範圍還應涵蓋暹羅及緬甸，有者認為其範圍應包括東印度群島。除了婆羅洲之外，此地並不產黃金，但卻盛產香料，而當時香料價格昂貴，不是稱兩論斤賣，而是以粒計價，其貴重可比美黃金，故名之以「黃金地」也不為過。[13]為此，無論黃金半島其指稱的範圍有多廣，其地望主要是指馬來半島殆無疑異。

摩賴耶與末羅瑜

根據許雲樵的推斷，摩賴耶（Malaya）一名最早出現在印度史詩《摩訶婆羅多》（*Mahabharata*）和《百道淨行書》（*Satapatha Brahmana*）中。但此所指的地方是印度南部的一座山名或是一個國名，而非馬來半島。在《風天往世書》（*Vayu Purana*）裡有摩賴耶洲（Malaya Dvipa）一名，有者謂指馬來半島，有者謂指蘇門答臘。[14]許雲樵認為摩賴耶洲應指蘇門答臘，因為這是古代移民懷念祖國而將故鄉名稱應用於拓殖地，這是印度人的習慣。後來這一名稱隨印度移民移殖到蘇門答臘，並在那裡建立一名叫末羅瑜（Melayu）的國家，相信即是後來的占卑（Jambi）。在義淨的《大唐西域求法高僧傳》有所記載，他曾至末羅瑜的國度。至於中國的載籍，摩賴耶一名最先見於《宋高僧傳》卷一。[15]《冊府元龜》作摩羅遊，義淨稱末羅瑜或末羅遊，這些地名指的皆是蘇門答臘的占卑。

至於什麼時候摩賴耶一名始轉移到馬來半島？許雲樵認為應該是十三世紀以後的事情，而當時也僅指稱半島的南端，馬可波羅（Marco Polo, 1254–1324）歸國時途經此處，把這裡稱為「Malayur」[16]，即《元史》的「麻里予兒」。在《元史》中也作木剌由、木來由、沒剌予、沒剌由、馬來忽，與暹羅《王室法典》（*Kot Monthieraban*）的「Malayu」所指，皆是此地。以上各典籍的譯名各異，但所指稱皆為「Melayu」，其字訓為馬來人之地。但正式以馬來亞總稱馬來半島，則是英國殖民政府進入馬來土邦以後的事情了。[17]

馬來亞一名是否脫始於摩賴耶，還有待確證，至少邱新民就不認同此說。[18]但有一點可以確定，古代馬來半島古國林立，沒有一統的政權，所以也沒有統一的名稱，而對這半島最早的總稱就是前述的黃金半島或金地。

馬六甲

馬六甲王朝建國於一四〇二年（一說建於一四〇五年，明成祖冊封拜里米蘇拉），國名的來源有多種說法，現僅就所知臚列如下：

1. 因樹得名：這是最通俗流行、家喻戶曉的說法，其說源自《馬來紀年》（*Sejarah Melayu*）。話說馬六甲開國君主不容於淡馬錫（Tumasik），北上行至麻河，棲息於河邊一樹下，驚見追逐鼠鹿之獵犬，反被鼠鹿猛踹墜河，認為此乃祥瑞之兆。故問所棲之樹名，答曰馬六甲，因此馬六甲王朝即以樹為名。此外在印度傳說中，有種果樹名叫「Amalaka」，是世界上的第一棵樹，據聞此樹擁有神力、健康與財富，馬六甲之名即由此樹而來。在伊里地亞之《馬六甲和南印度見聞錄》（*Description of Malacca and Meridional India and Cathay*）一書中謂馬六甲之義為「Myrobalans」，此字乃指馬六甲樹之果實，非指樹而言。

2. 集會、市集之意：阿拉伯人認為以前在水島（Water Island）之地有一市集，後來遭到暹羅的侵擾而遷至馬六甲河旁之陸地，久而久之蔚為大市集，阿拉伯人稱市集或商業中心為「Malaka」，故馬六甲以之為名。他們也稱馬六甲為「Mulsqah」，意為會面。

3. 馬來人之國[19]：祁利尼（G.E.Gerini）認為馬六甲之名乃「malayakolam」或「malayaka」

之變形，其義為馬來人之國，他認為在《摩訶婆羅多》已有「malaka」一名，其始泛指馬來半島，後專稱馬六甲。

著錄馬六甲一名最早的文獻，首推一三六〇年的暹羅《王室法典》。中國的載籍由於譯名之不同，而形成多名互見。《星槎勝覽》、《鄭和航海圖》和《海語》稱滿剌加；《瀛涯勝覽》除稱滿剌加，也別稱五嶼；《東西洋考》作麻六甲；《海國聞見錄》作麻喇甲；《海錄》作馬六呷。歐洲人對馬六甲一名之拼音較之漢文更為分歧，此處不悉舉，但一般通用的是「Malacca」，馬來文為「Melaka」，梵文為「Malaka」，阿拉伯文則為「Malakat」。[20] 而最早把馬六甲介紹給歐洲人的，是一位名叫 Ludavico de Varthema 的法國探險家。[21] 由上所述，我們得知馬六甲王朝一名之來源雖有多種說法，但其所指稱的地方是一致的。值得注意的是，很多時候馬六甲即是馬來半島的代名詞，只知有馬六甲，不知有馬來亞。察其原因，而不外如下三點。首先，馬六甲在十六世紀已

▲馬六甲樹。

編著者提供。

▲馬六甲樹果實。

編著者提供。

成為國際大商港，商賈雲集，在其境內可聽到的語言多達八十四種，馬來文成為社交語言（lingua franca），由此可窺其繁盛程度。同時，她已取代巴塞（Pasai）成為伊斯蘭教的傳播中心，有「小麥加」之稱，這些無疑都使馬六甲成為一遠近馳名、中外皆知的國家。其次，馬六甲屬於一個有君主、領土及主權的國家，前述的黃金半島和摩賴耶僅是地理區域的概念，尤其後者一名多指，有待商榷。第三，前二者因為年代久遠，有者因文獻不足證，鮮為人知，不似馬六甲王朝，相對而言，去古不遠，配合馬六甲王朝輝煌的歷史，自然人盡皆知。

海峽殖民地、馬來聯邦、馬來屬邦

一八二四年，《英荷條約》（*Anglo-Dutch Treaty*）簽訂，雙方以馬六甲海峽和新加坡海峽為分界線，以西為荷蘭的勢力範圍，以東為英國的勢力範圍，互不干涉。這條約基本上劃定了現在馬來西亞與印尼的版圖。一八二六年，英國把在《英荷條約》中與荷蘭交換回來的馬六甲，與之前占領的檳榔嶼（一七八六年）和新加坡（一八一九年）合組成海峽殖民地，首府設在檳榔嶼，隸屬印度，俗稱「三州府」。一八三二年，將首府遷至新加坡。一八六七年脫離印度，直屬英國殖民部，稱皇家殖民地（Crown Colony）。英國勢力雖然進入馬來半島，但英國採取不干預政策，對其他馬來土邦基本上不聞不問。

一八六七年以後，英國開始改變政策，趁著各馬來土邦的政治紛爭，將其影響力滲透至霹靂、雪蘭莪、森美蘭和彭亨，派駐參政司（Resident）協助管理。一八九三年，霹靂參政司瑞天咸（Sir Frank Swettenham）建議把四州組成一個統一的行政單位，以劃一行政，節省費用，

並可利用其他三州的經濟資源來解救彭亨的財政困難。一八九六年，馬來聯邦正式成立，以吉隆坡為首府，俗稱「四州府」。㉒

一九〇九年，英國與暹羅簽訂《曼谷條約》（*Bangkak Treaty*），取得半島北部四邦，即吉打、玻璃市、吉蘭丹和登嘉樓的宗主權，同時與四邦統治者分別訂約，由英國在各邦各派駐一位顧問官（Advisor），四邦接受英國的保護。一九一四年，柔佛也正式接受英國委派的顧問官。這五個馬來土邦統稱為「馬來屬邦」。㉓至此，英國以三種不同的行政單位，正式全面統治馬來半島。

其實在十九世紀中旬以前，對大多數人來說，馬來半島仍是一個鮮為人知的區域，她附屬於印度的範圍，稱為「印度群島」（The Indian Archipelago）。克勞馥（J. Crawfuld）在一八二〇年的著作《印度群島史》（*History of the India Archipelago*）可為例證，直到一八六九年華勒士（A. E. Wallace）的著作《馬來群島遊記》（*The Malay Archipelago*）才有所改變。㉔再者，英國在一八二六年將其轄下的海峽殖民地劃為印度的一省，亦是馬來半島附屬於印度的有力例證。

至於馬來亞這個稱被提上日程，作為馬來半島的名稱，係始於何時？據筆者所知，一八七八年皇家亞洲學會海峽殖民地分會（Royal Asiatic Sociaty，Straits Branch）在新加坡成立時，發起人之一的何斯（Archdeacon Hose）副監督，在其發刊演詞中就曾建議以馬來亞來命名，他說：

……假如能夠使用一個共同的名字，那將會帶來莫大的方便。有好幾個建議，其中以「Malaya」最為簡單和明智，因為在這廣大的區域，使用的語文是馬來文或與之相近的語文……㉕

這演詞透露了兩點訊息。首先，遲至十九世紀下半葉，馬來半島仍未有統一的名稱，而替馬來半島命名是其中一個吸引該學會的工作。其次，馬來亞的命名，可能與語文的名稱，即「馬來文」有關。一九二三年，皇家亞洲學會海峽殖民地分會正式易名為「馬來亞分會」（Malaya Branch），作為馬新史研究權威的學會，其易名可能已洞燭先機。㉖

一九三一年，英國最高專員金文泰爵士（Sir Cecil Clementi）曾有計畫要進行泛馬來亞聯合邦（Pan-Melayan Federation）的計畫，誘使馬來屬邦參與馬來聯邦，成立統一的政治體系，但這項措施引起馬來社會對非馬來人，尤其華人，爭取政治權益的意圖產生懷疑，最後胎死腹中。這大概是戰後馬來亞聯邦和馬來亞聯合邦（The Federation of Malaya）的前身。

總之，早於英人干預馬來土邦行政之前，馬來亞的名稱，可能已出現在馬來半島，但以「Malay」或「Malaya」作為行政單位的名稱，卻始於英國殖民政府。在日本入侵之前，馬來亞由三個不同的行政組織所統治，即海峽殖民地、馬來聯邦和馬來屬邦。戰後，英國重回馬來亞，才落實三個不同行政單位的統合。

馬來亞聯邦與馬來亞聯合邦

一九四六年，英國政府發表白皮書，建議實行新馬分治的「馬來亞聯邦」。這項計畫的提出具有兩個動機。首先是希望對九個馬來土邦施行直接統治，以建立強大的中央政府。其次是制訂公民權制度，肯定華人的公民地位和權力。但這項計畫的提出遭到馬來社會的強烈反彈，他們反對英國剝奪馬來統治者的主權，同時抗議非馬來人在寬容的條件下取得公民權，與馬來人分享國家的政治權力。同時，他們並組織巫統統一領導，聲勢浩大，英國當局最後只好作出讓步，成立馬來亞聯合邦，取代馬來亞聯邦。根據協定，英國將恢復各州馬來統治者的主權與權力，並保護馬來人的特權；而有關非馬來人申請公民權的條件則加以修正處理。此協定雖遭到非馬來人和馬來左翼份子反對，但馬來亞聯合邦仍如期在一九四八年正式成立。一九五七年八月三十一日，馬來西亞合邦在三大種族共同爭取下取得獨立，所使用的國名即是馬來亞聯合邦，簡稱馬來亞。

馬來西亞

一九六一年，首相東姑阿都拉曼（Tunku Abdul Rahman, 1903–1990）在新加坡一場東南亞外國通訊員協會的午餐會上，倡議由馬來亞聯合邦、新加坡、北婆、砂拉越及汶萊合組馬來西亞。其原因是聯合邦與婆羅洲三邦有著共同的社會組織、語言、經濟背景，乃至通用的貨幣和同樣的行政單位。同時，三邦加入聯合邦，也意味她們可獲得獨立，與十一州享有同等的權力與地位。幾經波折，汶萊退出，馬來西亞終於在一九六三年九月十六日成立。一九六五年八月九日，新加坡退出馬來西亞，宣告獨立，成為新加坡共和國。至此，馬來西亞的國名總算定案，沿用至今。

事實上，早在一九三〇年代，馬來左翼份子已提出「大馬來由」（Melayu Raya）的概念。他們試圖將馬來半島、泰南四府、婆羅洲全島、爪哇、蘇門答臘及菲律賓群島等地組成一個大聯邦，以馬來文為共同語文。後來隨著菲律賓與印尼的獨立，而成為空中樓閣。約莫同一時期，艾默生（Emerson）的名著《馬來西亞》（*Malaysia*），則將馬來西亞的範圍涵蓋荷屬東印度和英屬馬來亞。一九五一年初，駐東南亞最高專員麥唐納（Malcolm McDonald）曾提出「馬來西亞」的概念，作為未來退出東南亞的藍本。可能這是東姑的計畫所本。

馬來西亞的成立令人產生一個困惑——其獨立紀念日到底應落於八月三十一日還是九月十六日？眾所周知，國家的領土會隨國力的強弱而擴大或縮小。無可否認，馬來西亞正式擺脫殖民統治，成為一個獨立自主的國家是在一九五七年；一九六三年的改變，則可視為一種國家領土主權擴大的舉措。取得獨立和領土主權擴大顯然是兩回事，其意義不盡相同。因此，八月三十一日是馬來西亞的獨立紀念日；九月十六日，則充其量只能算是馬來西亞的成立紀念日。

第三節　馬來西亞之稱謂問題和歷史分期

稱謂問題

馬來西亞雖為一蕞爾小國，但地理疆界變易頻仍，以致影響與之相對應名稱的變換。職是之故，欲研讀馬來西亞史，首先必得了解馬來西亞地理疆域的變動概況，以及其名稱演變原委。不明以上兩問題，則將不易精確把握馬來西亞歷史發展真相，甚至因此產生一些不必要的困擾。上述困擾的形成，實由於在歷史發展的進程中，因為國勢之強弱而致的疆土增損，及其連帶而來的名稱變易所引起的混淆。

狼牙修（Langkasuka）雖然被認為是馬來半島最早的印度化古國，但實際上她大部分的領土範圍皆在泰國的轄區，不在馬來西亞領域範圍以內。即使較為晚出的北大年（Patani）也是如此，那是因為經過阿瑜陀王朝（Ayuthia Kingdom）和卻克里王朝（Chakri Dynasty）的多年經營，暹羅的拓疆擴土所致。暹羅在其國勢最頂峰時，曾短暫占領並統治吉打，北部四邦曾經成為其藩屬，履行朝貢義務。後來暹羅在英法殖民主義威脅下，遂為在狹縫中求生存，採行聯英制法之政策，將四邦之主權割讓於英國以換取主權。

至於位於半島南部的新加坡，長期以來皆屬於半島的轄區範圍之內，一直到第二次世界大戰結束後，英國重返馬來亞，並接管政權，為了方便統治，並維護其在東南亞的戰略利益，因而提出馬來亞聯合邦的計畫，首次將新加坡與馬來半島分家，在馬來西亞成立時雖曾經短暫回歸，但在一九六五年時，馬新正式分家。

至於在半島東邊，中間遙隔南中國海的沙巴和砂拉越，本不在半島的範圍之內，自古以來有其獨特的歷史發展背景，不論在風俗文化上皆與半島有所不同，卻在一九六三年的馬來西亞計畫下加入了這個大家庭。

由於有上述複雜的分合背景，形成在撰史的過程中應當作何取捨的選擇。一般上不論英巫或華文的馬來西亞史的著述，皆捨棄地峽上之古列國以及北大年於不顧。事實上，講古代的馬來亞史，馬來半島這一稱呼，應該涵蓋南部的新加坡以及北部的克拉地峽。阿瑜陀王朝以後，克拉地峽以南逐漸納入暹羅的版圖，然北大年仍非隸屬於暹羅，並且其人種民情風俗頗與半島相近，故應列入馬來西亞史的論述範圍內，而不可偏廢。許雲樵有鑑於此，遂於《馬來亞近代史》特別論及北大年的歷史。至於新加坡在一九六五年以前，實為半島不可分割的一部分，更應列入論述範圍之內。

在馬來西亞名稱的論述上可謂大費周章，至今似乎仍未有一放之古今而皆準的名稱。馬來西亞只能指稱一九六三年以後的情況，而馬來亞或馬來半島也只涵蓋馬來半島，而不及沙巴和砂拉越，故目前使用的「馬來（西）亞」一詞，較能涵蓋上述的問題。

歷史分期

由於史料匱乏，一般談馬來西亞史，多以馬六甲王朝為起始，故此討論馬來西亞歷史的分期主要集中在馬來亞近代史的開端年分。目前有幾種相異的意見，首先是特列崗寧，他先後提出兩種觀點，即十五世紀馬六甲王朝的建立，以及一八六八年蘇伊士運河的通航，為馬來亞近代史的開端年分。其次是許雲樵認為一五一一年葡萄牙占領馬六甲為近代史的開端年分。以上各年分皆有其解釋上的不足和問題，唯獨崔貴強和李業霖認為應將之定於一八七四年《邦咯條約》（*Pangkor Engagement*）的簽訂，英國入主馬來亞開始，較為可取。因為英人勢力進入馬來亞後，開始引進西方的制度、物質、觀念等近現代產物，馬來社會不論是物質或精神層面皆有很大的改變。在此之前，馬來社會基本停留在傳統封建社會，尚未進入近代社會。[27] 立基於此，李業霖進一步將馬來亞近代史分成四期，即一八七四年至一九一四年為第一期、一九一四年至一九四二年為第二期、一九四二年至一九四五年為第三期、一九四五年至一九五七年為第四期。[28]

如果要將馬來西亞歷史從古迄今加以分期，則可以分成如下四個時期，第一期為史前遺存時代，大約在西元一世紀以前，屬於史前史，涵蓋石器和金屬器時代，仍處草昧時期。第二期為印度化時期或遠古列國時代（西元元年－一四〇〇年），這時印度僧侶商人將印度文化引進，建立了多個深受印度文化影響的政權，處列國林立時期。第三期為伊斯蘭馬來王朝時代（一四〇一年－一九五七年），馬六甲王朝開始，多個信仰伊斯蘭教的馬來王朝紛紛成立，印度文化褪色，伊斯蘭文化色彩取而代之，為伊斯蘭化時期。第四期為主權獨立國家時代（一九五七年－迄今）馬來亞獨立，成為一君主立憲國。

第一章

馬來西亞史前史

馬來西亞的史前文化，由於歷史極為久遠，地下考古挖掘較為零散，無法建構一個相對完整的史前輪廓和面貌。故此，了解馬來西亞史前史只能從兩個大的面向把握，即文化遺存和先民遷徙過程。由於馬來西亞山林密布，笨拙的石斧難以開闢土地種植，加上悶熱的天氣，生活單調，相對舒適，環境挑戰不大，因此馬來西亞文化發展較同時期的世界，乃至東南亞的進程都來得緩慢。馬來半島也曾是人種移植的橋梁，許多人種都曾先後停留或取道而過，很早就形成多元種族的局面。

第一節　史前遺存

自從西方的考古學者把人類早期的歷史發展依據其使用工具的器質，區分為石器時代、青銅時代和鐵器時代，長期以來均被奉為區分原始社會演進的圭臬。但它並不見得是放諸四海皆準的標準，至少在馬來西亞原始社會的發展上並非如此，在某些考古遺址上，可以在同一墓葬中挖掘出新舊石器和銅鐵用具。此外，馬來半島不產銅，銅是從外地傳入，所以銅器時代不明顯，有者以為馬來西亞是從石器時代跨過銅器時代，直接進入鐵器時代。因此馬來半島史前社會的分期，往往不易劃分，重疊交叉的現象很明顯。

馬來西亞紀元以前的史前史，必須依靠地下考古挖掘來建構，但馬來西亞位處赤道，氣候濕熱，實物不易保存，容易腐朽，只有持久耐用的石頭和金屬才能保存下來。加上地理環境的變遷，某些文化遺存也就永久性地消失了。在舊石器時代，除砂拉越尼亞大石洞（Niah

Caves）等少數幾個遺址，馬來西亞大部分的遺址都在開闊的地區，當時馬來半島東海岸比今天大約低六十八公尺，大約在一萬一千年前，由於氣候變化，導致海平面上升，人類居住的證據可能就此長埋海底。❶

馬來亞的考古學開端於英國考古學者，以英國殖民官員詹姆斯．羅（James Low）最早，約在一八四五年於現今北賴（Seberang Prai，舊稱威斯利省〔Province Wellesley〕，簡稱威省）發現了一塊石碑，同時也發現了吉打境內「一個印度居民點的廢墟」，即布秧河谷（Bujang Valley）。

馬來西亞獨立前的考古學可以分為兩期，第一期從一八六〇年至一九一二年，第二期從一九一二年至一九五七年。最早從事有關工作的是殖民官員、語言學家、博古學家和作家的俄爾（J. W. Earl），他於一八六〇年在北賴發現史前遺跡，並撰寫成東南亞地區最早的史前遺跡報告。接著有海爾（Abraham Hale）在一八八五年至一八八八年間，針對霹靂新石器時代的石器進行的研究。一八八〇年和一八九七年霹靂和雪蘭莪博物院先後成立，促進了半島的考古工作，這時主要的考古人員有維萊（L. Wray）、烈治（J. A. Ledge）和摩根（J. D. Morgan），他們主要在霹靂和雪蘭莪進行挖掘和研究。第二期是馬來西亞考古工作正式邁入現代化和學術化的開始，這時期最為重要的一個學者是卡倫飛爾（Dr. P. V. van Stein Callenfels），他在一九二〇年代的參與引進了現代和系統性的考古方法，並影響了伊文斯（I. H. N. Evans）以科學和系統的方法從事研究和挖掘工作。伊文斯退休以後，萊佛士博物館的謙先（F. N. Chasen）及其助理推迪（M. W. E. Tweedie）和柯靈斯（H. D. Collings）成為馬來西亞考古的先鋒。❷當然，皮庫（B. A. V. Peacook）、藍姆（Alastair Lamb）和布蘭德爾（Rolland Braddell, 1880–1966）等人在馬來西亞考古學上的貢獻，也是不容忽視的。砂拉越和沙巴的考古工作主要起步於戰後，最具代表性的人物是哈里遜（Tom Harrison），東馬多個重要的考古遺跡都是由他來負責，如山都望（Santubong）、尼亞石洞和班洞穴群（Ban Caves）等是。這種由外國學者主導的考古工作直到一九七〇年代才漸由馬來西亞學者接手。

馬來西亞的考古雖然創始於百多年前，但是許多理論問題迄今仍未釐清，比如文化序列的性質，舊石器遺址的年代，以及和平文化（Hoabinh Culture）與新石器時代的技術序列問題等，馬來西亞史前文化的構建，無疑仍有遙遠的路途待走。

舊石器時代

石器時代依據其石器之精粗，一般可分為三個時期，即舊石器時代、中石器時代和新石器時代。中石器時代一般被認為是新、舊石器時代的一個過渡時期，存在與否，須視地區性的差別而定。

馬來半島舊石器時代的起迄年分約為三萬五千年至一萬年左右，這時馬來半島上的人類主要居住在靠近河岸或湖邊內陸地區的石灰岩洞，使用粗糙的石製工具，只將石塊擊碎，取其鋒利的碎口，作為切割之用。他們以捕魚、打獵和採集森林產品為生，高度利用森林資源來提供日常飲食和生活所需，並開始學習用火煮食和照明。他們還沒有產生死後靈魂不滅的觀念。目前在馬來半島考古發掘出來的舊石器時代的遺址主要有：霹靂玲瓏河谷（Lembah Lenggong）

的哥打淡板（Kota Tampan）、霹靂的宜力（Grik）、彭亨的新應山（Gunung Sinyum）和勞勿（Raub）等地。❸東馬則有砂拉越的尼亞大石洞，沙巴的曼蘇里谷（Mansuli Valley）、丁卡尤（Tingkayu）、巴都隆（Baturong）和馬代（Madai）。

馬來半島舊石器時代的起始年分常常成為爭議的課題，柯靈斯認為哥打淡板的遺存在更新世時代（Pleistocene Era）晚期已經存在，而沃柯（A. Walker）則認為應該出現於三萬五千年前，至於馬來西亞國民大學的考古研究，則認為應該在三萬年前左右出現。❹

哥打淡板的遺存，可謂是馬來半島最具代表性的舊石器時代文化遺存，由柯靈斯於一九三八年在霹靂哥打淡板園丘內的河岸所發現。當時發現若干經人工敲製的石刀和薄石片，是用河中鵝卵石一段削利而成。這種尖狀器、刮削器和砍切器的出現，表示半島上居住的初民已經會製造並使用簡單的工具，跨出了馬來西亞歷史的第一步。但考古學界對此發現並不積極，一直到一九八七年理科大學考古學家瑪姬（Zuraina Majid）重新發現，並挖掘這個隱藏在油棕園內的完整舊石器時代工具製作工地的遺址，並肯定其考古價值，人們才知道它的重要性。這個工地是由於鄰近蘇門答臘的多峇（Toba）火山爆發，遭濃厚的火山灰覆蓋，才得以完整保留。出土的石器包括石鑽、石捶（以上為製作石器的工具）、石核（石器的原料）、半製成的石器，甚至還有製作石器時遺留下的碎片。❺

一九九一年，在玲瓏河谷的坍塌山洞（Gua Gunung Runtuh）出土了被稱為「霹靂人」（Perak Man）的人類骸骨。此骸骨屬於一個年齡介於四十歲至四十五歲的男性，是一名身高約一百五十七公分的澳大利亞—美拉尼西亞人（Australo-Melanesoid），生存年代約在一萬至一萬一千年前。骸骨出土時呈捲曲如胎兒狀，在其骸骨四周也發現了動物骨頭和石器工具。二〇〇四年，在蝙蝠海灣山洞（Gua Teluk Kelawar）又發現了一個據信年約四十歲上下，身高約一百四十八公分的女性骸骨。這些骸骨的發現，將有助於揭開馬來半島初民生活的面紗，以及他們和現今馬來半島原住民的關係。

二〇〇八年，理科大學的考古學系已經在玲瓏谷一帶發掘了約三十二處的古人類遺跡，其中在武吉布農（Bukit Bunuh）部分，出土了超過一百八十萬年的衝擊凝灰角礫岩（Suevite），並在其內發現了被包覆的石斧、石器和骨頭。這些發現，對馬來西亞乃至世界的考古，皆有重大的意義。首先，推翻了考古學界著名的莫維斯線（Movius Line）理論❻；其次，有關石斧的存在年代，比第一批非洲以外的人類遺骸——喬治亞共和國德瑪尼西（Dmanisi）遺址發現的四個早期直立人骨架化石還早；其三，玲瓏谷地帶可以排列出從一百八十三萬年前至一千年前的史前序列，意即這是個每個時代皆有人類定居和活動的考古地區，也是橫跨年代最長的人類居住所。❼

▲霹靂人埋葬的原型。

編著者提供。

▲霹靂人的骸骨。

編著者提供。

故此，在二〇一二年六月三十日，玲瓏谷被列入聯合國世界文化遺產名錄。砂拉越的尼亞大石洞已經考古證實遠在四、五萬年前已經有人居住，是目前馬來西亞有骨骸證明最早有人居住的地方，由於此處直到兩千年前仍然有人居住，因此也是持續人居最久的洞穴。尼亞大石洞從一九五四年開始至一九六七年間，陸續進行挖掘工作，主要的領導學者是推迪和哈里遜。裡面除了人類頭蓋骨，同時也有不少文化遺存，如石器、陶器、動物骨骼、貝殼、斧、船等物品。在所發現的石器內，有代表新石器時代的磨光石器，代表中石器時代的圓錐石器，代表中石器前期接近舊石器時代的人工燧石。[8]從動物骸骨遺存中可以知道，野豬、豪豬、穿山甲、貘、鹿和牛是他們主要食物來源。從人類骨骸也可以知道他們主要實行屈葬，即下葬時讓死者屈膝呈蹲伏姿勢埋葬。沙巴拿篤（Lahad Datuk）的曼蘇里谷則發現了二十三萬五千年前舊石器時代的石器製造坊，改寫了長期以來，將尼亞洞視為婆羅洲最早人類活動地點的看法。丁卡尤則發現距今約兩萬八千年前至一萬七千年前之間的卵型、一頭尖石器。巴都隆和馬代洞窟所發現的石器距今約一萬八千年前至七千年前之間。該洞窟也發現豬、鹿、牛、豪豬、猴子、老鼠、蛇和其他爬蟲類動物的骸骨。[9]其他年代久遠的文化遺存，還有四萬六千年前的桑芒布亞洞（Gua Samang Buat），以及一萬六千年前的巴蘭萬安島（Pulau Balambangan）。

中石器時代

大約距今一萬到六七千年間，東南亞進入了中石器時代（Mesolithic Age），是舊石器晚期向新石器過渡的文化，也稱和平文化。最早是在越南北部的和平地區出土，因此以之命名，後來往南傳布至馬來半島和蘇門答臘東北角一帶。其所使用的器具是磨石器、細石器和少數的骨器。⑩

馬來西亞的和平文化出現的時間相對要晚，大約在一萬兩千年至五千年前，故此，有者認為應將之納入舊石器時代晚期，而沒有所謂的中石器時代。其遺存分布在半島的石灰岩洞、沖積平原和沿海地區的岩洞，如吉蘭丹的瓜茶（Gua Cha）、登嘉樓的效忠洞（Gua Bukit Taat）、威省哥巴洞（Gua Kepah）、霹靂的詩布朗霹靂（Seberang Perak）、玲瓏的犀牛洞（Gua Badak）和水牛洞（Gua Kerbau）等均是。由於更新世後期至全新世早期的冰河溶解，他們被逼遷移至較內陸的山洞和平原居住，但主要以穴居為主，而這些洞穴往往成為新石器時代人類的住所。在這些洞穴內常堆積一種稱為「貝塚」的垃圾堆，深達數尺。在貝塚掘出的東西，包括石器、食餘的獸骨和陶器碎片等。同時也發掘出圓石或扁石，似乎是石杵。貝塚內也常發現成堆的蝸牛殼，看來他們似乎很喜愛食用河裡的水蝸牛。馬來亞中石器時代的遺物內沒有發現耕作的痕跡。⑪

他們以打獵採集為生，採用橢圓形卵石鑿成邊緣鋒利的單面石斧和雙面石斧，也稱「手斧」，大多是十至十二公分長，但也有長至二十公分的。⑫此時，石器的製作形體較小，趨於統一，表示此時期的人力已經能以打磨的方式控制原料的使用。在婚姻制度上採用血緣群婚制，同輩間可發生關係，但嚴禁子女間的性行為。他們相信人死後有靈魂存在，有粗葬、屈葬和伸葬等三種埋葬方式。粗葬是將屍體丟棄荒野，任憑野獸吃食，然後才將剩餘骨骼埋葬，故骨骼往往呈凌亂無序狀態。屈葬則是以側臥屈膝的姿勢埋葬在穴內地下，伸葬則與現代人的平臥方式埋葬一樣。⑬同時，他們也進行簡單的葬禮儀式，在屍體上鋪上小石塊，並塗抹赤鐵鑛的紅粉，以象徵人的生命力，或許簡單的氏族或圖騰社會此時已經出現。

一八六〇年，蚌洞發現一大堆高約二十尺的蛤殼堆，起初被當地居民拿去燒成石灰用。一九三四年的考古挖掘和調查時，才發現兩種不同類型的石器和一些赤鐵石及陶器碎片，還有一個下牙床。這個發現有兩個重要的意義，首先是當時的人類屬於美拉尼西亞人，其次是他們居住的洞穴，往往成為新石器時代人類的住所。⑭

新石器時代

東南亞的新石器時代的社會發展較不平衡，在中南半島地區，新石器時代一般持續了七、八千年，大部分地區則延續至西元前一千紀。海島地區的新石器時代出現的較晚，約在四千紀前後。這時人類的生產模式從游獵轉變為農耕，是新舊石器時代的轉捩點，其他的特徵還有馴養家禽、使用磨光石器和陶器。⑮

時序進入四千年前，馬來半島開始進入新石器時代。這時的人類為與尼格利多人（Negrito）和沙蓋人（Sakai）相似的原始馬來人（Proto Malays），他們將中石器時代的美拉尼西亞人趕走，占據了他們的洞穴。他們已經開始種植作物，定居下來，一改此前打獵採集，四處遊走的生活。他們也採用茅草、樹皮、樹枝和竹子為建材建造房屋，逐漸離開洞穴。他們常在河邊居住，遇上洪水氾濫就會遭致重大的損失。故此，新石器時代的遺物在沖積層發現不少，但在洞穴出土的反而不多。新石器時代的文化遺物以磨光的銳利四方手斧和各種繩紋陶器為主，手斧都相當銳利、光滑和巨大，部分長度甚至達五十公分。值得注意的是，造船技術的改進，提升了航行能力，能與遠地交往，互通有無。

在東馬代表性的遺址有砂拉越的笛者洞（Gua Sireh）、尼亞大石洞和沙巴的風洞（Lubang Angin）。在這些文化遺存中發現了陶繪和稻米，在尼亞石洞也發現類似的陶器和四角錛，並且從大量的墓葬中發現以「伸葬」和「甕葬」為主，「屈葬」不再採用，部分骨骸有燒焦痕跡，簡單的陪葬品如鍋、手鐲和石斧等也出現了，或許表示較為複雜的喪葬儀式已經存在。此外，原始的岩畫藝術也在馬來西亞出現。一八七八年，已經有人在雪蘭莪附近的峇都喼（Batu Cave）發現三個石灰岩洞窟，內裡有用黑炭描繪的岩壁畫，並有石器工具和陶片。一九五九年霹靂怡保（Ipoh）附近的一座山岩，也發現五十餘幅以人物形象為主，風格獨特的紅褐色的岩畫。這些岩畫，有者是抽象圖形，也有手形和動物形。[16]一九八五年，在尼亞石洞的後部有以動物、人形、船隊，以及由人、船組成的「靈魂之舟」或「死亡之舟」的紅色繪畫，估計與洞內出土的原始葬禮船有關。[17]

東南亞新石器時代生產方式的轉變，一般有兩種看法，一種認為是外來移民帶進了農業和技術，另一種看法認為是由於在地氣候環境改變而形成的技術調整。但馬來西亞的情況恐怕要以第一種情況為主。然而，在馬來半島的新石器文化發展極不平衡，不少地區還處在舊石器時代，居住在石灰洞穴中。

一九三六年被發現的吉蘭丹瓜茶石灰岩洞是馬來西亞最為重要的考古發現之一，最早進行發掘工作的是儂尼（H. D. Noone），接著在一九五四年在西維金（G. de Sieveking）的主持下開展大規模的挖掘，此外在一九七九年也繼續有所發掘。在這些發掘工作中最為重要的是一九五四年考古學家西維金和推迪的考古隊在吉蘭丹瓜茶進行的挖掘，在離地面八尺之處掘出人類骨骸及陶器和石器。這是一對男女的完整骸骨，男性的高約五尺四寸至五尺六寸之間，其左手邊有石錛及石珠，右臂套一石環，胸前和腳邊有許多小陶罐；女性只有五尺至五尺二寸之間，其手中握有一對石環，腳邊放著幾個陶罐，罐中有蠔殼；相信這些都是殉葬品，為新石器時代的工藝品。[18]遺址發現的陶器也有十餘件，製作較為精細，與中國東南的印紋陶十分相似。[19]瓜茶遺址至今已先後發現了四十五具人類骸骨，甚至有者認為他們是半島原住民和古代美拉尼西亞人的祖先。這些骸骨證實此處從一萬年前的和平時代開始，直到四千年前的新石器時代，已經有人類居住於此。

其他新石器時代的遺址，主要有一九一九年在柔佛西南海岸邊丹榮武雅（Tanjong Bunga）所發現的遺址，以及一九三〇年在單馬令河（Sungai Tembeling）邊的尼榮（Nyong）發現的遺址。霹靂的丹絨馬林（Tanjong Malim）、華都牙也（Batu Gajah）、瓜拉江沙（Kuala Kangsar）、玲瓏，吉打的華玲（Barling）、森美蘭的林茂（Rembau）和登嘉樓的瓜拉登嘉樓（Kuala Terengganu）也有發現。此外，在沙巴的骷髏山（Bukit Tengkorak）也發現了用黑曜石做成的石器和陶器，包括鍋和花紋各異的盛水容器。[20]西元前兩千年的達陽（Timbang Dayang）和西元前一千年前的峇都都隆（Batu Tulung）也是沙巴新石器時代的遺存。

金屬器時代

人類社會的發展從石器時代進入金屬器時代，表示了人類器物使用的進步，放棄石器的使用，進步至使用金屬鑄造的器具，這涉及了冶煉技術的掌握。中國的殷商由於掌握了青銅冶煉技術，青銅器物成為殷商的文化代表，故也被稱為青銅時代。在東南亞，青銅器發現最早、也最完備的，首推越南的東山（Dong-Son），主要以銅鼓為代表[21]，因此東南亞的銅器時代也稱為東山文化（Dong-Son Culture）。

由於馬來西亞盛產錫礦，本身不產銅，銅器製品都是外來進口的，故此沒有所謂的銅器時代。雖然本土考古在霹靂的老虎洞（Gua Harimau）發掘了一個製作銅斧的模具，認為四千年前馬來西亞已經可以生產銅器器具，恐怕過於武斷樂觀。近百餘年來，馬來西亞各地發現了不少青銅遺物，卻由於這些青銅遺物都是由外面傳入，也因為這時的人類主要沿河而居，致使許多的青銅遺物因為水災、海侵和築路等原因而散布在各地，這些青銅器大概是透過與越南的貿易而從中國進入。

目前馬來西亞的青銅文化遺物中，最重要的是六個銅鼓和三個銅鐘。三個銅鐘都於一九〇五年在巴生（Klang）發現，一口送給了大英博物館，一口保存在吉隆坡，另一口已經遺失，是西元前二世紀的西漢初葉的產物，其風格和東山一樣。至於銅鼓，第一個銅鼓是一九二六年在彭亨單馬令河流域的鹽沙岩（Batu Pasir Garam）發現，那是一面罐鼓，但只有半個鼓面，非常陳舊，原來的浮雕只能隱約地看出。第二個銅鼓是在一九四四年在巴生發現的，也只剩半個鼓面和一小塊鼓身，但浮雕圖案還很清晰。[22]第三和第四個銅鼓是一九六四年在雪蘭莪的雙溪龍（Sungai Long）發現。第五和第六個銅鼓是一九六八年在登嘉樓的首府瓜拉登嘉樓發現。這些銅鼓在形制、紋飾和化學成分上與越南東山遺址發現的銅鼓相似，可以斷定是從中南半島傳入。[23]

除此以外，馬來西亞還有其他地方也發現銅器遺物，如吉蘭丹、霹靂、雪蘭莪和森美蘭就發現了五個式樣各別的「有握手窩的斧鑿」（socketed celts），經過鑑定，吉蘭丹出土的一枚和東山文化沒有關係。由於銅器的使用並不普遍，在那時的人類基本上仍然運用石器。[24]

一般上金屬器時代，除了銅器時代，接著就是鐵器時代。在馬來西亞發現的鐵器，可以分為兩類，一類是本土居民的，另一類是初期印度移民的遺物。估計最初的鐵器是從中印輸入，後來才有本土製造的鐵器，一般認為馬來西亞的鐵器時代出現於西元初至西元七世紀。馬來西亞的鐵器遺物主要有斧、錛、鐮刀、刀和矛頭，大部分的鐵器都有藤製或木質的把柄，這些鐵器最大的特色是其形狀類似動物的肋骨，故此也被稱為「猿骨」（Tulang mawas）。這些器具主要是用於砍伐森林、耕田和開礦等生產活動。

本土鐵器最主要的遺存，是在霹靂馬登（Matang）的瓜拉色林星（Kuala Selinsing）海濱所發現。一九二七年起，伊文斯開始挖掘的工作至今發掘的古物有陶器、燒珠、金耳環、金戒指、貝制飾物和一顆印章，相信是通商貿易時從中印等地流入。一九三二年，在這裡也挖掘出人類的骸骨。其他的還有霹靂近打河流域、雪蘭莪的巴生、彭亨的瓜拉立卑（Kuala Lipis）、丹馬令和勞勿等地。[25]二〇〇九年，理科大學考古團隊在吉打的布秧谷挖掘到約西元一世紀時使用過的熔鐵工廠遺址，是迄今東南亞各地所發現之最古老的製鐵證明。

海島地區到西元前一千紀後半期才出現青銅文化。其明顯的特徵是銅器與鐵器並存，或者是鐵器緊隨青銅器產生，有些史學家稱之為「早期金屬時代」或「銅鐵時代」。而馬來半島的金屬器時代，似乎在西元前五百年至前兩百年間，其青銅文化遺址雜有鐵器，主要是從中國華南與中南半島輸入。[26]

巨石文化

此外，在馬來西亞還可以看到另一種奇特的文化遺存，那就是巨石文化，也稱「日石文化」（Heliolithic Culture），這是種以巨石表現某種宗教信仰的史前文化，是祖先崇拜和自然崇拜巧妙結合的文化，也是東南亞史前時代比較獨特的文化。[27] 這類巨石文化相信是由混血馬來人所帶入，屬於新石器時代或金石並用時代的文化，其遺存以直立墓石、石甕和石版墓為主。直立墓石主要位於馬六甲的峇當馬六甲（Batang Melaka）和亞羅牙也（Alor Gajar），馬來民族相信這些巨石有生命、會生長，也稱之為活石。石版墓的發現與鐵器遺物的發現同時，分布在霹靂的長官邸（Changkat Menteri）、宋溪（Sungkai）和士林河（Slim River）等地，石版墓是用花崗岩石版圍成水平位置的土坑，裡頭也發現有隨葬的粗陶器、玉髓珠子等物，從構造來看相信是墓穴。至於其他如吉蘭丹的哥打峇魯（Kota Bharu）和森美蘭的寧宜（Linggi）等地，也有發現類似的巨石遺跡。上述的這些遺址，具有生殖崇拜的信仰和祭祀祖先的功能，有者是墓穴，這表示馬來民族已經有靈魂不滅的觀念，並有祖先崇拜的習俗。[28]

第二節　先民遷徙

人類起源是史前史的第一個重大課題。自從利基（Leakey）家族的發現和研究成果問世以來，人類源自非洲論，似成定論。但「人類共同的老祖母」的說法也非無懈可擊，日益受到亞洲起源論和多元起源論的挑戰。但無論如何，人類是從一種古猿演變並分化出來，大約經過了一千多萬年的進化，成為能直立行走的直立人。

在遠古的史前時代，馬來半島本和蘇門答臘、爪哇和婆羅洲連成一塊，原始人類諸如直立猿人（Pithecanthropus）、古爪哇碩人（Mepanthrous Palaeo-javanicus）、梭羅人（Homo Solonsis）、挖甲人（Wadjak）、凱羅人（Keilor）和澳大利亞—美拉尼西亞人，從亞洲大陸南下，途經馬來半島而往印尼群島和大洋洲，馬來半島可說是原始人類遷移的橋梁。正因為這個原因，使得馬來半島人類遷徙過程、定居年代和語言發展成為一個爭論不息的課題。惟其如此，早期先民的遷徙歷程，仍然可以整理出一個大致的脈絡。

在舊石器時代，出現了可能從非洲途經印度移來的澳大利亞人種（Australoid）[29]，他們已經脫離猿人階段，成為真人。最初由印度向東南方移植，經過中南半島進入馬來半島，並渡過馬六甲海峽遷移到蘇門答臘、爪哇和新幾內亞（New Guinea），最後抵達澳洲。由於個子矮小，一般只有一百五十二公分，深褐色的膚色，也被稱為「小黑人」或「矮黑種」。這些南方人種的後裔，是半島最早的民族，也是馬來西亞的原住民之一。[30]目前可歸納為兩大部族：吉打霹靂的塞孟人（Semang）和吉打、彭亨、登嘉樓的巴甘人（Pangan），人口最少，也最貧困，即使到了二十世紀中期，他們仍然保留石器時代的文化。在霹靂玲瓏的哥打淡板和波達山（Gunong Pondak），以及彭亨的森雍山（Gunong Senyum）都發掘到他們的遺跡。

他們習慣於遊獵，沒有耕耘土地和馴養牲畜的活動，也不喜和外族互動。他們會將樹皮槌鬆、浸腐來遮掩下半身，上半身則長年赤裸。女性有繪臉和剃髮（剃去腦前的毛髮，僅留腦後半截的髮絲）的習慣。他們是肉食者，野果和菜蔬不過是雜糧。房子簡陋，以小樹幹為屋架，亞答為屋頂，甚至往往不足於擋風遮雨。他們習慣二、三十戶人家聚集住在一起，每一間寮子距離約數尺，以方便相互照應。每一部落皆由一位長者擔任酋長，負責與外族接洽，並依據祖傳的規例執行任務。小孩出世後有名字，但沒有族姓。嚴禁血親之間的性行為，如非父母子女與夫婦，近親男女不得同宿；有者甚至嚴禁男性和近親女性交談，這些禁忌也被視為神靈的旨意。婚姻強調自由結合和離異，婚後新娘必須住在夫家，即使雙方家庭僅僅相隔數尺，為人妻者也不得回娘家居住。宗教方面相信祖先和一切神靈都安息在天地之間，並有自身的原始宗教傳說。㉛

到了中石器時代，美拉尼西亞人開始從亞洲大陸往南遷移，先奴伊人是他們的後裔，俗稱沙蓋，但他們並不喜歡這個稱呼，在馬來語中此名稱含有賤民、奴隸、蠻族等貶義。他們常和外人互動，文化較進步，人口也較多，分布區域廣，可劃為兩大部族：北部高原為特米爾族（Temiar），南部平原為西邁族（Semai），吉打的慕達河（Muda River）和吉蘭丹的瓜茶有他們的遺跡。

先奴伊人身高約一百六十公分，膚色稍淺，頭髮較長和鬈曲。不論男女老少皆流行繪臉，習慣赤裸上身。他們的屋子離地面很高，以防止野獸的襲擊，可將之分為兩種形式，一種是各別式的「空中樓閣」（Ran），另一種是集團式的長屋。對土地的觀念和尼格利多人幾乎一樣，當土地貧瘠，或附近的飛禽走獸減少，他們就會另覓土地遷移；又或部落中有人身亡，他們就會集體搬家遠離這不祥的地方。他們信仰「薩滿」教。傳統武器是吹筒，其他還有竹製的弓箭和長矛，有自身的樂器和舞蹈。[32]

到了新石器時代，先後有兩支馬來人種進入，較早的是原始馬來人（後來也稱雅貢人，Jakuns），相較於混血馬來人，由於最早進入馬來半島，也稱先期馬來人，約於三千五百至四千五百年前從雲南南遷，根據他們的生活習慣可以細分為海居雅貢人和陸居雅貢人。雅貢人和海人為其後裔。他們趕走美拉尼西亞人，占據他們的洞穴，利用優良的石器生產和種植。陸居雅貢人在乾燥的山坡地搭建簡陋的高腳樓居住，採用燒芭耕種法；海居雅貢人則傍海而居，有者甚至以海為家。雅貢人以標槍和吹筒為武器，並以山藤編製大背袋以背攜物品，也精於編製席袋。每逢婚宴喜慶，他們就歌舞歡娛，樂器有單、雙和四絃竹琴。他們屬泛靈信仰民族，擅長雕刻和繪畫祭祀偶像，但不流行紋身習俗。人死後，屍體必須經過沐浴，並由巫師主持超度儀式，安葬後還得舉行三至七天不等的念咒安靈儀式，葬禮才算完成。[33]

緊隨原始馬來人進入馬來半島的是混血馬來人（Deutro-Malays）。他們約在六、七千年前從中國東南沿海到台灣，五、六千年前再遷至菲律賓，四千五百年前進入蘇拉威西、婆羅洲、爪哇和蘇島，並在三千年前橫越馬六甲海峽進入馬來半島。他們屬於南方蒙古人種，也稱南島語族，這批散居於馬來半島和太平洋的族群也稱馬來—波利尼西亞人（Malayo-Polynesian）或澳斯特羅尼西亞人（Austronesian）。[34]他們帶來較為進步的生產技術和文化，其農業生產方式逐漸取代矮黑人種和原始馬來人的游獵採集方式，成為現今馬來人最主要的組成份子。他們酷愛海上生活，選擇在河口、河岸或沿海地區定居，從事稻種、捕魚和航海貿易，是東南亞海上貿易時期的重要媒介。

他們的農業生產和依靠海洋資源的生活模式，為馬來半島帶來了稻米、陶器，以及本土動物如狗、水牛和豬的飼養，同時也帶來了弓箭、船隻和木屋的建造，以及巨石文化、祖先崇拜、甕葬和獵人頭習俗。甕葬的出現主要是伴隨陶器的使用，盛行於新石器時代晚期，到了金屬器時代才漸漸為棺葬取代。獵人頭的對象和目的往往因部落而異，沒有固定的說法。其獵取對象以其他部落為主，對象可以是男女老幼，主要以偷襲方式獵取，獵取的每一顆人頭的價值和功用是一樣的。而人頭的處理方式則沒有統一的標準，可以帶回部落展示，也可以拿來進行宗教儀式，甚至隨意扔棄。至於獵取動機和目的則存有多種講法，有者認為是雙方戰鬥期間的一種威嚇手段，也有認為是宗教儀式進行中的祭品，也有說是一種戰勝邪靈的方法，更有認為是一種取得榮譽和尊敬，乃至吸引婦女的方法。[35]

有關馬來人的來源在學界有不同的看法，一般認為中國雲南邊疆是「馬來人種搖籃地」，因此不論是原始或混血馬來人皆源自雲南，同時也有學者認為馬來族來自中國東南沿海的古越族人，但不論是哪一種觀點，馬來人的先祖皆與中國有密切的關係。最早提出馬來族來自中國雲南的學者是德人蓋勒登（R.V. Heine Gelden），接續其說的有法人麥斯爾（A. Meisier）、荷人龍基爾（Van Ronkel）、英人溫斯德和陶德甫。主張馬來民族來自中國東南沿海的有羅香林、林惠祥、徐松石、張光直等人。另有一批學者如梁啟超、呂思勉、翦伯贊、林惠祥等，則認為當時中國沿海和馬來群島的住民曾經相互遷移，形成一種環形交流的情況。[36]

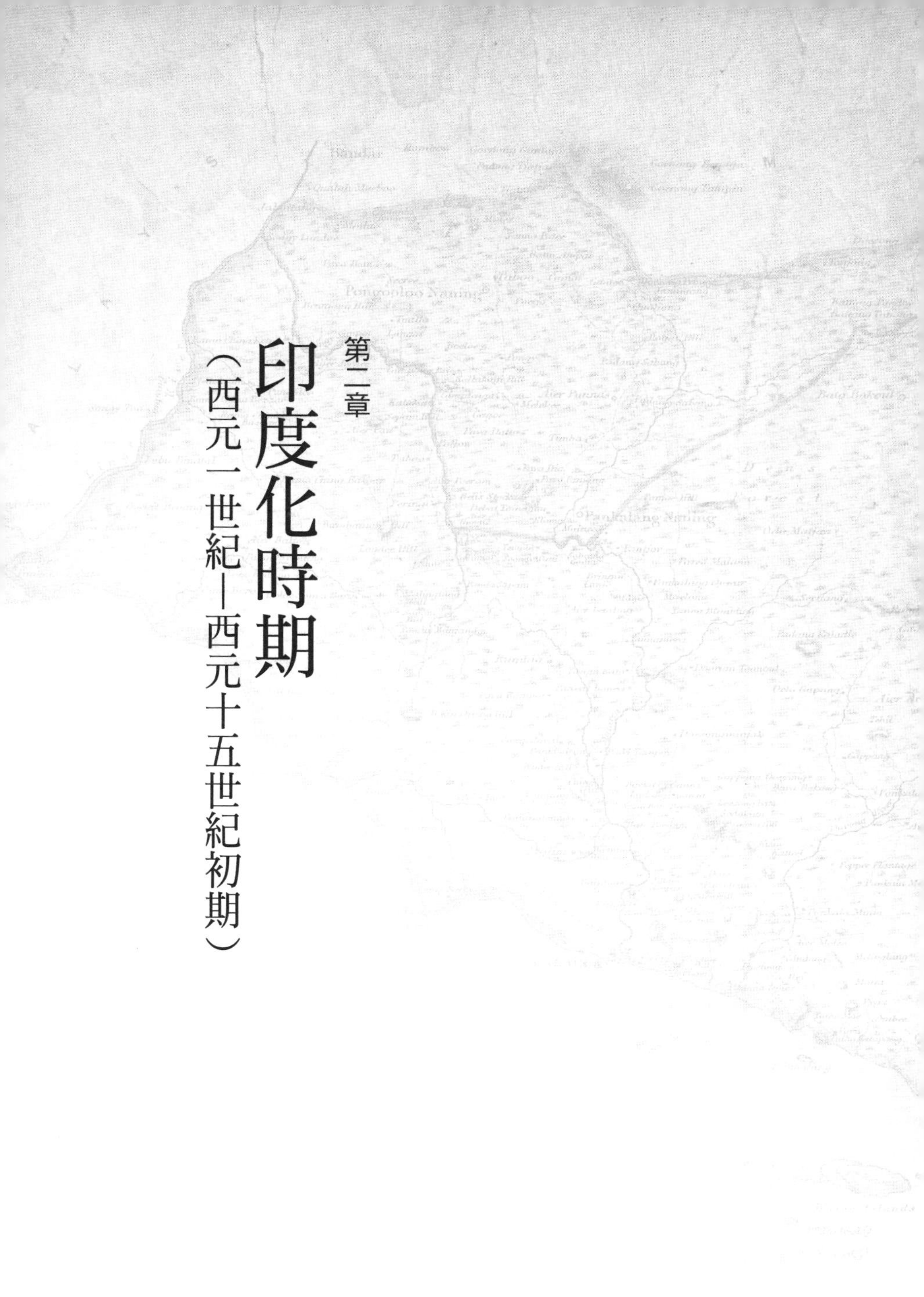

第二章 印度化時期

（西元一世紀－西元十五世紀初期）

馬來西亞一千四百年印度化時代的事蹟，相對於馬六甲王朝以後的歷史，無疑要來得更加隱晦不明。雖然馬來西亞的歷史在此時已從史前過渡至信史時代，但除了少數的碑銘文字，事實上並沒有其他的文字紀錄留下。要重現這段歷史，惟有依賴外國文獻，這些文獻主要來自中國、印度和阿拉伯，其中又以中國的紀錄最為重要。中國文化對東南亞的影響雖不及印度廣泛深遠，但在西元十五世紀西方勢力入侵東南亞以前，相關資料主要是以中國的記錄為主，這已經是學界公認的事實，有其不可替代的作用。霍爾曾謂：「中文材料……有壓倒一切的重要性。」日本學者和田久德也謂：「對於缺乏文獻史料的近代以前的東南亞史來說，漢文史料就其年代清楚，且略帶連貫性而言，乃是最重要的史料。」阿拉伯方面主要貢獻了一些旅行的遊記，可以補充中國資料的不足，而印度資料則偏重宗教文獻、史詩創作，太多的神話傳說，可信度較差。

惟其如此，這段歷史卻是馬來西亞歷史的曙光，裡面有豐富的含量，存有重要的遺產，是馬來西亞歷史不可分割的部分。馬六甲王朝的歷史發展，都沿襲或繼承了這段歷史的遺產，了解這段歷史有助於對往後歷史的掌握，但不無可惜的是大部分的馬來西亞史都將之省略，乃至有意識地淡化這段歷史。

遠在馬六甲王朝建國前，大約在西元紀元以來，半島已經星羅棋布了好一些大小不等的古列國或政權。由於歷史久遠，文獻不足證，我們只能從罕有的出土遺存和散布於中國各種典籍的記載，勾勒其歷史圖像。首先是馬來半島與周邊國家的互動關係，這種關係可以分成兩環來理解。第一環是其與鄰近東南亞霸權的關係，依據時間順序先後曾經出現三個古代東南亞霸權——扶南、室利佛逝和滿者伯夷，三者對馬來半島都產生了或多或少的作用，除了貿易關係，更重要的是存在一種宗主和臣屬國的關係，其中又以室利佛逝對馬六甲王朝的創建和歷史發展有極為重要的影響。第二環是其與東南亞以外東西兩端的大國——中國和印度的關係，彼此之間維持了貿易往來和文化交流的關係，尤其是印度文化對馬來半島。故此，整理他們和半島的來往關係，無疑也是建構本時期歷史的其中一項重要的工作。其次是本土的歷史發展，囿於史料，這段時期的歷史我們僅能從兩個大的面向，即地理方位和文化習俗概況來描繪其模糊的樣貌。

印度化的課題是處理東南亞古代史，乃至馬來亞古代史，不論認同與否，皆無可迴避的重要問題。一九一九年，法國漢學家費琅（Ferrand）首先提出印度人移居東南亞和印度文化向東南亞轉移的觀點，並於一九二三年進一步提出「印度殖民時代」的看法。一九四八年，同樣是法國學者賽代斯（G. Coedes, 1886–1969）在其著述《印度支那和印尼的印度化國家》明確提出古代東南亞的「印度化國家」的觀點，他論證印度文化移植東南亞的巨大作用，否認東南亞的首創精神。一九五五年，霍爾（D. G. E. Hall）在《東南亞史》序言中提出了修正的看法，提出「看東南亞歷史，要以其自身的觀點而不能用任何其他觀點」，強調本土的原創精神，但對使用「殖民地」一詞來形容東南亞古代國家的看法，則持保留意見。❶

李業霖的觀點是較符合歷史事實的：「東南亞一些國家受印度影響，大概僅限於統治階級和上層份子，一般老百姓未必受到很深的印度化生活方式的影響。他們保持原生的信仰如敬奉祖宗，精靈崇拜，採用石棺葬和甕葬。馬來半島的小黑人、雅貢人和先奴伊人就沒有感染到印度文化，著名於世的婆羅浮屠（Borobudur）和吳哥窟（Angkor Wat）也絕不是印度建築的翻版，它們顯然存有自己民族的風格。東南亞一些國家在歷史上受到印度文化的啟發，適應自己的文化特色和國情，吸收並發展外來的印度文化，形成綜合和獨特的東南亞文明。從這個觀點出發去了解古代東南亞印度化，這才合乎歷史實際。」❷這也證明本土文化的發展有其自主性的一面，不完全是對印度文化的照單全收。但不論從哪個角度來看，印度文化對古代東南亞和馬來半島的作用和影響，是確實存在的一個歷史現象。

第一節　印度文化在馬來半島

印度人何時渡過孟加拉灣來到東南亞，恐怕無人可以提供一個明確的答案，一般以為在西元前三至二世紀。但印度人東來的原因卻有各種不同的說法，有說印度的佛教徒遭到印度教徒的迫害，只好遠渡重洋南來避難；有說由於此處盛產黃金，在黃金的誘惑下而來；有說南印度出產上佳的造船木材，加上瀕臨海濱，容易出海；有說印度人發現阿拉伯人借助季風遠洋航行的秘密，也乘著季候風來到東南亞。上述的各種說法，其可靠性歷來有不少爭論，但南印度人利用季候風沿海岸航行到緬甸南部，再前往馬來半島，應是較合情理的說法，當時的船隻無法遠洋航行，季候風無疑加速了船行的速度。於此同時，泰米爾人（Tamil）也開始移民到馬來半島北部。❸一般認為西元一至三世紀時，到來東南亞貿易的以注輦人為最多，西元三世紀以後印度東岸的巴拉瓦人（Pallavas）則成為東南亞最有勢力和影響力的印度人。

至於印度文化的傳播亦有大量移民或殖民統治，以及漸近影響兩種說法，兩種觀點要以後者較為合乎事實，其傳播過程可能是通過以下兩組人來進行。第一組人是散居於馬來群島的南島語族之水手和商人，在西元前一世紀中葉即與印度有經常性的商貿接觸。第二組人是以個人或小群體自發性往群島移居的僧侶和商人，以及在印度本土失勢的婆羅門和剎帝利。這種流動模式基本上持續至西元七世紀。前者將印度的產品，如銅器帶回，後者與當地居民通婚，並與當地統治者結為友好，並藉此將印度文化和專業技術傳播進來。❹霍爾認為「馬來半島上的港口和印度的關係可以追溯到史前時代，雙方的商人和運貨人都參與這種來往活動」，❺是極有道理的。

通過與這兩組人的接觸，在地的社會就有選擇性地將符合他們政經和宗教信仰要求的印度文化元素，融入他們的文化中，這些在地居民比印度移民更積極於印度文化的傳播。印度的文化以思想和宗教對馬來群島產生了極大的影響，迅速改變了他們的信仰和政治制度，使各地方性的政權或列國紛紛創立。

故此賽代斯認為印度文化的傳播「受到了由馬來半島上第一批印度化王國構成之傳布中心的推動，這些王國充當了印度本土與外印度之間的中繼站」。❻由此可見印度和馬來半島交往的關係，不無可惜的是，由於歷史久遠，文獻不足以稽考，僅能依靠遺留下來的遺物加以印證。在馬來半島，除了吉打的布秧河谷保留較大面積的印度化遺跡，其他挖掘出來的印度遺物則零散分布。

布秧河谷的印度文化遺存

布秧河谷是介紹馬來半島印度文化影響時，不得不談的部分。布秧河谷最早於一八四五年，由當時擔任威省殖民官員，同時也是一名業餘考古研究者的詹姆斯．羅所發現。此後才有西方考古學者，如伊凡斯、威爾斯（Quaritch Wales）夫婦、藍姆、特列崗甯、皮爾考等學者陸續到來考古發掘，到了一九七〇年代，馬來西亞學者才加入此區的考古行列。

▲佛陀笈多的石碑。
馬來西亞華社研究中心主任詹緣端提供。

▲布秧河谷出土的其中一具佛像。
馬來西亞華社研究中心主任詹緣端提供。

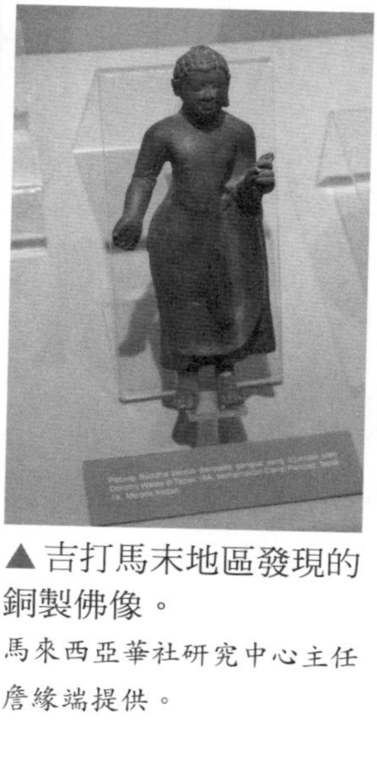

▲吉打馬末地區發現的銅製佛像。
馬來西亞華社研究中心主任詹緣端提供。

▲布秧河谷出土的象首神像。
馬來西亞華社研究中心主任詹緣端提供。

詹姆斯・羅將其發現的過程記載下來，他在一座森林內發現一個印度人徙殖區的殘跡，以及一座倒塌的印度廟宇。這個徙殖區是在日萊峰（Gunung Jerai）山腳下的一塊土地上，因為濃密的森林穿越不易，影響了搜尋和研究速度，但他沒有交代究竟發現了多少古跡和文物。他在北賴一座印度廟廢墟所發現的一塊佛陀笈多（Buddhagupta）石碑卻引起考古界的關注和興趣。該石碑刻了一小段禱文和佛教偈語。他把碑銘送到印度加爾各答去檢驗，確認是西元五、六世紀時用來祈禱船長佛陀笈多在海上作業平安的文字。此外，詹姆斯・羅也在大山腳附近發現另一塊佛教碑銘。後來，上述所提及的考古學者陸續發掘了其他的遺跡。目前，這裡已經發掘約六十處古跡遺址，陵廟（candi）和建築，但至今只修復了部分遺址。

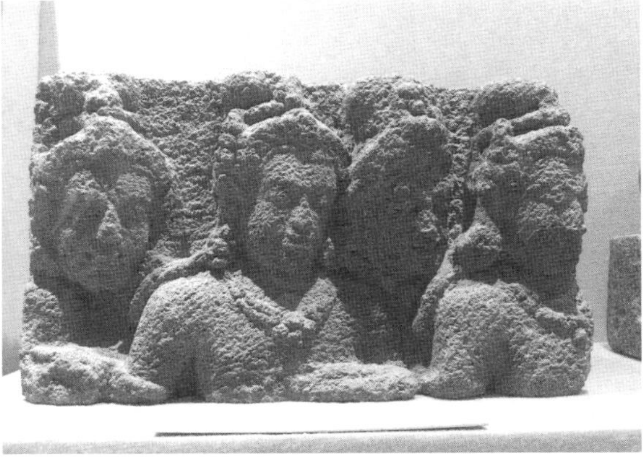

▲布秧谷考古博物館展示的出土文物。

何玉萬提供。

▲大山腳的佛教碑銘。

編著者提供。

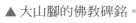

布秧河谷的早期歷史，經過這一百多年來考古學家的努力，大致上已經整理出一個輪廓，基本上確定西元四、五世紀開始，這裡已有印度文明社會的存在，並在往後逐漸發展成為國際商港，面積達四百平方公里，範圍大約涵蓋現今的吉打南部和威省北部。古吉打的文化發源地是在吉打中部的馬莫（Sungai Merbok）河流域與慕達河（Sungai Muda）流域之間的平原地區。慕達河的重要支流是瑪士河（Sungai Mas），有許多古跡是在瑪士河及附近地區出土。瑪士河和威省北部是布秧區域最早的商業中心，大約在西元九世紀開始才移至布秧渡頭和馬莫。在這裡交易的商品計有來自中東、印度和東南亞等地的珠子，中東的玻璃藝品，唐宋的鏡子和陶瓷，阿巴斯王朝的錢幣，其他還有黃金和銅制的飾品，不一而足。❼

印度文化的影響

印度文化對馬來半島的影響是多方面的，諸如宗教、哲學、思想、語言、文學、藝術、政治、法律、

▲布秧谷考古博物館（Muzium Arekologi Lembah Bujang）的戶外廟宇遺跡，從遺址原樣移置。
何玉萬提供。

▲布秧河谷的模型圖。
何玉萬提供。

社會等皆有印度文化的色彩。[8]但印度文化的影響並非全盤印度化，而是有選擇性的接納，在馬來亞古代雖然有明顯的上下階層之分，階級分明，但種姓制度始終沒有被引進實行。[9]

印度文化對東南亞其中一個最大的影響，無疑就是印度的政治體系和思想，尤其是皇權觀念經過當地政權有意識地揀選調整後，形成其統治體系，使東南亞各政權國家更能有效統治轄下的廣大領土。此外，印度政治文化的架構和理論也賦予了政權統治的合法性，有效處理統治和被統治者之間的關係，至此各個政權才如雨後春筍般湧現。如古代馬來傳統政權兩個重要的支柱「derhaka」和「daulat」皆屬印度觀念，前者是梵文，意為「背叛統治者」，後者是印度教宇宙力量「sakti」的阿拉伯譯文，意為「效忠」。[10]馬六甲的第三任統治者斯里馬哈拉加（Sri Maharaja）極為仰慕室利佛逝，在任期間，大量引用室利佛逝的典章制度，成為馬六甲王朝傳統的來源。各州的登基大典，還可看見印度教宮廷文化的孑遺。

印度文化對馬來西亞產生重要影響的另一個領域，則是宗教信仰。婆羅門教（印度教）和佛教基本上是在世紀前後同時傳入馬來半島，兩者的影響並行不悖，歷經千餘年，直到伊斯蘭教傳入以後，才逐漸式微。事實上，印度在婆羅門教之前，已經有原始信仰，如以鳥和蛇象徵男根的生殖崇拜，以及對山的崇拜，如喜馬拉雅山和眾神聚居的宇宙中心「須彌山」（Mahameru），這些都隨婆羅門教和佛教傳入東南亞。[11]如馬來半島最早的古國狼牙修，「Langka」是傳說中馬來半島山峰上的山城；「Sukha」在梵文則是「快樂」之意，因此狼牙修之義為「快樂的馬來半島山城」。這種對山的崇拜，無疑是受印度文化的影響。

婆羅門教的渡海傳入馬來半島，其傳布中心，可能是西元三世紀末在印度東南部崛起的巴拉瓦王國。婆羅門教在在馬來群島的盛行，見於法顯成於西元五世紀的《佛國記》：「其國外道婆羅門興盛，佛法不足言。」在霹靂的美羅（Bidor）、和豐（Sungai Siput）和孟加蘭（Pengkalan Pegoh）等地也發掘出興都教和佛教的青銅神像，這些遺物顯示，最遲於西元七、八世紀時，印度教和佛教即已在此流布。婆羅門教的僧侶階級婆羅門，在東南亞國家有著崇高的地位，有者不僅占據了王廷的祭司和國師寶座，也成為國家重大典禮的司儀或主持人，他們觀星象、行占卜，甚至參與國家重大決議，成為君王顧問。例如盤盤國，「其國多有婆羅門，自天竺來就王，乞財物，王甚重之」；頓遜國「國主名崑崙，國有天竺胡五百家，兩佛圖，天竺婆羅門千餘人，頓遜敬奉其道，嫁女與之，故多不去」；赤土國「婆羅門數百人，東西重行相向而坐」。[12]

信奉婆羅門教，以及改革後的印度教的印度化國家，基本奉行印度教的法典，特別是要求遵守《摩奴法典》（*Law of Manu*）。馬六甲八位統治者中，其中兩位，即拜里米蘇拉和斯里馬哈拉加就是典型印度教的名字，而斯里拜里米蘇拉帝瓦沙（Sri Parameswara Dewa Shah）則是印度教和伊斯蘭教名字的結合。[13]有者甚至認為，伊斯蘭教入傳後的馬來文化，也是印度文化的進一步發展。[14]

佛教有大小乘之別，大陸東南亞的佛教屬小乘佛教，馬來半島主要以大乘為主。相傳在印度孔雀王朝時期的名王阿育王（Asoka，一稱無憂王）即位後，皈依佛教，舉行第三次結集，還定佛教為印度國教，並派遣長老到國內外各地傳布佛法。據說當時有兩位長老，須那迦（Sonaka）和郁多羅（Uttara）被派往金地，即緬甸、暹羅、馬來亞和蘇門答臘等地。西元五世紀時，小乘佛教在巴拉瓦的首都建支補羅（Kanchi-puram）大盛，那時印度北部的笈多（Gupta）王朝，也是佛教藝術的黃金時代，在馬來西亞所出土的古佛像，也是屬於西元四、五世紀的笈多型。在吉打和威省所發現的佛寺殘址，也大約是同一時期的遺跡。一些佛教的觀念習俗，如火葬、戒殺生、倡靜坐、茹素養生，多少也對馬來半島有所感化。[15]馬來半島最早的印度化國家狼牙修事實上就是個佛教國家，據《梁書》的記載，狼牙修曾與崇信佛教的梁朝有頻密的使節往還，並在文書中表達崇敬之情。唐代高僧義淨（六三五年—七一三年）曾提及狼牙修在內的幾個東南亞古國：「並悉極尊三寶，多有持戒之人，乞食者多，是其國法。」並曾蒙狼牙修國待以上賓之禮，他也多次提到吉打禮待途經或暫居此地的求法僧人。即使在受爪哇夏拉特朗統治期間影響之馬來半島上的古國，佛教也同樣盛行。[16]此外，先後崛起於半島北端的丹丹和盤盤等國，也都是印度佛教文化影響下建立的政權。[17]

這些發展完全符合印度宗教文化對東南亞早期古代國家之社會政治歷史的影響，這些影響主要表現在兩個方面，一為宗教在東南亞早期古國得以迅速興盛發展，另一為神權和王權高度結合，並盡可能用以神化王權。[18]

早期的馬來文字是在印度文化傳入後，借用梵語的書寫方式，才從口頭語文轉向有文字書寫系統的語文，而大量的梵語借詞豐富了其詞彙，梵語詞綴則豐富了其構詞手段。在蘇門答臘出土的四塊西元七世紀古馬來語碑銘，則是梵語影響馬來西亞的最佳證明。這四塊碑銘分別是刻於六八三年的巨港格杜幹・武吉（Kedukan Bukit）碑銘、六八四年巨港達朗・杜沃（Talang Tuwo）碑銘、六八六年邦加島科達・卡布林（Kota Kapur）碑銘和同年的占卑卡泠・勃拉希

（Karang Berahi）碑銘。從碑銘文字上看，不管是詞彙、書寫方式或音韻等方面皆有深刻的梵語痕跡。[19]

馬來語中的外來語，梵文語詞仍高居首位，而且所借用的語詞，不僅宗教用語和思想上的語詞，也包含商業、政治和科學上的專門名詞和日常用語，例如常用的「bahasa」（語言）、「benda」（物品）、「harga」（價錢）、「jaga」（司閽）、「nama」（名字）、「saksi」（證人）、「maha」（大）、「raja」（王）等皆是。馬來語中稱兄道弟為「saudara」，無疑是從印度種姓制度的的第四階級首陀羅（Sudra）轉化而來。[20] 古典馬來文學中亦不乏印度文化的影子，在印度兩大史詩《羅摩衍那》（*Ramayana*）和《摩訶婆羅多》（*Mahabharata*）的影響下，出現了馬來文學中的印度史詩和史詩皮影戲兩種創作，前者有《希利羅摩傳》（*Hikayat Sri Rama*）以《羅摩衍那》為創作依據，後者有般度故事（Pandawan）以《摩訶婆羅多》為創作依據。

宗教色彩濃厚的馬來傳統歌舞劇「瑪詠」（Mak Yong），在其開演前的宗教儀式上，巫師不僅誦讀伊斯蘭教祈禱文，也誦念印度教和佛教的經文，甚至原始宗教的咒語。[21] 馬來傳統藝術皮影戲（Wayang Kulit，亦譯哇揚戲），不論在內容或呈現手法上，更充滿了印度風味。馬來民族最為重要的天猛公法，亦深烙印度典律的元素；生活習俗也有非常深刻的印度婆羅門教影子；至於舞蹈，不論在形式或風格上，也具有濃厚的印度文化色彩。[22] 這些都反映出印度文化在深度和廣度方面，給予馬來文化的豐富養分。故此，溫斯德關於西元十八世紀，馬來人已經從印度文化中取得所有養分的說法，並非無的放矢，而是其來有自了。

第二節　半島古列國㉓

早在馬六甲王朝立國以前，大約在西元後不久，由於古代中國和印度的海上交通，多取道克拉地峽，故此，沿著半島的吉蘭丹和吉打往北出現了不少的印度化政權或國家。這些國家或政權的出現，是由於印度商人開始大規模到東南亞進行商業活動，為了發展商業便在東南亞建立商業據點。隨後印度僧侶、貴族等也陸續到來，他們沿用印度的風俗習慣、行政組織和文物制度，使這些據點成為傳播印度文化的中心，逐步建立起印度化的政權或國家，主要由孟吉蔑人所控制。此外，在半島地區沿海的口岸也因為交通貿易的關係，也先後出現了一些政權，主要屬原始馬來人的國家。但不論克拉地峽或半島地區的政權，大多數因為年代久遠，不少地名的正確方位至今仍然眾說紛紜，沒有定案。為了敘述上的方便，現據其分布位置，分克拉地峽、半島東岸和半島南部等三個他區加以介紹。

西元一—六世紀之古列國

克拉地峽由於位居東西方交通要衝，成為古代交通孔道，商貿的繁盛，使得此處的古國如雨後春筍般湧現。由北而南有頓遜、盤盤、狼牙修、哥谷羅、赤土和碣荼。

頓遜（又名典孫、典遜），最早的記錄該推《太平御覽》所引的《南州異物志》，為吳國萬震所著，但此書已經佚失，故目前所見文獻當以《梁書．扶南傳》最早。梁代以後頓遜不再見於載籍，許雲樵認為一個位居如此要衝的國家不可能在歷史上消失，她應該就是盤盤的前身。頓遜位於半島克拉地峽北端的西岸，即下緬甸的丹那沙林〔Tenasserim，現為德林達依省（Tanintharyi）〕。頓遜國王稱為「崑崙」，被視為由上天派來人間的神祇。頓遜是印度化非常深刻的國家，《太平御覽》謂之：「國有天竺胡五百家，兩佛圖。天竺婆羅門千餘人。頓遜敬奉其道，嫁女與之，故多不去」，其國「東西交會，日有萬餘人。珍物、寶貨，無所不有」，故此，中印兩國的行商皆以此作為中途停泊處。此地的特產為酒樹，「似安石榴，採其花汁，停甕中，數日成酒」。喪葬則採行鳥葬和火葬，「疾困，便發願鳥葬。歌舞送之邑外，有鳥啄食，餘骨作灰，罌盛沉海。鳥若不食，乃籃盛火葬者，投火餘灰，函盛埋之」。

盤盤一名最早見於《梁書．扶南傳》，謂憍陳如感應天命，南至盤盤，受扶南人迎立為王。此外，書中並記載了盤盤自西元五世紀初到六世紀中，於南朝時代多次遣使貢獻的情況，且錄有一份奉使的表文。位於地峽的東海岸的缽蘭補利（Pranpuri，或作攀武里），其大部分居民皆信奉佛教，風俗物產與赤土國同，也與墮和羅國略同。

狼牙修是馬來西亞最早的印度化國家，約於西元二世紀初立國，位於半島的東岸，今泰國的北大年，版圖曾擴大至吉打。大約在西元六世紀初，在頓遜、盤盤先後式微後，成為一個由孟吉蔑人控制的政權。其國譯名不一，有棱加修、狼牙須、郎迦戍、凌牙蘇家、凌牙斯加、龍牙犀角和狼西加等多個譯名。其具體方位所在，歷來眾說紛紜，有吉打、霹靂河上游、北大年、朗交怡等說法。許雲樵則認為凌牙斯加一名是屬於較後期建於吉打，並擴張到北大年的馬來政權。

有關狼牙修的紀錄最早見於《梁書》卷五十四的〈狼牙修國傳〉，有關其風俗記載如下：

「土氣物產與扶南略同，偏多棧沉婆律香等。其俗男女皆袒而被發，以吉貝為干縵。其王及貴臣乃加雲霞布覆胛，以金繩為絡帶、金環貫耳。女子則被布，以瓔珞繞身。其國累磚為城，重門樓閣。王出乘象，有幡旗鼓，罩白蓋，兵衛甚嚴。」此外在宋人趙汝適的《諸蕃志》和元人汪大淵的《島夷志略》都有專條記載。《諸蕃志》謂：「地主纏縵跣足，國人剪髮亦纏縵。地產象牙、犀角、速暫香、生香、腦子。蕃商與販，用酒、米、荷池纈絹、瓷器等為貨，各先以此等物准金銀，然後打博。如酒一墱，准銀一兩，准金二錢；米二墱，准銀一兩，十墱准金一兩之類，歲貢三佛齊國。」《島夷志略》謂：「峰嶺內平外聳，民環居之，如蟻附坡，厥田下等。氣候半熱。俗厚，男女椎髻，齒白，繫麻逸（Mait）布。俗以結親為重，親戚之長者，一日不見面必攜酒持物以問勞之。為長夜之飲，不見其醉。民煮海為鹽，釀為酒，有酋長。地產沉香，冠於諸番，次鶴頂降真、蜜糖、黃熟香頭。貿易之貨，土印布、八都刺布、青白花碗之屬。」

在西元六世紀與中國梁武帝同時崇尚佛教，據姚思廉《梁書‧武帝本紀》的記載，曾先後於五一五年、五二三年、五三一年、五六八年等，前往中國朝貢，此後就無記載。西元十一世紀以前，她是個佛教盛行的國家，甚至成為唐朝高僧西方取經的海路中途站，義淨就曾經在此短暫停留。由於位居東西交通要衝，因此成為非常重要的國際商港，是當時中印、西亞和扶南等國商人停泊的港口，國家由是富裕，中國商人名之為「狼牙修」。可是也因為這個原因，常常遭受鄰近強國的覬覦。在西元六世紀時，曾經被扶南占領；九世紀時，被室利佛逝征服，成為室利佛逝的重要都城之一；十一世紀時，又為南印度的朱輦所攻占。

哥谷羅，在地峽中部的西岸，但在中國典籍中沒有專條記載，只在《新唐書．單單國傳》和同書《地理志》提及，從阿拉伯的文獻中推斷或許早期曾經是豆蔻的貿易中心。

赤土雖有不少中國典籍記載其事，但只有《隋書．赤土傳》和《通典》是原始資料。赤土是隋時的大國，不知何故卻在唐朝時消失無蹤，此後中國文獻不稱赤土，而稱羯荼，即吉打之音譯。依據《隋書》記載常駿出使的行程，其領土範圍可能包括今天吉打、宋卡和北大年之間的領地。[24] 赤土透過朝貢，與中國建立了友好的邦交，隋煬帝大業三年曾遣常駿和王君政前往赤土。當常駿抵步後，赤土國給予盛大歡迎，《隋書》卷八十二有如下記載：「至於赤土之界。其王遣婆羅門鳩摩羅以舶三十艘來迎，吹蠡擊鼓，以樂隋使，進金鎖以纜駿船。月餘，至其都，王遣其子那邪迦請與駿等禮見。先遣人送金盤，貯香花並鏡鑷，金合二枚，貯香油，金瓶八枚，貯香水，白迭布四條，以擬供使者盥洗。其日未時，那邪迦又將象二頭，持孔雀蓋以迎使人，並致金花、金盤以藉詔函。男女百人奏蠡鼓，婆羅門二人導路，至王宮。駿等奉詔書上閣，王以下皆坐。宣詔訖，引駿等坐，奏天竺樂。事畢，駿等還館，又遣婆羅門就館送食，以草葉為盤，其大方丈。因謂駿曰：『今是大國中人，非復赤土國矣。飲食疏薄，願為大國意而食之。』後數日，請駿等入宴，儀衛導從如初見之禮。王前設兩床，床上並設草葉盤，方一丈五尺，上有黃白紫赤四色之餅，牛、羊、魚、鱉、豬、蝳蝐之肉百餘品。延駿升床，從者坐於地席，各以金鍾置酒，女樂迭奏，禮遺甚厚。尋遣那邪迦隨駿貢方物，並獻金芙蓉冠、龍腦香。以鑄金為多羅葉，隱起成文以為表，金函封之，令婆羅門以香花奏蠡鼓而送之。」

此時赤土已經具備有完善的管理制度，除了國王，另有大臣多名共掌政事。其俗「皆穿耳剪髮，無跪拜之禮，以香油塗身。俗敬佛，尤重婆羅門。婦人作髻於項後。男女通以朝霞朝雲雜色布衣，富豪之室，恣意華靡，唯金鑠非王賜不得用。每婚嫁，擇吉日，女家先期五日，作樂飲酒，父執女手以授婿，七日乃配焉。既娶則分財別居，唯幼子與父同居。父母兄弟死則剃髮素服，就水上構竹木為棚，棚內積薪，以屍置上。燒香建幡，吹蠡擊鼓以送之，縱火焚薪，遂落於水。貴賤皆同。唯國王燒訖，收灰貯以金瓶，藏於廟屋。」物種除「稻穄白豆黑麻」，其餘則同於交趾，也喜「以甘蔗作酒，雜以紫瓜根」。

吉打一名是由原為梵文的古名「Kataha」簡化而來，此名最早見於《風天往世書》（*Agni Purana*）。至於中國典籍中，最早提及這地名的是義淨的《大唐西域求法高僧傳》，義淨將之譯寫為「羯茶」，恐怕是由「Kedah」而來。這個國家的古史至今所知有限，大約建國於西元二世紀，是印度人和馬來人的混居地。據三塊沒有年月的石碑，斷定在西元四世紀時吉打已經接受很深的印度化了。此時的吉打應屬泰米爾人拓殖的箇羅時代，因為箇羅一名乃是泰米爾語「Kalagam」譯出，其國王是南印度信仰佛教的泰米爾人。㉕此外，傳說性質濃厚的吉打史書《吉打紀年》（*Hikayat Merong Mahawangsa, The Kedah Annals*）也記載了吉打王國的建國直到一一三六年改宗伊斯蘭教為止。

半島東岸從北到南有丹丹、都元、婆皇和拘利。

丹丹（單單），其地理位置在現今的吉蘭丹，最初見於《梁書．丹丹傳》，但全文主要收錄奉使的表文，其國詳情不得而知，倒是《通典．丹丹傳》有較具體地記錄其政治、風俗和物產：「王姓剎利（Kshatriya），名尸陵加（Sri Linga），理所可二萬餘家，亦置州縣以相統領。王每晨夕二時臨朝。其大臣八人，號曰八座，並以婆羅門為之。王每以香粉塗身，冠通天冠，掛雜寶瓔珞，身衣朝霞，足履皮屨，近則乘輿，遠則馭象。其攻伐則吹蠡擊鼓，兼有幡旗。其刑法，盜賊無多少皆殺之。土出金銀、白檀、蘇方木、檳榔。其穀唯稻。畜有沙牛、羖羊、豬、雞、鵝、鴨、獐、鹿，鳥有越鳥、孔雀，果蓏有蒲桃、石榴、瓜、瓠、菱、蓮，菜有蔥、蒜、蔓青。」

丹丹國曾於西元五三〇年、五三一年、五七一年、五八一年、五八五年、六六六年和六七〇年等，遣使中國。

都元國（都昆、都軍、屈都乾），是最先見於中國載籍的馬來半島國家，在現今的登嘉樓龍運（Dungun），她的史事所知甚少，《水經注》中只有小段引文：「土地有人民可二十餘家，皆曰：『朱吾縣民叛居其中』。」這二十餘戶人家是漢時不堪二千石長吏的苛求，而在此立國的。據《扶南土俗傳》（一作《吳時外國傳》）的記載，此處產藿香。

婆皇在中國載籍有多次記載其朝貢的年分，但沒有國情紀錄。最早遣使是西元四四二年，往後在四四九年、四五一年、四五六年、四五九年和四六四年等，亦有朝貢，最後一次是在四六四年。從音譯上看「婆皇」是彭亨的對音，姚楠認為此字源自吉蔑（Khmer）語，意為錫。[26]

拘利（九離、九稚、句稚），在中國載籍最早著錄應是《水經注》和《太平御覽》所引的《扶南土俗傳》，在現今登嘉樓甘馬挽（Kemaman）的朱垓，其實力可能控有彭亨和柔佛，在西元初已經是一個商港了。

半島南部則有羅越、皮宗（比嵩、毗宋）和蒲羅中國。羅越是在眾多國家中出現較遲的，其記載最初見於《新唐書》，位於柔佛境內，是馬來文「Laut」（海）的對音，所以應該是由善於航行的原始馬來人所建立的國家。皮宗在馬來半島南端，或許是古代航海的地標。蒲羅中國則是新加坡的古名，其記載見於《太平御覽》，它是馬來文「Pulau Ujong」的對音，意即半島的盡頭，島上住有長尾巴，「其俗食人」的部落。

另外，在西海岸霹靂天定（Dinding）的木歪（Beruas），或許存在一個名為剛卡那加拉（Gangga Negara）的印度化古國，位於有堡壘的小山上，是個信奉佛教的國家，建國於西元五世紀，並迅速成為當時重要的商業口岸和中心，在《馬來紀年》和《吉打紀年》中皆有記載。至於這個古國的明確位置以及由哪一民族所建，則文獻不足證，其遺跡恐因年代久遠已遭大水沖走或腐蝕，但一般歷史學者相信她建國於天定河附近的昔加里（Segari）。早在一八四九年，詹姆斯．羅已經進行挖掘的工作，百餘年來，陸續發現了不少手工製品和器具，她的覆亡是由於南印度的朱輦王國渡海遠征所致。

西元七—十四世紀之古列國

延續上個階段的發展勢頭，某些政權式微並消失，一些新興政權又繼起，早期由原始馬來人建立的政權，也逐漸為混血馬來人滲透，並建立多個至今仍然存在的政權。這些政權位在克拉地峽者，計有加羅希、日羅亭、丹流眉、孫古那、狼西加和吉打。

加羅希和日羅亭在宋代載籍雖屢見著錄，但沒有正式記載，只能從一些出土的碑文中約略知道她是三佛齊（Samboja）最北的屬國，附屬於單馬令，而單馬令並無國君，其國君為三佛齊國君，所以加羅希的君主地位不高，這也是為何她在中國載籍中無足輕重。至於日羅亭文獻更少，推測應在馬來半島東海岸，但無法確指其地點。

丹流眉（丁流眉、登流眉）是宋時才出現的國家，位於克拉地峽上的大瓜巴，後來遷到東海岸和單馬令合併為一國，最早奉真臘為上國，後來才成為三佛齊的屬國。其俗「椎髻纏帛蔽形。每朝，蕃主出座，名曰登場，眾蕃皆拜。拜罷同座，交手抱兩膊，如中國叉手也」，「交手抱膊」為馬來習俗「sengkeling」（臂或腿交叉之謂）也。其國產香，為他國所不及，其他物產有白豆蔻、黃蠟和紫礦。

孫古那（東沖古剌、宋腒、宋腳、宋卡）一名見於《武備志》，也就是隋時赤土國都僧祇城，也是獅子城的別譯，即今泰國南部的宋卡。宋卡本為馬來人的國家，後來淪為暹羅的屬國，成為暹羅的領地。其物產風俗在《島夷志略》和《清朝文獻通考》有詳細記載。《島夷志略》謂：「巃嵸豐林，下臨淡港，外堞為之限界。田美穀秀。氣候驟熱，雨下則微冷。風俗輕剽。男女斷髮，紅手帕纏頭，穿黃綿布短衫，繫越里布。凡有人喪亡者，不焚化，聚其骨撇於海中，謂之種植法，使子孫復有生意。持孝之人，齋戒數月而後已。民不善煮海為鹽，釀蔗漿為酒。有酋長。地產沙金、黃蠟、麁降真香、龜筒、沉香。貿易之貨，用花銀、鹽、青白花碗、大小水埕、青緞、銅鼎之屬。」《清朝文獻通考》謂：「俗佞佛，以手團食。男蓄髮，削其鬚，著衣褂，無鞋襪，首插雉尾，腰繫疋帛，事耕漁，常佩刀。女椎髮，跣足，短衣長裙，披錦於肩，能紡織。土產牛、鹿肉、蝦米、燕窩、海參、蕃錫之屬。」

吉打歷史大約從西元七世紀開始屬於羯荼時代，是南傳佛教興盛期，來往南海和印度的中國僧侶皆要到此巡禮逗留。六三四年，吉打出現新的王朝，從波斯戰敗，輾轉來至吉打的吉米隆（Gemeron）被推舉為國王，王室成員包括波斯王室、馬來人和印度人，[27]居民以南印度人為主。

從西元九世紀至十四世紀為吉陀時期，也是注輦和暹羅勢力交替的時期。在吉陀時代的初期是阿拉伯人往來中國印度之間最活躍的時期，為此，阿拉伯人也留下了不少有關吉打的文獻紀錄，從中對吉打當時的歷史才有比較多的認識。首先，阿拉伯人稱吉打為「Kalah」，自西元九世紀中葉到十一世紀初，吉打為室利佛逝的屬國，至於是什麼形式的屬國，則有待考查，可能是陪都，也可能是重鎮。其次是有關吉打生活的描述，吉打城牆高大，城內有很多花園，河道交通便利，城的四周有不少市鎮。國王住在城中，被稱為印度王。城內也有不少印度人、穆斯林和波斯人，但沒有提及土著。居民的食物為麥、棗子和蔬菜，皆秤斤論兩賣，他們的主要作物為米和碩莪。

這時期吉打歷史的大事要數印度南部強國注輦的跨海遠征。西元十一世紀初，由於吉打作為三佛齊的屬國，控有海峽和地峽的貿易權，使到注輦在交通或貿易上皆受到三佛齊的牽制，不論是要渡過克拉地峽或航經馬六甲海峽，皆感不便。其雄主拉惹因陀羅一世（Cri Rajendra Coradeva）便於一〇一七年率領艦隊跨海長征，其首要目標是三佛齊的重鎮吉打，意欲一舉將之攻陷，並俘虜其國王、財寶和御象。除此而外，注輦也攻陷半島上的其他政權，如狼牙修、單馬令、日羅亭和單馬錫，再由單馬錫跨海直搗三佛齊國都巨港。

戰事結束以後，吉打就由注輦分封的藩王統治，但在一〇六七年為吉打人民所攆，為了此事注輦再次勞師動眾跨海遠征，攞平叛亂，恢復傀儡政權的統治。西元十三世紀末葉，注輦衰微，暹羅勢力南下，干預馬來半島政事，吉打的控制權轉到暹羅人手中。泰米爾人和親注輦的馬來貴族失勢，為暹羅所扶持的馬來貴族所取代。

值得稍事補充的是，剛卡那加拉在注輦南侵時遭消滅，另一古國木歪王國在其鄰近地區建立，有謂是由逃難的剛卡那加拉居民所建。但實際情況應該是由馬來伊斯蘭教徒所創立，因為在其故址甘榜哥打（Kampong Kota）地區發現了伊斯蘭教的陵墓。木歪王國曾臣服於馬六甲最後一任蘇丹，成為其屬國，她的沒落可能是霹靂河河口（今天定河）淤塞所致。

在半島東海岸計有吉蘭丹、登牙儂、佛羅安、單馬令和蓬豐。

吉蘭丹（急蘭亦帶、急蘭丹）一名是馬來西亞各州名中最為久遠，而至今仍然沿用的，在宋時的《諸蕃志》已經出現，當時是三佛齊的屬國。有關她名稱的來源有兩種說法，一說係由馬來文「Gelam Hutan」（野白樹油）兩字轉訛而來，其為一種蔓生在該地沿海一帶的灌木。一說是海外之王入贅北大年後生了二子，長子繼承北大年王統，幼子則沒有著落。這海外之王有一日行至海濱遙望南方陸地於陽光中發光如電，乃狂呼「Kilat-Kilatan」（閃電），並以此地為其幼子建國。吉蘭丹的起源不明，古史也湮沒不彰，大概在西元一二二五年以前即已存在，一二八六年和一四一一年曾先後入貢元朝和明朝。從明代至十九世紀，吉蘭丹是北大年的屬邦，其王統也系出北大年。

登牙儂（丁家盧、丁機宜、丁機奴）一名同樣出現於《諸蕃志》，當時也是三佛齊的屬國，而記載其風土人情最早的當數《島夷志略》丁家廬條，其記載如下：「三角嶼對境港口，通其津要。山高曠，田中下，民足食，春多雨，氣候微熱，男女椎髻，穿綠頡布短衫，繫遮里絹，刻木為神。殺人，一皿和酒祭之。每水旱疫癘，禱之，則立應。及婚姻病喪，則卜其吉凶，亦驗。今酋長主事，貪禁，勤儉守土。地產降真、腦子、黃蠟、玳瑁。貨用青白花瓷器、占城布、小紅絹、鬥錫、酒之屬。」清代謝清高《海錄》亦有相關記載。

佛羅安（佛囉安、佛來安）最初見於宋周去非《嶺外代答》，位於登嘉樓的龍運，其國出現於西元十二世紀，但卻在鄭和下西洋的時候便沒有了。《島夷雜誌》謂其土俗信仰：「有地主，亦係三佛齊差來。其國有飛來銅佛二尊，名毗沙門王佛（多聞天王），內一尊有六臂，一尊有四臂。每年六月十五日，係佛生日，地人並唐人迎佛六尊出殿，至三日復回。其佛甚靈，如有外國賊舡，欲來劫奪佛殿珠寶，至港口即風發，舡不得前，多是就港口搶劫地人，往別國賣，每一人鬻金四兩或五兩。如國內民妻與人有奸，即罰所奸人金四、五兩，還本人夫，即以妻嫁與之。」其物產則有「速暫香、降　香、檀香、象牙等，番商以金、銀、甆、鐵、漆器、酒、米、糖、麥博易。歲貢三佛齊」，從上述敘述得知佛羅安是個臣屬三佛齊的佛教國家。

單馬令（丹馬令）最早見於宋代陳元靚的《島夷雜誌》，為彭亨河名「Tembeling」的對音，在今彭亨首府關丹（Kuantan）。其風俗物產在《島夷志略》有詳細記載：「山平亙，田多，食粟有餘，新收者復留以待陳。俗節儉，氣候溫和。男女椎髻，衣白衣衫，繫青布縵。訂婚用緞錦、白錫若干塊。民煮海為鹽，釀小米為酒。有酋長。產上等白錫、米腦、龜筒、鶴頂、降真香及黃熟香頭。貿易之貨，用甘理布、紅布、青白花碗、鼓之屬。」

蓬豐（彭坑、彭杭、彭亨）一名同樣也出現於《諸蕃志》，當時亦是三佛齊的屬國，《島夷志略》彭坑條有載其風土人情。彭亨一名的來源也有不同的說法，一說認為同盤踞在吉蘭丹和彭亨的土著巴甘（Pagan）族有關，一說認為同吉蔑語的錫字「Pahang」有關。彭亨在馬六甲統治以前，受制於北方的暹羅。

在半島南端則有戎與烏丁礁林，以及淡馬錫。[28]

戎與烏丁礁林為柔佛的古名，戎為馬來文「Ujong」的簡稱，烏丁礁林則為「Ujong Tanah」的音譯，「丁」似為「寸」的刻誤，戎與烏丁礁林皆為地極之意，亦即半島最南端之謂。一三六〇年的暹文法典《王室法典》（*Kot Monthieraban*）記載了暹羅的屬國之一為烏羅哇利（Wurawari），在爪哇古語意為清水，也就是「ganggayu」或「gangga ayu」，意為新鮮的水。在《馬來紀年》有記載拉惹蘇蘭（Raja Suran）到此一遊：「此地本為一大國，建有黑石堡壘」，「那地方本叫『Klang Kio』，暹語是寶庫的意思，後來訛傳作『ganggayu』。」有學者據此考據，寶石之阿拉伯語為「Jauhar」或「Johor」，遂斷定此為柔佛一名的來源。

單馬錫（Tamasik，也稱淡馬錫）是新加坡的古名，最早見於《島夷志略》龍牙門條：「門以單馬錫番兩山相交若龍牙，門中有水道以間之。」這也成為它另一名稱龍牙門（凌牙門）的來源。此外，有者認為單馬錫原為爪哇文「Tumasik」的譯音，係由梵文「Temara」演化而來，原意為錫；威金遜（R. J. Wilkinson, 1867–1941）在其編撰的詞典中認為「Temasek」源出馬來文「Tasik」，其意為湖泊或海洋的意思。許雲樵認為新加坡在西元十三世紀時，國名叫做麻里予兒（Malaiur），城名叫做淡馬錫。單馬錫的史跡不可稽考，《馬來紀年》中有一段獅城建立的傳說，謂巨港王子入贅賓丹，想出外建立一番事業，帶了扈從乘船到單馬錫，上岸後看見一頭黑頭白胸的赤色猛獸急馳而過，據說是獅子，認為是祥瑞，故選擇在此建國，稱之獅城（Singhapura）。

稍往北另有九州山一地，可能是馬來文「Sembilan」的意譯，也可能是霹靂河外的「Sembilan」群島，在《文獻通考》有如下記載：「九州山與滿剌加鄰，其山產沉香、黃熟香。」[29]

第三節　東南亞古代霸權和馬來半島的關係

扶南和馬來半島的關係

扶南（西元一—七世紀）是古代吉蔑族所建立的國家，扶南是「Bnum」的音譯，意為山，國土在近柬埔寨境內，其確切的建國年分至今仍無法斷定，可能建於西元一世紀。早在西元前四世紀，印度商船為了避免繞行馬六甲海峽，已經取道克拉地峽由陸路將貨物運往暹羅灣，然後繼續海上的行程，扶南無形中就成為這些商人的落腳處。她是一個地勢低窪的國家，雨量充沛，河流縱橫，形成沖積平原，同時擁有由國家管理的水利灌溉工程。《南齊書》記載其國「廣袤三千里」，最先由女王柳葉統治，大約在西元一世紀下半葉，南方徼國有人名混填，率軍攻打扶南，擊敗扶南後娶柳葉為妻，成為新統治者，史稱混氏王朝（西元一—二世紀）。

混氏王朝傳到混盤盤時，國事已經掌握在大將范（師）曼手中，混盤盤過世後，國人共舉范（師）曼為王，扶南進入范氏王朝時期（西元二—五世紀）。他除了加強中央集權，同時也整編海軍，準備擴張領土，《梁書》如此記載「乃治作大船，窮漲海（南中國海），攻屈都昆（在半島北部），九稚（克拉地峽），典孫（緬甸）等十餘國」。這是扶南史上唯一記載和馬來半島發生交往的紀錄。扶南統治時期與中國維持良好關係，與中國通商，出使中國，並借用其力鎮壓半島上其他小國。西元五世紀，印度婆羅門教徒憍陳如率眾到扶南，被擁立為王，建立憍陳如王朝（西元五—七世紀初），歷經闍耶跋摩（Jayavarman）、求那跋摩（Gunavarman, 367–431）和留陀跋摩（Rudravarman, 514–550）諸王，最後為其北部藩屬真臘所征服。[30]

室利佛逝和馬來半島的關係

室利佛逝（六五〇年—一三七七年）是繼扶南以後崛起的東南亞海上霸權，她以巨港為基地，興起初期的歷史由於文字紀錄極匱乏，目前只能靠義淨所著的《南海寄歸內法傳》和《大唐西域求法高僧傳》，以及五塊古馬來文碑銘來確認，證實六八三年至六八六年巨港曾出現佛教王國。室利佛逝所以能在西元七世紀迅速崛起，主要是因東南亞的政治經濟發生了重大的改變。首先是當時東南亞海上霸權扶南走向衰亡，東南亞海上貿易的控制權出現真空，這無疑提供室利佛逝一個興起的機會。其次是當時東西方海上貿易航線發生了重大變化，馬六甲海峽取代克拉地峽成為海船的主要通道，海上貿易也明顯增加，無形中繁榮了室利佛逝的經濟，使她成為東西海上貿易的中轉站。

從西元八世紀到十一世紀，是室利佛逝（自西元十世紀始，中國載籍改稱「三佛齊」）強盛期，主要表現在兩個方面。首先是王國勢力範圍進一步擴大，從七七五年一塊梵文碑銘，可以得知室利佛逝在六坤站穩了腳步，其他資料也顯示西元八世紀的最後二十五年，大乘佛教已在此立足。此外，根據成書於一二二五年趙汝適的《諸蕃志》之記載，大致上可以確知室利佛逝已經將其勢力擴張至克拉地峽以及其南端的馬來半島和蘇門答臘的全部。其次是室利佛逝成為當時東南亞以及中國、印度、阿拉伯等地的商品集散中心，並且成為當時的一個國際市場。由於國際貿易的繁盛，使室利佛逝迅速累積財富，據阿拉伯商人的記載，國王宮內的總管每一天會將一塊金磚投入水池，國王則以觀賞滿布水池的金磚為樂，這表示了室利佛逝已經聚集了大量財富，成為富裕的國家。

室利佛逝所以能興盛繁榮，主要是她能控制馬六甲海峽和巽他海峽，這是當時中國、印度和阿拉伯等海上外來通商的必經之地，在東西方海上貿易中占有優越的地位。其次是她採用武力手段來實行強迫貿易以達到壟斷海上貿易的目的，這是室利佛逝強化海上商業霸權的重要措施。其三是室利佛逝積極鼓勵參與國際貿易，統治者不僅是貿易管理者，同時也積極參加貿易，除了官方的貿易，還有民間的商業往來。[31]

上述情事能夠實現，最為關鍵的原因之一，是室利佛逝的統治者和海人相互依存，維持了良好的共生關係。這些馬來群島的原住民從很早開始，就以劫掠過往商船作為他們主要的經濟收入來源。他們出沒在馬六甲海峽南部的水域，藏身於眾多島嶼和礁石之間，動作迅速敏捷，機動性強，使馬六甲海峽成為令人聞之喪膽的危險水域。在這種情況下，如果要使馬六甲海峽成為繁榮的交通孔道，無疑地只有獲取他們的效忠，將他們轉變為王國的海上護衛者，才能確保水道的安全。這一點，室利佛逝的統治者做得極為成功，博得海人的忠誠擁戴。室利佛逝借助海人對淺灘和沙洲的熟悉，對季風特性的掌握，有效保護海路航線不受其他劫掠者襲擾，提高對外商的吸引力。同時，海人也是一支令人望而生畏的軍隊，成為室利佛逝海軍的中堅力量。[32]

然而，西元十一世紀始，室利佛逝開始走向衰落。首先，它必須面對新崛起的競爭對手，第一個對三佛齊海上貿易產生威脅的是東爪哇的馬打蘭（Mataram）王國。她在達馬瓦沙（Dharmavamsa, 991–1007）統治時期曾經入侵三佛齊，最後在一〇〇六年遭到反擊，王城被摧毀。但是，確實造成三佛齊致命一擊的，則是一〇二五年印度南方強國注輦的跨海遠征。遠征的發生，主要是注輦不滿三佛齊虐待其居民並課以重稅，加上三佛齊的重鎮吉打控厄海峽和地峽的貿易，讓注輦在交通和貿易上倍感不便，因此引領大軍攻打吉打、柔佛和新加坡等室利佛逝的領地，並從新加坡跨海直搗三佛齊國都巨港。在此之前，國勢鼎盛的三佛齊，實力範圍遍及馬來亞、婆羅洲和西爪哇等地，經此一役，三佛齊開始衰落。雖然注輦並沒有再建立對三佛齊的統治權，但卻令其統治威望下降，削弱其力量，已無法恢復以前對海上貿易的全面壟斷權。

上述兩次外敵的入侵，事實上仍然無法取代三佛齊在蘇門答臘的統治權，直到一二二二年爪哇的新訶沙里（Singhasari, 1222–1292）興起，並於一二七五年派兵遠征蘇門答臘和馬來半島，同時又向印尼的東部和西部擴張。到了一二八六年，原屬三佛齊的巴當哈里河流域首都也被征服，三佛齊基本上已處於分崩離析的境地了。一二三八年，暹人建立速古台（Sukhotai）王國，到了第三任國王拉瑪甘亨（Rama Khamheng, 1275–1317）時開始擴張，勢力直達馬來半島北部，逐漸取代三佛齊在馬來半島的統治地位。一三七七年為東爪哇滿者伯夷所滅。㉝

室利佛逝可以說是繼印度以後對馬來西亞歷史發展產生積極作用一個政權。室利佛逝的興衰與海上貿易有密切的關係，當王國能掌握海上貿易就會強大，否則就會衰亡。㉞事實上，海上貿易是室利佛逝經濟基礎的主要組成部分，並且室利佛逝的王公們充分了解朝貢貿易體制的價值，承認中國為其最高宗主，與中國建立了友好關係，每隔數年入貢中國，中國僧人至印度求經，多至此習梵文，室利佛逝無形中也成為東南亞的佛教中心。馬六甲王朝的發展基本是這種模式的延續，透過對明朝宗主國的承認，取得其保護的同時，利用朝貢貿易體制來發展其海上貿易。㉟

自從海人集團確立了他們對室利佛逝忠貞不二的效忠以後，這種傳統一直維繫至一六九九年柔佛王朝蘇丹馬末被刺殺為止。巨港王子在逃離家園時，一批海人追隨著他到馬六甲立國，成為馬六甲和後來柔佛王朝的海軍主力，尤其是柔佛王朝的首都經過多次摧毀，仍然無法動搖柔佛王朝的統治權，主要就是靠這批不易捉摸的海人集團誓死護衛。這就表示馬六甲的統治者們，成功地長期保持並維繫自室利佛逝以來，與海洋民族所建立的良好關係。長久以來，海人是馬六甲統治者「忠誠的朋友」（fieis amigos），他們是維持國家穩定、確保繁榮的至關重要因素。㊱

室利佛逝在政治體制和政治理念上對馬六甲的影響，更是無遠弗屆。馬六甲王權的神聖性與正當性可謂源自室利佛逝。這些理念，在《馬來紀年》中有清楚的表述，並且成為馬來人世界觀不可分割的一部分。據《馬來紀年》的記載，「馬來亞」是流經巨港的聖山「神光山」（Bukit Siguntung）附近的一條河流的名字。「馬來亞」這個獨特的標誌，是指那些同巨港存在血緣關係，來自巨港的後裔，這表明馬六甲諸王認同他們祖先的家園，成為王朝合法性的一個重要根源。這種唯我獨尊的政權操作，因為「主權」（daulat）和「叛離」（derhaka）的概念而更為鞏固和強化，在《馬來紀年》中記載了馬來臣民和統治者的社會契約，統治者只對上天負責，如果統治者讓任何一個臣民受辱，上天將進行懲罰，摧毀其國。反之，上天要求馬來臣民承諾永不背叛統治者，即便統治者腐化墮落或迫害他們，任何背叛者，將受到嚴厲的懲罰。這無疑給予王權神聖不可侵犯的色彩，這也是為何在馬六甲王朝以後的歷史，鮮少有背叛君主的情事發生，即便君主殘暴無道亦同。[37]

滿者伯夷和馬來半島的關係

滿者伯夷是東爪哇的印度化國家，是東南亞佛教——印度教的中心。建國於一二九三年，政權屹立約兩百多年，約於一五二〇年前後覆亡。在此之前，東爪哇最有勢力的國家是新訶沙里，其最後一任統治者格達那迦拉（Raja Kertanagara）遭其屬國統治者查亞卡旺（Raja Jayakatwang），弒殺。格達那迦拉的女婿羅登必闍耶（Raden Vijaya）出逃，後來假意投誠，並得到允許開墾新地，漸成一國，取名滿者伯夷。一二八九年，蒙元軍隊征討不服號令的格達那迦拉，卻不知他已經逝世。羅登必闍耶乘機和蒙古軍隊合作討伐查亞卡旺，奪回領土，並將蒙古軍趕出爪哇。一二九三年，羅登必闍耶登基為王。一三〇九年，羅登必闍耶逝世，子繼位，由於其統治過於軟弱，遭到貴族篡位。而後在名相賈查馬達（Gajah Mada）協助下復位，在他輔政下，國勢日漸壯大。到了第四任統治者哈奄兀魯（Hayam Wuruk, 1350–1389）在位時，將軍政大權交給原來的首相賈查馬達，他的雄才大略使滿者伯夷成為西元十四世紀東南亞最強大的帝國，並在一三三一年開始其對外討伐政策，先後征服馬都拉和巴厘島，並控制了摩鹿加群島的香料貿易。哈奄兀魯逝世後，國勢一落千丈，一四七八年為新興的伊斯蘭教國家淡目擊敗，成為其屬國，直到一五二七年淡目以滿者伯夷統治者和葡萄牙殖民者私自交往為理由，出兵摧毀都城，消滅其國。

滿者伯夷在全盛時期曾經和馬來半島有貿易往來，利用爪哇的稻米換取摩鹿加群島的香料，然後將香料運往馬來半島出售。此外，在一三二一年至一三六四年賈查馬達治理的時期，馬來半島的吉打、吉蘭丹、彭亨和新加坡也在其疆域內，後來北方的暹羅興起，新加坡才為其控制，向單馬令朝貢。滿者伯夷對馬來半島最大的影響應數一三九七年消滅三佛齊，其王子拜里米蘇拉逃至新加坡，後在暹羅的驅趕下，輾轉北上在馬六甲立國。後來，馬六甲王朝成為馬六甲海峽的國際口岸，取代滿者伯夷在馬六甲海峽的貿易地位，造成滿者伯夷的沒落。這恐怕是滿者伯夷始料未及的。

第四節　明代以前的馬中關係

在史前時代，由於人種的遷移，馬來半島和中國事實上已經有了初步的聯繫。若以文字紀錄為準，則早在漢朝，雙方就已經出現頻繁的貿易往還。這種情況的出現，主要是溝通中西交通的絲綢之路自然條件惡劣，行程艱險，加之駱駝馬匹運載量有限，促使中印兩國開拓海上航線，以克服陸路交往的弱點。由於馬來半島位居中印交通中心，是海上交通必經之地，許雲樵因此特別指出：「中印兩國人民，因為互相仰慕而謀海上交通時，發現了馬來亞」。

英國考古學家布蘭斯頓（A. D. Branstone）曾經協助鑑定吉蘭丹話望生（Gua Musang）地區出土的黑陶碎片，是屬於中國夏朝沿海居民的黑陶文化圈文物。在哥打丁宜（Kota Tinggi）附近出土的陶器碎片，則被確定為周秦時代的文物。在巴生武吉拉惹（Bukit Raja）一帶出土的銅鼓殘片也被認定為漢朝時期的文物。[38] 這些或許皆可證明馬中雙方在古代已經有所往來。

明代以前的馬中關係[39]

中印海上交通的情形最早見諸文字的應該是《漢書．地理志》粵地條：「自日南障塞、徐聞、合浦船行可五月，有都元國，又船行可四月，有邑盧沒國；又船行可二十餘日，有諶離國；步行可十餘日，有夫甘都盧國。自夫甘都盧國船行可二月餘，有黃支國，民俗略與珠崖相類。其州廣大，戶口多，多異物，自武帝以來皆獻見……平帝元始中，王莽輔政，欲耀威德，厚遺黃支王，令遣使獻生犀牛。自黃支船行可八月，到皮宗；船行可二月，到日南、象林界雲。黃支之南，有已程不國，漢之譯使自此還矣。」文字中出現的幾個地名，如都元國和皮宗，經學者的考訂，應該都在馬來半島上。

這段文字詳細記載了來回的航程，這條航道恐怕是經過多年多人的經驗累積，探索歸納而成，是早期中印交通最為可行的航線。這條航線的出現還涉及了一些因素，如漢初造船技術和航海知識的進步，同時也掌握了南海季候風和水道的情況，加上扶南造船技術的先進，其大舶遠洋續航的能力比漢代的船隻要強，才使克拉地峽中途換船續航成為可能。文字上出現的古代國家，雖然有部分仍有待考訂，但有一點是大家共同接受的，即當時中印的海上交流必須經過馬來半島。考古學家在柔佛河流域發掘出許多秦漢兩代的陶器殘片，證實了文獻記載的正確。甚至日本學者認為漢代典籍中出現的「𤜱且」、「巴且」、「巴苴」三個詞彙，是馬來語音譯的植物名稱，指的就是馬來文的香蕉（Pisang），推斷是漢代從馬來半島傳入的。馬來半島因為中印貿易而成為中介點，卻在無形中推動了馬來亞史前文化的進步。周偉民甚至認為「馬來半島有文字的歷史也從這裡揭開了第一頁」。

克拉地峽之所以成為東西重要的交通孔道，最早的使用者，應該是一群互通有無的商人。不往後因為貿易的繁盛，沿克拉地峽及其南部地區出現了好一些政權，如此半島就興旺起來。不僅如此，連隔著南中國海的婆羅洲，也出現了一個以婆利（即後來的渤尼）為名的政權。

從兩漢到宋元一千四百年間，馬來半島雖不斷經歷政權更迭，與中國的來往卻不曾中斷，雙方的關係經由交通、貿易，進而發展到外交關係的建立。在地峽時代的東漢魏晉六朝及隋唐初期，馬來半島上的古國即不斷地遣使到中國，《隋書．南蠻傳》就明確記載了西元六〇五年至六一七年的大業年間，南海「朝貢者十餘國」，其他《梁書》、《南史》、《北史》、《舊唐書》、《新唐書》等，皆有不少相關記載。

唐時的造船和航海技術較之前代大有進步，不僅海船規模大，可以遠洋航行不須「轉送」，其造船技藝甚至已經到達不需要使用釘子的水準，其速度是漢船的六、七倍，載重量也大大超越前代。在《新唐書．地理志》收錄的唐代宰相賈耽的《四夷通道》，其中自廣州通南海諸國的海道的記載：「廣州東南海行……行至海硤，蕃人謂之質，南北百里，北岸則羅越國，南岸則佛逝國……其北岸則箇羅國，箇西則哥谷羅……」這段文字裡面有幾個地名在馬來半島上面，已經在第二節論述，這裡不贅述。

中國和婆羅洲北部的交往，應該以唐末樊綽的《蠻書》最早，近數十年考古發現出土了不少唐代器物，這些器物有陶瓷、玻璃器物、開元通寶等是，證明婆羅洲北部和唐朝的交往。更為重要的是，自唐代開始中國使已到砂拉越開採鐵砂和冶鑄生鐵，並將冶鐵的技術傳入砂拉越。

宋元時代對南海的關係又較前代跨進一步，可從以下三事看出。首先在宋代時即成立專事處理海外事務的市舶司，其功能有二，一為監督和檢查入港船舶，二為發放出洋許可證，並處理回港事宜。其次是宋元的造船和航海技術比唐代更為進步。第三是泉州也設立市舶司，福建出海更方便，並使泉州一躍成為國際大商港。這些因素對於推動華民的出海，都起了積極的作用。

宋時與馬來西亞的市舶貿易可以分為三個時期。第一期是宋初太祖、太宗、真宗三朝，與渤尼國建交作為標誌的朝貢貿易高漲期。渤尼與中國建交並兩度遣使入貢，兩次朝貢時間相差一百零五年，這開創了中國與西北婆羅洲地區的經貿與文化交流的新紀元。「俗重商賈」的渤尼國之商船常到中國港口貿易，宋代的商人也有海船每年開到渤尼。在山都望的考古挖掘中，有宋代的青白瓷、青瓷、黑瓷等瓷片，皆證明當時兩者間的交往。第二期是北宋中後期至南宋中期，馬來半島上的佛羅安、單馬令、凌牙斯和蓬豐等幾個小國與中國進行市舶貿易。第三期是南宋後期以走私銅錢為代表的私商貿易。

對南海諸國的策略，元朝基本沿襲宋代成規，重視與南海諸國通好交聘和互市貿易。這時與中國有貿易來往的馬來半島政權有明文記載的又較宋代顯為增加，計有龍牙門、丹馬令、彭坑、丁家盧、龍牙犀角、蘇洛鬲和渤尼。

此時中國人僑居馬來西亞的情事，不但有考古發現，甚至第一次有了文字記載。宋末陳元靚的《島夷雜誌》：「每年六月十五日係佛生日，地人並唐人迎引佛一尊出殿，至三日復回。」這段關於佛羅安國唐人的記載，是最早的文字紀錄。那時已有不少的華僑居住在此，與當地人民親密相處，共同保衛港口免受海盜的襲擊。佛羅安是宋元時期著名的國際商港，華僑在此從事兩地間的貿易，利用中國的瓷器、漆器、鐵器等物，交換香料、象牙等，促進兩者之間的經濟交流。

交往與出使人員[40]

唐朝以前馬來亞至中國的人員，由於史不足證，我們無法確知，但中國到南海的人員，主要有政府的使節團和求法高僧。所謂的使節團，實質上也是朝貢貿易商人，他們的來訪主要有兩次。第一次是三國時代的吳國派遣朱應和康泰到南海調查諸國情況，以為開闢貿易航線，擴大貿易作準備，第二次是隋朝派遣常駿和王君政等人出使赤土。

吳國的出使南海，《梁書．諸夷傳》如斯記載：「吳孫權時，遣宣化從事朱應、中郎康泰通焉。其所經及傳聞，則有百數十國，應立記傳。」時間大約在黃武五年至黃龍三年間（二二六年—二三一年）。雖然這次出使不以馬來半島為主要對象，但無疑必定曾途經於此。日本學者考證認為耽蘭州（Tamtalam）、蒲羅中國和烏文就在馬來半島上面。更為重要的是馬來半島諸國在吳嘉禾七年以後與中國有頻繁的朝貢貿易，應與朱應、康泰南宣諸國有關。但可惜的是，這次出使所作的紀錄因為亡佚無法流傳，僅散見於《水經注》、《通典》、《太平御覽》的〈扶南傳〉、〈扶南土俗傳〉和《史記正義》的〈康泰外國傳〉或〈康氏外國傳〉。

隋朝出使赤土，《隋書．南蠻傳．赤土國》有詳盡的記載：「煬帝即位，募能通絕域者。大業三年（六〇七年），屯田主事常駿、虞部主事王君政等請使赤土。帝大悅，賜駿等帛各百匹，時服一襲而遣。賚物五千段，以賜赤土王。其年十月，駿等自南海郡乘舟……又行二三日，西望見狼牙須國之山。於是南達雞籠島，至於赤土之界。」這次出使是對於赤土來朝進貢的禮貌回應，常駿等人船行將近一個月抵達赤土國境，得到其國君的熱烈歡迎，派了三十艘船來迎接，奏樂擊鼓，好不鬧熱。上岸行走一個多月抵達其國都，國王派王子來迎常駿，並送了許多禮物，常駿也將煬帝囑託的禮物綢緞五千匹贈送給赤土國王，後來國王又盛宴款待。常駿到達赤土後，曾以赤土國為中心，四出交往，使南洋十多個國家與中國交流。常駿回程時，國王特派王子隨使團回訪，並得煬帝的接見，賞賜王子及隨行官員，王子也貢獻貴重方物給煬帝。往後的大業四年（六〇八年）和大業五年（六〇九年），赤土國都遣使貢獻方物，兩國維持密切關係。

使節貿易行團而外，另有至印度求取佛法的大德高僧，在六朝時期除依循陸路往返印度取經，也有不少採用海路。例如東晉的法顯，他沿陸路出發到印度，歸程則循海路，雖然其行程提到的耶婆提國（Yavadvipa），學界多有爭論，但途經馬六甲海峽當無疑問。在《高僧傳》中記載，有四位僧人行程曾使用水路，他們是曇無竭、求那跋摩和求那跋陀羅和拘那羅陀。他們的終點站是印度，但中途經過的地方頗為一致，與法顯相似，均經過馬來半島。西元七世紀中葉，室利佛逝興起，與中國關係密切，其屬國吉陀是中、印、阿的中途站，來往的商旅常在此停泊和貿易，義淨取經往返皆經過吉打，唐代其它從海路往印度的僧人，也大多循此路，有的甚至死葬在此。

在交往的過程雙方不免有國書往還，在《梁書．諸夷傳》保存了幾封，是迄今可見最早的政府檔案。一份是盤盤國在梁代大通元年（五二七年）遞交的文書：「揚州閻浮提震旦天子：萬善莊嚴，一切恭敬，猶如天淨無雲，明耀滿目；天子身心清淨，亦復如是。道俗濟濟，並蒙聖王光化，濟度一切，永作舟航，臣聞之慶善。我等至誠敬禮常勝天子足下，稽首問訊。今奉薄獻，願垂哀受。」一份是丹丹國在梁朝中大通二年（五三〇年）遞交的文書：「伏承聖主至德仁治，信重三寶，佛法興顯，眾僧殷集，法事日盛，威嚴整肅。朝望國執，慈湣蒼生，八方六合，莫不歸服。化鄰諸天，非可言喻。不任慶善，若暫奉見尊足。謹奉送牙像及塔各二軀，並獻火齊珠、吉貝、雜香藥等。」另一份是狼牙修國在梁朝天監十四年（五一五年）遞交的文書：「大吉天子足下：離淫怒癡，哀湣眾生，慈心無量。端嚴相好，身光明朗，如水中月，普照十方。眉間白毫，其白如雪，其色照曜，亦如月光。諸天善神之所供養，以垂正法寶，梵行眾增，莊嚴都邑。城閣高峻，如乾陀山。樓觀羅列，道途平正。人民熾盛，快樂安穩。著種種衣，猶如天服。於一切國，為極尊勝。天王湣念群生，民人安樂，慈心深廣，律儀清淨，正法化治，供養三寶，名稱宣揚，布滿世界，百姓樂見，如月初生。譬如梵王，世界之主，人天一切，莫不歸依。敬禮大吉天子足下，猶如現前，忝承先業，慶嘉無量。今遣使問訊大意。欲自往，復畏大海風波不達。今奉薄獻，願大家曲垂領納。」周偉民認為這些國書是「有史以來第一次記載的馬中關係國書，是十分珍貴的歷史資料」。

同時，周偉民也認為這段時期的馬中關係是「用朝貢貿易作為先導，自發地利用地位優勢，將政治、文化和物資流動體系，以南海海域構成一個有機的地域交易圈；商人隊伍、貿易港以及航海的航線，都生機勃勃地發展著。」

在唐宋的典籍或傳奇小說皆有記載「崑崙人」或「崑崙奴」，經學者考訂多半是指馬來人或馬來半島和南方諸島的黑人。他們在中國的角色，除了民間貿易商外，有不少是充當僕役。

中國文化對馬來西亞的影響，許雲樵曾撰有〈中華文化在馬來西亞〉一文，認為其影響是「多方面的，影響的時期，也先後不一致的，影響的大小，自也隨性質範圍而不同」。他列舉了十個受中華文化影響的領域，即歷史、經濟、政治、出版、教育、語言、生活、娛樂、設計和學術。

在歷史和學術方面，有賴中國文獻的記載，保存不少馬六甲王朝以前馬來西亞的歷史紀錄，甚至欲考訂馬六甲前二任統治者是否為一人，都必須依賴《明實錄》才得以定論。經濟方面，唐宋以來與東西馬的商貿，無疑促進了馬來西亞的經貿發展，其他買賣秤斤論兩，翻沙鑄錫錢，不勝枚舉；政治方面冊封馬六甲國王，並成為宗主國；出版方面有西元十九世紀後期以來，在馬來亞發行的華文報紙；教育方面是各類私塾和華校的創辦；娛樂和生活方面則是食衣住行育樂皆源自中華文化；設計方面有不少中國式的廟宇和建築，尤其是磚瓦建築；語言方面則有不少閩南方音被吸納馬來語內。[41] 其他的還有南來華工帶來了先進的採錫和冶煉技術；民間也將中草藥混合馬來草藥服食；峇峇將許多中國章回小說翻譯成馬來文；馬來民歌（班頓，Pantun）甚至在馬六甲時期曾經受《詩經》的影響；峇峇的飲食實際上就是中國和馬來人烹調法的結合。[42]

第三章 馬六甲王朝

自西元初的幾個世紀以來，馬來半島上不間斷地出現一些小國，長期處於分散的割據局面，始終無法產生一個能一統半島的強權。直到西元十五世紀馬六甲王朝建國後，始結束半島中南部分散的局面，並成為島嶼東南亞的商業和伊斯蘭教傳播中心。馬來半島現今許多州屬的王室，無論直接或間接，幾乎均與馬六甲王室有關。故此，要了解西元十六世紀以後的馬來亞歷史，必先了解馬六甲歷史。更為重要的是，歐人勢力東漸和文化東播，雖然是以印度為起點，樞紐卻是馬六甲，如葡萄牙占領澳門，荷蘭取得爪哇和得而復失的台灣，英國獲得香港，馬禮遜（Rev. Robert Morrison）牧師印刷華文《聖經》，都以馬六甲為中心。馬六甲不僅在馬來西亞歷史上有舉足輕重的地位，在東西交通文化的交流傳播上也至為關鍵。因此，馬來西亞的馬來民族往往將馬六甲視為馬來人最輝煌的時代，是馬來世界的榮耀。

第一節　建國

記載馬六甲一名最早的文獻當推一三六〇年的暹羅《王室法典》，在此之前的中西旅行家，如元代之汪大淵（一三一一年—？）和馬可波羅、阿拉伯的伊本白圖泰（Ibn Batuta, 1304–1377），在他們的行紀中均未曾提及馬六甲一名，大概在西元十五世紀立國前仍然名不見經傳。其名字拼音或譯名在中西載籍中亦有各種不同拼寫。中國載籍最早的譯名當以馬歡《瀛涯勝覽》中的「滿剌加」為最早，這也是明朝官方通用的譯名，其他的還有麻六甲、麻喇甲、馬六呷。歐洲的拼寫則極為分歧，有「Malacca」、「Melequa」、「Melacha」、

「Mellaca」、「Mallaqua」等，難以悉舉，今則通用「Malacca」，馬來文為「Melaka」，梵文為「Malaka」，阿拉伯文為「Malakat」。[1]其名稱來源也有各種不同的說詞，有樹名、市集、馬來人之國和避難等義。有者認為馬六甲本土之聚落，最早原在有「五嶼」之稱的岸外五個小島，後來才移入現時的馬六甲。[2]

馬六甲的建國經過，亦頗具傳奇色彩。持論謹慎者認為單馬錫居民由於無法忍受滿者伯夷的暴政統治，故相率跨越柔佛海峽，北上避難，最後在馬六甲立國。[3]但一般論者咸認為是巨港王子拜里米蘇拉與滿者伯夷公主結婚，但卻與岳父產生摩擦，關係不睦，兵戎相見，結果戰敗，被驅逐出蘇島，帶領了三千隨從逃至淡馬錫，並受到酋長淡馬岐（Tamagi，有說是Sang Aji或Sangesing）的熱烈招待。沒想八天後，拜里米蘇拉竟刺殺淡馬岐，自立為王，統治該島五年。此舉引來其宗主國暹羅的討伐，並有北大年和彭亨組成的聯軍負責驅逐的任務。拜里米蘇拉只好再度流亡，輾轉抵達柔佛麻河上游的巴莪（Pagor），之後在海人的帶領下到馬六甲落腳。[4]

馬六甲原為一無名漁村，四處草莽叢生，一片荒涼，位於馬六甲河邊，背山面海，形勢險要，又有便於停泊小船的港灣，海盜出沒，僅有居民數十，多為暹羅屬地淡馬錫來的難民。拜里米蘇拉到馬六甲之初，其隨從占居民人數的大半。由於土地貧瘠，糧食不足，居民多以捕魚為生。

馬六甲的風俗物產在鄭和的通譯馬歡所著的《瀛涯勝覽》有詳文記述，其風俗則「國王國人皆從回門，持齋受戒誦經。其王服用以細白番布纏頭，身穿細花青布長衣，其樣如袍。腳穿皮鞋。出入乘轎。國人男子方帕包頭，女人撮髻腦後，身體微黑，下圍白布手巾，上穿色布短衫，風俗淳樸。房屋如樓閣之制，上不鋪板，但高四尺許之際，以椰子樹劈成片條，稀布於上，用藤縛定，如羊棚樣，自有層次。連床就榻盤膝而坐，飲臥廚灶皆在上也。人多以漁為業，用獨木刳舟泛海取魚。」這些習俗，基本上到了葡萄牙占領時，仍沒有太大改變。至於物產則有黃速香、烏木、打麻兒香、花錫、沙孤、茭蔁、甘蔗、巴蕉子、波羅蜜、野荔枝（紅毛丹）、菜、蔥、薑、蒜、芥、冬瓜、西瓜、水牛、鱷魚和老虎等。

據《明會典》的記載，馬六甲的貢品有四十餘種，其中大部分並非馬六甲的產物，由此推斷馬六甲在當時已經是商賈輻輳之地，舉凡波斯、阿剌伯、印度及馬來群島之珍奇異品，幾乎薈萃於此。

馬六甲正確的立國年分究竟為何，也有不同的觀點。一般皆以拜里米蘇拉落腳於馬六甲是為始，即一四〇二年為立國年分。事實上，在馬六甲建國初始，雖然各國商船開始匯集，其巨港舊屬的馬來人也大量移入，勢力有所增強，而宿敵滿者伯夷也逐漸衰落，惟其如此，仍承認滿者伯夷的宗主地位。但此時已將勢力伸入馬來半島的暹羅，對馬六甲卻虎視眈眈。由於規模未備，為獲取和平發展的機會，當時的馬六甲既不稱國，拜里米蘇拉也不敢稱王，同時每年還要向暹羅進貢黃金四十兩，以示臣服。《明史》講得最明白：「其地無王，亦不稱國，服屬暹羅，歲輸金四十兩為賦。」這時正是尹慶到馬六甲宣示威德的時候，可見馬六甲在一四〇三年的時候還沒有成為國家。一四〇五年，拜里米蘇拉遣使入貢，九月抵達南京，明成祖應使臣要求，封拜里米蘇拉為滿剌加國國王，並「賜誥印採幣襲衣黃蓋」。至此，馬六甲才正式立國有王。同時也應使臣之請，製碑封山，碑文之末，有七言古詩一首，其詩如下：

西南巨海中國通，輸天灌地億載同，
洗日浴月光景融，雨崖露石草木濃。
金花寶鈿生青紅，有國於此民俗雍，
王好善義思朝宗，願比內郡依華風。
出入導從張蓋重，儀文賜襲禮虔恭，
大書貞石表爾忠，爾國西山永鎮封。
山居海伯翕扈從，皇考陟降在彼穹，
後天監視久彌隆，爾眾子孫萬福崇。

詩中提及的西山，即為現今的三寶山（Bukit Cina）。一四〇九年，明成祖再次冊封滿剌加為國，封其將領為王，以堅定拜里米蘇拉的意志。❺

第二節　馬六甲的興盛及其國際地位

馬六甲在西元十五世紀崛起成為國際大商港，其原因是多方面的。除了先天條件和千載難逢的客觀因素，更為重要的是本身的努力經營和建設。馬六甲地處馬六甲海峽最狹窄處，容易控制來往船隻，同時背山面海，居高臨下，易於防守，加上又位於亞洲兩大季候風，即東北季風和西南季風的起點和終點，各國船隻皆匯聚於此。這時候，適值東南亞海權強國滿者伯夷日漸衰落，無形中出現權力真空。即便如此，更為重要的是馬六甲能憑藉與外在勢力維持良好的互動關係，方能在此空隙乘勢而起。

與中國的宗屬關係

馬六甲立國之初，國小勢弱，四鄰強敵環伺，尤以暹羅最具威脅。為了抑制外敵，在外交上馬六甲延續室利佛逝與中國的朝貢關係，一方面發展貿易，一方面可以借助中國的力量威嚇暹羅，使之不敢輕舉妄動。為了與中國維持良好關係，馬六甲前三任統治者就曾經先後五次（一四一一年、一四一四年、一四一九年、一四二四年和一四三三年）入朝覲見明成祖和宣宗皇帝，締造三世五入朝的佳話。此外，明朝共冊封馬六甲統治者七次，馬六甲共遣使入貢二十九次，明朝共遣使至馬六甲十次，馬六甲受明朝保證免受安南侵略者凡四次，在在證明馬中關係的密切。[6][7]

馬六甲建國伊始，正是明朝國勢最為強盛之時。一四〇三年，明成祖派遣尹慶詔諭馬六甲，宣示天德，賜織金綺羅、銷金帳幔。拜里米蘇拉大喜，即刻安排使節跟隨尹慶回航的船隊入貢，乘機要求明朝保護。一四〇五年，馬六甲再次遣使入貢，明成祖冊封拜里米蘇拉為滿剌加國王，地位與暹羅等同，同時解除滿者伯夷的宗主地位，成為明朝的藩屬，雙方開始建立密切關係。一四〇七年和一四〇八年，馬六甲皆遣使隨鄭和寶船入貢。一四〇九年，明朝正式冊封馬六甲為國，為了答謝冊封之恩，拜里米蘇拉特於一四一一年親率妻子陪臣五百四十人入朝奉貢，並投訴暹羅的侵擾，請求明朝出面制止。當時訪問團規模之大可謂空前，明成祖也親自接待，並賜予大量物品，臨別前又賜宴餞行。一四一二年時，拜里米蘇拉派其侄兒到中國答謝。

一四一四年，第二任君主伊斯干陀沙親自入朝告訃，稟告父喪，並受成祖賜封，往後則成常例，或每年或間隔入朝。一四一九年，伊斯干陀沙再度率妻子陪臣入朝謝恩，並於辭歸時向中國傾訴暹羅侵犯之事，明成祖即行敕諭暹羅，使之不敢隨意侵犯。一四二四年，斯里馬哈拉加繼位，親率妻子陪臣入朝告喪。一四三一年，斯里馬哈拉加派遣使臣控訴暹羅的入侵，時為宣宗宣德六年。一四三三年，斯里馬哈拉加再次親率妻子陪臣來朝，此後雖有使臣往返，但君主未曾再親自入朝。往後還有如下六次的遣使入貢：一四四五年，馬六甲使臣請敕封其王子斯里拜里米蘇拉帝瓦沙為王；一四五五年，蘇丹目扎法沙貢馬及方物，並請封為王；蘇丹滿速沙（Sultan Mansur Shah）有兩次遣使入貢請封的紀錄，一次在一四五九年，一次在一四六一年；一四七四年，蘇丹阿拉烏丁．利雅沙（Sultan Alauddin Riayat Shah）遣使入貢。

成化十七年（一四八一年），安南劫馬六甲貢使，貢使入朝稟報控訴，明朝詔敕遣責安南，並派遣官員冊封蘇丹馬末沙（Sultan Mahmud Syah）為王。一五〇八年，使臣端哈芝（Tuan Haji）等入貢，到廣東時卻為其同伴所殺。日後葡萄牙入侵馬六甲，蘇丹馬末沙稱王於柔佛、廖內（Riau）、甘巴（Kampar，在蘇門答臘）等地，而馬六甲朝貢明朝之事就此絕跡。終馬六甲一朝，馬六甲統治者至少曾二十九次遣使入朝進貢方物，明朝也先後十次派遣特使到馬六甲，並四次給予有效保護，免其受暹羅和安南的騷擾和威脅。❽

自從尹慶於一四〇三年到訪馬六甲以後，從一四〇五年到一四三三年的二十八年間，鄭和七次下西洋，其中五次以馬六甲為駐紮地（一四〇五年第一次、一四〇九年第三次、一四一四年第四次、一四一七年第五次、一四三一年第七次）。這個駐紮中心，也稱「官廠」，以為囤積錢糧之用，同時也建立行轅安置其隨員部隊，《瀛涯勝覽》謂：「凡中國寶船到彼，則立排柵，如城垣，設四門、更鼓樓，夜則提鈴巡警，內又立重柵，如小城。蓋造庫藏倉廒，一應錢糧頓在其內。」這不僅幫助馬六甲立國抗敵，帶來政治穩定，同時更吸引了大批商人到來，使馬六甲成為本地區重要的港口，經濟繁榮，聲威遠播。

馬中的交往，最明顯的影響有三個方面，首先是參照了中國的典章朝儀所擬定的制度，成為馬來民族傳統的一部分，如斯里馬哈拉加之重視黃色，即模仿自中國；而其樂隊中之銀質喇叭，上附有一

▲青雲亭山麓的三寶井。
編著者提供。

馬來人所稱之龍（naga），亦是受中國之影響。[9]其次是仿照明朝的銅幣，將沉重大塊的「斗錫」，改為圓形中間無孔的錫幣，一直通行至葡萄牙時代才被廢除，可謂馬來各邦貨幣的老祖宗。[10]其三是鄭和下西洋時在馬六甲留下的痕跡，至今仍然有跡可尋。如馬六甲著名的三寶山和三寶井，不但是馬中兩國友誼的見證，也是華人在這土地上開荒墾殖的例證，而留下的青花瓷器更是無價之寶。當時華巫通婚，其後代便是今天的峇峇。此外，《海錄》也記載了滿剌加「王居前屋用瓦，乃永樂中太監鄭和所遺者」。[11]

改信伊斯蘭教

馬六甲的強大與伊斯蘭教有莫大的關係。在伊斯蘭教傳入以前，島嶼東南亞主要受印度文化影響，遲至西元十世紀以後，印度化國家雖然已經大不如前，但其文化已經深深烙印在各地人民的語言風俗、政治社會和音樂舞蹈等方面。大約在西元十五、十六世紀，伊斯蘭教及其文化始在島嶼東南亞取得主導地位。

自西元七世紀伊斯蘭教在阿拉伯創立後，隨著商業活動的進行，伊斯蘭教的教義也跟著傳播出去，在西元八世紀中國唐朝南方的大港廣州已經出現穆斯林的足跡，作為中轉站的東南亞，相信穆斯林也在此進行商業活動。其實，吉打在西元八、九世紀時已經有穆斯林的存在，為七七四年的兩位阿拉伯商人，一為庫塔斯・貝（Khurthas Bey），一為來吉打傳教的蘇萊曼（Sulaiman），只是這些史實至今仍缺乏文字史料的佐證。[12]伊斯蘭教何時傳入東南亞島嶼地區，學界雖有爭議，[13]但一般咸認西元九世紀唐末的動亂，迫使中國穆斯林移居東南亞，但礙於居留時間短促，只專注商貿，也無意於傳教，加上東南亞印度文化深刻的影響力，基本上伊斯蘭教仍然無法廣布。⓮ 直到西元十三世紀蘇門答臘島的巴塞改宗伊斯蘭教後，伊斯蘭教才算正式傳入東南亞。西元十五世紀，馬六甲的第二任統治者迎娶巴塞公主，並改信伊斯蘭教，鄭和隨使馬歡在《瀛涯勝覽》中曾說：「國王國人皆從回門，持齋受戒誦經」，指的正是此事；第五任統治者則宣布宗伊斯蘭教為國教，馬六甲遂成為東南亞伊斯蘭教的傳布中心，並有「小麥加」之稱。故此，有學者認為這是伊斯蘭教在東南亞的第一次大發展。⓯

奠定伊斯蘭教在東南亞的地位，是較為晚期到島嶼東南亞經商的胡茶辣（Gujerat）商人。他們主要來自印度西海岸的信奉伊斯蘭教的印度商人，擅於利用沿海的優勢進行東西方貿易。約莫西元十三世紀，他們來到東南亞從事買賣時，就積極地傳播伊斯蘭教。蘇門答臘北岸的商港，是島嶼東南亞中最為靠近印度的區域，無形中成為伊斯蘭教最早傳入的地區。巴塞因此成為最早的東南亞伊斯蘭教國家，接著巴祿頭（Perlak）、亞齊（Ache）也相繼成為伊斯蘭教的中心。

由於東南亞在伊斯蘭教化的過程中，除了阿拉伯的伊斯蘭教商人，印度商人和中國人也發揮作用，加上有不少改教者是一般百姓，故此其信仰內容涵蓋不少其他原始信仰和文化的元素，有相當的包容性，也有一定程度的本土化。這是為何伊斯蘭教中以蘇菲教派（Sufism）聞名的神祕主義思想，能很快地與混合原始萬物有靈及印度文化的宗教信仰相結合，深深觸動馬來人的心弦，在短短的一個世紀內征服馬來半島的原因。有學者認為：「在北大年、西蘇門答臘、森美蘭土邦，他們根據《可蘭經》（也譯作《古蘭經》或《古安天經》）制定的宗教法典，不得不接受許多建立在母權制基礎上的同她極不相同的習慣法……而在砂拉越，西元十六至十九世紀來自馬六甲半島和馬來群島的移民浪潮中遷來的馬來亞居民，他們的宗教法典，從一開始就融合著若干習慣法。」⑯也有學者認為馬六甲在伊斯蘭教化的過程中，「大體上保留了傳統的社會政治制度，她的主要官職名稱大多是本地傳統的和印度式的，很少有伊斯蘭的職稱。」⑰

伊斯蘭教所以能在此廣泛傳布，原因在於其傳教方式頗為得宜，主要有兩個大方向，即自上而下的傳播方式，以及從沿海貿易點向內地推進的策略。西元十三、十四世紀東來的穆斯林商人皆以宣揚伊斯蘭教為己任，商業活動和傳教熱忱促進了伊斯蘭教在東南亞的發展。他們和當地女子結婚，並以他們所帶來的實際經濟利益，吸引當地土酋主動改教，甚至與當地貴族土酋勾結，反抗印度教或佛教政權，建立伊斯蘭教國，使伊斯蘭教得以從上而下傳播。由於伊斯蘭教傳入時，島嶼東南亞缺乏強大而穩定的中央政權，沿海地區的首領和政權除了可從與穆斯林商人交易中獲取實際好處，同時也認為轉向伊斯蘭教有助於保護他們的利益，鞏固他們的地位和擴大他們的勢力，伊斯蘭教最終得以由沿海對外貿易點或城市逐步向周圍或內地推進。另一方面，由於島嶼地區在民族、語言、文化或習俗方面都有較高的一致性，也利於伊斯蘭教化的同步擴散。⑱

關於伊斯蘭教傳入馬來半島，最早的文字記載，可溯源至一九二四年發現於登嘉樓河口，阿拉伯伊斯蘭教徒於一三〇三年所豎立的石碑，碑上刻有以爪夷文（Jawi）書寫的伊斯蘭教教義和一些犯姦淫罪的罰則，是目前馬來半島上最早的伊斯蘭教遺跡。馬六甲的第二任統治者伊斯干陀沙[19]由於迎娶巴塞公主而改奉伊斯蘭教，成為馬來半島上首位皈依伊斯蘭教的國君，故此在政治勢力的庇護下，臣民皆逐漸改信伊斯蘭教。

馬歡於一四一四年到馬六甲時，也發現居民皆信仰伊斯蘭教，這時正好是二世王統治時期。

但是到了第三任統治者斯里馬哈拉加時，卻出現了短暫反動之勢。他曾於回曆新年時，昭告人民其會依據新加坡國祖先之習俗，即依照當時酋長掘地得王冠為新一年的開始，戴冠披服接受祝賀的傳統來慶賀新年。此外，他採用伊斯蘭教國家禁用的「Maharaja」稱號，也可以視為對伊斯蘭教的一種背叛行徑。但畢竟伊斯蘭教化是大勢所趨，到了第五任統治者目扎法沙就正式宣布以伊斯蘭教為國教，君主改稱「蘇丹」，並正式確立伊斯蘭教的兩大節日，即開齋節（Hari Raya）和進香麥加（Mecca）後之哈芝節（Hari Raya Haji）。每逢這些節日，王宮前的廣場就會築起一高出地面許多，可以瞭望的亭子，節慶當天會有無數行列在市集遊行後集合於廣場，老百姓就跟隨亭內的國王和王妃進行禱告儀式。儀式後國王便會出遊，與民同樂。[20]在他任內編訂了內含伊斯蘭教法的法典，在其統治範圍內採行伊斯蘭教法，創建清真寺、宗教學堂和蘇菲道堂。此後，在統治階層的鼓勵下，不僅老百姓皈依伊斯蘭教，王室也和非伊斯蘭教徒通婚，以吸引新的皈依者。[21]

隨著馬六甲王國商業的繁榮與國力的強盛，伊斯蘭教更進一步傳播到各地，一般上或以商業作媒介，或通過政治手段，或軍事擴張。其中，彭亨和吉打是因與馬六甲王國建立聯姻關係而信奉伊斯蘭教；北大年、吉蘭丹及登嘉樓則是因臣屬馬六甲王國而改教；蘇島上的甘巴、錫國（Siak）、英得其利（Indergiri）和占卑等則由於先後被征服，也同樣改奉伊斯蘭教。當時，伊斯蘭教向外的傳播主要有三條路線，一路傳到蘇門答臘的中南部各港口；一路則經婆羅洲的汶萊，往東傳到蘇祿（Sulu）群島、棉蘭老（Mindanao）及其鄰近各島，這時馬六甲王國便取代了巴塞，正式成為東南亞伊斯蘭教傳播中心，並被譽為東南亞的「小麥加」。[22]

馬六甲改奉伊斯蘭教，不僅吸引了來自阿拉伯、波斯、土耳其、印度和中國商人前來經商，帶動了馬六甲成為國際商港，更重要的是，伊斯蘭教也同時形塑了馬來民族的性格，不致因政治失敗而潰散，對馬來民族產生了極其深遠的影響。政治上採行政教合一，統治者為阿拉（Allah）在世間的代表和伊斯蘭教的護法，並以宗教為手段來對抗西方勢力的入侵。經濟上，伊斯蘭教鼓勵教徒自行累積財富，所以經商是穆斯林的主要活動，也帶動了東南亞的經濟活絡。社會習俗方面嚴守《可蘭經》的戒律，以清真寺為社交活動中心，穆斯林聚集在清真寺舉行宗教儀式和祈禱，社會上的階級之分也明顯淡化了。此外，宗教法也被應用到法律上，如馬六甲的海事法中就納入了宗教法。文化方面，鄉村的祈禱所、清真寺和宗教司住所都是宣教的場所，伊斯蘭教教義的傳授為穆斯林的基本教育。伊斯蘭教中的阿拉伯語也被吸納成為現代馬來文的組成部分，「jiran」、「mahkamah」、「rezeki」、「sejarah」、「selamat」等，都是受阿拉伯文影響的詞彙。此外，爪夷文也成為當時伊斯蘭經典、宮廷書信、法律規章、私人書信及文學作品的書寫文字。在伊斯蘭教文學的影響下，馬來古典文學開始出現傳奇小說（Hikayat）和敘事詩（Syair）等文體。伊斯蘭教獨特的圓頂、拱門和尖塔，並以《可蘭經》為裝飾藝術的建築形式，在馬來半島也隨處可見。[23]

與暹羅的爭雄

西元十五世紀初年的馬來半島，籠罩暹羅的勢力之下。馬六甲立國初期為暹羅藩屬，常受暹羅勒索，每年須進貢黃金四十兩，作為和解的代價。雖有明朝的保護，但仍不時遭受暹羅的壓迫和勒索，明朝的詔旨只能發揮一時之效。暹羅欲行使其宗主權是雙方交惡的原因。一四〇七年，暹羅甚至俘掠拘押馬六甲的貢使，馬六甲為此遣使向明廷控訴暹羅的入侵。另外在一四一九年和一四三一年，暹羅亦曾企圖入侵馬六甲，但鄭和下西洋時，在馬六甲起造官廠以為行營，使暹羅有所顧忌而不敢造次。馬六甲雖先後遣使，甚至由統治者親自入朝求助，並得明朝敕諭暹羅，但徒俱虛文，收效不彰。

實際上，自一四三三年以來，馬六甲王國國力日增，足以抵禦暹羅的入侵。到一四四六年，蘇丹目扎法沙即位後，即拒絕向暹羅進貢。暹羅便以此為藉口，聯合屬國彭亨出兵攻打馬六甲。暹彭聯軍通過彭亨河，沿百樂河（Sungai Bera）進攻，蘇丹目扎法沙即刻徵召食邑於巴生的敦霹靂率領巴生的土著與敦奧瑪（Tun Omar）奮勇迎戰，終在麻坡（Muar）將敵人打得落花流水，這是馬六甲王國第一次擊敗暹羅的軍事行動。

十年後，即一四五六年，暹羅又發動侵略戰爭，這次由海路進攻馬六甲。當時敦霹靂奉命率軍抗敵，首先率領馬來艦隊在峇株巴轄（Batu Pahat）海面，迎頭痛擊準備靠岸的暹羅艦隊，擊沉敵艦，嚴重打擊暹軍士氣。及至入夜，馬來軍隊將打麻膠（Damar）製成火炬遊行於沿岸森林，暹軍望之如白晝，以為有無數敵兵，立即率軍逃遁，馬六甲軍隊從後追擊，直到新加坡海峽附近才停止。[24]至此，馬六甲國勢鼎盛，已完全擺脫暹羅的控制。之後，馬六甲更主動出擊，分別征服了彭亨、巴生、霹靂、吉打、登嘉樓、吉蘭丹和北大年等地，並將過去暹羅的勢力範圍劃入了自己的版圖。

馬暹兩國之間雖時因領土而引起糾紛，但是由於商業上的利益，兩國仍謀求和平共處。然而馬六甲兩次擊敗暹羅，同時又併吞其屬國彭亨，兩國關係的惡化，已經毋庸置疑；但暹羅畢竟是區域強國，隨時都有可能前來報復，馬六甲對之不無忌憚。此時兩國商人互不往來，雙方貿易已告斷絕。為了國家的繁榮與穩定，首相敦霹靂決定派兒子敦他拉尼（Tun Talani）前往修好，以取得暹羅的諒解，恢復斷絕已久的商業往來。此後，兩國恢復了和平關係，馬六甲港口也得以發展成為東南亞的轉口貿易中心。

一五〇〇年，六坤（Ligor）曾出兵吉蘭丹，後聽聞馬六甲將出兵六坤，只好從吉蘭丹撤兵。事實上，六坤即是暹羅入侵馬來半島的代理人，舉凡一切南侵事宜，皆透過六坤太守，六坤軍隊在西元十四世紀的勢力範圍曾至新加坡。[25]

第三節　歷任統治者和宰相

馬六甲立國約一百零九年，共歷七世八君，次頁圖為其世系表。

馬六甲歷任君主，無論英明與否，由於文獻史料的足證，皆有其可記述的事蹟。第一任君主最重要的兩件功績，厥為建國和與明朝建交，為馬六甲王朝往後的發展奠下良好的基石。第

拜里米蘇拉
（Parameswara, 1402–1414）

↓

伊斯干陀沙
（Megat Iskandar Syah, 1414–1424）

↓

斯里馬哈拉加
（Seri Maharaja, 1424–1444）

↓

斯里拜里米蘇拉帝瓦沙
（Seri Parameswara Dewa Shah, 1444–1446）

蘇丹目扎法沙
（Sultan Muzaffar Shah, 1446–1459）

↓

蘇丹滿速沙
（Sultan Mansur Shah, 1459–1477）

↓

蘇丹阿拉烏丁・利雅沙
（Sultan Alauddin Riayat Shah, 1477–1488）

↓

蘇丹馬末沙（Sultan Mahmud Syah, 1488–1511）

*括弧中之年分為在位期間。

董資料來源：董總課程局編，《馬來西亞及其東南亞鄰國史》，加影：馬來西亞華校董事聯合會，1999，頁47。

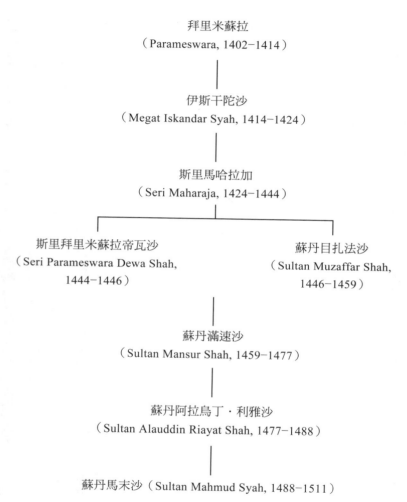

二任君主除延續其父與中國保持宗屬關係的政策外，更重要的是改奉伊斯蘭教，開啟馬來半島伊斯蘭教化的先聲。第三任君主斯里馬哈拉加雖有背棄伊斯蘭教的舉動，但為馬六甲制定了一套完善的典章制度，無疑是馬六甲，乃至往後馬來各邦的政制藍本。

斯里馬哈拉加在位時，由於港口日益繁盛，馬六甲的國勢漸強，人口增加，人民富庶，或許因此滋生統治馬來各國的雄心，故仿效三佛齊英主之名號，自封其王號為「Sri Maharaja」。此詞源出梵文，意即大王。他改用印度教尊號，實際上是出於緬懷祖先室利佛逝的盛業，所進行的一番復古改制事業的其中一項。此外，馬六甲前二任君主，除了第一任君主使用的御印，並未聽聞有任何典章朝儀的制定。斯里馬哈加拉曾經兩次入朝中國，對明朝的儀制，自有一番觀感。[26]因此，他依據印度傳統，並參酌明朝儀制來定制朝儀和制度，為馬六甲奠定文物制度的基礎。

馬六甲的中央制度以國王為最高統治者，原稱「拉惹」，皈依伊斯蘭教以後，改稱「蘇丹」，也是最高宗教領袖，同時使用伊斯蘭教尊號「沙」（Shah）。從第二任統治者開始，自第四任的統治者，皆在名號後加上「沙」的尊稱。自第五任統治者將伊斯蘭教定位國教以後，往後所有統治者皆以蘇丹為稱號。蘇丹之下設有三位大臣分掌要職，他們都可接近君主。首相（Bendahara）總理全國行政事務，是一人之下，萬人之上的第二號人物；戰爭時是軍隊的最高統帥，當蘇丹外出時得代行蘇丹職權。他是不具王族血統的貴族，但女兒常成為蘇丹的配偶，成為外戚，左右王位繼承的人選。如果蘇丹沒有子嗣，他還可繼承王位。天猛公（Temenggong）即陸軍與司法大臣，專掌陸軍事務與陸上司法，負責維持社會治安，兼任王城的衛戍與宮廷的守衛工作，包括掌管朝儀、接待外賓等。財務大臣（Penghulu Bendahara）則掌理全國的關稅與徵稅事務，包括處理宮廷財物、管理宮廷人員、安排統治者宴請事宜，可說是蘇丹的管家。此外，另有二武官職，一為水師提督（Laksamana），掌理全國海軍、海上防務安全與海上司法，如商船在港內發生糾紛，可與天猛公相配合處理，同時也是禁衛軍領袖；一為陸軍統帥（Sri Nara di Raja），主理陸軍訓練與管理事務，兩者作戰時皆受首相節制。此外，還有四位港務官（Syahbandar），分別管理來自胡茶剌、印度東岸、緬甸和蘇島，以及中國和安南之船舶，其商務、船隻泊岸及移民等事宜。在上述官職之下則設有各部首長，稱門德里（Menteri），負責協助執行工作，其人數以四的倍數遞增，各有專職。最末等的官員則為各式傳令官、侍從、御僕和衛士等，數量繁多，難以悉數列舉。他也制定各種禁制（Larangan），諸如只有君主可用白色；軟兜若未經君主之許可不准擅用；一般人不可隨意穿戴黃金飾品和黃衣，除非取得君主之首肯等是。[27]

第四任君主斯里拜里米蘇拉帝瓦沙（Sri Parameswara Dewa Shah）是所有馬六甲君主中在位時間最短者，在位僅十七個月，因為宮廷政變被殺，史稱「蒙難君主」。

第五任君主蘇丹目扎法沙，是馬六甲王朝歷史上英明的國君之一，他犧牲愛妃敦古都（Tun Kudu），並令之改嫁敦阿里（Tun Ali），借此解除敦阿里的政權，使馬六甲免於派系鬥爭，上下一心；以伊斯蘭教為國教，形塑馬來民族；知人善任，以敦霹靂為相，使馬六甲國勢達到頂峰；擊敗暹羅的入侵，令馬六甲可以無後顧之憂地發展商業；重行遣使入朝中國。他的遺跡遺留至今者有三，一為馬六甲七世王的墓碑，其上刻有其名；二為他在世時所用御劍，由於劍身如龍，故稱龍劍（Kris Naga）；三為目扎法沙時代所鑄造的錫幣，正反兩面皆刻有阿拉伯文，正面為「Muzaffar Shah Al-Sultan」，意為蘇丹目扎法沙，反面為「Nasir al-Dunya-Wal-Din」，意為宇宙與宗教之救世主。[28]

第六任君主蘇丹滿速沙在位時，是馬六甲的全盛期，南征北討，擴張領土。此王素來懷有馬來人治理馬來人的主張，因此他首先命敦霹靂為統帥，攻打地廣並盛產黃金，同時富有野牛巨象，但卻臣服於暹羅的彭亨。那年剛好是滿速沙即位之年。兩年後，即一四六〇年，馬六甲已經擴充為一大城市，濱海和沿岸的房屋均大加修葺，節鱗比次，各國商賈麇集，成為東南亞最大商港。由於各色人等形形色色，良莠不齊，馬六甲的良風美德遂蕩然無存，道德日益敗壞。張禮千如此形容：「良善之民，恆賄賂於顯要以求保護。入晚則必嚴緊門戶，以防盜賊之潛入。然蘇丹居於王宮之內，耳不聞目不睹也。人可殺死一英雄或哲人，或可辜負戚友之情誼而與其反叛，或可誘姦一無瑕之處女，使其失貞。若其人之所為，而適投王上之所好，則稱之曰高貴之舉動，其陋甚焉。蘇丹不但可處死一無辜之人民，並可沒收其財產。長官之拒入王門者，回家必仰藥而死。總之，其時馬六甲之法律，已日在崩毀之中，能倖存而不墮者，僅無人敢伸手反對王上而已。」[29]

蘇丹滿速沙名義上有五位王妃，但實際上有多少沒有人知道，後宮淫亂之事常有所聞，英雄如漢都亞（Hang Tuah），亦因被懷疑和宮女有染，幾乎遭蘇丹置於死地。其好友漢卡斯杜里（Hang Kasturi）也因為與妃女私通事發，遂將妃女碎屍數段，其狠戾實在出人意表。後與前來護駕的漢都亞拚搏，漢都亞以背信棄義之手段手刃其好友，如此英雄實有其不磊落之一面。[30]以上統治階級之淫亂無信，其社會風氣就可想而知了。

在滿速沙統治時期，在聖保羅山上建有馬六甲王朝最富麗堂皇的皇宮，「新宮門面之長達五十一提拍（Depa，兩臂張開的長度，一提拍約為五尺四寸），柱之大者，其周為一提拍。簷則突出於外，以護窗門，並可避陽光之直射。各妃寢室，莫不金碧輝煌，漆以顏色種種。屋頂尖處則鑲以紅色之琉璃，視之宛如寶石。牆壁之間，則嵌一中國之鏡，如為陽光所照，望之目眩。瓦則用銅和錫為之。」後來因為雷擊而著火，新建的宮殿規模較小，也不如之前的華麗。此時期雖為馬六甲的全盛時期，但遠在望加錫（Makassar）的武吉斯人開始向馬來半島搶掠，雖終為漢都亞擊敗，但實為武吉斯人入侵馬來半島的先聲。[31]

滿速沙時代有明朝公主漢麗寶下嫁的傳說，這無疑是好事者編造杜撰的故事。明朝公主和番，如此重大事件，正史失載，於理不合。漢麗寶下嫁之時，鄭和已經過世，如何護送出嫁？

第七任君主阿拉烏丁．利雅沙，據史書記載，乃馬六甲歷史上最英明的國君，凡事親躬，不為權臣擻權。是時，馬六甲警政鬆弛，盜竊案件時有所聞，為此，他連同護衛二人微服出巡，途中恰巧碰上盜匪五人，他手刃三人，一人逃逸，另一人則為護衛活擒。第二天上朝時，朝臣上下竟然無一知曉此事，經過一番訓斥後，有關單位不敢怠慢，效仿利雅沙之舉，晝行夜訪，盜竊之風戛然而止。利雅沙雖然勇武過人，但從來不輕啟戰端，故此其一生的武功只有兩事可以記述。其一是擊退蘇門答臘東北小國阿魯（Aru）的侵犯，逼使阿魯王主動乞和，兩國言歸於好，並同時將廖內和龍牙群島納入版圖。其二是派遣漢都亞至馬六甲之屬國錫國，譴責其不經宗主國馬六甲而私處死刑，後錫國國君準備罪己公文上呈謝罪。[32]

但至為可異的是，阿拉烏丁．利雅沙的名字竟然不在《明史》內，《明史》的記載恐怕有所遺漏。阿拉烏丁．利雅沙的繼位，是同滿速沙與彭亨之女的次子拉惹阿末激烈競爭下，後獲敦霹靂的相助而登基，失敗的拉惹阿末則在彭亨繼位為第二任彭亨蘇丹，但從此兄弟不睦，甚至有說阿拉烏丁．利雅沙被毒死一事，是他的異母兄長，即彭亨第二任蘇丹所為。當時，他準備偕同甘巴和英得其利的國君到麥加朝聖，卻在啟程之際被毒死，死時還未及而立之年，這般英主，竟落得如此下場，實在可惜。由此也可以想見王室間的勾心鬥角、爭權奪利之激烈。㉝

由於首相是中央政府中唯一可和蘇丹直接面談溝通，同時權傾朝野者，故此馬六甲的盛衰，往往與宰相的良窳有密切的關係。據《馬來紀年》的記載，馬六甲王朝共有九位首相，然張禮千在〈馬六甲史〉中據其整理的首相只有八位，其順序與彼此間的關係如下表所示：

其中前三任、第五、六兩任和第八任為馬來派系之首相，第四和第七任為泰米爾派系的首相。馬來派系的首相系出斯里馬哈拉加的族叔，共產生六任首相，為名副其實的首相家族。敦百巴提．圖魯斯是馬六甲第一任首相，他的弟弟，即阿馬爾則繼任為第二任首相；他的兒子敦．勃巴代．舍當則是第三任首相，後來因受敦阿里的排擠，自盡而死。第五任首相敦霹靂則為敦．勃巴代．舍當的兒子；敦霹靂的弟弟接著成為第六任首相，最後一任首相百圖加．端則是敦霹靂的兒子。而敦霹靂的姊姊敦古都則是拉惹卡沁（Raja Kasim）的王妃，後來為了弭平敦霹靂和前任首相敦阿里的恩怨，毅然離休敦古都，將之嫁於敦阿里，生有一男一女，女為第七任君主的王妃，男則為敦墨泰希，即第七任首相是也。

馬六甲的強盛，四朝元老敦霹靂無疑是一極為關鍵的人物，他可謂是馬來西亞歷史上少見

馬來派系

I
敦百巴提・圖魯斯
（Tun Perpatih Tulus）

II
拿督・斯里・阿馬爾・提羅闍
（Bendahara Dato' Seri Amar Diraja）

III
敦・勃巴代・舍當
（Tun Pertateh Sedang, 1445）
（Bendahara Seriwa Raja）

V
敦霹靂
（Tun Perak,
1456–1498）
（Bendahara Paduka Raja）

VI
敦布帝
（Tun Perpateh Puteh,
1498–1500）
（Bendahara Puteh）

VIII
百圖加・端
（Paduka Tuan, 1510–1511）
（Bendahara Lubok 或 Bendahara Tepoh）

泰米爾派系

IV
敦阿里
（Tun Ali,
1445–1456）
（Sri Nara Diraja）

VII
敦墨泰希
（Tun Mutahir,
1500–1510）
（Bendahara Sri Maharaja）

*括弧中之年分為任職期間。

資料來源：整理自張禮千，〈馬六甲史〉廖文輝編，《張禮千文集》（中卷），加影：新世紀學院，2013，頁73。

的良相，不論在人品和才能方面，都堪稱絕佳。他與滿者伯夷和巴塞的首相，被譽為西元十六世紀以前馬來世界三大名相。敦霹靂以後的馬來半島各王朝雖不乏名相能臣，例如柔佛王朝的水師提督敦阿都．加米爾（Tun Abdul Jamil），曾在短期內一雪占卑戰爭之恥，並使柔佛王朝重振雄風；建立柔佛首相王朝的首相敦阿都．加利爾（Tun Abdul Jalil）；開鑿沙曼運河的吉打名相旺．默哈末．沙曼（Wan Muhammad Saman）；蘇丹阿布巴卡（Sultan Abu Bakar）的輔弼拿督渣化（Dato Jaafar bin Haji Muhammad）、拿督阿都．拉曼（Dato Abdul Rahman bin Andak）和拿督莫哈末．沙烈（Dato Mohd. Salleh bin Perang）等皆是，但卻沒有一人能出敦霹靂之右，無論在武功德業皆難望其項背。

敦霹靂原是馬來貴族集團的領袖，是首相敦勃巴代．舍當之子。其父在一場政治鬥爭中疑與蘇丹目扎法沙有誤會，因而深感沮喪，遂服毒自殺，敦霹靂則被貶為巴生村長。一四六六年，由於暹羅犯境，他被徵召領軍擊退暹羅。後因有功，受蘇丹目扎法沙的賞識，而被封為國相。然而，敦霹靂掌權後並無排擠泰米爾集團，抑或對付其父之政敵，以替父報仇的舉措，反而極力調和馬來集團和泰米爾集團間的矛盾。甚至其子敦勿沙（Tun Besar）因踢藤球導致蘇丹滿速沙之子的頭巾掉下而被殺，他亦阻止其隨從報仇。為安撫敦霹靂等人，蘇丹滿速沙只好將其子貶至彭亨當蘇丹，使之無法繼承馬六甲大統。

一四五六年，暹羅第二度發動侵略戰爭，再次進犯馬六甲。敦霹靂再次奉命率軍抗敵，並將暹軍打得落花流水，一直追擊到新加坡附近。使馬六甲完全擺脫了暹羅的控制。他兩次擊敗暹軍，展示他在朝可為相，出外可為將，出將入相、文武雙全的將相本色。此外，他不因此而自大自滿，反而認清國際形勢，暹羅乃本區域大國，唯有與之和好，馬六甲方可在穩定中求發展。展現了他宏觀視野的政治格局。

為了馬六甲的長治久安，他甘冒喪子之險，遣子使暹，亦顯示他以國為重之風範。其子敦他拉尼，有犯難之勇，不辱使命，完成任務，亦可見敦霹靂平素之庭訓教誨，家風薰陶。他舉薦其子使暹，除了內舉不避親，也顯示他知人善任的才能和器度。

在知人善任方面，最重要的是他委任漢都亞為水師提督，護衛馬六甲。沒有敦霹靂的提攜，就沒有以後漢都亞的英雄形象和他的神話性。

最後，難能可貴的是，他雖權傾一時，並握有廢立蘇丹之權，但他始終如一，以輔佐蘇丹為己任，並無篡弒之意，表現他至高無上之政治智慧和政治道德。[34]

但當首相一職傳至敦墨泰希時，由於他的濫權納賄，致使朝政腐敗，人心渙散，在面對強敵葡萄牙攻擊時，很快就潰敗而亡國。他系出名門，為第四任首相之子，其妹則成為第七任蘇丹的王妃。他原為第七任蘇丹的天猛公，因為督辦不力，以致盜匪橫行，遭蘇丹斥責；故有人懷疑蘇丹之死和他有關。不久後，他排斥蘇丹的長子，扶立自己的外甥繼承王統，自己卻升為首相，獨攬政權，蘇丹不過是他的傀儡。他氣焰甚盛，在朝上遇見王子，不過點頭，只有遇見儲君才下階相迎。吉打蘇丹至相府致敬，他卻說用餐完畢才迎請進門；彭亨王到訪，他雖讓座，卻坐到蘇丹馬末沙身邊；他的坐席，底下必得墊一地毯，以示尊貴。朝中大小事務，幾為其所把持，任何登門求助者，皆須贈送金錢、禮物，否則求助無門。敦默泰希家中積蓄大量金銀財寶，奴僕使喚多得數不清，生活極盡奢侈之能事，講究衣著，每天更換六、七套服裝。最後因拒將女兒嫁給蘇丹，引來殺身之禍，被以造反罪名舉報，在一五一〇年為蘇丹所殺。[35]

惟其如此，他對馬六甲仍有頗足稱道的功績，他任職期間曾經率領軍隊征服吉蘭丹。一五〇〇年時，暹羅攻打彭亨，他親領大軍擊退暹軍，但這些似乎無法抵銷他對馬六甲所造成的破壞，馬六甲的覆亡他必須負起部分責任。另有一事較不為人注意，即敦墨泰希四傳之後為敦謨罕默（Tun Mohammad），又名敦斯里拉讓（Tun Sri Lanang），為柔佛之首相，係《馬來紀年》的作者，歿於一六一五年。

第四節　馬六甲的衰亡

派系傾軋

馬六甲王國對外關係中，從開始便與印度的商業往來頻密，印度商人除了帶來巨大的商業利益，也傳入伊斯蘭教，並與馬來王族結姻；他們是馬六甲城外國商人中最大的一幫，不僅富裕，而且控制的商業最廣，人數最多，實力也最強大，遂逐漸形成一股強大的政治勢力，甚至權傾一時，左右朝政，與馬六甲王國的興亡息息相關。馬六甲王國第三任國王斯里馬哈拉加迎娶泰米爾鉅賈的女兒，此舉導致後來馬來派系與泰米爾派系的鬥爭，最終引起宮廷政變。[36]

斯里馬哈拉加先後迎娶兩位王妃，先娶蘇門答臘東岸小國羅根（Rokan）的公主，生有一子拉惹伊布拉欣（Raja Ibrahim）；次妃則為泰米爾鉅賈的女兒，生子拉惹卡沁。此泰米爾鉅賈經商於巴塞，篤信伊斯蘭教，在斯里馬哈拉加繼位之初即移居馬六甲，並自誇曾娶巴塞公主，所以他的女兒也是系出貴族，職是之故，他受賜封部長一職。此人及其家族，可謂顯赫，甚至關乎馬六甲國家的興衰，其子敦阿里為馬六甲第四任宰相，敦墨泰希則為第七任宰相。

拉惹伊布拉欣年齡較小，但他的母親是名正言順的王室血統，因此得以繼承王統，成為第四任君主。然而，拉惹伊布拉欣畢竟年事方幼，因此由他的舅舅羅根王子攝政，代行王權，不免輕視帶有泰米爾血統的拉惹卡沁，並且懷有對來自印度的商船增加賦稅之意圖。拉惹卡沁心有不甘，蓄謀篡位，最後於第四任君主登基後十七個月後發動政變，篡奪王位。事緣拉惹卡沁與一位來自印度的摩爾人（Moors）船長相熟，得到摩爾人的應允相助，並且取得拉惹卡沁的舅父敦阿里的認同，並在起事前獲當朝首相阿瑪爾的加入，趁著黑夜降臨之際，帶領武裝水手入宮，把羅根王子和拉惹伊布拉欣殺死。馬六甲經此一事以後，朝廷上同時出現馬來人、泰米爾人和摩爾人等三股勢力，傾軋之勢因此而起。

馬六甲王朝前三任首相屬於馬來派系，系出馬六甲王室。第三任宰相因為遭泰米爾派系敦阿里的排擠而自殺，敦阿里並得以接任為第四任首相。由於蘇丹目扎法沙慧眼獨具，巧妙地解除敦阿里的相權，委任敦霹靂為第五任宰相，相權又重歸馬來派系手中，但敦霹靂以國家為重，沒有公報私仇對付敦阿里，反而盡力調和雙方的鬥爭。兩派系在敦霹靂任內同舟共濟，相安無事，締造了馬六甲王朝的輝煌時代，國勢一時無兩，雄踞馬來半島和蘇門答臘。敦霹靂去世後，其弟敦布帝接替相位，但其年事已高，秉政不久就與世長辭。雖然如此，他在任內卻成功將曼絨（Manjong）和木歪納入馬六甲版圖。同時，敦布帝亦征討吉蘭丹，俘虜了吉蘭丹統治者的三位公主，其中一位嫁與蘇丹馬末沙，所生的兒子後來成為霹靂的開國君主。但在他去世以後，敦墨泰希被授予首相的重任，這時首相的職位又從馬來派系轉移到泰米爾派系的手中。

敦墨泰希擔任宰相後，一改敦霹靂調和馬來派系和泰米爾派系的政策，大肆排斥馬來貴族，委任自己的親戚朋友為大臣，引發馬來人與印度穆斯林之間的紛爭，馬來派系進而誣告他企圖謀反。蘇丹馬末沙沒有調查清楚，就下令處死敦墨泰希及其家人。

領袖昏庸無能

蘇丹馬末沙是馬六甲的末代皇帝，行為不檢，荒淫無道，四處冶遊，任意奪人妻女，以致馬來婦女出門，必以頭巾蒙面，以免為昏君染指。他也有吸食鴉片的習慣，喜歡索隱行怪，夜扮乞丐而造訪隱士。更為嚴重者是寵幸佞臣，濫賜封號，廣養象師，揮霍無度。[37]然而此時馬六甲的國勢卻如日中天，除原有半島和蘇島的屬國繼續效忠臣服，一五〇〇年時，更聯同彭亨成功嚇阻來犯的暹羅軍隊，使暹羅師出無功，對馬六甲而言，與大獲全勝無異。更有甚者，北大年和吉打的國主也親訪馬六甲，承認其上國的地位，以求擺脫馬來半島的共敵——暹羅。

此事發生後不久，敦墨泰希即遭到殺身之禍。敦墨泰希擔任宰相後，貪贓納賄，驕橫跋扈，人盡皆知；然而國政大事一切掌握在敦墨泰希手中，即便是蘇丹馬末沙也無可奈何。其子則盤踞天猛公要職，魚肉人民，以致國事日非，人心潰散。飽受怨氣的馬來大臣伺機反擊，在蘇丹馬末沙御前誣告敦墨泰希企圖謀反，加上蘇丹馬末沙本要納敦墨泰希之女花蒂瑪

（Fatimah）為王妃，敦墨泰希竟將之嫁與他人。為此蘇丹馬末沙新仇舊恨一併俱發，不經明查，就下令處死敦墨泰希及其家人，搶奪花蒂瑪為妃。事後蘇丹馬末沙委任行動不便的敦白圖加端為宰相，時為一五一〇年。雖然如此，昏庸驕縱的蘇丹馬末沙仍然不理朝政，而統治階級內部派系之間展開激烈的鬥爭，人民與統治者的矛盾也日趨尖銳，終於在第二年葡萄牙來襲時，慘遭亡國之痛。

葡萄牙攻打馬六甲

盛極而衰，似乎是不易的道理。就在此刻，另一股馬六甲從未接觸、完全陌生的外來勢力——葡萄牙，開始出現在馬六甲的視線內。十字軍東征以後，歐洲人對亞洲香料、絲綢等貨物的需求量大大增加。當時東方貿易受到土耳其人和阿拉伯人的壟斷，貨物量減少，更因幾經轉手而價格高昂，歐洲商人遂急於找尋可直接通往東方的道路。而馬可波羅的《東方見聞錄》介紹亞洲各地的民情風俗，並盛讚中國的富強，不僅擴大了歐洲人的視野，同時引起更多人對中國和東方國家的嚮往。此外，在西元十五世紀時，歐洲人已經具備遠航的技術和能力，能夠越洋航行，除了發現新土地和新事物，同時也可借機傳播基督教的福音，榮耀上帝。

在眾多的歐洲國家中，葡萄牙和西班牙是歐洲最早形成的民族國家之一，在王室的支持下，積極地尋找東方的貿易路線。一四八八年，葡萄牙人迪亞士（Bartholomew Diaz）發現了非洲南端的好望角（Cape of Good Hope），十年後達伽瑪（Vasco da Gama）抵達印度，突破了阿拉伯人對東方貿易路線的壟斷。一五〇三年，葡萄牙在印度的柯枝（Cochin）建立了第一個在東方的商站要塞，成為西方殖民者在亞洲建立的第一個商業和軍事據點。葡萄牙人從印度商人處得知馬六甲是當時東南亞、印度和中國三角貿易的中心。

一五〇八年，葡萄牙海軍將領薛魁拉（Lopez de Sequeira）奉葡王之命，攜帶公文禮物，率領五艘船艦駛往馬六甲。這是歐洲人進入東南亞的開始，也是日後入侵中國的樞紐。一五〇九年八月一日，薛魁拉一行人抵達馬六甲，其隨從登岸後即遭好奇的馬六甲人圍觀議論。不久後，得見首相敦墨泰希，要求准許登岸從事貿易並建立商站。由於當時占有勢力的胡茶辣商人擔心如此一來將損害他們的商業利益，而首相又與胡茶辣商人有著密切的關係，因此拒絕了葡人的通商要求。不僅如此，他們更策劃襲擊葡人船隻。由於消息走漏，薛魁拉連忙率領兩艘船隻逃跑，而滯留在岸上的葡萄牙官兵二十餘人則被俘虜。此舉無疑遭致日後葡萄牙侵略之口實。

一五一〇年，葡萄牙駐印度總督亞伯奎（Afonso de Albuquerque, 1453–1515）占領印度西岸的果阿（Goa），並以此為向東發展的基地。當時，葡萄牙人已經控制紅海與印度洋，對馬六甲早就虎視眈眈。一五一一年五月二日，亞伯奎就以薛魁拉被襲事件，率領十九艘戰艦進攻馬六甲。七月初，葡萄牙戰艦航抵馬六甲，亞伯奎即要求蘇丹馬末沙釋放被俘虜的葡兵並賠償損失，蘇丹馬末沙為了緩解僵局，將一切責任推給已被抄斬的首相敦墨泰希，並答應釋放葡兵，但要求戰船退出馬六甲港口。但亞伯奎只撤離部分小船，大船仍然留在港內。雖然蘇丹馬末沙後來依約釋放葡兵，但亞伯奎的真正目的是占領馬六甲，因此不斷地向馬六甲提出諸如建築碉堡等苛刻的要求，最後談判破裂。

七月二十五日黎明，亞伯奎於船上誓師，準備進攻。雙方激戰，你來我往，相持不下，各有勝負。如此僵持一週後，葡軍趁潮水大漲時大舉攻城，挾其猛烈砲火，逼使負隅頑抗的馬六甲守軍節節敗退。八月十日，馬六甲淪陷，葡軍攻下城市中心，蘇丹馬末沙退守巴莪（Pagor），展開復國戰爭。八月二十四日，葡軍完全占領馬六甲城。此役中，葡軍虜獲無數武器、金銀財寶和香木。㊳

馬六甲在戰事上的失利，看來乃必然之事。首先，馬六甲士兵多是爪哇雇傭兵，雖然發了三個月的糧餉，同時又享有特別待遇，但作戰時，卻各顧性命，不願應戰。其次，馬六甲將士所用乃短劍與弓箭，亦無堅固的防禦工事；反觀葡萄牙軍隊使用的武器是火槍與大砲，再配以無風也可以行駛的蜈蚣船，裝有三十四門大砲，可運載兩百人，士兵也是受過訓練的部隊，雙方一經接觸，優劣立判。最後，恐怕也是最致命的打擊——人民分裂，無法團結，不再效忠馬六甲，這是長期魚肉各國商人的敦墨泰希父子所造成。人民對馬六甲已經有所不滿，這時剛好碰上葡萄牙的入侵，自然暗中協助以洩心頭之恨。如爪哇富商烏迪穆迪拉惹（Utimutiraja），同時也是雇傭兵領袖，竟然擅自私贈檀香予亞伯奎，並且答應祕密協助葡軍。至於華人，不僅表示願意助葡人一臂之力，甚至同時告以馬六甲糧食主要運自爪哇，只要斷絕糧道，馬六甲就唾手可得。同時，亞伯奎命令他的部分士兵喬裝成華人以便登岸，而載送士兵登岸的帆船也全由華人處借得。當時，其他各國的商人莫不敦促蘇丹馬末沙求和保命。馬六甲可謂眾叛親離，內外夾攻，豈有不覆亡之理。

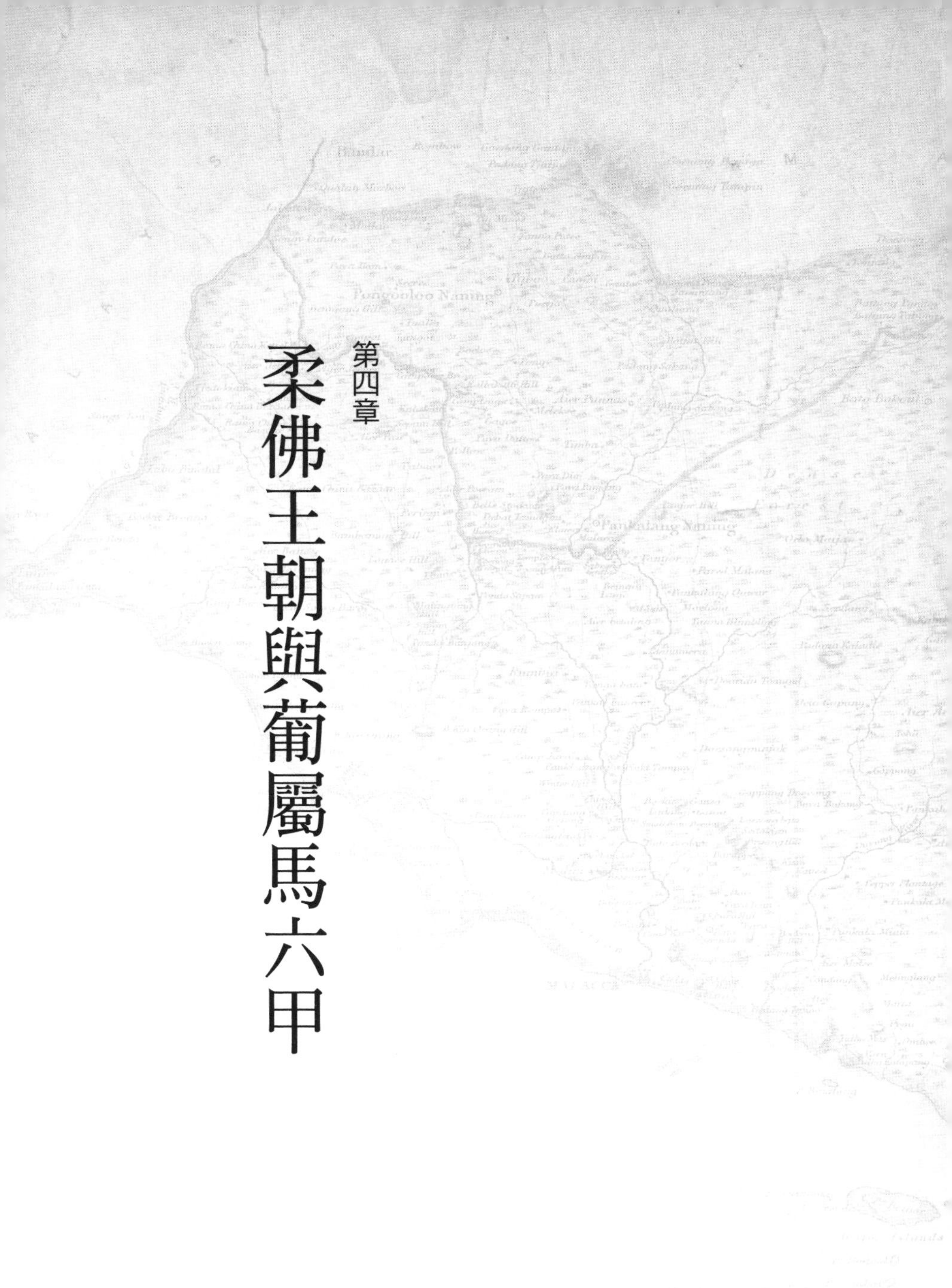

第四章 柔佛王朝與葡屬馬六甲

葡萄牙入主馬六甲，標誌著西方殖民勢力在東南亞建立殖民地的開始。葡萄牙統治馬六甲共一百三十年，期間有數起重要事件發生。首先，柔佛王朝的建立，是馬六甲王朝以後在馬來半島最有影響力的朝代。其次，葡屬馬六甲、柔佛王朝和亞齊因為各種原因在馬六甲海峽水域相互爭雄所引發的百年戰爭。其三，荷蘭勢力的進入，使馬來半島的政治格局重新洗牌。

第一節　蘇丹馬末的復國運動與柔佛王朝的建立

一五一一年，馬六甲為葡萄牙攻占後，蘇丹馬末沙和王子阿末退守麻坡和巴莪，建立要塞展開復國戰爭，不久後雙雙被逐，退守至彭亨，在彭亨居停約一年。由於彭亨蘇丹阿都加米兒（Sultan Abdul Jamil）是馬六甲蘇丹滿速沙的後裔，而蘇丹馬末也將女兒花蒂瑪嫁給彭亨蘇丹，與彭亨維持良好關係，故此馬六甲的復國運動得到彭亨的支持，成為收復馬六甲的強力後盾。此外，蘇丹馬末沙也通過外交途徑，在一五二〇年派遣使節到中國求援，並在一五二一年向中國朝貢，但明朝並未出兵協助，只是要求葡國歸還馬六甲土地，同時下令鄰近國家給予協助，但沒有任何反應。❶ 還有另一種說法是中國皇帝聽聞馬六甲不友善地對待中國商人後，就拒絕給予任何協助。

從一五一一年到一五三六年的二十五年間，蘇丹馬末沙展開復國戰爭，期間除了多次軍事行動攻打馬六甲城外，也經常派人騷擾馬六甲邊陲地區，或搶劫葡人的船隻，甚至封鎖麻河河口一帶，阻截來自爪哇的運糧船，造成葡軍發生饑荒。蘇丹馬末沙雖然喪失國土，但仍然繼續保有馬六甲蘇丹的尊號，並且得到馬來半島大部分地方和屬國的效忠，如麻坡、林茂、雙溪芙蓉（Sungai Ujong）、巴生、曼戎、木歪、霹靂、彭亨、登嘉樓、錫國、阿魯、甘巴和英得拉其利等，父子兩代前後發動約七次攻擊，蘇丹馬末沙在世時本人就發動了六次，但皆無功而返。

一五一三年，蘇丹馬末沙率軍攻打馬六甲，但鎩羽而歸。一五一五年、一五一六年和一五一九年，蘇丹馬末沙先後三次進攻馬六甲，仍然徒勞無功。這些攻擊行動激怒了葡軍，為了瓦解馬六甲的勢力，葡軍在一五二〇年襲擊巴莪，迫使蘇丹馬末沙遷都廖內（Riau）群島的賓丹（Bintan）島，蘇丹馬末沙在此建立海軍基地，繼續謀求收復國土。在往後的數年間，即一五二一年、一五二三年、一五二四年、一五二五年，葡人連續攻打賓丹島，皆鎩羽而歸。一五二五年，蘇丹馬末沙發動他逝世前最後一次的復國戰爭，動員水陸大軍，兵分兩路，圍攻馬六甲一個月，企圖收復馬六甲，可惜葡萄牙的援軍自印度開到，收復山河的努力再次功虧一簣。一五二六年，葡軍反擊，大舉進攻賓丹島，進行報復，都城陷落以後，蘇丹馬末沙逃至蘇門答臘的甘巴，兩年後在此身亡，未能完成復國大業。

蘇丹馬末沙去世後，由其子阿拉烏丁·利雅沙二世（Alauddin Riayat Shah II）繼位。柔佛王統本由長子阿末繼承，卻由於失寵被殺。吉蘭丹公主所生之目扎法沙（Muzaffar Shah）曾被選為儲君，後因蘇丹馬末沙改立寵妃，即墨泰希之女花蒂瑪之子阿拉烏丁·利雅沙二世，目扎法沙只好回到霹靂，成為第一任蘇丹。一五三〇年，阿拉烏丁·利雅沙二世重返柔佛，在柔佛河上游建立要塞，繼續展開復國運動，但他的復國熱忱遠遜於其父，在位期間只發動一次軍事進攻，經葡軍連番攻打後，即與葡人談和。一五三三年，利雅沙二世率軍攻打馬六甲，戰敗而回。一五三五年，葡人攻打柔佛，雙方互有勝負。一五三六年，阿拉烏丁．利雅沙二世的麻坡基地淪陷，不得已求和，葡人承認其為柔佛蘇丹，二十五年的復國戰爭終告一個段落。自此，他就一直居留在柔佛，已不再是名義上的馬六甲蘇丹了。一五四〇年，阿拉烏丁．利雅沙二世定都舊柔佛（Johore Lama）。❷

柔佛王朝的建立，有幾種不同的看法，有說自一五二八年阿拉烏丁．利雅沙二世繼位始，有說自一五三六年為葡人所承認始，亦有說自一五四〇年定都舊柔佛始。以上三種看法應以一五三六年受葡人認可的說法較為妥適，這次和談讓雙方停息干戈十餘年，加上阿拉烏丁．利雅沙二世放棄馬六甲蘇丹稱號，正式以柔佛蘇丹自稱。是年也可視作由蘇丹馬末沙所發動之復國運動的結束年分，第二年蘇門答臘東北角的亞齊即崛起稱雄，揭開了三角戰爭的序幕，馬來半島歷史自此進入嶄新階段。

這段反攻復國的日子，也見證自馬六甲時代便權傾朝野的宰相家族，如何繼續發揮其重要的影響力。蘇丹馬末沙所以能夠在葡人攻打時倖存，主要歸功於宰相的護駕。此外，他將大王子目扎法沙趕回霹靂，改立有宰相血統的小王子，無疑都為往後宰相家族的奪權埋下了伏筆。❸ 由宰相家族後裔所撰寫的《馬來紀年》說宰相盡忠為國，但是最後所得不過破瓷器和死亡，❹ 這種說詞恐怕是用來自吹自擂，不足為信。

第二節 三角戰爭

柔佛王朝甫向葡人求和，復國運動剛落下帷幕，馬上又捲入另外一場曠日廢時、規模更為龐大的戰事之中。此間涉及的勢力除柔佛王朝本身，另有蘇門答臘東北角的亞齊，以及葡屬馬六甲。戰爭始於一五三七年，終於一六三六年，恰好整整一百年。參戰的三方為了各自的原因互相攻伐，三方均無絕對優勢可將對方擊敗，最後三敗俱傷，致使荷人東來，輕而易舉就占領了馬六甲。

三角戰爭的爆發，其原因錯綜複雜。要而言之，不外商業利益、領土和宗教信仰的爭奪。馬六甲海峽自西元七世紀以來，即成為東西方主要的交通來往孔道，誰能控制馬六甲海峽，就能掌控東南亞的貿易；而馬六甲海峽恰好位處海峽最窄處，容易控制來往船隻。葡萄牙在占領馬六甲後，即強迫過往商船繳稅，影響亞齊的貿易。更有甚者，葡萄牙還企圖將勢力伸入蘇島北部，但為剛崛起的亞齊所驅逐。同時，為了奪回海峽控制權，爭奪商業利益，與葡萄牙一決雄長，惟有通過戰爭的手段，方能達成目的。同樣地，葡萄牙占領馬六甲，馬六甲王室退守柔佛，亦嚴重影響了馬六甲原有的貿易利益，因為舊柔佛的商業地位畢竟比不上馬六甲。

其次是領土的要求，馬六甲被葡萄牙占領無疑是馬六甲王室心中的痛，從蘇丹馬末沙開始，就積極地展開復國運動。即便蘇丹馬末沙逝世，其後裔所建立的柔佛王朝仍努力續其未竟之志，以期收復馬六甲。然而，亞齊的強大，對柔佛王室而言，無疑又是另一心腹大患，不但影響其收復馬六甲的計畫，甚至也因此失去海峽控制權，遂不斷對亞齊發動戰爭，因而招致亞齊屢次的報復。

其三是宗教的鬥爭，由於宗教信仰不同，柔佛與亞齊和葡屬馬六甲是為敵對的陣營。尤其是亞齊，隨著穆斯林商人於當地匯集，自然成為對抗信奉天主教葡人的穆斯林勢力代表。[5]

雖然柔佛和亞齊在種族、宗教與文化上相同，且在對抗葡萄牙侵略的鬥爭中，具有共同的利害關係，但在爭奪海峽控制權和商業利益上卻又處在對立面。為此，葡萄牙雖然是馬六甲的主要敵人，卻因擔心亞齊的強大會取代自身的地位，馬六甲有時又與柔佛站在同一陣線。由於三方各懷鬼胎，皆有各自利益和要求，彼此間的矛盾無法協調，戰事可謂一觸即發。

一五二一年，葡萄牙為了壟斷蘇島北部的商業及控制馬六甲海峽而出兵巴塞，但為亞齊所敗，其勢力被逐出蘇島北部，此役可謂是戰爭的前奏曲。一五三七年九月，亞齊為了阻止葡人的商業發展並報復其侵略行為，派遣約三千名士兵，對馬六甲發動第一次攻擊，但以失敗告終。此次的進攻正式揭開了三角戰爭的序幕。

亞齊的強勢崛起，令柔佛深懷戒心。就在一五三九年，亞齊攻取了向來是馬六甲食邑的阿魯，為了打擊對手、展示勢力，柔佛王國聯同彭亨和霹靂，結集了一支艦隊與亞齊展開海戰。他們利用對當地潮汐的了解，竟然擊敗了強大的亞齊，令亞齊一夕之間喪失了一萬三千餘名士兵。這次輝煌的勝利是馬六甲淪陷以來的首次大捷，除了搶回阿魯的統治權長達十四年，同時也振奮長期面對葡萄牙戰事失利而陷落的人心。然而在遠處隔岸觀火的葡人則樂見兩個主要的對手相互廝殺，並坐享其成。但葡人的幸災樂禍並不能維持多久，亞齊雖然遭受如此沉痛的敗績，卻由於地理位置優越，而從與印度的貿易中大量獲利，很快地就恢復元氣，國力日增。反觀柔佛雖取得一時的勝利，卻無法從中取得任何優勢，在面對亞齊的威脅時反而一直處於守勢。一五四七年，持續強大的亞齊並沒有向他們認為不足為道的柔佛王朝施加壓力，反而試探性地攻擊馬六甲，掠奪了幾艘糧船，在登上馬六甲的土地時驚動了葡軍，最終為從北大年駛援的船隻驅逐。柔佛雖然在麻河集結軍隊，並與葡萄牙有聯盟之誼，卻仍選擇袖手旁觀。

一五五一年，在上一回戰事中選擇觀戰的柔佛，竟決定違背與葡萄牙的盟約，也不顧老將軍的勸阻，聯同霹靂、彭亨和爪哇佯裝攻打亞齊，實際劍指馬六甲。勸阻不成的老將軍向葡萄牙通風報信，有所防備的葡萄牙自然遏阻了此次的偷襲行動，柔佛聯軍遂決定圍城，斷絕葡人的糧食。然而，一個未經證實的謠言，謂將有一支葡萄牙艦隊前往奪取柔佛、霹靂和彭亨的港口，就輕易逼使柔佛聯軍撤退，三個月的圍城至此方休，卻使柔佛損兵折將。這次的戰役，亞齊也不予協助，僅僅旁觀戰爭的演進。

此次戰役以後，三方維持短暫和平，相對平靜了十餘年，沒有任何重大戰爭。在此之前的戰事可以視為三角戰爭的前期，柔佛和亞齊均採主動，主要對象為葡屬馬六甲，而後者則採守勢。

三方的攻守形式，從一五六四年起出現了微妙的變化。亞齊意識到要消滅葡屬馬六甲，奪取海峽的貿易控制權，非先攻克柔佛不可，便開始將矛頭指向半島上的其他蘇丹王國。亞齊出兵突擊柔佛，同時也回報一五四七年柔佛的袖手之仇。亞齊重新占領阿魯，繼而攻陷柔佛首都舊柔佛，蘇丹阿拉烏丁・利雅沙二世被俘，死於亞齊。之後，亞齊改變政策，採取懷柔方式，扶立其子目扎法沙二世（Sultan Muzzafar Shah II）即位，希望從此與柔佛言和，共同對抗葡萄牙。柔佛這個後顧之憂解決以後，亞齊多次對馬六甲發動攻擊，皆無功而返。首先是一五六八年，亞齊攻城失敗，將責任歸咎於柔佛艦隊的姍姍來遲，並採取報復性手段，焚毀柔佛河的村莊。第二次在一五七三年，第三次則在一五七五年，但皆無法攻破法摩沙城堡（A'Famosa）。一五七五年的軍事失利以後，亞齊趁退兵之際攻陷霹靂，刺殺蘇丹並俘虜其王后和兒子，將之扶立為亞齊蘇丹，卻在一五八五年被暗殺。此後亞齊控制霹靂長達百年之久。

亞齊的軍事威脅促使柔佛與葡萄牙的進一步合作。一五八二年，亞齊再度犯境，這時葡人協助柔佛聯合抗擊亞齊，成功將之擊敗。但這種短暫的友誼，因為一五八四年爪哇帆船不向葡萄牙，卻向柔佛納稅，使葡萄牙召回在柔佛的商人，並劫掠柔佛的船舶而遭到破壞。柔佛馬上封鎖新加坡海峽，阻止葡萄牙商船通航；葡人則另尋一條新航道，以替代舊有的航道。這些舉動，迫使柔佛在一五八六年發動水陸兩方面的攻擊。一五八七年，葡萄牙的果阿援軍開到，不僅擊退柔佛軍隊，同時也摧毀了柔佛首都舊柔佛，蘇丹逃亡至柔佛河上游。此役使柔佛元氣大傷，經過了十年的休養生息才逐漸恢復元氣。出逃的蘇丹阿都查利．利雅沙（Abdul Jalil Riayat Shah）於逃亡期間過世，其子阿拉烏丁．利雅沙三世（Alaudding Riayat Shah III）即位，在峇株沙瓦（Batu Sawar）建都凡二十年。

上述為三角戰爭的中期，以亞齊為主導，同時向葡屬馬六甲和柔佛王國發動攻勢，但並沒有因此占得多大的便宜。

在峇株沙瓦建都的同時，荷蘭人也獲准在此建立商業據點，並與柔佛結盟，藉此尋求奪取馬六甲海峽貿易的機會，但雙方的合作關係因為一六〇六年聯合進攻葡屬馬六甲失敗而告終。

事實上荷人的東來，令葡人倍感壓力，葡王甚至下令「消滅和摧毀這個如此不利於我們工作的航海中的新產物」，並主動尋求亞齊的合作。

一六〇七年，亞齊名王蘇丹馬可打阿藍（Mahkota Alam）即位，此名意為「世界的國王」，是亞齊歷任蘇丹中頗富雄才大略之蘇丹伊斯干達沙（Sultan Iskandar Shah）的尊號。然而，蘇丹馬可打阿藍雖然雄才偉略，但他的征伐也只能給予柔佛王國以及半島上其他蘇丹政權沉重的打擊，而仍然對葡屬馬六甲一籌莫展。蘇丹馬可打阿藍自即位伊始，便對馬來半島展開多次進攻。一六一三年，他攻打峇株沙瓦，生擒柔佛蘇丹阿拉烏丁．利雅沙三世及其弟。一六一五年，柔佛蘇丹在亞齊逝世，其弟則被送回柔佛繼承大統，稱號蘇丹阿都拉．馬雅沙（Abdulah Ma'ayat Shah），並將亞齊公主嫁給他。然而，由於蘇丹阿都拉．馬雅沙暗中和葡人來往，結果引起亞齊再次出兵欲將峇株沙瓦夷為平地。為躲避亞齊的襲擊，柔佛蘇丹特意遷都到龍牙（Lingga）群島。一六一七年，亞齊攻占彭亨；一六一九年，征服霹靂；一六二一年，奪取吉打，控制馬六甲海峽。由於柔佛蘇丹遺棄亞齊公主，引起亞齊憤恨，遂在一六二三年出兵攻陷龍牙，柔佛蘇丹被迫繼續流亡。直到亞齊衰落之前，柔佛王國一直沒有固定的王都，這也是亞齊最強盛的時期。

面對葡屬馬六甲，亞齊也沒有閒著。首先在一六一五年，亞齊與葡人在麻坡沿海打了三天三夜；一六一六年，亞齊與柔佛曾策劃攻取馬六甲，但以失敗告終。真正的大戰發生在一六二九年，此前亞齊已將馬六甲重重圍困兩年有餘，最後竟被派來增援的葡萄牙軍隊擊敗。故此，亞齊決定徵集所有船隻和武器，派遣一支二萬多人的軍隊發動總攻擊，結果卻潰不成軍，只有十六人得以安全回亞齊報信。自此，盛極一時的亞齊便一蹶不振。這次的勝利不過是給予葡人一個喘息的機會，其優勢已開始轉移至英荷手中，葡人的末日屈指可數。到了一六三五年，荷人已經成功截斷所有葡人在馬六甲海峽的貿易。一六三六年，亞齊名王去世，國力中衰，無力再發動戰爭，三角戰爭正式結束。❻

三角戰爭的後期，以亞齊蘇丹馬可打可藍為主導，惟其如此，仍然無法改變整體局勢。葡屬馬六甲仍屹立，即使她已經成為強弩之末，柔佛王國經過多次的殲滅戰，仍然繼續存在，沒有被消滅。百年的三角戰爭，基本上以亞齊為攻擊主力，大部分的戰事都由其發起，由柔佛挑起的爭端僅少數幾次。葡萄牙賴其堅固的堡壘，僅採取基本守勢，也可看出葡萄牙其實已經沒有太多的軍力發動戰爭。到了西元十七世紀初期，荷蘭人開始加入戰線，整個戰局才開始改變，最後漁翁得利，取代葡萄牙，占領馬六甲。因此，整個戰事最大的受害者，無疑就是參與戰爭的三方。葡屬馬六甲由於長期的戰火，嚴重破壞其商業經濟，當荷人攻打馬六甲時，葡人已無反抗之力；亞齊經過長期的征戰，無論在軍力、財力和物力方面皆已消耗殆盡，在其極盛時期雖然曾經控制馬來半島多個地區，但一六四一年以後，其勢力不得不從此退出馬來半島；柔佛同時要應付葡人和亞齊，兩面作戰，國力大損，往後雖然得以重建，並恢復了對馬六甲以外馬來半島各地的宗主權，事實上其國勢始終無法強盛起來。

第三節　葡萄牙的統治政策與結果

葡萄牙侵奪馬六甲的目的主要有二，其一是壟斷東方貿易，控制海上霸權；其二是排斥伊斯蘭教徒，宣傳天主教。葡萄牙於馬六甲的統治政策，均圍繞著上述兩個原因，在這些政策的制定和馬六甲的規劃上，有一位極為重要的人物，那就是占領馬六甲的統帥亞伯奎。他不僅是位出色的將領，同時也是名符其實的亞洲葡萄牙帝國的真正規劃者，奠定葡萄牙殖民帝國體系的主要輪廓。他本是葡萄牙殖民地官員，曾在北非服役十年。他也是一位出色的航海家，富有政治遠見。他認為要壟斷東方貿易，除了加強海軍力量外，還要在漫長的東西航線上占領幾個重要的據點，以確保航海的安全，並獲得充足的補給。因此，亞伯奎便於一五〇三年在柯枝建立葡萄牙在亞洲的第一個商業與軍事據點；一五〇六年於索科特拉島（Socotra）興建城堡，封鎖紅海的出口，切斷阿拉伯人與印度的貿易。一五〇七年占領伊朗的霍爾木茲（Hormuz）島，翌年任葡萄牙駐印度第二任總督。一五一〇年侵占果阿並將之當作其在印度的總部；一五一一年七月率軍侵占馬六甲，建造法摩沙城堡，又派船隊到摩鹿加群島尋找香料。一五一二年一月返回果阿，之後企圖奪取亞丁（Aden），因兵力不足而失敗。一五一五年二月又率艦隊前往霍爾木茲島，九月因病返回果阿，十二月病逝途中。[7] 而其政策可以歸納為如下數項。

首先是建築城堡，鞏固防禦。葡萄牙小國寡民，資源有限，在大肆擴張海外殖民事業時，維護其海外利益最有效，同時也最為便捷、節省的方式，無疑就是修築城堡。憑藉著堅固的工事，能以相對較少的兵員達到防護作用，以堅持到果阿援軍的到來。根據資料顯示，馬六甲城堡一般的駐軍是三百人，很少超過五百人，最少的時候甚至還不到三十人，從一五一九年到一五二〇年，平均有十四個月以上不足兩百人。故此，葡萄牙善於築城，以城池堅固馳名，在海外築有不少堡壘。亞伯奎在占領馬六甲後，即開始修築要塞，駐紮軍隊，以保護葡萄牙在馬六甲海峽的商業利益，並抵禦蘇丹馬末沙的反攻。他下令在聖保羅山麓沿海濱之地，建立堅固的堡壘，牆厚八英尺，四周共築有七個砲台，一面臨海，三面被馬六甲河圍繞。當時亞伯奎命令爪哇人到鄉下搜捕逃犯，用鐵鍊鎖在工地，強迫建築砲台，並把蘇丹王室的一千五百名奴隸投入建築堡壘的苦役。葡人還拆毀在山麓的一座清真寺及馬六甲歷代君王的陵墓，利用它們的石塊修築一座塔樓，以及一道環繞著山的護城牆。這個堡壘被命名為法摩沙，它也是第一個建造於東南亞的近代歐洲式的城堡。由於城堡極為堅固，在葡人占領的一百三十年間雖屢遭外來攻擊，但都無法被攻破，至一六四一年才被船堅砲利的荷蘭聯合柔佛王國的軍隊打敗。這個城堡也是葡萄牙在馬六甲的要塞核心，城堡裡有總督府、主教堂、國家政務會禮堂、慈善兄弟會禮堂、五間教堂和兩間醫院。❽

其次是實行商業壟斷措施，葡人遠道而來，在

▲馬六甲古城門。

編著者提供。

東方建立海上霸權，其目的不外是奪取東方的商業貿易壟斷權。為了使馬六甲成為商務繁榮的商港，亞伯奎在占領馬六甲後，馬上遣使到中國、暹羅、緬甸等地，建立密切的商業關係。此外，也以金、銀、錫鑄造新幣，穩定幣制，以促進商業發展。在商業上葡人採取專制壟斷的政策，除了規定凡經過馬六甲海峽的船隻皆需繳納入港稅，貨物輸入馬六甲也須納稅。葡人又派遣船隊遍歷爪哇、蘇門答臘、婆羅洲及摩鹿加群島等地，並建立根據地，迫使本區域的香料貿易及所有商船，都集中到馬六甲港口以控制與壟斷。❾

其三是使馬六甲成為傳播天主教的基地。葡萄牙占領馬六甲後，在城內外各區興建教堂，積極傳播天主教，排斥伊斯蘭教。他們也推倒蘇丹在山上的木造王宮，並在舊址上興建了聖保羅教堂。葡人將馬六甲分為八個教區，有四個修道院，十四間教堂和兩個小教堂，教徒共七千四百名。早期葡人在馬六甲傳教的作用並不顯著，直到聖方濟（St. Francis Xavier）的到來，才有較大的成效。聖方濟原是耶穌會的創立人之一，是葡人殖民時期出色的傳教士。曾三次造訪馬六甲（一五四五年、一五五〇年和一五五三年），一五四五年抵達馬六甲後傾力傳播天主教。通過創辦學校、建造教堂，慰問病

▲馬六甲聖保羅教堂。
編著者提供。

人，教導兒童，感化貪贓枉法和驕奢淫逸者，並將祈禱文和聖訓翻譯成馬來文等方式，使天主教在馬六甲的發展根深蒂固。在他的策劃與推動下，天主教信徒增至數千人，今天馬六甲仍是馬來西亞天主教的中心。後來他又到摩鹿加群島、日本等地傳教。一五五二年欲往中國傳教，卻未獲准進入廣州，不久即客死在廣州附近的聖川島，遺體先移葬馬六甲，最後再移葬果阿。現今馬六甲聖保羅教堂內的空穴即是當年其遺體的暫放處，馬來西亞各地仍有學校沿用「聖方濟」的名字，為的就是紀念他的偉跡。⑩

葡人占領馬六甲以後，為了有效管理，遂隨著殖民統治的鞏固而逐漸形成一整套的殖民征服機構。國王理所當然地是海外最高統治者，由於距離遙遠，天高皇帝遠，往往鞭長莫及。故此，駐果阿的總督就成為國王在海外的代理，負責管理各海外殖民地的大小地方官員。而馬六甲的最高行政長官為太守（Governor），由葡王任命，受果阿總督管轄，任期三年。在一百三十年的統治期間，共有二十個太守在二十四個任期內供職，擔任此職的大多是葡萄牙的名門顯貴，這是由於馬六甲周圍戰事頻仍，必須派遣一位有相當威望和指揮能力的貴族，方能勝任。這也造成果阿方面無法掌控馬六甲，無形中使馬六甲太守獨攬一切的大權。

太守之下則有執行長、市長、司法首長、參事會及民間的同善堂（Misericordia）等，專事處理民政事物。參事會由六名參事、執行長、司法首長、市長、同善堂堂長及馬六甲大主教等組成，以管理馬六甲的財政、城市清潔、公共建築等。同善堂是慈善機關，其任務是扶老濟貧，照顧孤寡和犯人。此外，另有委任一些地方行政的職務，專司協助管理外籍僑民、其他族群和某些特殊地區。這些職務計有宰相，由葡王任命，管理馬六甲的亞洲籍外僑，其助手為港務官，協助管理來往船舶，接待來使，引見太守；天猛公，由印度總督委任一名已婚葡人擔任，屬終身制，專門管理南寧（Naning）和林茂的米南加保和馬來臣民；甲必丹管理馬六甲其他的族群，由各不同族群中選出，平時處理內部糾紛，戰時負責維持地方治安。[11] 事實上，前二者是沿用原有的馬六甲王國的官職，後者則是葡人聘任所獨創，並為荷人所承襲。

在軍事管理方面，太守之下有司令（Captain General）和副司令，前者是最高的軍事長官，也由葡王委任，同樣聽命於果阿總督，往後則兼太守的頭銜；司令除指揮軍隊作戰外，也負責審理屬下士兵的案件。後者則由印度總督委任，軍事方面太守無法專斷獨行，必須與副司令商量。此外，還有海軍統領及各級的官兵等。由於葡萄牙小國寡民，為了增加軍員，往往允許並鼓勵海外殖民地的葡人和當地人通婚。故此，在馬六甲的葡兵被鼓勵與馬來婦女通婚，除可獲得兵

▲耶誕節來臨前，葡萄牙村家家戶戶張燈結彩，絢爛奪目。

編著者提供。

員與水手的補充外，也能起促進種族間情感的作用。但這種政策的實際效果並不顯著，人口增長數量有限，據一六二六年的資料顯示，在僅有的一百一十四名落戶者中，就有六十二人移居城外。⑫無論如何，通婚的政策卻也使馬六甲出現了一個達數千人的獨特葡巫混種族群，而葡語中某些日常詞彙，如「almari」（櫥櫃）、「garpu」（叉）、「jendela」（窗口）、「tuala」（毛巾）等也混入馬來語，豐富了馬來西亞的文化和語文詞彙。

葡萄牙占領馬六甲初期，其主要目的不在於擴張領土，而是在東南亞群島地區建立貿易基地，其統治只限於馬六甲城，勢力並未擴張到半島內地。葡萄牙在統治馬六甲期間，其內部實際上充斥貪污腐敗，管理不當，士兵士氣低落。若非堅固的堡壘，在多次的圍城中堅持至果阿軍隊的到來，相信一早就已經失守。再者，葡萄牙貿易獨占政策的思維，與相應而來殺雞取卵的一系列措施，嚴重破壞馬六甲的國際港口地位，使其商業一落千丈。

葡萄牙為了壟斷馬六甲海峽的貿易，不惜採行海盜式的強迫靠港和關稅政策，極盡敲詐勒索之能事。一五四四年以前，來自印度的所有貨物均課稅百分之六，但運往中國的貨物，其中四分之一須以八折售給葡人。一五四七年起，為增加稅收，孟加拉來的貨物課稅百分之八，中國貨物為百分之十。此

▲作者與葡萄牙後裔孩童合照。
編著者提供。

外，另有其他各類名目繁多的費用，如人頭稅、許可證費、下碇費等。至於對英國的徵稅，可達百分之九至百分之二十不等，即使不卸貨上岸也要繳稅。葡人除了對進入馬六甲港口貿易的商船抽取高額關稅外，還強迫所有通過馬六甲海峽的商船都必須到馬六甲貿易，如有不從，則禁止其進入馬六甲海峽，同時取消其到馬六甲貿易的權力。更有甚者，葡人依恃其強大的海軍部隊，追擊不順從的商船，焚燒船隻，並沒收貨物，部分印度船員甚至淪為奴隸。這種海盜式的行徑，使各國的貨船將進入馬六甲海峽視為畏途。《東西洋考》中有如斯記載：「佛郎機見華人不肯駐，輒迎擊於海門，掠其貨以歸。」⓭

更惡劣的是，葡人在馬六甲推行歧視性政策，極力排斥伊斯蘭教徒。早在葡萄牙占領馬六甲之前，印度就已經流行「首先是胡椒，然後是靈魂」這樣的一句話。在亞伯奎攻打馬六甲之前，他向全體官兵訓示：「要撲滅回教這股異教火焰，從此以後使它永遠不再出現。」占領當天，燒殺擄掠，不論男女老幼概不赦免，而其他地區的伊斯蘭教商人則獲得寬待。葡人占領後除了強迫伊斯蘭教徒改教，也對他們進行侮辱、驅逐和殺戮，同時沒收、搶劫他們的商船，並實行宗教裁判。此舉自然逼使伊斯蘭教徒集中到亞齊和柔佛，成為抗擊葡人的主力。此外，葡人也在馬六甲實行分而治之的方法，將各族分區而居，不讓往來，並在他們之間製造事端，挑撥離間。此外，葡人霸占良田，卻因柔佛經常性的襲擊，致使良田乏人耕種而荒蕪，這是馬六甲長期缺糧的原因之一。然而，對葡人治下的老百姓而言，更為可怕的是名目繁多的苛捐雜稅，土地、果樹、房屋乃至各種農產品，皆在徵稅之列，遑論還要以水果家禽等物給地方官員送禮。這些苛刻的暴政，明人張燮曾經將葡人比喻為三害之一，他說：「古稱旁海人畏龜龍，龜龍高四尺，四足，身負鱗甲，露長牙，遇人則齧，無不立死；山有黑虎，虎差小，或變人形，白晝入市，覺者擒殺之；今合佛郎機，足稱三害云。」⑭

如果說上述各種霸道政策的實行，使葡萄牙大量樹敵，招致他國的不斷攻擊，無計可施者則敬而遠之，是由外摧毀其政權。而葡屬馬六甲官員的貪腐濫權，則無疑是由內侵蝕葡萄牙，藥石罔效。如果說葡屬馬六甲的葡籍官員貪汙行徑，是緣於與宗主國距離過於遙遠，恐怕欠缺說服力；後來的英國殖民官員，其距離與葡人同樣遙遠，但類似的問題幾乎不太存在。此間的差異主要是因為英國有一套完善的殖民官員訓練和選拔體系，派駐海外者皆為國內有理想及熱誠的人才，經過層層篩選和考核，始能派駐海外擔負重責大任。

反觀葡屬馬六甲的要職，主要均為國內貴族和騎士所把持，有許多是憑藉親戚關係和權勢湧入馬六甲，將任職期間視為搜刮錢財的大好時機，卸甲榮歸故里時往往腰纏萬貫，貪汙勒索所得高出其薪金數倍、乃至十餘倍。他們也利用職權斂財，如太守將自己的貨物裝載於國王的船舶上，免費運出販賣，收受來自各地的「禮物」，甚至企圖霸占全年錫米貿易的盈餘。太守既貪婪，其下各級官員自然也就肆無忌憚地想方設法中飽私囊。聖方濟眼見此景，憤而狀告葡王，但這些狀告卻常獲葡王赦免，更促進了貪汙走私的盛行。在聖方濟離開馬六甲時，命令耶穌會成員拋棄這個令人厭惡的地方，同時告誡所有他的朋友，不要擔任東方的官員。此外，馬六甲官員對政府事業興趣缺缺，卻熱衷於走私活動，不僅影響稅收，同時也削弱了駐紮軍力。故此有人就感慨指出：「葡萄牙大帝國在極盛時期什麼都創造了，唯獨沒有增加財富。」⑮

上述這些不受約束的官員，高枕無憂在上，但真正流血流汗的士兵卻處境悲慘，政府沒有正常配給衣物和武器，必須自掏腰包或欠貸採購，為了還債，有者被迫出賣勞力和典當物品。士兵為免落入此番境地，只好投靠有權勢的官員尋求庇護，否則就會受到冷落，甚至淪為乞丐。士兵地位低下，無疑嚴重影響守軍的戰鬥力。更為糟糕的是，在葡萄牙統治的一百三十年間，馬六甲遭受柔佛、亞齊、和爪哇人的連番攻擊，前後將近一百次，另有二十多次的圍城，永無止境的戰鬥，讓葡萄牙駐軍疲於奔命，疲憊不堪。戰爭傷亡、糧食奇缺、疾病纏身，致使士兵意氣低沉，更加速葡屬馬六甲的崩潰。[16]

真正壓死駱駝的最後一根稻草則是荷蘭人。早在一六〇六年，荷蘭艦隊已經在馬六甲大敗葡萄牙，葡萄牙從此失去她在東方海上霸權的地位。一六三五年開始，荷人成功在馬六甲海峽截斷葡萄牙所有的貿易。一六三六年，素有馬來群島倉庫之稱的馬六甲已被毀壞，印度和香料的貿易轉向萬丹（Bantam）、占卑、亞齊和望加錫等自由港，中國貿易則轉到日本和馬尼拉。此時的馬六甲可謂成為一座死港，奄奄一息，束手待斃。

除了上述葡屬馬六甲自身的因素致使其走向滅亡之路，宗主國葡萄牙本身的問題也有以致之，無法忽略。《東方志》（*Suma Oriental*）的作者派勒士（T. Pires）曾經說偉大的事業，不是少數人所能勝任的，此偉大事業指的正是龐大的海外事業，不是小國寡民如葡萄牙般的國家可以負擔的。在經濟方面，她缺乏類似荷蘭、義大利和德國所擁有之大量有經驗的銀行家，也沒有一個巨大而殷實的中產階級來承擔冒險事業中的貿易事業。在人力資源方面，人口僅有一百五十萬，難以承擔海外龐大殖民地所需的人員和兵力。更為嚴峻的是在十六世紀後期，葡萄牙面對來自荷蘭和英國在東方殖民和貿易的競爭，甚至淪為西班牙的附屬國，西班牙對葡萄牙的海外殖民地根本視若無睹。為了擺脫西班牙的統治，葡萄牙國內反西情緒高漲，人們對於國內的政治投以更多關注，而不再熱衷於海外的殖民事業。[17]

第五章 柔佛王朝與半島的發展

第一節　荷蘭在半島的掠奪

葡萄牙帝國的雄風由於海外政府的貪汙成風和賄賂公行，加上國小民寡，不論在人力和財力上皆無法負擔龐大的海外事業，而逐漸走向衰落。一五八〇年，葡萄牙被西班牙的菲力二世（Philip II）接管，葡萄牙海外殖民地完全遭漠視。更有甚者，菲力二世封閉葡萄牙海港，拒絕葡萄牙與新教徒國家的通商，更全面禁止和新教國家通商。

一五八一年原為西班牙屬地的荷蘭，脫離西班牙獨立，加上里斯本（Lisbon）封港後，荷蘭商人即被禁止到里斯本購買香料。此舉逼使荷蘭另覓出路，自己到東方獲取土產，以便維持香料的供應。開始時荷人不諳東方虛實，也不了解葡萄牙在東方的勢力，故不敢與之爭長，水手和商賈都乘搭葡萄牙船隻航行。後來有一著名荷蘭航海家林旭登（Linschoten）赴遠東旅行，並在果阿住了六年，極熟悉東方的航路。回國後，林旭登依據葡人的航海日誌和個人觀察所得，出版了一本東方海上航行指南的著述和一本個人遊記，對葡人在東方的貿易和航線，以及葡人與各地土著的關係，皆有詳細論列分析。此舉不僅揭穿了葡人在東南亞的內幕和弱點，首次為歐洲人提供了極為有用的情報，更激起了荷人東來的野心，開始積極參與爭奪貿易專利的競逐。❶

一五九五年，荷人霍德門（de Houtman）依照林旭登的指示，率領四艘荷蘭船隻東來探險，經蘇門答臘東北角的亞齊，南下爪哇島西北端的萬丹港，並從葡人的叛徒和土人處探悉爪哇的情況。他繼續東航，直達東部的馬都拉群島（Madura Island）和峇里島（Bali Island）等地，並於兩年後成功帶回與萬丹蘇丹所簽訂的通商條約。霍德門此行最大的成果不但顯示東來航路的便利，同時也發現馬六甲以東，有許多新港口可供荷人東來開拓。此後的六年間，荷船東來不下六、七十艘，並在一五九九年正式占領萬丹成為香料貿易根據地。

自荷人抵達爪哇以後，即成為葡萄牙強力的競爭對手，果阿總督被嚴令全力剿擊荷人，而荷人則運用外交手腕，利用摩鹿加群島土人對葡人的仇視，與各地土酋交好，甚至不惜高價收購土產，藉以博取土人的歡心，並於一六〇〇年和安汶（Amboyna）蘇丹締約，共同對抗葡萄牙。❷ 一六〇一至一六〇二年間，荷葡為了爭奪香料貿易權，在爪哇和摩鹿加群島發生兩次海戰，結果葡軍均敗北。一六〇五年，荷人終於從葡人手中奪下安汶，成為荷蘭在東印度群島的根據地之一。

一六〇二年，為了經營和管理東方的殖民事業，荷人將各商人組織為東印度公司（United East India Company），受政府的密切控制，以國家勢力作後盾。荷蘭東印度公司表面上是商業經營的組合，其實是含有政治作用的機構。因荷蘭政府除全權授予該公司經營亞洲的專利外，還可以代表荷蘭政府和各國訂立條約、組織聯盟、建立殖民地、設置砲壘、決定和戰等問題。該公司除資本雄厚，又有政治勢力為後盾，即可統籌統辦，加強內部組織，又可運用國家的經濟和軍事力量去奪取葡人在東方的貿易，所以荷人東來的成就與東印度公司的組織，有著密切的關係。❸

荷人除了與葡人在東印度群島競逐東南亞的殖民地外，為爭奪馬六甲海峽的控制權，也積極將勢力向馬來半島擴張。荷蘭攻占馬六甲的主要目的，是要以馬六甲作為根據地，奪取馬來半島的豐富資源，同時透過控制馬六甲海峽，獨霸東方的貿易。一六〇二年，荷商希姆斯克（Heemskirk）訪問吉打，建立友誼聯繫。另一名荷人姆易仙（Boizsen）為敦睦邦交和促進貿易，晉謁柔佛蘇丹阿拉烏丁三世於柔佛首都峇株沙瓦。往後，荷人利用柔佛王國反葡萄牙的心態，一六〇六年，荷蘭將領麥鐵烈夫（Matelief）與柔佛簽署攻打馬六甲的盟約，在五月十七日荷將率領聯軍攻打馬六甲，占領城外的船島（Ship Island）為戰略據點，高架大砲，轟擊馬六甲城。後來果阿援軍到來，百日之圍，方告解除。往後的三十五年間，荷人雖然無法攻破馬六甲城，但卻多次痛擊葡人的艦隊，葡人已經丟失在馬來群島的長期優勢。❹

荷蘭東印度公司為了經營東方的事業，在一六〇九年委任彼得母弗（Pieter Both）為總督，坐鎮安汶島，統轄公司在東印度群島的一切事物。同時也利用巽他海峽進出馬來群島，此舉一來可免與葡人在印度洋的主力接觸，二來也可縮短航程，無須等候季風，安全又方便。此後荷人的勢力遍布巽他海峽、爪哇海和香料群島。一六一九年，荷蘭占領爪哇的雅加達（Jakarta），改名為巴達維亞，建立堡壘，取代安汶成為荷蘭在東方的大本營，甚至逐漸控有馬六甲海峽，封鎖馬六甲，以致馬六甲市場慘澹，糧餉短缺。❺

經過長期的覬覦和經營，奪取馬六甲的時機終於到了。一六三九年，柔佛與荷蘭總督戴門（Antonio Van Diemen）重修舊好，共謀制服葡人。一六四〇年，荷人得悉果阿為荷蘭艦隊所困，無力突圍來增援馬六甲，故此委派安東尼遜（Antonissoon）為征甲司令，以十二艘荷艦及六隻小船封鎖海道，用一千五百名柔佛陸軍堵截陸路，冀圖斷絕馬六甲的一切外援。雙方互有攻守，相持百餘日，死傷慘重。葡軍因為糧荒而營養不足，無力抵抗疫癘，以致死傷慘重。荷軍的司令也染疫身亡，由卡德科（W. Kartekoe）繼任。第二年，正月十四日，卡德科率領餘眾，在艦隊大砲掩護下作孤注一擲的總攻，與疲憊的葡兵短兵相接，血戰終日，才占領各個重要的據點。患病垂危的守將顧丁和（Coutino）忍痛接受荷人提出的榮譽投降條件，並於第二日與世長辭，荷人敬仰他的勇毅，以隆重的軍禮埋葬其遺骸，並立碑紀念。❻堅守了一百三十年的城堡終於被攻破，葡萄牙投降，從此荷人便占領馬六甲直到一八二四年為止。

荷人接管馬六甲後，當即履行條件，將葡籍官員的眷屬及牧師遣送至印度港口那加帕坦（Negapatan），降軍則被扣押於巴城，僅少數與土著結婚的葡人或混種人仍被允許居留。一六四一年以前，馬六甲人口約一萬餘人，城破時，城內僅餘兩千一百多人。一六七八年，人口增至近五千人，在荷治的一百五十四年間，人口數約在一萬五千人左右。接著即刻著手修葺因為戰爭遭到嚴重破壞的城牆和堡壘，修復的棱堡，以公司人員的名字代替天主教聖徒的名稱，而聖明多哥士棱堡則改為「勝利的女神」，以紀念荷軍最先占領的入口處。為了鞏固防務，各棱堡加置銅鐵大砲，增派戍兵，並修建城內被戰火毀壞的建築物。此外，也在河上另立木質小型砲壘。為了防止米南加保人越境騷擾，荷人責成居民組織自衛團，專司守夜，以保護北郊最富有住宅區的安全。在一六七二年至一六七四年英法攻占荷蘭期間，馬六甲太守蒲脫（Bort）擔心戰火波及，故此特命開掘護城河，既可防守，又可養殖魚類增加收入。❼

馬六甲在荷人眼中，不過是荷人總根據地巴達維亞屬下的一郡罷了，馬六甲最高首長太守由巴城總督直轄，其下有衛戍司令、商務官、律政司、財務官、工務局長和港務局長等，他們組成一個受巴城節制的議會，處理一切軍政事物。為了加強各不同族群的管理，荷人繼續沿用甲必丹制度，專事處理各民族發生的小糾紛和向政府交涉的一切事宜。❽當時著名的華人甲必丹是鄭芳揚和李為經，他們在一六七三年共同創立「青雲亭」，也是華人甲必丹的辦公處，李為經亦購置三寶山作為華人公塚。

在宗教政策方面，荷人不似葡人般具有強烈的傳教意識，他們並不太注意布道工作，只是專注於商業營利，對其他宗教則採取寬容政策。公司雖聘請了兩位牧師職司傳道，但直到一七五三年始建立一所基督教堂於政府辦公大廈旁邊，規定凡是公司人員，即必須朝夕祈禱和進行禮拜。而這所教堂的建造其實也不完全是宗教因素，而是為了慶祝荷蘭占領馬六甲一百周年而建。至於舊日的聖保羅教堂則改作墳場，拆卸屋頂於頂部加工修築，以便架設大砲防禦。他們也沒有強迫異教徒改教的企圖，對東方的宗教也沒有仇視的心理。但荷人在歐洲長期與舊教國家西班牙戰爭，不免因而排斥天主教，馬六甲的葡人難免遭受迫害。曾經有一段時間，荷人認為天主教神父和修士有煽動當地天主教徒反政府的嫌疑，故於一六四六年下令禁止天主教徒集中彌撒，並將各教堂拆毀或改建為住宅。但天主教徒並不因此而氣餒，除少部分有能力者離開到別處發展，大部分仍然祕密進行集體彌撒，直到一七六七年獲得公開自由活動及建造教堂的自由為止。❾

自馬六甲建國以來，糧食問題始終沒有一個妥善的解決辦法，馬六甲無法自給自足，主要依賴爪哇和暹羅的米糧；一旦處於戰爭圍城狀態，米糧的來源就會出現問題，葡屬馬六甲時期曾多次在圍困時期發生糧荒，就給予後來接手的荷蘭極大的警惕。荷蘭東印度公司除了積極鼓勵人民墾荒從事糧食生產外，公司自己也在馬六甲河上游六里處開闢農場，但這個地區常遭到米南加保人襲擊，收成不穩定，成效不理想。因此建立糧倉妥善保存糧食，以備不時之需，似乎成為較可行的管道。為此，公司向暹羅和印度購買建材建造倉庫，囤積從爪哇、暹羅和蘇島等地運來的糧食，並嚴格由專人管理和統制，沒有當局批准，不許發給任何食物予個人或船舶，只有政府官員可以按照官階每月獲得配給。❿

在葡萄牙統治下的馬六甲，因為葡人海盜式的貿易政策，其作為東西交通貿易的港口地位已經一落千丈。到了荷蘭管制時期，這種地位更是一去不復返，回天乏術了。其根本原因在於荷人始終未將馬六甲放在重要位置，當一六一九年荷蘭占領巴達維亞後，即將之發展為荷蘭在東方的貿易中心，很快就取代馬六甲的成為重要的港口。荷蘭占領馬六甲的主要目的不過是欲利用其壟斷馬來半島的錫米貿易，從來沒有讓馬六甲和巴達維亞相互爭衡之意。事實上，馬六甲的商務在荷人統治下，從來就不曾有所恢復。這主要是因為荷人抽取比葡人更為沉重的關稅，而且變動不定，甚至所徵收的稅會因國別而有不同。荷人起初徵收出口稅五％、進口稅九％，到了一六六四年，馬六甲總督曾要求凡在馬六甲卸貨的應繳付十％的稅款。一六九八年公司又決定把摩爾人（Moor）和其他私商的稅提高到二十％，一六七九年葡人、英人和其他歐人需付二十％的稅率，一六九二年又重訂稅率為十三％，到了一七四四年又調低到六％。⓫同時，荷人在馬六甲海峽巡邏，實行貿易壟斷政策，規定錫米、胡椒和松香等貨物不課稅，但必須廉價賣給公司，這些政策都足以令商人卻步。因此，進入馬六甲的商品極少，主要是公司需要的貨物和糧食，停泊的船隻也只是為了食水補給，並不在此起卸貨物。結果導致馬六甲無法支付經常費用，必須仰賴巴城的津貼；想當然耳，公司不會為無法獲利的地方消耗金錢。

面對泥沙淤積，河床日淺、大船無法駛入的港口，公司並沒有採取任何行動來疏浚，馬六甲此時已經喪失交易市場的功能，而更像一個僅供小船碇泊的碼頭。

由於馬六甲港口地位沒落，直接地影響到馬六甲海峽的重要性，加上荷蘭東來的航線是自好望角橫渡印度洋到萬丹港口，需時比取道馬六甲海峽更短，因此，巽他海峽也就慢慢的取代了馬六甲海峽，成為歐亞交通的要道。

對荷治時期的馬六甲，陶德甫有一段很精闢的總結文字：「馬六甲在荷人統治之下，是比以前任何時期為貧困，但極為太平。以前的敵國柔佛和亞齊都已式微，荷人因得控制海面，防止外來的襲擊。荷人時代，僅偶有米南加保人的侵擾，但除了一七八四年拉惹哈芝阿里（Raja Haji，以下簡稱拉惹哈芝）率領武吉斯人至城下的一次外，沒有什麼嚴重的圍攻。荷人的統治，在城內是安定的，大體而論，也算公正。如果不是因為公司破產和歐洲方面情勢的變化，荷人是可以繼續統治的。」[12]

荷蘭統治馬六甲為時雖比葡萄牙久，但荷人沒有在當地積極傳教，也不鼓勵官員士兵和當地婦女通婚，因此荷蘭對馬來半島的文化並沒有產生很大的作用。

荷人在馬來半島的擴展，其實也不盡如人意，與葡人不過是五十和百步之別。荷蘭剛占領馬六甲，馬上就得面對一個棘手問題，即鄰近馬六甲北郊各米南加保小邦，諸如南寧、林茂等地均不服從統治，結果引發三十多年的戰亂，消磨了公司不少財力和兵力。南寧的米南加保人源自蘇島，多以種植蔞葉（Betel）為生。葡治初期，南寧和林茂等小邦歸馬六甲管轄，經常和馬六甲通商，將土產和錫米售予馬六甲，葡人也委一官員負責管理和收稅。一五八六年，由於不勝葡人的剝削，遂聯合其他地區和柔佛反抗葡萄牙。葡荷戰爭時期，他們曾協助荷人，並收容馬六甲前來避難的居民和奴隸。⑬

一六四一年八月，南寧酋長與荷人訂約，承認荷人的特權，不得荷人的允許不得與他國貿易，且保證每年以總產額的十分之一進貢馬六甲。此外，尚保證不再侵擾馬六甲及其市郊地區。荷人為了執行這些協約，在第二年派出了五十名武裝士兵，封鎖寧宜河的南寧支流，截奪米南加保人的船隻。協約尚未實行，即因荷人的強硬手段，加上米南加保人不願受如此過分的束縛，南寧和林茂便時有背約舉動；荷人也因此常有加派兵員進剿的行動，但因南寧位處內陸，收效甚小。到了一六四三年，由於林茂拒絕賠償盜竊的貨物，也不願交出逃亡的奴隸，荷蘭派遣的部隊，有六人被殺，甚至被逼迫放棄一個藏有大量錢幣的銀箱，狼狽退回馬六甲，雙方狀態一觸即發。此後，荷蘭不斷加派軍隊鎮壓，最後迫使南寧在一六四六年求和。⑭

一七六五年，荷人意識到南寧和林茂難以掌握，同時這些地區也太過窮困，尤其在貧困的季節，所得還不能抵銷支出，要他們按時繳納什一稅，根本是天方夜譚，只得接受名義上的進貢，獻出象徵式的貢禮，即六擔白米即可。最後，公司也永遠放棄對南寧土地所有權和割讓權的要求。一七七三年，森美蘭成立，但南寧仍然選擇依附荷人，不加入這個組織。⑮

荷蘭占領馬六甲的目的本為壟斷半島的錫產，為了取得錫礦的專利權，常與霹靂和吉打等產錫的土邦發生摩擦。早在一六三九年，荷蘭即與霹靂的宗主國亞齊簽訂契約，允許荷蘭向霹靂採購錫米。荷蘭占領馬六甲以後，即向霹靂蘇丹要求錫米的專利權，甚至不惜封鎖霹靂河口，在數次的往還交涉後，最終也只能在一六五五年簽訂和亞齊分享專利權的條款。⑯

十八世紀中葉，武吉斯人的勢力在馬來半島崛起，與荷人一爭雌雄，不時發生衝突，尤其是霹靂和吉打的錫米貿易權，更是雙方必爭之地。此時，荷蘭在東印度群島正陷於征服爪哇的殖民戰爭，軍費負擔沉重，無法出動大軍占領馬來半島各邦，因而阻止了其向馬來半島的進一步擴張。一七八二年，荷人與武吉斯人的一場戰爭，荷人擊敗武吉斯人，正式解除武吉斯人長期的威脅。

第二節　柔佛王朝的興衰（一五三六年—一八三〇年）

十六世紀柔佛王朝接替馬六甲王朝成為馬來半島馬來政權的領頭人，雖曰領袖群倫，實際上外強中乾，僅維持一個名義上的領導權。十八世紀是武吉斯人的時代，叱咤風雲逾半個世紀，左右雪蘭莪、柔佛、霹靂、吉打與荷屬馬六甲五州政權。武吉斯人統治期間，米南加保人曾企圖與之頡頏，結果損兵折將，無功而返；而荷人為了全力發展巴達維亞，無法將資源投入馬來半島，為此也吃了不少武吉斯人的苦頭。直到十八世紀後期，荷人才逐漸擊潰武吉斯人，結束其在馬來半島的神話。

自馬六甲王朝滅亡以後的四個世紀，要以十八世紀的歷史發展最為複雜混亂，相信這是大部分馬來西亞史修習者的共同感受，因為在這個世紀，有幾股外來勢力同時進入馬來半島，逐鹿中原。除了武吉斯人，還有荷蘭、米南加保人，加上半島各州如柔佛、吉打和霹靂為了維護各自主權所進行的抗爭。事實上，在眾多勢力中，牽動全域，發揮舉足輕重作用的是武吉斯人，故此，十八世紀也被喻為武吉斯人的時代，如果說他們是那個時代的造王者，一點不為過。從馬來半島最南端的柔佛王朝到北部的吉打，莫不有武吉斯人的蹤影，可謂牽動了整個半島西岸。如果要明晰地了解十八世紀馬來半島的政治發展，只要掌握武吉斯人的動向，基本上就能掌握十八世紀半島的發展大勢。

整體而言，半島各州王室對武吉斯人可謂任其魚肉，雪蘭莪還是武吉斯人最早的立足點，往後的雪蘭莪王室即由武吉斯人所創立。真正能與武吉斯人抗衡的唯有荷蘭的力量，當時馬六甲雖然是荷人的殖民地，荷蘭也嘗試滲透半島各州，尤其是富錫產的霹靂。但是荷人志不在此，一六一九年他們占領巴達維亞後，即傾全力發展巴城，能投注馬來半島的資源有限，他們仗著馬六甲堅固的防禦工事和較為精良的武器，雖然一時三刻無法擊敗武吉斯人，也讓武吉斯人占不了太多便宜，武吉斯人的戰神拉惹哈芝也因此命喪與荷蘭的海戰。然而武吉斯人的驍勇善戰，無疑也讓荷人險象環生，吃了不少苦頭。至於米南加保人，不過是攪局的角色，不足為道。事實上，森美蘭各小邦的聯合，正與武吉斯人的對抗有密切關係，為往後九個小邦組成森美蘭奠下基礎。

柔佛的馬六甲王統

柔佛王朝可謂是馬六甲王朝的延續，但她的王統歷經兩次的嬗遞，已不復為馬六甲的血統。根據柔佛王統，可以將柔佛王朝分為三個時期。

第一個時期是延續馬六甲王朝的滿剌加王統時期，從一五三六年開始到一六九九年，期間共經歷三角戰爭（一五三六年—一六三七年）、中興期（一六三七年—一六七三年）和衰退期（一六七三年—一六九九年）。

第二個時期是首相王統時期，從一六九九年開始到一八三〇年，期間經歷阿都．查利．利雅沙（Abdul Jalil Riayat Shah）統治期（一六九九年—一七一八年）、米南加保控制期（一七一八年—一七二三年）、武吉斯入主期（一七二三年—一七八四年）、荷人控制期（一七八五年—一七九五年）和四分五裂期（一七九六年—一八三〇年）等五個時期。

第三個時期為天猛公王統時期，開始於一八二五年天猛公達因．依布拉欣（Temenggung Daeng Ibrahim, 1825–1862）繼承其父天猛公阿都拉曼（Temenggung Abdul Rahman）的權力，期間有五年和上一期重疊。本章只著重論述前兩期的發展，天猛公王統時期則留待第七章論述。

自馬六甲覆亡以來，蘇丹馬末沙及其子以反攻復國為志，直到一五三六年被葡人擊敗，才意識到短期內無法完成此大業，只好向葡人乞和，葡人也承認阿拉烏丁．利雅沙二世為柔佛蘇丹，自此放棄馬六甲蘇丹的名義，正式以柔佛蘇丹自居，柔佛王朝正式成立，並於一五四〇年定都舊柔佛。自立國始的一百年間，皆忙於亞齊和葡屬馬六甲間的戰事，史稱三角戰爭。

三角戰爭結束後，柔佛邁入中興。一六三七年，柔佛蘇丹自稱「柔佛和彭亨之王」，與荷人訂立反葡人條約，同意荷人在柔佛建立堡壘。一六四一年，柔佛與荷人擊敗馬六甲後，柔佛獲得荷蘭承認在馬來半島其他地區的宗主權。在蘇丹阿都查利沙（Abdul Jalil Shah）的統治下，柔佛開始復興，首都峇株沙瓦發展為商業中心，蘇島過去的一些藩屬，如甘巴、錫國、占卑等都來朝貢。這是柔佛王國立國以來聲譽最盛，國勢最強的時期。但這個中興僅是虛有其表，在與其屬國占卑的戰爭中卻不堪一擊，很快地走向中落。

占卑原是蘇島東岸的一個胡椒港口，地處巨港和英得其利之間，素來與柔佛親善，成為柔佛的屬國。為了政治和商業利益，柔佛蘇丹為王儲和占卑公主訂下婚約。後來因為內部的權力鬥爭，水師提督為了和首相爭權，勸說蘇丹取消這門親事，改娶自己的女兒，柔佛蘇丹遂取消和占卑公主的婚約。此事對占卑而言無疑是奇恥大辱，決定出兵討回公道。一六七三年，占卑出兵侵占柔佛在蘇島的另一藩屬望加麗（Bengkalis），隨後長驅直入，攻破柔佛首都峇株沙瓦，摧毀砲台，焚燒城市，並俘虜了兩千五百人，年邁的柔佛蘇丹只好狼狽地逃亡彭亨，四年後逝世，享年九十歲。這場戰爭前後延續了十三年，直到一六八一年才結束。⑰

這場戰爭雖然結束，但影響深遠，甚至改變了馬來半島歷史發展的格局。首先，金玉其外的柔佛在元氣未復的時刻，遭此重擊，便一蹶不振，威信盡失，許多屬國紛紛獨立。最早是錫國國內的米南加保人，擁立米南加保王子而脫離柔佛。接著，馬來半島上的土邦，如巴生、雙溪芙蓉、南寧和林茂，也相繼擺脫柔佛的宗主權，宣布獨立。其次，在抵抗占卑入侵的過程中，柔佛蘇丹在彭亨駕崩，卻沒有子嗣繼承其王統，最後由其彭亨的侄兒依布拉欣（Ibrahim）在一六七七年繼位，他捨棄地位適宜、形勢險要的柔佛河，遷都廖內，改稱廖內柔佛王國。其三，為了抵禦占卑，蘇丹依布拉欣（Sultan Ibrahim）竟然引狼入室，招募武吉斯人充當雇傭兵，等到打退占卑以後，兵權卻落入武吉斯人手中，反客為主，柔佛蘇丹已經無法控制他們的行動了。

一六八五年，蘇丹依布拉欣被人毒害而死，他的幼子馬末（Mahmud）繼承大統。為了避免武吉斯人的威脅，馬末跟隨首相逃往哥打丁宜（Kota Tinggi）。這位統治者是馬來半島歷史上著名的暴君，相傳他年幼時精神就已不太正常，長大後行為暴戾，隨意殺人，無所不為。他曾與臣下打賭孕婦腹中胎兒的性別，為了知道答案，竟活生生將孕婦剖腹；他剖開水師提督妻子的肚子，不過是為了查看胎兒是否偷吃一片波羅蜜。一位英國的探險家曾贈送他一把英式手槍，他卻持槍殺害第一個在宮外遇見的馬來人。他的殘暴不仁，終於招來殺身之禍，一六九九年，在宰相策劃下，由水師提督刺殺了蘇丹馬末。

蘇丹馬末被殺後，因為沒有子嗣，便由宰相敦阿都．查利（Tun Abdul Jalil IV）即位，是為蘇丹阿都．查利（Sultan Abdul Jalil），柔佛首相王朝於焉開始。而現今的彭亨和登嘉樓世代亦屬此系，自此柔佛王國的馬六甲王統中絕。蘇丹阿都．查利雖然不是正統的王室，但其家族在馬六甲建國後世代為相，同時與王室聯姻，故此也有些許馬六甲王室的血統。

武吉斯人稱霸馬來半島

武吉斯人原為八爪魚形狀的西里伯士島西南端的望加錫土人，此處在十五世紀以前並不引人注目，直至十六世紀才開始廣泛參與國際貿易，馬來群島的爪哇人、柔佛和北大年的馬來人紛紛到此採購香料，而葡萄牙人、英國人、西班牙人和中國海商也爭相湧到此地，成為眾商雲集的商貿中心。隨著伊斯蘭教的傳入，武吉斯人在十七世紀初改奉伊斯蘭教。三角戰爭的爆發，馬六甲海峽成為各國商船避之唯恐不及之地，乃改以望加錫為集中地，而占領馬六甲的荷人採行壟斷政策，也更加堅定望加錫成為對抗荷人新中心的地位，她的存在，實際上正是打破荷人壟斷香料美夢的宣告。因此，荷人與望加錫間的香料貿易壟斷與反壟斷鬥爭，勢所難免。為了掃除心腹大患，荷人在一六六六年採取斷然的軍事行動，擊敗望加錫，並在第二年簽訂《旁卡耶協定》。根據協定，望加錫得驅逐葡萄牙人、英國人和其他歐洲人，給予荷人貿易壟斷權。望加錫戰敗，除了奠定荷人在印尼東部的勢力，對馬來群島而言，則造成了武吉斯人的大規模海外逃亡，並相率大量湧入馬來半島，主宰半島西岸政治達一世紀之久。[18]

武吉斯為一積極、充滿活力，並具有侵略性的馬來民族，他們也是優秀的海上民族和精明的商人。他們驍勇善戰，是各國爭相聘雇的雇傭兵。他們又從葡人處學會造船，並裝置大砲和其他武器，以及各種新式的武器裝備，加上勇武善戰，故稱雄海上。他們為荷人所擊敗以後被迫離鄉背景，在十七世紀末開始進入馬來半島，雪蘭莪成了他們最早的立足點。一六八〇年，開始定居於雪蘭莪河口和巴生河口。一六七七年，他們應柔佛蘇丹的邀請，協助抵抗占卑的入侵，事後開始在馬來半島活動。雪蘭莪所以成為武吉斯人的主要立足點，在於雪蘭莪沿岸的沼澤紅樹林提供了天然屏障，敵人不易進入，同時又可以穩控馬六甲海峽，有利於商貿乃至走私活動的進行，重要的是，這裡出產富有經濟價值的錫礦。當時的雪蘭莪雖然是柔佛的屬國，但占卑戰爭給予的重創，使柔佛無暇顧及雪蘭莪，而荷人正忙於東印度群島其他地區的擴張，無疑給武吉斯進駐雪蘭莪製造了空隙，馬來半島的武吉斯人就以此為基地向半島西岸其他地區發展。

武吉斯首先在柔佛找到了機會。蘇丹阿都·查利登基後，馬上將首都由哥打丁宜遷至班卒（Panchor），他為人忠厚，並篤信宗教，但卻將政事委任於其弟拉惹穆達（Raja Muda）。拉惹穆達的貪婪和暴虐，引起人民怨聲載道，國內土酋和皇親國戚亦常思騷動。新王朝不穩固的統治，給了來自蘇島米南加保人篡奪王位的機會。錫國的米南加保王子拉惹克己（Raja Kecil）覬覦柔佛王位，常思染指；柔佛內政的紊亂，讓他看到了機會。他私下串通不滿拉惹穆達的朝臣，並和武吉斯協定共同出兵，裡應外合，兩面夾攻。一七一八年，拉惹克己宣稱自己是前柔佛蘇丹馬末的兒子，出兵柔佛首都，被買通的內臣即時賄賂守衛，將所有大砲灌水，不費吹灰之力便攻下柔佛城。這時拉惹穆達發狂自戕，蘇丹則逃至哥打丁宜，不久後與成功篡位的拉惹克己簽訂合約，自貶為宰相。米南加保人統治柔佛的四年間，廖內成為帝國的中心，直到其政權崩潰為止。[19]

在米南加保王子拉惹克己奪取柔佛王位之前，曾經和武吉斯人密謀，其中一項協定就是事成以後委任武吉斯人為副王（Raja Muda），但拉惹克己卻沒有遵守承諾，先行進軍，推翻先前約定，引來武吉斯人的不滿。一七二〇年，蘇丹阿都．查利企圖與不滿的武吉斯人謀劃推翻拉惹克己的統治，未料事跡敗露而被刺殺於彭亨。一七二二年，拉惹克己被武吉斯人趕回錫國，鄧馬利瓦（Daeng Merewah）任副王，把持朝政。

武吉斯在馬來半島的地位，是由鄧氏五兄弟打下的江山。這五兄弟分別是鄧伯拉尼（Daeng Parani）、鄧馬利瓦、鄧切拉（Daeng Chelak）、鄧孟南文（Daeng Menanbun）和鄧甘馬色（Daeng Kamase）。其中又以鄧伯拉尼為最傑出，是五兄弟的領袖，他率領武吉斯軍隊先將拉惹克己逐出廖內，使蘇丹阿都．查利的兒子蘇萊曼（Sulaiman）得以復辟，這些武吉斯領袖遂可與馬來宗室聯姻，以鞏固他們在馬來王室的地位。如鄧伯拉尼即與東姑登雅（Tengku

Tengah）聯姻，[20] 一七二三年，為了控制吉打，鄧伯拉尼甚至還與吉打公主結婚。同時，武吉斯人把持副王一職，國家政事全由副王指揮，蘇丹形同虛設，徒擁虛名，可謂是柔佛歷史上的重大事變。

武吉斯在柔佛立定腳跟後，不甘偏居南方，繼續將勢力往北伸展。早在一七二一年，鄧伯拉尼即以廖內和雪蘭莪為基地進攻吉打。一七二四年，退出廖內的拉惹克己被邀請至吉打，並與吉打公主完婚，吉打王室希望借助外人的力量對抗武吉斯的入侵。為此武吉斯與米南加保展開為期兩年的戰爭，結果武吉斯大獲全勝，但鄧伯拉尼卻因此戰死。一七二六年，戰勝的武吉斯要求吉打支付戰費，被擊敗的米南加保和吉打領導者因心有不甘，遂嘗試轉向霹靂尋求馬來人的支持。為此武吉斯在一七二八年及一七四二年先後入侵霹靂，以破壞米南加保的行動；然此舉另有一個目的，即獲取霹靂的錫礦貿易權，這也是荷蘭人雖與霹靂簽約，卻始終無法獲得錫礦獨占權的原因。一七七〇年，武吉斯人繼續追討軍費，但遭吉打蘇丹拒絕，拉惹哈芝遂率兵攻打吉打，占領其首都，吉打蘇丹只好逃亡玻璃市，而武吉斯的施壓，也埋下日後檳榔嶼割讓予英國的伏筆。[21]

一七二八年，柔佛副王鄧馬利瓦逝世，由其弟鄧切拉繼任，他曾於一七四〇年趕走雪蘭莪的米南加保入侵者。一七四五年，鄧切拉去世，由鄧伯拉尼的兒子鄧甘蒲哲（Daeng Kambuja）繼位，同時，鄧切拉的長子拉惹魯穆（Raja Rumut）成為雪蘭莪的第一任蘇丹。一七七七年，鄧甘蒲哲去世，由鄧切拉的次子拉惹哈芝繼任。拉惹哈芝接任之時，正是武吉斯人勢力如日中天的全盛時期，控制了柔佛、雪蘭莪、吉打、霹靂、森美蘭等州。

武吉斯人的強大無疑引起馬來人和荷人的恐慌。馬來人聯合米南加保人共同禦敵，結果武吉斯人大獲全勝，控有半島西海岸各州。至於荷人則採行一貫扶助弱小馬來部落的策略，以抗拒不易控制，且足以妨礙荷人貿易的武吉斯人。然而，由於武吉斯人過於強大，荷人的政策並沒有成功，馬六甲城甚至在一七五六年遭武吉斯人包圍七個月，險些淪陷，直至巴達維亞派出援兵方解圍。最後荷人必須與武吉斯人直接火拼，在這場火拼中，讓荷人嘗盡苦頭的就是柔佛副王拉惹哈芝。

拉惹哈芝是武吉斯人中最驍勇善戰的英雄，當他成為柔佛副王時，正是美洲獨立戰爭拉開序幕的時刻，荷人也涉入其中，與美洲聯盟並大肆劫掠英人的船舶。一七八二年，荷人在廖內水域內截獲一艘英國東印度公司的商船，滿載價值不菲的鴉片，拉惹哈芝要求分潤，但遭荷人拒絕，雙方為此發生火拼。荷人本想一鼓作氣攻下廖內，但圍攻年餘，師勞而無功。拉惹哈芝見機不可失，遂召集所有武吉斯人對馬六甲進行總攻擊。他的侄兒雪蘭莪蘇丹依布拉欣由馬六甲北部進攻，而他則督領大隊人馬在城南登陸。就在這千鈞一髮，馬六甲即將被包圍之際，荷軍在巴城的六艘戰艦適時趕到，在強力砲火掩護下，荷蘭兩千一百三十名士卒登岸，向武吉斯人突擊，雙方激戰，死傷枕藉。然而，就在拉惹哈芝於前線激勵士氣之時，突遭流彈擊中要害，頓時倒地陣亡。武吉斯人失卻指揮，終被擊潰。[22]

荷人乘勝追擊，不讓武吉斯人有喘息的機會，立即封鎖雪蘭莪，驅逐蘇丹依布拉欣，又在廖內外海一戰，把廖內蘇丹從副王手中解救出來。荷人趁此機會和蘇丹馬末及其在彭亨和柔佛的統治者簽訂條約，控制馬來人的政治經濟，以排除武吉斯人和英人的勢力。蘇丹馬末拱手將廖內主權奉送給荷人，甘為藩屬。一七八四年，武吉斯人被荷人逐出柔佛，荷人開始控制柔佛，在廖島設置駐紮官。蘇丹馬末曾經試圖借重婆羅洲王子的兵力反抗，但以失敗告終。一七八七年蘇丹馬末畏罪出逃龍牙群島，直到一七九五年年，才得以重歸廖島。從一七八四年到一七九五年，短暫的十一年間，是荷蘭控制時期。

荷蘭和武吉斯人的爭雄，最後以武吉斯人的失敗告終。在十八世紀開始雄霸馬來半島的武吉斯人終於在十八世紀末葉，一舉為荷人擊潰，在馬來半島的勢力衰退，不復往日雄風，半島各州也趁此機會紛紛擺脫其羈絆。至於柔廖王國，自從占卑戰爭以來，相繼失去蘇門答臘的宗主權和馬來半島的控制權，半島各州四分五裂，大臣割據，柔廖王國只能獨據南方一隅。

一七九五年，歐戰爆發，馬六甲荷蘭政府依從總督的勸告，退出馬六甲，讓英國接管。武吉斯人再次乘機奪取政權，但蘇丹馬末軟弱，無能處理政事，反對派的貴族憤而率領部下離開廖內，退居星島，至此柔廖王朝四分五裂。一八一二年，蘇丹馬末逝世，武吉斯人擁立阿都拉曼（Abdul Rahman）為王，蘇丹馬末原先屬意的人選，即其兄胡仙（原稱東姑隆〔Tengku Long〕）則被排斥。一八一八年，萊佛士立胡仙為蘇丹，使新加坡合法地成為英國殖民地。一八三〇年，蘇丹阿都拉曼病死在屬於荷人領土的龍牙，承繼馬六甲王朝餘緒的柔廖王國，經歷三百二十四年的掙扎，正式結束。[23]

第三節　半島其他土邦的發展

霹靂

霹靂本為馬來文「Perak」的對音，其意為銀，相傳馬來人初到此地，發現了與銀顏色相似的錫米，誤以為是銀，就以銀來命名。據《馬來紀年》記載，在天定的地方有一甘卡的國家，其中心在木歪，時間可能在西元五、六世紀。另有一說謂其中心遷移不定，曾經是個富強的國家，在八五〇年曾抵禦室利佛逝的進攻。也有記載說她在八九〇年遭柔佛的政權攻擊，並於十一世紀為印度的注輦消滅。之後，另有印度化古國曼絨（Manjung）和木歪的出現，此二國曾一度為重要的貿易樞紐，是錫米和黃金的輸出中心，卻時相攻伐。[24]

馬來半島各土邦，除了柔佛和彭亨外，其王統源自馬六甲的就是霹靂了。馬六甲的蘇丹馬末沙生有三字，長子阿末與父親不和被殺，次子目扎法沙本為王儲，娶繼母花蒂瑪的女兒敦德琅（Tun Trang）。目扎法沙後來被廢，只好遠走他鄉。一五二八年，他被派往霹靂，成為第一任蘇丹，允許其年納貢金，並在州內設土庫收買錫沙。

史書記載蘇丹目扎法沙死後留下十六名孩子，長子曼梳（Raja Mansur）為敦德琅所生，繼承大統，為霹靂第二任蘇丹。次子阿末雖未能登基，但往後的王統，基本都是他的後裔。在馬來半島各州蘇丹中，霹靂蘇丹是不戴皇冠的。其來由根據馬來傳說，相傳初至霹靂的第一任蘇丹在渡過霹靂河時，突起風浪，後來將王冕丟入河中方回復風平浪靜。[25]

霹靂是馬來半島錫米蘊藏量最為豐富的州屬，由於錫米的生產，吸引各方勢力的進出。最早企圖控制和壟斷霹靂的錫砂出口的是葡萄牙和亞齊。由於霹靂與柔佛的血緣關係，使她也捲進柔佛、亞齊和葡萄牙的三角戰爭中。一五三七年，亞齊進攻馬六甲，一五三九年亞齊進犯柔佛，霹靂皆出兵相助。一五五一年，霹靂也曾加入各馬來聯邦和爪哇的聯軍，共同圍困葡屬馬六甲，後因果阿援軍開到而撤退。由於霹靂對柔佛的援助，共同對抗亞齊，引來亞齊的不快，便在一五七五年對霹靂採取軍事行動，並占領其地，蘇丹曼梳（Sultan Mansur）、蘇丹王后及其十六名兒女皆被俘至亞齊。不久後，蘇丹曼梳也被弒殺。一五七九年，其長子蘇丹阿拉烏丁·滿速沙（Sultan Alauddin Mansur Shah）入贅亞齊，並立為亞齊蘇丹。不幸的是，蘇丹阿拉烏丁·滿速沙在一五八九年遇刺於亞齊河口，其母后此時才率領他的弟妹返回霹靂，並由其弟達祖丁（Ahmad Tajuddin）繼任為第三任霹靂蘇丹。[26] 當亞齊統治霹靂後，壟斷錫產，控制霹靂的錫貿易至到十七世紀。一六二九年，葡人擊退亞齊海軍後，霹靂蘇丹特別派員要求與葡人合作，允許年納貢金並特准葡人在州內設立土庫，收買錫砂。此時的亞齊在名王馬可打阿藍逝世以後，國勢日衰，之前往馬來半島所占有的領土都先後放手，唯獨霹靂仍然受其控制，至一六四一年才逐漸落入荷人手中。

荷人占領馬六甲後，曾與霹靂協議停止所有對外貿易，以便將錫米全部運給荷蘭。霹靂蘇丹在壓力下屈服，但暗中卻允許他國，如亞齊、印度、爪哇和中國等地的商人，私下運入布匹雜貨，並准其購買錫米。豈知荷人變本加厲，先後於一六四四年和一六四八年兩度封鎖霹靂海岸，並被宗主國亞齊下令，除亞齊和荷蘭外，不得與別國通商。極度不滿的馬來人於一六五一年將駐紮於霹靂的荷蘭人員全數殺害，以發洩憤恨。一六五五年，荷蘭、霹靂重新訂約，重點在承認亞齊與荷蘭平分錫產購買權，以及霹靂須忠實履行賠償、懲凶的責任，及保證不再有同樣事件的發生。一六七〇年，荷人在邦咯島（Pangkor Island）建立一座小型砲壘戍守，但卻於一六九〇年放棄，一七四五年又重新修築，三年後移往霹靂河上游的丹絨布都市（Tanjong Putus），一七九五年後移交英國接管。但此時的霹靂因為英國在檳榔嶼的開港，逐漸動搖荷人經營的專利地盤，並趨向崩潰。[27]

除了上述的外來勢力，武吉斯人也是另外一個覬覦霹靂錫產的勢力，先後於一七二八年和一七四二年出兵霹靂，以奪取錫米貿易權，並成功阻止荷人壟斷霹靂的錫米貿易。

霹靂的政治制度主要仿效馬六甲，以其為基準加以改進，為王位繼承制度制定一套良善可行的方法，目的在防止政權更替時，常常上演的爭權奪利、你死我活戲碼。在蘇丹之下另設有王儲（Raja Muda）、二王（Raja Bendahara）和三王（Raja Di hilir）之位，當蘇丹過世後，其下四位儲君人選依序往上遞補。此制度從一八〇〇年開始實施，還未見成效，就因為人為因素失敗告終，不按照規矩行

▲邦咯島上的荷蘭砲台。
編著者提供。

事，王位爭奪事件依舊上演。

在蘇丹之下有四大臣和八首長。四大臣包括宰相、大縉紳、天猛公及大臣。宰相由王室內選出，以抽取近打河口的稅項作為收入來源；大縉紳（Orang Kaya Besar），行政機關在巴柴（Pachat）；天猛公，常駐舊城（Kota Lama）；大臣（Menteri），無特定采邑。八首長則主要分為水師提督（Laksamana）、港主（Shahbandar）[28]，專管河流上游。[29]

吉打

吉打是馬來半島現有州屬中歷史最為悠久的其中一州，其領土範圍包括了現今的威省和玻璃市，直到十八世紀後期，英國入主馬來半島，疆域才逐漸萎縮。此外，十三世紀以來吉打北方的暹羅逐漸強大，對吉打形成威脅，除了一八二〇至一八四〇年曾經占領吉打外，基本上對其領土沒有太大的威脅。吉打或許也是馬來半島回教傳入最早的一個州屬，早在八、九世紀時，已經有阿拉伯人到來傳教。此外，依據《吉打紀年》的記載，前九位君主，都擁有梵文和暹文的名號，直到第九任統治者在十二世紀改信伊斯蘭教後，始將其名號改為蘇丹目扎法沙一世（Sultan Muzaffar Shah I），但一直至一四七四年，伊斯蘭教才正式定為吉打國教。

馬六甲王朝興起後，吉打成為馬六甲的屬國；當馬六甲為葡萄牙所覆滅後，又成為暹羅的屬國。而葡人實行獨占壟斷貿易，使蘇島東北角的亞齊崛起，並於一六一九年征服吉打，俘虜其蘇丹，新任蘇丹為此要求暹羅派兵保護。於此同時，荷人的勢力也逐步伸入馬來半島，意圖控制吉打的貿易。一六〇六年，荷蘭海軍上將麥鐵烈夫在馬六甲岸外截獲三艘吉打商船，為向吉打示好，遂命令部屬全數歸還，並於同年拜訪吉打，並得到吉打蘇丹互通有無的承諾。一六四一年，荷人占領馬六甲後，再度與吉打蘇丹談判，蘇丹答應將一半的錫產販售予荷人，同時不准沒有攜帶荷蘭通行證的印度商船駛進吉打。然而，吉打並不理會這個議定，繼續暗中同印人通商，向印度、北大年、六坤和彭亨輸出大量布料。一六五四年，荷人得寸進尺，在吉打設立交易所，專營錫米、布料和象牙等貨物。一六五八年，荷船九名水手遭馬來人殺害，荷人藉故封鎖吉打港口，禁止葡印等商船來此貿易，但效果不彰，印人仍然可以迂迴規避，祕密輸入布匹並運走錫砂。由於吉打與馬六甲相隔甚遠，封鎖任務不易執行，加上吉打和印度有地利之便，季候風起，兩地通暢無阻。[30] 一六七四年，暹羅以吉打長時間未向其奉送金花[31]為由，派軍艦攻打吉打，幸在荷人協助下擊退暹羅海軍。

一七二〇年，吉打王室內亂，鬥爭的雙方分別尋來米南加保人和武吉斯人的奧援，最終武吉斯人獲勝，並向吉打追討戰費；不遂，便在一七七一年入侵吉打，蘇丹只好逃至玻璃市。十八世紀，武吉斯人崛起，不斷入侵吉打，荷人已經無法進行有效封鎖，最後只好漸漸放棄其壟斷吉打貿易的企圖。

從十六世紀馬六甲滅亡以來，吉打即長期夾在葡萄牙、荷蘭、亞齊、暹羅、武吉斯人和英國等勢力範圍內艱難求生，直到一九〇九年簽訂《英暹條約》（*Anglo-Siamese Treaty*）後，吉打成為英國屬邦，才擺脫這種困局。

彭亨

彭亨國名，有各種不同的說法。在吉蔑語中，其意為錫；在古典傳奇文學，如《漢都亞傳奇》（*Hikayat Hang Tuah*）中，則稱之為「Inderapura」；另有一說是，根據馬來傳說中一株名為「Mahang」的樹倒在彭亨河上而得名。[32] 在元朝汪大淵的《島夷志略》中有一段詳盡的記載：「石崖周匝崎嶇，遠如平寨。田沃，穀稍登。氣候半熱。風俗與丁家盧小異。男女椎髻，穿長布衫，繫單布稍。富貴女頂帶金圈數四，常人以五色硝珠為圈以束之。凡講婚姻，互造換白銀五錢重為準。民煮海為鹽，釀椰漿為酒。有酋長。地產黃熟香頭、沉速、打白香、腦子、花錫、麄降真。貿易之貨，用諸色絹、闍婆布、銅、鐵器、漆、瓷器、鼓板之屬。」

彭亨被馬六甲統治以前，為暹羅所控，乃其屬國之一，其統治者甚至是暹王的親戚。在馬六甲第六任蘇丹滿速沙任內，敦霹靂為了報復暹羅的屢次進攻，派遣了兩百艘船隻攻打彭亨。彭亨勢力薄弱，而暹羅則鞭長莫及，只好投降。從一四五四年開始，彭亨就成為馬六甲首相敦霹靂的采邑。約莫在一四七〇年，敦霹靂之子敦勿沙因為在踢藤球時，不小心打落路過的蘇丹滿速沙次子拉惹穆罕默德的頭巾，因此被殺死。依據最高統治者神聖不可侵犯的傳統，敦霹靂無法報仇，只得暗示蘇丹滿速沙此人不能繼統。為此，拉惹穆罕默德被逐出宮廷，蘇丹滿速沙令人將他帶至彭亨，並委任他為蘇丹，領地到登嘉樓，至到一四七五年去世為止。

蘇丹阿末沙（Ahmad Syah）為第二任蘇丹。由於他想成為馬六甲蘇丹，加上他屠殺登嘉樓大臣，致使他和馬六甲關係緊張。他與百姓關係不和，只好傳位給拉惹查米爾（Raja Jamil）。

蘇丹阿都查米爾沙（Abdul Jamil Shah）繼位後與馬六甲維持良好關係。一五一一年，馬六甲為葡人攻陷後，彭亨也遭到攻擊，死傷慘重，許多人被俘虜為奴隸。但彭亨並未淪陷，仍繼續支持柔佛王朝。第四任蘇丹為阿都卡迪沙（Abdul Kadir Shah），試圖與葡人建立友好關係；據伊里地亞的記載，蘇丹曾於一五八六年贈送一塊金磚給葡萄牙總督。繼任者為東姑阿末（Tengku Ahmad），但其兄長阿都伽芙（Abdul Ghaffur）與他爭奪王位，將之驅逐，成為第五任蘇丹（在位期間一五九一年—一六一四年）。柔佛王子拉惹布江（Raja Bujang）被委為第六任蘇丹，從一六一五年開始至一六三七年，彭亨長期被亞齊攻打，也從這時開始，原來的彭亨王統便與柔佛王系混合，柔佛蘇丹兼任彭亨統治者。

一六三七年，亞齊蘇丹伊斯干達達尼（Iskandar Thani）要求對彭亨的控制權，因為他曾於十七世紀初期統治彭亨一年，但柔佛蘇丹認為彭亨是柔佛的領土，因此在一六三八年派軍攻打彭亨，許多人被屠殺，大臣也逃亡。一六四一年，亞齊蘇丹也犧牲，並由女王繼位，糾紛終於平息。至此，彭亨才擺脫亞齊的威脅。同年，柔佛蘇丹阿都查利沙從北大年回到柔佛，建立政治中心，成為柔佛—彭亨蘇丹，並委派其侄子拉惹巴爪（Raja Bajau）治理彭亨。一六七六年，柔佛蘇丹阿都·查利沙逝世，由於沒有子嗣，因此在一六七七年由其侄子（即拉惹巴爪之子）彭亨王子依布拉欣沙（Ibrahim Shah）繼位為柔佛彭亨蘇丹，以彭亨為中心，同時管理柔佛。不幸的是，伊布拉欣卻於一六八五年被人毒死，王統就由他的幼子馬末繼任，也是最後一任馬六甲血統的柔佛彭亨蘇丹。[33]

十七世紀末至十八世紀中，彭亨統治者無考，地方土酋割據，主要分作三區，包括北根

（Pekan）、魯波北冷（Lubok Pelang）、呂依（Luit）。從十八世紀後期開始，彭亨丞相敦阿都馬吉（Tun Abdul Majid）掌權。十九世紀，其子敦阿里（Tun Ali）成為實權統治者。一八五七年敦阿里死後，他的兩名兒子旺・阿末（Wan Ahmad）和旺・阿里（Wan Ali）搶奪王位，引發長達六年的統治者繼承戰爭。最後由旺・阿末勝出，並在在一八八二年自立為蘇丹，建立彭亨首相王朝，定都北根（Pekan）。[34]

森美蘭

森美蘭的主要居民，是在馬六甲王朝時移居自蘇島西部巴卡魯容（Pagar Ruyung）的米南加保人，馬六甲時代為首相的采邑，由其派人管理。

米南加保族原是蘇門答臘西部的土著，由於巴東高原以及附近一帶地理環境惡劣，同時受到戰亂影響，遂越過馬六甲海峽，來到馬來半島。大都居住在森美蘭境內。十五世紀中葉，在馬六甲王國的全盛時期，已有許多米南加保人在馬六甲境內經商或墾殖；當時還有一些米南加保人深入內地，如森美蘭境內的雙溪芙蓉（Sungai Ujong），或其他地區採錫或貿易。一五一一年，馬六甲王國滅亡後，他們大量移殖內地，先到南寧，然後到林茂一帶。以後源源而來的米南加保族移民又開闢了神安池（Sri Menanti）、伊拿斯（Inas）、雙溪芙蓉和日叻務（Jelebu）等地，帶入母系制度習俗。當時，這些地方已經有土著雅貢人定居，米南加保人的到來後與他們通婚，甚至也有一些米南加保人把土著擄捕為奴。[35]

至於森美蘭的成立，主要有如下三種說法。第一種為口述資料，認為一六七七年，南寧、林茂和雙溪芙蓉的米南加保人擁立依布拉欣為拉惹。但拉惹伊布拉欣在一六七八年十月為武吉斯人所殺，武吉斯人並邀請米南加保王子拉惹卡莎（Raja Kasah）繼位，後來因為不符合資格被遣回。第二種為新的口述資料，認為一七九七年，拉惹默勒華（Raja Melewar）是森美蘭的奠基者，他被立為林茂第一任嚴端（Yang Dipertuan Besar）。林茂是森美蘭的首善地區，被命名為府城（Tanah Kerajaan）。後來，皇室的居住區被移至神安池。也有說拉惹卡迪（Raja Khatib）企圖在村長納安（Naan）的協助下奪權，但失敗。第三種為荷人的記載，指出早在一七二〇年代拉惹默勒華就已存在。拉惹克己在柔佛被荷人驅趕後，曾尋求林茂的拉惹默勒華協助遭拒，因此轉向拉惹卡迪，使其攻打、占領林茂，以趕走拉惹默勒華，並控制荷人的南寧。一七二八年，拉惹默勒華成功反攻，拉惹卡迪為荷人逮捕，並送回錫國。一七五九年十一月十一日，荷督、武吉斯領袖、拉惹都亞卡朗（Raja Tua Klang）和米南加保領導達致協議，認為林茂是森美蘭的中心。源自巴卡魯容的拉惹阿迪（Raja Adil）成為第二任嚴端。

森美蘭成立的背景是長期對抗武吉斯人所產生的結果。一六七三年，當南寧、林茂和芙蓉等地脫離柔佛的控制後，即共同推選來自蘇門答臘東岸的拉惹依布拉欣作為領導，後來卻因其術士身分暴露而遭殺害。十八世紀初，各區土酋接受柔佛蘇丹和首相的賜封。而拉惹克己在與武吉斯人的抗爭中，成為公認的馬來領袖，主要是因為當時馬來勢力中，只有他有能力與武吉斯人頑抗。而拉惹克己雖然已無法回到廖內，但他得到半島其他王室的支持，藉以對抗武吉斯人。直到其於一七四六年逝世之前，武吉斯人始終對他無可奈何。十八世紀中葉，柔佛勢力衰微，森美蘭境內各土酋均醞釀獨立，聯合對抗武吉斯人。

一七七七年，九州中的四個主要酋長，包括南寧、林茂、雙溪芙蓉和巴生，推舉拉惹默勒華為嚴端，組成鬆散的邦聯，以共同對付武吉斯人的入侵。一七九五年，拉惹默勒華逝世，內部再次分裂，一個世紀後為英國所管制，才結束四分五裂的局面。此組織由九個小邦組成，其中四個較大，分別為林茂、雙溪芙蓉、日叻務，以及柔和（Johol）；其他五個較小，分別為仁保（Jempul）、上麻坡（Ulu Muar）、特拉欺（Terachi）、巴西爾山（Gunung Pasir）和伊那思。[36]

米南加保人最為特殊的是實行母系制度。在人類歷史的蒙昧時期，「母系氏族」占有極其重要的地位，任何國家的歷史，都必然經過這個階段。米南加保人在蘇門答臘時，還停留在原始公社的社會階段，來到馬來半島後，也把母系制度移植過來，其社會組織為部族，以及其下的氏族。在米南加保的母系制度中，最主要的特徵有三。其一是在氏族中，往往以女子為領袖，在米南加保族移入早期，許多氏族的領袖均為女子，部分氏族和部族女首長的名字，甚至還被記錄在森美蘭的民間傳說中。其二是在氏族中實行族外婚，即把本族的成年男子嫁予外族，而外族的成年男子則入贅本族。其三是財產的繼承權以女子為主，在氏族中，女子才有繼承財產的權力，不論祖傳的財產或新得的財產，一切以「女子繼承」為原則。如某人沒有女兒，則由她的姐妹來繼承。[37]

其政治組織可以分為四個階層，最低的一層是「Perut-Buapak」，是族系領導；往上有「Lembaga」，是氏族領導。「Empat Undang」或「Penghulu」則是地區領袖，最高的統治階層為嚴端，由雙溪芙蓉、林茂、柔和和日叻務的酋長委任。前五位嚴端均由蘇島領導擔任，拉惹拉姆（Raja Rabu，在位期間一八二六年—一八三二年）為最後一位。嚴端權利有限，無抽稅權，但被認可為哈里發（Khalifah）。

南寧

在森美蘭境內其中有一個最值得注意的小邦，那就是南寧。這是個土壤貧瘠、資源匱乏、極為貧困的小邦，但是卻對殖民統治者生成頑強的抵抗。

在葡治時期，南寧即將土產和錫米售予馬六甲，葡人也委派一名官員負責管理和收稅。一五八六年，南寧不勝剝削，因此聯合柔佛反抗葡萄牙。一六四一年，南寧與荷人訂約。一六四二年，荷人封鎖寧宜河，截奪米南加保船隻，並於第二年圍困林茂，形成戰爭狀態。一六四六年，南寧求和。一六七三年，南寧擁立拉惹依布拉欣為王。一六七九年，拉惹依布拉欣被殺，南寧、林茂和荷人訂約。一七六五年，南寧和林茂因太過窮困，無法繳稅，只接受名義上的進貢，荷人放棄對南寧土地所有權和割讓權。一七七三年，森美蘭成立，但南寧仍依附荷人，而不加入森美蘭。

一七九九年，瑟孟蘭岡（Semelanggang）部族的督・沙益（Abdul Said，或 Dol Said）繼任為南寧酋長，但南寧一直不在馬六甲的範圍中。《英荷條約》簽訂後，英人認為南寧在其統治範圍內，並採取積極手段，如解除土酋，包括督・沙益的職位，並干預南寧的風俗。督・沙益認為自己是具有完整主權的統治者，不願支付其轄區物產十分之一作為稅收，同時也指示屬下不服從英國的指示，英國遂決定攻打督・沙益。一八三〇年，督・沙益掠奪一位馬六甲居民的多數收成，英國勒令其歸還，但遭拒絕，一八三一年，英國以此為藉口展開攻擊。然而，由於督．沙益有眾多支持者，且獲林茂酋長的協助，加上採用游擊戰，英國因輕敵、未具妥善規劃，導致英軍出師不利，終嘗敗績。一八三二年，英國再次進攻，此次由於林茂酋長倒戈，加上英人周詳的規劃和增加軍援，終於擊敗督．沙益，占領南寧；督．沙益則逃至林茂和巴西爾山。一八三四年，督．沙益投降，英國贈送一間位在馬六甲的房子給他，每月並支付一百元的退休金。[38] 本次南寧戰爭耗時四年（一八三〇年－一八三四年），損耗大量錢財；同時，英國的威望也因為第一次戰敗而受損。然而，此役卻幫助英國成功鞏固其在南寧的統治，並將之規劃成為馬六甲的一部分。為了能直接統治，英人廢除村長一職，以督辦（superintendent）代之。

雪蘭莪

雪蘭莪在古代是馬六甲的領土，最先開發的是巴生河流域和而攬（Jenam）沿海一帶，各地均有土酋管制，沒有統一的政權。在馬六甲蘇丹目扎法沙任內，巴生地區人民反對當地酋長，要求馬六甲委派人員接管，結果敦霹靂被派至巴生治理當地，備受愛戴。馬六甲滅亡以後，雪州仍屬柔佛管轄，直到武吉斯人崛起。[39]

早在一六八一年，荷蘭載籍已記載武吉斯人在雪蘭莪的事實。到了一七〇〇年，第一個武吉斯人被巴生酋長封為雪蘭莪的首領——嚴端。此後，武吉斯人即以雪蘭莪為基地，援助馬來半島各地武吉斯人的霸業。一七二二年，雪蘭莪援助柔佛的武吉斯人打敗拉惹克己；一七二八年，柔佛副王鄧馬里瓦以雪蘭莪港口為中心，進攻霹靂；一七四〇年，柔佛第二任副王再次與雪蘭莪聯手擊敗拉惹克己之子統領的錫國海軍；一七四二年，他再次出兵霹靂，得勝而歸。

一七六六年，第一任蘇丹沙拉胡丁（Sultan Salahudin）為武吉斯人，其原名為拉惹盧慕（Raja Lumu，鄧切拉的兒子）。他向霹靂示好，以便得霹靂賜封為蘇丹。瓜拉雪蘭莪成為皇城，直到一八五七年為止。這個王統，現時仍是雪州的王室。

登嘉樓

有關登嘉樓早期的歷史紀錄較少，在中國古籍中曾經出現都元、屈都昆、佛羅安等名，有學者認為就在登嘉樓境內，但持異見者也大有人在。直到十三世紀開始，登嘉樓的今名始出現，雖然名稱各異，如登牙儂、丁家盧、丁加囉等，但可以清楚確認所指為現今的登嘉樓。元代汪大淵《島夷志略》的文字應該是相關記載中較早，同時也較詳盡者，往後，記載登嘉樓文字較多者還有清朝謝清高的《海錄》：

> 丁加囉國一名達拉岸，在咭蘭丹東南，由咭蘭丹沿海約日餘可到。疆域風俗，與上數國略同，而富疆勝之。各國王俱喜養象，聞山中有野象，王家則令人砍大木於十里外，周圍柵環之，旬日漸移而前。如此者數，柵益狹，象不得食，伺其羸弱，再放馴象與鬥，伏則隨馴象出，自聽象奴驅遣。土產胡椒、檳榔、椰子……胡椒最佳，甲於諸蕃。歲貢暹羅、安南及鎮守噶叭喇之荷蘭。

登嘉樓大約在蘇丹滿速沙時受馬六甲的管控，葡屬馬六甲時期，登嘉樓名義上附屬於柔佛王朝，並在一五八七年應柔佛王朝之請託，參與抵抗葡屬馬六甲進攻擊。由於其地處偏遠，故能遠離三角戰爭的戰亂，並成為柔佛和錫國逃犯的庇護所。直到十七世紀晚期，登嘉樓仍然是由土酋所治理。據英人漢米爾頓（Captain Hamilton）的紀錄，在十八世紀初期登嘉樓已是一個擁有千戶人家的繁盛商港，統治者積極招徠中國商人到此販商和定居。[40]

柔佛蘇丹在一七一八年被拉惹克己篡位，逃至登嘉樓，後為隨從所殺，其弟再那阿比丁（Zainal Abidin）則登基為登嘉樓第一任蘇丹，是為蘇丹再那阿比丁一世（Sultan Zainal Abidin I），是年為一七二五年。蘇丹共有四子，其幼子以七歲稚齡登基，是為第二任蘇丹，名為蘇丹曼梳（Sultan Mansur），任期六十年（一七三三年－一七九三年），為登嘉樓的強盛期，並成為馬來半島的重要商港，直到新加坡開港後才沒落。他積極參與柔佛王朝的事務，終其一生的志業是將武吉斯人驅趕出馬來半島，以保護馬來人的權勢和利益。其後的第三和第四任蘇丹為蘇丹再那阿比丁二世（Sultan Zainal Abidin II，任期是一七九三年－一八〇八年）和蘇丹阿末沙（Sultan Ahmad Shah，任期是一八〇八年－一八二六年），接著由東姑阿都拉曼（Tengku Abdul Rahman）繼任。東姑阿都拉曼死於一八三一年，往後登嘉樓王室陷入王位爭奪的動亂，直到蘇丹奧馬（Sultan Omar，任期為一八三九年－一八七六年）成功繼位後，才告一段落。登嘉樓的統治基本採用馬六甲和柔佛王朝的制度，宗教學者為「mufti」（伊斯蘭教法律專家，判決與伊斯蘭教法有關案件的顧問）和「kadi」（伊斯蘭教法官），專事負責司法事務。

吉蘭丹

吉蘭丹在中國古籍亦有不少譯名，如急蘭亦帶、急蘭亦得、急蘭丹等。有關吉蘭丹的文獻元代汪大淵的《島夷志略》亦有詳細記載：

> 地勢博大，山瘠而田少，夏熟而倍收。氣候平熱。風俗尚禮。男女束髮，穿短衫，繫皂布縵。每遇四時節序、生辰、婚嫁之類，衣紅布長衫為慶。民煮海為鹽，織木綿為業。有酋長。地產上等沉速、麄降真香、黃蠟、龜筒、鶴頂、檳榔。外有小港，索遷極深，水鹹魚美。出花錫。貨用塘頭市布、占城布、青盤、花碗、紅綠硝珠、琴、阮、鼓、板之屬。

根據馬來人的傳說，認為吉蘭丹的得名是由於北大年的統治者遙望南方海上，看到閃閃發光的景象，以為此乃福地，派遣其次子統領其地。閃閃發亮之巫文為「kilat-kilatan」，簡讀為「Kelantan」，故以名之。來自北大年的統治者雖有伊斯蘭教之名，卻棄置不用，而以暹羅統治者封號「Luang」或「Long」來稱呼。來自北大年的王室由於國內的動亂而沒落，直到十八世紀開始才有重振的機會。

十三世紀的吉蘭丹受制於室利佛逝。十四世紀時，曾是滿者伯夷的屬國，一四六七年滿者伯夷滅亡後，成為北大年殖民地，直到一五五四年才脫離其控制。一六九八年，吉蘭丹以吉蘭丹河為界分為東西兩部分，直到一七五〇年才重歸合一。一七六四年，吉蘭丹爆發動亂，北大年武吉斯人的後代隆尤努斯（Long Yunus）尋求登嘉樓蘇丹的協助以平定亂事，事成後被任命為統治者，但沒有使用蘇丹稱號。一七八六年，暹羅併吞北大年，吉蘭丹雖然脫離北大年，卻為登嘉樓所控制。一八〇〇年，登嘉樓王子東姑穆罕默德（Tengku Muhammad）取代隆尤努斯成為統計者，其子隆穆罕默德（Long Muhammad）不服，引發內亂，並成功奪回王位，登基為蘇丹穆罕默德一世（Muhammad I, 1880–1837）。一八一二年，為了避免登嘉樓報復，遂向暹羅奉送金花稱臣，後來為了擺脫暹羅，又向英國求助，一九〇九年簽訂《英暹條約》。現時吉蘭丹的王統仍是隆尤努斯的後裔。謝清高的《海錄》曾記載，隆尤努斯的大臣使用「Wan」和「Tuan」的封號，國家有事時由蘇丹和大臣共同解決，蘇丹的決定是最後的決定，如果還是無法判決，就要採用手浸熱水和熱油的方式來決定。

北大年

大泥（渤泥、太泥）為北大年的簡稱，今屬泰國南埵的府治，是馬來民族建立的國家，大約在十四世紀末、十五世紀初立國，她在馬六甲滅亡後曾經是一個興盛的國度。關於北大年的建立，眾說紛紜，但以王統系出吉打之說，較為學界所接受。北大年一名的來歷亦有多種說法，有謂因漁夫爸大泥（大泥之父）而得名、有謂因欲與寶劍「Lela Mussani」疊韻而得名、有謂巫語稱「這沙灘」（Pantai ini）作「pata ni」而轉成，有謂受希臘文化影響是猶太國「Bethany」的替身。

大約在一五八八年至一六二七年，北大年曾經由女主當政，有說她是一名寡婦，也有說是前王的女兒，是國勢最為強盛的時期，華僑和荷人都到此貿易。[41] 北大年同柔佛、彭亨曾有姻親關係，卻反而引來彼此間的不睦，以致兵戎相見。柔佛蘇丹阿都查利・利雅沙曾使王子入贅北大年，並與其弟入住宮中。沒想到其弟竟和嫂嫂私通，結果雙雙被王子殺害；而北大年國王最後也殺掉女婿，雙方結下梁子。柔佛蘇丹阿老定沙三世曾為此要求荷蘭消滅北大年，為兄報仇，但荷人在北大年的投資額比柔佛大三倍，其要求自然遭拒。此外，彭亨王曾娶北大年女王的妹妹，二十八年後，女王思念妹妹，彭亨王卻不讓歸國，北大年女王遂為此派大軍南下接領其妹。此時，彭亨正巧遭柔佛攻打，國破家亡，彭亨王只好隨北大年軍隊北上，並在居留期間大遭奚落。[42]

第六章 英國勢力的介入（一七八六年—一八九五年）

第一節　英人的東來❶

英國的海外貿易和航海事業要較西葡等國為晚，其所需的東方物品如絲綢和香料主要由義大利威尼斯商人包辦。後來國內政治漸趨穩定，經濟也有長足進步，為了增進海外貿易，英人積極改革航海事業，鼓勵增建商船，以便運載海外商品。

一五七七年，海軍上將特雷克（Francis Drake）取道大西洋環繞地球一週，在途經摩鹿加群島時，得到德那地（Ternate）蘇丹的歡迎，並簽訂通商條約。一五八六至一五八八年，加文狄希（Cavendish）另一次環繞地球，讓英人更為了解東方貿易的情況，他們認為葡人取道東方的航線要比西人取道大西洋的路程短，且較安全便宜。一五八七年，特雷克截獲一艘葡萄牙的船隻，獲得了大筆貨物，使得英人對東方的財富更為嚮往。一五八八年，英人擊敗了長期在海上縱橫的西班牙無敵艦隊，並展開了與荷人的合作關係，開始大規模派遣艦隊到東方探險。

除了上述兩位環繞地球的人物外，另有兩位在十六世紀後期同時抵達馬來半島的人物，對英國的東來也作出了貢獻。第一位是費治（Ralph Fitch），他於一五八三年在東南亞各地遊歷並曾在葡萄牙的軍事據地如波斯、果阿和緬甸等地居住，了解葡人在東方的情況和當地土人對葡人的反應。費治可謂是第一個到過馬來半島的英國人，他在一五九一年回國後，便極力鼓吹英人東來經商。第二位是蘭加斯德（James Lancaster），他指揮的船隻，成功在一五九一年繞過好望角抵達檳榔嶼，成為第一艘渡過馬六甲海峽的英國商船。他在檳榔嶼期間，曾經劫掠兩艘葡人的商船，截獲了許多貨物和糧食，回程途中，滿載貨物的船隻卻被某些水手偷偷地自行開走，他只好乘坐法國的船隻，於一五九四年空手回國。但他所得到的經驗和情報，卻對英國東來有著重大的價值。

一五九九年，荷蘭提高胡椒價格，由每磅三先令增至六先令和八先令，故意為難英人。為了發展東方的貿易，倫敦商人組織一協會，與東印度群島直接貿易，並聯名請求英女皇伊莉莎白一世（Elizabeth I）頒賜特許狀，保障他們的投資，不致在互相競爭的情況下蒙受損失。一六〇〇年，英國正式將特許狀頒給英國東印度公司（British East India Company），准許他們獨占好望角以東的英人貿易。

英國人往東的發展開始時極為順利，第一批貨船在蘭加斯德的率領下，先後抵達亞齊和萬丹。除了得到亞齊蘇丹的通商許可外，也在萬丹採購大宗的胡椒和香料，並在當地建立商站（俗稱土庫，Factory）收購土產。這次的航行總共運回了一百餘萬磅的胡椒和其他香料。但英國的成功，無疑給同樣在萬丹經營香料貿易的荷人帶來激烈的競爭。為此，荷人組織東印度公司，正式接收所有荷蘭在東方的根據地，積極擴充市場，拉攏當地地主，以軍事保護權換取商業專利權。一六〇五年，荷人攻占原屬葡人的安汶，兩年後又將附近的帝多（Dido）和德那地置於藩屬地位。這時英國第二批商船也開始東來，但英國已和西葡簽訂合約，所以嚴令英輪不可介入荷葡兩國的戰爭。

從十七世紀開始，英荷兩國即展開激烈的東方貿易爭奪戰，剛開始由於荷人投入大量資金擴充軍艦和加強各商站的防禦工事，加上有國家支持為後盾，故捷足先登，搶占先機，英國處於弱勢。英人也自知勢力太弱，無法和荷人抗衡，遂從一六一五年開始將注意力轉至印度，集中力量發展印度的商務價值，以節省防衛的重大支出。但是，英人對摩鹿加群島並沒有忘懷，時欲染指，一六一八年，由於英人企圖在摩鹿加群島取得根據地，碰觸荷人的敏感神經，兩間公司因而開戰。從一六一八到一六二〇年英荷在東方的戰爭，由於英國物資供應匱乏，常處於失敗的局面。

直到一六二三年，荷人製造安汶事件，以「從事陰謀活動」的罪名將十名英國人、九名日本人和一名葡萄牙人處死。此事件迫使英人撤出東印度群島，英人只好黯然退出這場香料貿易的競逐，並於一六八三年放棄數個英人經營的土庫，荷人完全壟斷了摩鹿加群島的香料貿易。而英國則將其經營對象撤退至印度，全力發展印度對日本和中國的貿易。

第二節　海峽殖民地的成立

檳榔嶼的開發

英人經過了百餘年的蟄伏後，到了十八世紀後期，趁著荷人在東方的勢力日薄西山之際，找到重新進入東南亞市場的機會。事實上，早在十七世紀中期開始，荷蘭使長期與英法交戰，已經難以在人力和財力上供應東方的殖民事業。而荷人在東方採行剝削式的殖民統治，當地土人反抗荷人的殘暴統治時有所聞，荷人鞭長莫及，無法安排足夠的兵員到各地鎮壓。荷蘭東印度公司職員的貪汙腐敗，更加速了這種趨勢。

英國能夠重返東南亞，是由當時英國內在與外在因素所促成。英國自工業革命以後，國力迅速提升，一躍成為強國。再者，經過了「七年戰爭」（一七五六年－一七六三年），英國已經確立在印度的統治，成為海上霸主，英國東印度公司也從中國茶葉貿易中獲得豐厚的盈餘。可是，英人要在滿布荷人勢力的東南亞占有一席之位，就必須在中印航線之間建立根據地，作為修理船舶與補給糧食的中途停泊站和土產收購中心。雖然在一六八五年，英人取得明古連（Bencoolen）作為胡椒貿易站，可是明古連離開主要貿易路線太遠，開銷大，胡椒產量又少，無法營利，最後只得放棄。在一六九八年至一七〇一年間，英國曾嘗試占據南婆羅洲的馬辰（Banjarmasin），但遭到土人攻擊，加上荷人從中作梗，於一七五六年獲得馬辰蘇丹授予胡椒生產及貿易獨占權，從而結束了英國在班格爾馬辛的商業利益。直至一七八五年，馬辰成為荷蘭之一省，英國方才作罷。第三個嘗試是蘇祿群島的巴蘭萬安，此地在一七六二年得蘇祿蘇丹之允許割讓，但英人欲安築砲台，卻遭蘇祿蘇丹洗劫而失敗，遂判定此地無經濟發展之可能，在一八〇四年宣布放棄。經歷了三次的努力，皆無功而返，最後才成功在馬來半島上找到立足點。而吉打面臨的內憂外患，正好給英國提供了一個千載難逢的入侵機會。

事實上，早在一七七〇年代，吉打由於面臨內憂外患，已經開始嘗試尋求英國的援助。內憂是內部持續不斷的王位繼承動亂——一七二三年，吉打王室發生王位爭奪事件，長子尋求武吉斯人的協助，其弟則找來米南加保人。一七二六年，大王子獲得最終的勝利，但吉打的貿易從此被武吉斯人所控制。雪蘭莪武吉斯的威脅亦直接迫使吉打尋求英國的軍援。一七二三年，蘇丹莫哈末・智化（Muhammad Jiwa）曾經借助武吉斯人的力量穩住他的王位，並允諾事成後付給武吉斯人戰費及補償損失，但吉打在內戰後也面臨外來勢力的威脅和貿易萎縮的困境，所以改以分期付款的方式償還。四十四年後，雪蘭莪的武吉斯人要求付清這筆款項，但吉打蘇丹不願支付，武吉斯王子拉惹哈芝遂攻打吉打港口（Kuala Kedah）和阿羅士打（Alor Setar），吉打不敵，蘇丹只好出逃至玻璃市的加央（Kangar），並寫信給英國駐印度總督哈士定（Warren Hastings）要求軍援。同時他也與交往甚篤的萊特談及自身困境，以及請求英國東印度公司保護的意願。一七七一年四月，萊特的代表蘇利文（Jourdan, Sullivan and de Souza）和吉打蘇丹談判，簽訂協議，允許這家公司在吉打做買賣，而吉打也獲得英國的軍事保障。這個協議後來因為吉打要求公司派軍協助攻打雪州的武吉斯人遭拒而告吹。一七七二年，在吉打蘇丹施加的壓力下，東印度公司委派蒙克敦（Edward Monckton）談判。由於他不諳馬來文，因此談判並不順利，加上公司拒絕軍事援助，談判終告失敗。

進入一七八〇年代，這種內外局勢的嚴峻挑戰沒有消除，仍持續威脅吉打。一七八五年，吉打再次爆發王位繼承的內訌。事緣前任蘇丹屬意的阿都拉以非王族血統繼位（一七七八年—一七九八年），引起其他王子不滿而引發王室內鬥。

在外則繼續遭受暹羅和緬甸的威脅。一七五三年緬王雍籍牙（Alaungpaya）繼位，發動對暹羅的戰爭，一七八二年曼谷王朝開國君主卻克里（Chakri）登基後，情況日益嚴峻，雙方先後向吉打要求金花、兵員和物質供應，為了免於暹羅的侵略，吉打最後只好尋求英國的協助。此時，英東印度公司對商站的要求也愈來愈迫切，加上暹羅的入侵機會，萊特便乘機向蘇丹提出割讓檳榔嶼的要求。

法蘭西斯・萊特是檳榔嶼的第一任總督，常被稱做萊特船長，約在一七四〇年出生於英國的薩福克郡。萊特曾接受文法學校的教育，十九歲（一七五九年）始任海軍候補士官，在英國皇家海軍服役，直到一七六三年的七年戰爭結束後退伍。一七六五年，他到印度尋求發展，在馬德拉斯（Madras）省商行的輪船公司當船長。這家川行東海航線的公司，希望能與亞齊、吉打和南暹等地成立商業聯繫，派遣萊特前往馬來群島水域任代理人，期間他學會了暹羅語和馬來文。他的商船開往吉打時，得到當時蘇丹的信任，兩人成為密友。一七七一年，英法在東南亞競爭，雙方皆企圖在東南亞尋找一個海軍基地。這時萊特獻議，認為檳榔嶼將成為未來「東方貿易的便利倉庫」，勸誘其公司雇主說服東印度公司採納這個意見，同時也寫信給哈士丁（次年就任孟加拉總督），但他的獻議卻遭到冷待，失望之餘只好到檳榔嶼以北二百里的養西嶺（Junk Ceylon，今普吉島，也稱 Ujong Salang），繼續經商。由於經商的關係，萊特與吉打有著密切的接觸。一七八五年，吉打正面對暹緬威脅，萊特從蘇丹處得知吉打有意以檳榔嶼來交換英人的武力保護，萊特即刻趕到加爾各答匯報，經過倫敦的董事們在原則上同意後執行。

▲檳榔嶼開埠者萊特銅像。
陳耀威提供。

是時，蘇丹開出了如下條件：第一，允許英國在檳榔嶼開闢殖民地；第二，公司必須協助監管吉打水域和蘇丹的敵人，由公司承擔一切費用；第三，允許所有商船在吉打和檳榔嶼自由貿易；第四，蘇丹要求公司自付三萬元的商業損失賠償；第五，公司必須協助抵禦任何陸地上的進攻，費用由蘇丹承擔。但萊特並沒有精確地向印度總督傳達蘇丹的所有要求，他只建議一萬元的賠償。事實上，印度方面也沒有全部接受蘇丹的要求，英國只想派一艘戰船巡弋檳榔嶼和吉打水域就了事，沒有給予任何軍隊協助的保證，而賠償也沒有提及。儘管萊特知道公司不想涉及任何內戰，但他是抱持著公司能漸次給予此殖民地所需幫助的心態。

一七八六年五月，萊特被委任為公司的船長兼任這新殖民地的督辦，並率領一百名印度士兵、三十名水手、十五名砲兵和五名英國軍官抵達吉打，向吉打蘇丹呈獻禮物和憑信。七月十六日，萊特出發前往檳榔嶼。兩天後，吉打華人甲必丹辜禮歡攜帶漁網（閩南語語音與「希望」近似）乘船前來歡迎萊特登陸。在萊特登陸前，檳榔嶼滿布原始森林，島上只有居民五十八人，其

▲康華麗斯堡（Fort Cornwallis）乃是萊特登陸的地點。

陳耀威提供。

中有三位是客籍人士，他們是張理、丘進福和馬福春。為了清除森林，萊特將銀元放進砲腔中向林內發射，以激發印度士兵開墾的積極性。四星期後，總算開闢出足夠建立營寨的場地，剛巧公司委派的兩位人員抵達，萊特藉機舉行升旗儀式，將此島命名為「威爾斯太子島」，行政中心是喬治市（Georgetown）。是日為一七八六年八月十一日。❷

英國開闢檳榔嶼，其主要原因是英國和歐洲迫切需要大量茶葉，以及中國對東南亞錫產和胡椒的需求增加，英國東印度公司只好在馬來群島的範圍內尋找理想的港口，以平衡中英兩國貿易上的差額。這個基地也肩負另一個重要功能，即打破荷蘭的壟斷，取得馬來群島的錫米和黑胡椒，以為中國交易。加上印度東岸的基地容易遭受法國攻擊，並同時曝露在東北季風的吹送範圍內，因此有必要尋找一個安全的海軍基地以保衛孟加拉灣；這個基地也必須成為中印之間的中繼站，以取得食水、停歇和修補船隻，但明古連的位置遠不如檳榔嶼擁有的條件。

萊特在掌管檳榔嶼時即宣布實行自由貿易政策，所有商船免繳稅務，在萊特的努力經營下，檳榔嶼終於成為英國在馬來半島第一個貿易基地，很快便吸引了大量

▲檳島喬治市大伯公街的鄉團會館與寺廟。
陳耀威提供。

的外來居民。當時來自各地，許多為荷人困擾的商船都群聚在此貿易，島上人口不斷增加，到一七九〇年全島人口已達一萬人。他鼓勵華人從蘇門答臘引進胡椒樹種，並成功試種，使檳榔嶼成為胡椒重要產地之一。萊特也推行甲必丹制度，負責維持治安和處理各族的爭端，第一任華人甲必丹是辜禮歡。萊特對華人讚賞有加：「華人在居民中最堪重視，男女老幼凡三千名。他們執業不一，木匠、泥水匠和鐵匠都有，也是商賈、店員和種植者。他們雇用小船，派遣冒險者往鄰近各國去。他們在東方民族之間，是唯一政府能不費吹灰之力而可徵稅者。」❸

此外，檳榔嶼也吸引了來自印度注輦的朱利亞人（Chulias），他們或經商或做苦力。另有一部分是暹羅人和緬甸人，主要從事種植。此外，還有虔信伊斯蘭教的阿拉伯人，他們四處通商，在馬來人之間尤享有特權。武吉斯人是另一擅長經商的民族，他們也為檳榔嶼所吸引。馬來人則是當地主要居民，以務農為生，溫良易治，但不能任勞役，另一部分則成為海盜。其餘人民則為東印度公司的雇員，以及一些歐籍僑民和海員。❹

短短四年，萊特開闢道路、開鑿水溝、建成有亞答屋的市鎮、清除二千五百畝的土地以種植胡椒、甘蜜和甘蔗等植物。事實上，萊特開闢初期是極為艱難的，沒有得到公司多少的財政援助、也沒有提供太多的指導、連人力的支援也厥如，沒有員警，更沒有法律依據，僅有一位見習文員協助處理日常政務。萊特可謂赤手空拳管理檳榔嶼，但他的政府是公平和成功的，個人的威望也日漸提高。由於薪俸極少，所以萊特自己開闢香料種植場，並與朋友史考特（Scott）繼續經營商業，藉以餬口。❺

萊特經營初始，甚至和總督康華麗（Lord Cornwallis）意見相左，後者不僅懷疑萊特的冒險舉動，並有意改經營安達曼群島（Andaman Islands）。後來安達曼群島不符合衛生條件，於一七九六年被廢，檳榔嶼的地位才臻穩固。由於康華麗恪守畢特（Pitt）的新「印度法令」（India Act），以不捲入殖民地內戰為原則，故萊特屢次向他要求保護時受暹羅威脅的吉打，皆徒勞無功。[6] 吉打蘇丹眼見求援無望，被迫鋌而走險，以檳榔嶼為餌，尋求其他歐洲人士的援助，並切斷對檳榔嶼的食物供應。一七九一年，忍無可忍的吉打蘇丹結合約八千至一萬的蘭農（Lanun）海盜，約定在新頭路（Prai）起事，但加爾各答的兩隊步兵適時趕到，萊特轉守為攻，登陸北賴，蘇丹的聯軍潰散，堡壘被摧毀，蘭農的船艦也被趕走。[7] 這次的戰敗，蘇丹只得乞和，於一七九一年八月十二日簽訂協定，條件如下：公司擁有檳榔嶼所有權、公司每年賠償六千元給蘇丹、公司可獲得吉打的稻米供應、公司不處理吉打的叛亂事務、吉打不得在運往檳榔嶼的稻米附加任何限制和抽稅、其他歐人一概不得在吉打居留。

事實上，東印度公司是否想在道義上援助蘇丹抵抗外敵，英人各持其見而生爭執。大多數的非官吏歐人和少數重要英殖民官員咸認同蘇丹所言，即東印度公司背信食言，但海峽殖民地官方則認為公司從來沒有許下給予蘇丹任何援助的諾言。這其中要以瑞天咸的觀點最為精闢，認為公司應該其於此項承諾而接收檳榔嶼，故此在占領後應當履行其義務，否則就須撤退，他針砭公司的舉動為「畏怯……結果失卻信用，使不列顛名聲掃地，自損其對於馬來人之權威有年。」[8]

一七九四年，由於公務人員嚴重不足，萊特向總督呈文要求三個助手，即一個處理行政、一個執行司法和一個處理財政，以取代現行由一個見習文員一手包辦的情況。但在他提出這個建議後不久，同年十月二十一日，便因瘧疾去世。他在東方居留約莫三十年，且長期感染瘧疾。他頗具雄心，想在檳榔嶼種植香料，以與摩鹿加群島爭雄，同時也想借此將檳榔嶼拓展為東方最重要的軍港和富庶的商埠。但他的夢想恐怕無法實現了，因為晚檳榔嶼三十餘年開埠的新加坡後來居上，取代她的地位。❾但萊特的貢獻以及他個人的毅力卻永志史乘，檳榔嶼第三任總督曾讚美萊特：「萊特君資望甚隆，熟諳馬來民族之語言法律與風俗，足以應付其任務而有餘。彼以經營商業關係，常旅居鄰邦，對於各邦之領袖人物，均所友好，且極為彼輩所推崇；其時且能左右吉打王之一切，此其所以能有偌大之成就也。」❿

從萊特逝世到一八〇五年，期間經歷了三任總督，他們是麥唐納少校（MacDonald，任期從一七九五年到一七九九年）、李治（G. Leith，任期從一八〇〇年到一八〇四年，並於一八〇四年改為督輔〔Lieutenant Gorverment〕）和法夸爾（William Farquhar，任期從一八〇四年到一八〇五年）。這期間是檳榔嶼較有發展的時期，主要是因為印度總督收到一些對檳榔嶼善意評論的報告，改變了公司猶疑的態度，並在一八〇五年將之升格與孟買、馬德拉斯和孟加拉等三大英屬印度行政區域等同，有一個督輔和議會。但好景不長，一八〇六年的「柏林法令」和一八〇七年「米蘭法令」，影響了公司在歐陸的市場，無數的香料堆放在英倫的貨倉無法銷出，間接影響檳榔嶼的稅收，以致入不敷出，後來雖嘗試改種棉花和大麻，但沒有成效。雪上加霜的是，此時荷人在東方的商站，如爪哇和亞齊，大部分都落入英人手中，他們不必再逃避荷人的高稅率，檳榔嶼不再是唯一的選擇；而產錫地邦加重新落入英人手中，使得檳榔嶼的錫砂走私也告停頓，這些專利品都流入爪哇政府手中。所以檳榔嶼的出入口貿易額，從一八一〇年到一八一一年的一百一十萬零六千九百二十四鎊跌至一八一四年的七十五萬九千六百四十三鎊。雖然當時的總督曼那門（Bannerman）曾經多方努力，但直到一八一八逝世為止，均未見成效，後來新加坡開港，檳榔嶼的地位也就一去不返了。[11]

一七九一年吉打蘇丹和英人簽訂的條約，給英人掌控檳榔嶼對岸的北賴提供了一個良好的機會。一七九八年，蘇丹慕卡然沙（Diyauddin Mukarram Syah, 1798–1803）登基，需要英國的支援並鞏固其地位，同時也需要海事保護以免受外來的威脅，加上王室財務危機，需要賠償金來解決財政問題。故吉打在一八〇〇年和英人簽約，割讓北賴。英國之所以要取得北賴，是因為北賴是海盜的巢穴，打擊海盜有助於檳榔嶼的發展，如果又能將北賴發展為稻米產區，則可避免吉打以米糧的供應來要脅。割讓的協定，除北賴割讓給公司外，瓜拉慕達（Kuala Muda）和瓜拉吉輦（Kuala Kerian）之間的地區也永久割讓給公司，吉打則可每年獲得公司四千元的賠償。北賴由英人接管後，馬上易名為威斯利省。

英國東印度公司雖然取得北賴，卻因無利可圖，繁雜的費用，常連累印度方面撥款應付不敷之數。新加坡的崛起，檳榔嶼欲成為東印度群島的商業中心，已是天方夜譚。甚至在仔細勘察後，連成為軍港的條件也不俱備。至於香料的種植，除早期的成功，卻無法持久，最後毀於一旦。從一八〇五年開始，英國東印度公司寄望檳榔嶼成為東方重要商港的希望逐漸幻滅。

馬六甲的接管

一七九五年的拿破崙戰爭，逼使荷蘭的威廉五世（William V）逃至英國，由於不想海外殖民地落入法國手中，因此和英國簽訂《丘園訓諭》（*Kew Letter*），允許英國在戰爭期間可接管荷蘭的殖民地，但必須在戰後歸還，因此英國在一七九五年至一八一八年接管馬六甲，一八一一年至一八一六年接管爪哇。一七九五年，英國派遣法夸爾率領海軍從檳榔嶼出兵馬六甲，兵不血刃就接管了馬六甲，他也從一八〇三年至一八一八年間擔任馬六甲的駐紮官，並迎娶當地婦女，被稱為「馬六甲拉惹」（Rajah of Melaka）。

當一八〇五年，英國準備在檳榔嶼建立海軍基地時，打算從馬六甲撤軍，為免馬六甲落入敵對者手中，除自一八〇七年開始進行城牆和砲台的拆除和破壞工作，也開始籌備將馬六甲人口遷移至檳榔嶼的工作。一八〇八年，在馬六甲休養的萊佛士眼見此景，草擬了一篇冗長的報告，分別呈給檳榔嶼總督和印度總督明托（Lord Minto）。他認為，英國應該繼續控制馬六甲，不認同搬遷人口的政策，並建議英國停止破壞馬六甲。他的報告引起了明托的注意，委任他為征伐爪哇的智囊，以馬六甲作為出兵的基地，並於一八一一年，經過四十五天的戰鬥後攻克爪哇，萊佛士被任命為爪哇兼蘇門答臘副督（Lieutenant-Governor）。但一八二四年，英荷雙方簽訂條約，英國答應將荷蘭在遠東的所有殖民地，包括爪哇和馬六甲歸還。萊佛士的建議耗費金錢卻一無所得，導致他被免職。⓬

新加坡的易主

新加坡本為柔佛的領地，但十八世紀後期柔佛王室不振，使得英人有機可乘，將新加坡據為己有。

蘇丹馬末三世（一七六一年—一八一二年）在位時期，柔佛廖內王朝開始出現問題。一七八四年，武吉斯人的領袖替代拉惹哈芝為柔佛的副王。一七八五年，荷人攻擊廖內，拉惹哈芝撤退至蘇卡達那（Sukadana），武吉斯人在柔佛的影響力最終為荷人所取代。一七八七年，為了擺脫荷人的控制，柔佛蘇丹尋求海盜的協助，攻打荷人在廖內的堡壘，海盜在劫掠後離開，蘇丹擔心荷人報復，出逃至彭亨和登嘉樓。此外，一七九五年的《丘園訓諭》也影響了柔佛廖內王朝，英國允許蘇丹馬末回來，他便馬上委任一名馬來人恩姑白沙（Engku Besar）為副王以鞏固政權。一八〇三年，拉惹哈芝重新被委任為副王，恩姑慕達（Engku Muda）則由蘇丹委任為新加坡的天猛公，但卻遭推拒，後改由阿都拉曼（Abdul Rahman）接任。一八一二年，蘇丹馬末逝世，武吉斯人擁立阿都拉曼為王，蘇丹馬末屬意的長子胡仙被排斥。武吉斯人以胡仙沒有出席蘇丹葬禮為由不讓他接任，實際上，那時他正在彭亨辦理婚事。然而，胡仙仍得到彭亨首相和柔佛天猛公的支持。

事實上，在歐戰結束後，一些比較有遠見的英人，如萊佛士，早已經窺見英人的兩個基地——檳榔嶼和明古連，無法扮演在東方貿易所應有的角色——一個過於偏北，一個由又偏離主要航道，難以和荷人的巴達維亞、廖內競爭。因此尋找新港口以打破荷人的壟斷，已經勢在必行，否則工業革命後，英國蓬勃發展的工業產品將無法向東南亞傾銷。這個理想的港口，萊佛士在致友人的信中曾謂之：「除非我能在巽他海峽獲得一個據點，否則我們不得不在群島中求一最有利的地點。這地點應當在明燈島（即廖內）附近……。」[13] 而新加坡位處中印之間，可控有馬六甲海峽，且水深能避風浪，地理位置優越，是極佳的港口。

一八一八，印度總督哈士丁委派萊佛士和法夸爾到馬六甲海峽物色新港口，他們先後勘察克里曼島（Karimon）、錫島和亞齊，最後看上廖內，但不及行動就被荷人捷足先登。一八一九年一月二十八日，萊佛士抵達新加坡，當時由天猛公阿都拉曼統治，是柔佛廖內王朝的領土，因此也屬荷人的勢力範圍，但荷人還來不及占有其地。一月三十日，萊佛士和天猛公訂立條約，英國每年支付三千元，而天猛公則允許英國在新加坡設立土庫。但如果沒有蘇丹的認可，此協議將無效。萊佛士也了解在荷人的影響下，居住在廖內的柔佛蘇丹不會簽署協議，故決定扶立居住在新加坡的胡仙為蘇丹，合法地使新加坡成為英殖民地，雙方在二月六日簽訂協定。這分協定內容註明胡仙為合法蘇丹，每月可領取五千元，而天猛公則有三千元，同時英國也答應保護蘇丹和天猛公，但不插手柔佛的內務。至於英國，則可以設立土庫進行貿易，確保英國的利益，不可與外來的勢力簽訂任何條約，一切港口的費用由英國來承擔，至於土著的船稅則由蘇丹和天猛公均分。事實上，這個治理權來得並不完全合法，當時合法的蘇丹並未同意萊佛士的要求，萊佛士是在推翻了合法的蘇丹，並另立蘇丹之弟為名義上的統治者後，才取得了新加坡。

萊佛士於一七八一年七月六日誕生於加勒比海牙買加（時為英國殖民地）離岸海上的一條船上，他的父親是個船長，家境並不富裕，因此，他沒有受過完整、有系統的教育。十四歲時，佛萊士進入英國東印度公司做書記，他工作認真，並通過自修苦讀掌握了廣博的知識。這段期間他學會了馬來文，成為了政府的馬來文通譯官。一八〇五年，二十四歲的他被派往檳榔嶼擔任助理祕書，開啟了他在東南亞的事業。同年，他和一位大他十歲的寡婦結婚，此舉雖然引起許多人的猜疑，但並不影響他們夫婦的感情，反而促使他們發憤圖強，努力做個上流社會的人物。一八〇七年，萊佛士曾兩度到馬六甲養病，對馬六甲的民情風俗頗有了解，當英國接管馬六甲後，本想採行焦土政策破壞馬六甲，但在萊佛士的勸阻下才作罷。一八一一年，他隨明托遠征爪哇，事成以後被任命為副督。這期間萊佛士嘗試實行一定程度的自治，廢除奴隸貿易，恢復了一些當地古蹟，並以新的土地租賃系統，取代過去荷蘭人統治時期的強制農業計畫。

一八一五年，英國將爪哇歸還荷蘭，作為交換蘇門答臘的條件，萊佛士返回英國。一八一八他又再度來到蘇門答臘，為明古連的副督。後來在徵得印度總督同意下，在廖內群島一帶尋找一個新據點。一八一九年一月二十九日，在木匠曹亞志（一七八二年—一八三〇年）的率先乘船登陸勘察沒有任何荷蘭人後，萊佛士才登陸新加坡。當時島上一片荒涼，只有約一百五十名漁夫和以劫掠過往船隻為生的海人。新加坡雖然在萊佛士成功登陸後成為英國殖民地，但萊佛士忙於執行在亞齊的任務，無法常駐新加坡，因此在初期就由萊佛士的好友法夸爾治理。但法夸爾的政治理念卻與萊佛士背道而馳，當萊佛士在一八二二年再度登陸新加坡時，即毫不客氣地將法夸爾的權力收回，馬上禁止奴隸入口及煙賭，並在短暫的九個月內造路、建房、蓋碼頭和開闢植物園。直至一八二三年六月，他才離職返回倫敦。萊佛士的理想是將新加坡開發為一個學術和商業研究中心，為後來以他名字命名的書院奠定基礎，在他離星之前，曾替萊佛士英校親奠基石。他返英後任倫敦動物學會的首任主席，於一八一七年獲冊封為爵士。一八二六年七月五日，萊佛士在四十五歲生日前一天於倫敦與世長辭。

萊佛士雖然對英國在東南亞的發展有極大的貢獻，但個人卻蒙受慘痛的損失。他的妻子在爪哇逝世，四個兒子因為在明古連水土不服死了三個，他所乘搭的輪船在出航不久發生火患，燒掉不少他蒐集的珍貴自然標本和圖籍。他雖然已經退休，但公司卻要他還回多付的薪資。接二連三的打擊和挫折，雖然沒有因此擊垮他，但當他回到倫敦後，他的容貌已經比他的實際年齡還要衰老。萊佛士雖然長期處在逆境，面對各式各樣的挑戰，加上身體狀況不佳，任務繁重，卻憑著他驚人的毅力，堅持學習，幾乎每晚到深更半夜，夜闌人靜，方才入眠，第二天破曉時刻即起身開始忙碌的一天。他的努力，使他成為知名的動植物學家，發現了為數龐大的各類花草和動物，世界上最大的花即以他的名字來命名。除了自然科學，他在人文學科上也同樣有極大的影響，他撰寫的《爪哇史》（*History of Jawa*），成為有關研究的經典。

知名馬來研究學者克勞馥接替萊佛士治理新加坡，他起草了一部法典，但萊佛士認為超越了他的職權，所以被擱置了下來。直到三州府成立，主簿法庭的司法制度擴展至新加坡時，才被採用。

一八二四年八月，蘇丹和天猛公同英人簽訂協約，蘇丹和天猛公放棄對新加坡的所有權和要求，蘇丹得到每月一千三百元退休金和三萬三千元的賠償金，天猛公的退休金是七百元，賠償金為二萬八千元。新加坡至此才正式成為英國的領土，而蘇丹和天猛公則不得參與殖民地政府的治理。[14]

《英荷協定》

新加坡在英國歸還荷蘭時，本屬荷人的領土，只是萊佛士通過巧妙的手法讓英人捷足先登，占為己有。加上新加坡迅速的發展，英國大得其利，無形中造成巴達維亞失去其重要性，令荷人又妒又氣，認為新加坡是其主權範圍，應該要向英人討回。一八二〇年雙方雖有協議，但仍然無法解決英荷在東南亞的利益衝突，彼此都認為應該是解決雙方問題，以維繫其在歐洲關係的時候了，而英國也想借此機會討回十萬鎊的債務。條約在一八二四年三月十七日於倫敦簽訂，也稱《倫敦條約》（*The Treaty of London*）。這項條約共有十七條，主要解決的問題不外領土和商業兩方面。⑮ 在領土方面則承認英國對新加坡的主權，割讓馬六甲以及新加坡以北的土地給英國，荷蘭答應不和任何土酋簽訂協定。而英國將明古連和所有在蘇門答臘的屬地交給荷蘭，英國答應不和任何土酋簽訂協定（含克里曼島和廖內龍牙）。任何一方退出，其主權就將由另一方接手，無論如何，任何一方皆不得將其領土移交給其他勢力。雙方同意以馬六甲海峽和新加坡海峽為英荷勢力範圍的分界線。商業方面雙方同意實行自由貿易、荷蘭擁有摩鹿加的壟斷權、終止雪蘭莪與荷蘭的錫米協定、土著可以和雙方的商人自由往來、雙方認同共同剿滅海盜、荷蘭償還十萬鎊的債務給英國。

《英荷條約》可謂是馬來亞歷史上少數幾個影響極為深遠的條約。它清楚地劃分英國和荷蘭在東南亞的勢力範圍，英國勢力範圍內的馬來半島以後發展成為馬來西亞和新加坡，而荷蘭統治下的東印度群島就成為今天的印尼。它也導致以廖內為基地的柔佛王朝一分為二，柔佛本土和新加坡在英國勢力的範圍內，名義上由蘇丹胡申管治，真正的統治者卻是天猛公，使得一向附屬於廖內柔佛王國的柔佛，成為獨立的王國；在荷蘭範圍的廖內群島，則從此無法插手半島的事務，這也表示原屬馬來西亞的廖內群島將從此脫離馬來西亞，成為印尼的領土；自此，東南亞的貿易主要由英荷壟斷。其他的改變則是彭亨脫離柔佛的約束，由宰相治理；新加坡的發展從此一日千里，直接加快了中英貿易的發展。此條約也為往後英國殖民統治馬來半島奠定了基礎。

海峽殖民地

《英荷協定》簽訂以後，新加坡、馬六甲和檳榔嶼成為英國在馬來半島的勢力中心。由於新加坡地理位置的優越，其他兩地，尤其是馬六甲，均遠遠趕不上新加坡的發展。為了統一行政、稅收、開支和方便管理，英國東印度公司決定於一八二六年十一月二十七日將三地合併組成「海峽殖民地」，成為印度的第四省（其他三省為孟加拉、馬德拉斯和孟買），俗稱「三州府」，由印度總督管轄，總督府設在檳榔嶼，富勒敦（Robert Fullerton）為第一任總督，新加坡和馬六甲則由參政司（Resident）管理。但是三州府升格為第四省，涉及浩大的開支和人員，由於收入入不敷出，只好在一八三〇年將之降級為府治，隸屬孟加拉省。然而，隨著英國在東南亞和遠東的進一步擴張，新加坡成為英國在此地區的戰略和貿易基地，新加坡商業亦迅速發展。一八三二年，海峽殖民地的首府就從檳榔嶼搬遷至新加坡；檳榔嶼主要負責海峽北岸，緬甸、暹羅、亞齊、玻璃市、吉打、霹靂和雪蘭莪的貿易，馬六甲成為雪蘭莪和森美蘭的物產收集中心。

英國東印度公司原是一個商業機構，在商言商，她所關心的是商業利潤，而不是發展當地的經濟，因此當地的經濟發展受到一定的限制。⑯一八三三年，東印度公司失去它在東方的壟斷權，連帶海峽殖民地也喪失其重要性，印度政府更加不會給予關注。因此，從一八三〇年代開始，海峽殖民地的英籍商人基於本身的經濟利益，開始埋怨英國東印度公司政府的怠慢作風，指控它無法有效解決海盜和會黨等治安問題。

一八五一年，海峽殖民地脫離孟加拉省治的管轄，改由英國東印度公司在印度的總督直轄，隨著商貿的發展，海峽殖民地商人開始對公司忽略海峽殖民地利益的政策表示不滿。一八五五年，印度總督規定以不穩定的盧比（Rupee）作為海峽殖民地的通用貨幣。一年後，它又向海峽殖民地強徵碼頭稅、改變自由港的原則、限制海峽殖民地與馬來半島內地各邦進行貿易，嚴重妨礙當地的商業貿易。此舉引起新加坡和檳榔嶼商人的激烈反對，同時要求與印度分治，以擺脫商業上的諸多限制。這時，英籍商人已擴大他們在馬來半島的經濟活動，他們也要求印度當局干涉土邦的內政，穩定局勢，以利商業活動。他們不滿印度忽視海峽殖民地的利益，要求由英國直轄，認為他們在議會沒有議席，公司所的任何決議均未考慮當地的情況，在公司喪失和中國貿易的壟斷權後益行嚴重。加上距離遙遠，致使印度統治的效率不高，印度的官員未受訓練、缺乏經驗和當地語言風俗習慣的知識。一些在新加坡的英籍商人在立特（W. H. Read）的慫恿下，希望在海峽殖民地設立議會，並由當地人委派代表。一八五七年，海峽商人將要求改變統治政策的上訴函件交到倫敦國會，要求擺脫印度的管治。同年，印度北部發生兵變，八月，東印度公司隨之解散，印度和海峽殖民地則交由倫敦政府的「印度公署」管轄。

海峽殖民地由印度兼管，不僅商界不滿，即便印度政府也意興闌珊，因為三州府的財稅長期入不敷出，需要印度政府補貼。而海峽殖民地則被視為罪犯流放之地，更引起商民的憤慨，普遍上皆認為如果不擺脫印度的桎梏，三州府的前景就無望。一八六〇年初，印度和英國殖民部（Colonial Office）同意將三州府交由殖民部管理。[17] 一八六七年四月一日，海峽殖民地由倫敦英國殖民部直接管轄，成為皇家殖民地，總督府設於新加坡，第一任總督是奧德（Sir Harry Ord）。

海峽殖民地成立初期，由於稅收有限，面對極大的財政壓力，為了應付日常行政開銷，英人決定實行包稅制，定期將鴉片、酒類和賭博等稅收公開讓人投標，標銀最高者得之，以使政府獲固定的稅收，這就是所謂的餉碼制度（Revenue Farming System）。此制讓得標者得以提高煙酒的售價，或賭博的傭金，進而壟斷市場，以賺取更大的利潤。一七八九年，檳榔嶼率先實施，後來又逐步廢除，一八二九年，海峽殖民地的主要餉碼只剩下鴉片一種。

由於英國殖民者採取自由貿易和鼓勵移民政策，促進了海峽殖民地的迅速發展，從一八二六至一八六四年間，海峽殖民地的貿易總額增加了三倍多。惟其如此，三州府的財政收支，仍然無法平衡，須由印度政府補貼。因此不僅無法增加新的職位，甚至必須設置的職位，也得以兼任的方式解決，人員極為短缺。

在這三個地區中，以新加坡發展最快，到了一八六四年，它的貿易額已占海峽殖民地貿易總額的七十％以上。她的進出口貨物主要是英國的紡織品和金屬製品、印度的鴉片和紡織品、中國的絲綢和茶葉、蘇門答臘的胡椒和黃金，以及馬來半島的錫。相比之下，檳榔嶼和馬六甲的發展則落在新加坡之後。[18]

新加坡港口的日益發展，檳榔嶼港口的地位自然日漸沒落。檳榔嶼雖有商貿活動，但無法與新加坡比擬。在殖民初期，英人已經嘗試引進香料的種植，如胡椒、豆蔻和丁香，成為主要農作物，產品外銷英國和歐洲。十九世紀中葉，由於農場品價格不定、生產成本提高以及農作物病害等因素，歐人園主紛紛把香料園關閉，停止生產。此時，華族蔗糖業乘勢而起，其中要以李心鈃和許栳合、許武安父子在威省南部所創設的現代糖廠最具規模。至於馬六甲，其港口的地位在葡荷時期已經一去不返，也沒有什麼商貿活動，在十九世紀中期，華族大多湧向山地種植木薯，使馬六甲的木薯種植盛極一時。而新加坡早期的農業以胡椒和甘蜜最為成功，後來柔佛推動港主制度，許多甘蜜和胡椒的種植都轉到柔佛，這兩者的種植也慢慢沒落，至於其他的種植，皆以失敗告終，只有佘有進是少數成功的種植家。

在英人的統治下，海峽殖民地湧現了一批華族商人，這批華商除了少部分為中國移民，更多是土生土長的華人或峇峇。他們主要從事仲介商、零售商和種植業，如馬六甲的薛佛記、新加坡的陳篤生，以及檳城的林嵩泮和胡宗寧等人。他們除了發展本身的事業外，也積極從事社會福利事業，為後人立下好榜樣。

隨著貿易的發展，海峽殖民地人口迅速增長。特別是大批華人和印度人的入境，使海峽殖民地成為多民族雜居的社會。大量華工的移入，為海峽殖民地提供了拓土墾荒的勞動力，為這地區的繁榮作出了貢獻。萊特、克勞馥和鈕博爾（Newbold）等英人皆異口同聲讚揚華人是所有亞裔人口中最為勤奮和有用的，瑞天咸則謂他們的努力和事業形塑現在的馬來亞，盧卡斯（Sir Charles Lucas）認為無法低估他們在海峽殖民地發展中所發揮的作用。[19]在馬來半島居住了約二十年的大衛斯（J. Davis）也說：「華人是最熱烈，有進取心的商人，尤精於交易，對於他們居留地方貿易性質，極有心得，可以說比其他的民族更勝一籌……」[20]英殖民當局起初承繼葡荷的制度，在各種族社會中委任甲必丹以實行間接統治。一八〇八年檳榔嶼廢除甲必丹制度，一八二六年，馬六甲和新加坡也相繼廢除，但馬來半島其餘土邦仍然沿用此制。

第三節　英國的干預政策

十九世紀馬來半島的政治與社會

瑞天咸在其著作《英屬馬來亞》（*British Malaya : Account of the Origin and Progress of British Influence in Malaya*）一書中以「失序」（unruly）來形容馬來土邦的政治和社會情況，這樣的描繪固然難免帶有白人優越的意味，但證諸當時的情況，也未嘗不是反映了事實的一面。在政治上，由於各州統治者沒有定下一套良善的王位繼承法，故此常在上一任蘇丹逝世後爆發宮廷的權爭，無日無之，往往也把各自的土酋、外來勢力捲入，波及層面極廣。而各地的土酋也常因為稅收、扈從等的爭奪，而相互拚鬥。瑞天咸非常具體的點出：「外界對他們（馬來土邦）所知極少，如果沒有我們的干預，馬來土邦間的紛爭只局限於自身的領土同時不騷亂及英國子民，他們極有可能會相互廝殺直至最後一人。」㉑更有甚者，統治階層往往可以隨心所欲，在其勢力範圍內，不須支付任何費用即可將自己喜歡的東占為己有，並徵調民力為其服務，嚴重干擾老百姓的生活和作息。

海盜是東南亞水上居民最古老的職業，尤其在馬六甲海峽水域一帶的馬來群島，海盜出沒，劫掠過往船隻，航海者視之為畏途。早在馬六甲王朝建立以前的淡馬錫，群盜出沒，橫行海域，一三三〇年左右途經單馬錫的汪大淵有如斯的記載：「蓋以山無美林材，貢無異貨。以通眾泉州之貿易，皆剽竊之物也。舶往西洋，本番置之不問。回船之際，至吉利門，舶人須駕箭棚、張布幕、利器械以防之。賊舟二三百隻必然來，迎敵數日，若僥倖順風，或不遇之，否則人為所戮，貨為所有，則人死係乎頃刻之間也。」即使到了十九世紀，海盜之風未嘗稍歇，馬來西亞的大文豪文西阿都拉（Munshi Abdullah）曾說：「在那時，誰也不敢經過星洲海峽，就是魔鬼也要退避三舍，因為那裡是海盜橫行棲息和劫船後分贓之所，同時也在那裡將俘虜處死。有時則因口角而內鬨，自相殘殺。沿岸有成千成百的骷髏，有的已陳舊，有些還新鮮，留著頭髮，有的牙齒尚存，有些便空無一齒。」

海盜的普遍其因在於既無土產，又乏商品，惟有依靠劫掠，因此上至蘇丹顯貴，下至平民百姓，或多或少皆從事於這個無本生意。在馬來人看來，海盜事業其實並不是什麼不可告人的勾當，也無損個人的顏面。由於馬六甲海峽的水域為繁忙的商貿孔道，每年有不計其數的商船通行，都成了他們下手的對象。加上這裡有數不清的島嶼、淺灘、暗礁、沼澤和港灣，成為他們逃匿潛藏的地方。他們很少襲擊歐人的船舶，因為這些船隻高大，武備堅強，除非這些船因為無風停泊在海盜出沒的岸邊，他們可以蜂擁而上，搶了就走；或碇泊在碼頭上時，喬裝成客商上船。十九世紀最令人聞之喪膽的海盜是菲律賓棉蘭老的蘭農海盜，他們有幾百艘大船，有者長達百尺，能載一百五十人。每年八月至十月的季風叫作「海盜風」，可將這些海盜送到馬六甲海峽剪徑。此外還有蘇祿各島的土著峇拉尼尼人（Balanini）也是恐怖的海盜。其他另有中國人和砂拉越的達雅人也從事海盜活兒，至於來自阿拉伯的海盜則負責出資，在幕後操控。

海盜們主要使用小船，張帆打槳，並配備有小型迴旋回砲，因此機動性強、速度快，不易剿捕，即使捕獲，也無裁判權審判他們，最後只好讓他們逍遙法外。因此在一八三五年以前，海峽殖民地的海盜問題，始終沒有一個良好的解決方法。直到可逆風行駛的汽船發明，並成為海軍的船艦後，局勢才有所轉變。一八三七年，皇家海軍的蒂亞娜號（Diana）初抵登嘉樓海面，即碰上六艘搶劫中國帆船的蘭農海盜船。當時這些海盜看到煙囪冒煙，以為船隻著火，拋下中國貨船，上前趁火打劫，沒想蒂亞娜號逆風駛來，轉眼間四艘海盜船被擊沉，損傷不少人命，一下子打擊海盜的氣焰。接下來的二十年間，開啟了東南亞海盜的苦難日子，陸續被英荷、西班牙等國剿滅的難以為繼。首先是一八四五至一八四六年間，在布洛克在海軍協助下，肅清了北婆羅洲蘭農海盜的巢穴，之後西班牙人也占領蘇祿和峇拉尼尼群島。一八四八至一八五五年間，駐華英國艦隊成功掃蕩在暹羅灣內為患的中國海盜。此外，荷人不僅在其轄區內剿滅海盜，也與英國海軍聯合肅清廖內和龍牙的海盜。一八五五年以後，雖仍有一些海盜出沒，但基本已無大礙了。[22]

讓英殖民官員感到棘手的除了海盜，另一個帶來治理問題的，就是華人私會黨。會黨的出現主要是華人遠渡異鄉，為了自保、互助的社會性需要而產生的。馬來亞的私會黨除了以「會」來稱呼，另有一個常見的稱呼為「公司」。「公司」一詞或許源自閩粵農村經濟組合的統稱，也有認為是仿效東印度公司的稱呼，以「公司」來稱呼主要在掩人耳目，避免引起政府的注意。後來發現殖民政府並不如中國皇帝般忌諱「會黨」的稱呼，因此「會黨」的使用也逐漸增多。

馬來亞所有的會黨，都是源自中國的洪門會。洪門會也叫天地會，又叫三合會、三點會或三星會。名稱雖五花八門，不勝枚舉，但可別為三類，以「洪」字水旁三點而推衍，以三的倍數為名的，如二四、三六、一零八等；以頭目的綽號為名的，如大刀、小刀、童子、大伯公等；模仿東印度公司而以公司或「社」為名，如義興公司、海山公司、聯義社、福德社等。在同一支派中，還有因方言籍貫不同而分的小支派。至於會黨的最早起源，恐怕就眾說紛紜，無法定論。但早在一七九九年，檳榔嶼已有私會黨的活動。一八二五年，私會黨受暹羅的勾引，派黨徒前往檳城放火騷擾，因為那時暹羅正同吉打以兵戎相見。新加坡則是一開埠便有私會黨活動，一八二四年就發生械鬥，數人死傷。自一八三一年至一八七六年間，械鬥時起，而為禍最烈的，則為一八五一年與一八五四年的兩次。一八五一年的械鬥，起於會黨和天主教徒的齟齬，鬥殺達一星期之久，死者在五百人以上，政府派印警鎮壓無效，後來調動軍隊才平息。至於一八五四年的一次，則起於幫派之爭，當時天地會的支派小刀會在廈門起事失敗，黨徒遁逃到星，粵幫要捐助他們，閩幫反對，爭鬥遂起，員警無力鎮壓，太守白德活適（Butterworth）

乘車出巡水仙門（High Street），帽子也給暴徒飛磚擊落。擾攘了十天，全島風聲鶴唳，政府調動海陸二軍，並召集各幫領袖加以曉喻，亂事才平。這一次死難者凡六百名，傷者數不清，房屋被毀三百多所。㉓

上述政治社會背景所引發的動亂，隨著霹靂拿律（Larut）地區掀起戰亂，英人為維護其馬來半島的利益，被迫插手處理霹靂的亂事而告終，也從而開啟了英國干預馬來半島內政的歷史。

事實上，早於萊特占領檳榔嶼開始，英方最高的指導原則就是不可涉入馬來土邦的紛爭，以免深陷泥沼，無法自拔。一八五七年較為保守的「皮特法案」（Pitt Act）通過，強調英人只側重經濟利益，而處理土邦的糾紛將耗費龐大的經費和兵力，故採行不干預政策。個人主觀意願往往無法改變客觀因素，國際上乃至馬來半島的局勢演變，卻創造了有利於干涉的條件。諸如海峽殖民地與東南亞貿易額的上升，可使商人在半島的利益增加；而半島的動亂將影響他們的投資和安全，因而亟需內部的安全來保障他們的貿易和利益。一八六九年，蘇伊士運河開通，馬六甲海峽變得愈發重要。加上英國工業革命以後，罐頭食品工業興起，錫的需求日益增加，半島產錫區的動亂，無疑也直接影響了錫的供應。

面對上述的局面，決策人如英國首相、殖民地大臣等的態度或主觀意圖，也有左右大局的作用，更何況置身其中的殖民官員，由於事情發展緊張，往往無法等候印度總部曠日廢時的文件來往，必須當機立斷作出決定，而這些決定往往違背印度總部的意願。例如盛產錫米的霹靂，英人一早就表示了興趣，當一八二六年暹羅派人進入霹靂，即遭英人譴責其違背了《柏尼條約》（*Burnet Treaty*）的協議，海峽殖民地總督還派兵將暹羅人趕走，並和霹靂蘇丹簽訂聯盟條約，規定霹靂受英國保護，不得向暹羅進貢金花和其他貢品。實際上這就是一種間接的干預政策。一八七四年，保守黨大選勝利，本傑明·迪斯雷利（Benjamin Disraeli）擔任首相，主張採行干預政策，無疑是海外殖民地大臣採行干預政策的一支強心針。一八七三年，克拉克（Andrew Clarke）成為海峽殖民地總督，英政府委派他調查馬來土邦的騷亂，他一改前此總督的作風，不再等待英國的指示，決定主動出擊，干預土邦的內政。這些行動實際上均屬於未授權的行動，這些行動「後來不是被批准，就是不受批准，但已成為事實」。[24]

外在客觀環境的改變，加上主政者態度的轉移，促使英國從不干預的心態，轉為干預的態度。而霹靂拿律引發的動亂，成為英人改變政策的起點。

馬來土邦的動亂與參政司的引進

霹靂近打河谷素有錫米倉的美譽，蘊藏豐富的錫礦。一八四八年，馬來土酋隆查法（Long Jafar）成功開發拿律的錫礦，從海峽殖民地引進大量華工前來。一八五〇年，霹靂蘇丹特許他在拿律收稅。他在一八五六年去世後，由其子卡·依布拉欣（Ngah Ibrahim）全權執行稅務。由於錫礦的開發，令他成為霹靂最富有的土酋，並雄心勃勃地想要獨立。

到來開礦的華工依據他們的籍貫和利益主要隸屬義興和海山公司，前者為廣東籍，後者為客籍。兩個會黨為了爭奪礦產和水源，在一八六一年至一八七三年間發生了三次嚴重的械鬥。第一次發生在一八六一年，事緣海山公司切斷義興公司的水源，甚至在卡·依布拉欣的支持下攻擊和驅趕義興華工，義興黨人逃往檳城尋求海峽殖民地政府的協助，總督奧德（Orde）迫使霹靂蘇丹賠償義興的損失，霹靂蘇丹拒絕，只好由卡．依布拉欣償還，並封他為霹靂的大縉紳，為四大臣之一，義興公司也重回拿律。第二次發生在一八六五年至一八六七年間，始於義興海山公司因賭博而引起的糾紛，義興礦區再次受到攻擊和驅趕，其領袖蘇亞昌被殺。

第三次發生在一八七一年和一八七二年之間，這次的械鬥又涉及霹靂王位繼承之爭，使得兩黨械鬥事件升級。一八七一年，霹靂蘇丹阿里（Sultan Ali）逝世，卡．依布拉欣等土酋擁立三王拉惹伊斯邁（Raja Ismail）繼位，但二王不服，聲稱理應由他本人繼位，同時向新加坡富商陳金鐘（Tan Kim Chen）提供錫礦租讓權，以爭取華商的支持。另一方面，拉惹阿都拉繼續支持義興公司，卡．依布拉欣則支持海山派。義興公司有數百人被打死，兩千多人逃往檳榔嶼。義興公司不甘失敗，於是封鎖拿律區，企圖斷絕海山公司的糧食來源。[25]

由於海峽殖民地的貿易活動受到霹靂紛爭嚴重的影響，海峽殖民地立法議員和英商便向新任總督克拉克（Andrew Clarke）施加壓力，要求英國放棄對馬來各邦所採取的不干涉政策，以確保錫礦的生產。克拉

▲卡．依布拉欣的住宅，現為太平博物館。

克首先派遣通曉華人方言的畢麒麟（William Pickering）出面調解海山與義興的糾紛，然後召集爭奪霹靂王位的各方頭領到邦咯舉行談判。克拉克原本準備承認伊斯邁為霹靂的合法蘇丹，並同意向拉惹阿都拉支付養老費，但是伊斯邁及其支持者抵制此次會議，與會的馬來土酋大多擁立拉惹阿都拉。

一八七四年一月二十日，克拉克在邦咯島岸外英國船艦普魯圖號（Pluto）召開會議，與出席會議的馬來土酋簽訂《邦咯協定》（*Pangkok Engagement*），依據協定，其主要內容有五：一為承認阿都拉為霹靂蘇丹；二為現任蘇丹伊斯邁退位，仍為二王，並給予土地和津貼作為補償；三為霹靂蘇丹接受一名英國參政司，除了有關宗教以及馬來習俗之外，其餘一切政務蘇丹必須先徵詢參政司的同意；四為承認卡．依布拉欣對拿律的權力，拿律也必須接受一名助理參政司，以協助處理有關事務；五為把天定與附近的島嶼割讓予海峽殖民地。

至於華人會黨之爭，雙方華人領袖也在邦咯會商時同意由海峽殖民地總督進行調解，總督則委派陸軍上校鄧祿甫（Colonel Dunlop）、瑞天咸、畢麒麟和史必地上尉（Kapten T. C. S. Speedy）為調解員。他們召集兩派領袖會議，各交五萬元作保證金，拆除防禦工事、釋放俘虜、停止對抗，保證今後不再挑起事端，並重新劃分區域。史必地則擔任拿律副參政司。事平後，政府接受史必地的建議，以華語「太平」來命名該地，這是唯一官方以華語命名的城市，也是馬來聯邦最早的一個城市。

《邦咯協定》成功化解了霹靂長期以來的政治糾紛，恢復海峽殖民地與霹靂的商業關係；同時也正式為英國殖民者取得干涉馬來半島土邦的權力，造成英國日後無所顧忌地藉口馬來土邦的問題而伺機干涉。

在霹靂爆發內戰的同一時間，雪蘭莪也爆發內戰（一八六一年—一八七三年）。雪州巴生河流域是霹靂近打河谷以外另一個擁有豐富錫產的地區。巴生富有礦藏的地區早期由拉惹蘇萊曼（Raja Sulaiman）統治，但沒有任何發展。而雪州第三任蘇丹莫哈默（Sultan Muhammad）個性懦弱，無能治理其土邦，土酋們很多都當起海盜，人民紛紛遷移到馬六甲，而華工也在這時候大量入境開礦。蘇丹莫哈默因為無力償還馬六甲商人龐大的債務，遂由拉惹阿都拉（Raja Abdullah）和拉惹朱瑪爾（Raja Jumaat）替其償還，並將礦區劃歸他們管轄以為回報，前者取得巴生，後者取得盧骨。

一八五七年，雪蘭莪第四任蘇丹阿都沙末（Abdul Samad, 1857–1874）繼位，開發巴生的拉惹阿都拉，在一八六六年將之租借給海峽殖民地商人立特和陳金鐘。拉惹朱瑪爾之子拉惹馬哈地（Raja Mahadi）嫉妒其發展，認為這是其父的轄區，決心搶回。一八六七年，拉惹馬哈地藉口一名蘇門答臘人在口角中被武吉斯人所殺害，藉機發動戰爭，將阿都拉趕至馬六甲，重掌巴生地區的統治權。同年，反攻失敗的拉惹阿都拉客死馬六甲，其子拉惹伊斯邁（Raja Ismail）繼續奮戰。本應主持大局的蘇丹阿都沙末在即位後，染上吸食鴉片的惡習，不理朝政，放棄維持秩序的努力，委任他的女婿吉打王子東姑古丁（Tengku Kudin）為攝政王調停紛爭，但東姑古丁最後卻轉而支持拉惹伊斯邁。一八七三年三月，戰爭結束。

雪蘭莪內戰同拿律戰爭的情形如出一轍，隨著華人礦工的加入，使得情況更形複雜。以葉亞來為首的海山公司支持東姑古丁，而以張昌為首的義興公司則支持馬哈地。起初，馬哈地派占盡優勢，並一度占領吉隆坡。但是，東姑古丁及葉亞來在彭亨軍隊的援助下，於一八七三年擊敗馬哈地，取回吉隆坡，從而結束了七年的內戰。

這場戰爭使得英國的錫礦利益受損，英國正伺機而動，尋找機會直接干預雪州內政，而馬六甲海峽猖獗的海盜活動讓其找到了一個突破口。當雪蘭莪內戰爆發時，東姑古丁曾尋求英國的協助，但英國遵守不干預政策，並未伸出援手。一八七四年，克拉克到訪雪州，東姑古丁剛擊敗拉惹馬哈地，但他的勢力仍然薄弱，因為彭亨援軍不願撤退，並開始在巴生河上游（Hulu Klang）徵稅以提供軍事開銷，而東姑古丁也不被雪州蘇丹和其他王子所接受。克拉克認為雪州政治風氣不好，大多數土酋支持雪州海域的海盜，決定干預雪州的內政。一八七三年，海盜在蘇丹第三子拉惹耶谷（Raja Yaakop）轄下的冷岳（Langat）海域攻擊來自馬六甲的船隻，並殺了幾個英人，七人被捕，並被起訴。此案由東姑古丁、拿督阿魯（Dato Aru）、冷岳華人領袖 See Ah Keng、麥乃爾（Mc Nair）和大衛遜（J. G. Davison）等主審，最終七人被判死刑。但礙於情面，英國沒有起訴拉惹耶谷，蘇丹後來將價值五千元的錫錠獻出，為其子贖罪，才算無事。接著，又連續發生威脅英人錫米貿易的海盜活動：一八七四年一月，海盜攻擊羅卡多角（Tanjong Rochado）的燈塔；二月，英國海軍和東姑古丁在冷岳攻擊海盜；後來，冷岳又發生另一起海盜攻擊事件。由於事態嚴重，瑞天咸暫時成為蘇丹阿都沙末的非正式顧問（一八七四年八月至十一月），並成功說服蘇丹接納參政司。一八七四年十二月，大衛遜為雪州參政司，瑞天咸太年輕，只得先任助理參政司。至此雪州才逐漸恢復平靜。

在處理完霹靂和雪蘭莪以後，森美蘭成為英人意圖干預的第三個目標。恰好森美蘭這時發生動亂，讓英國找到進入森美蘭的缺口。一八六九年，東姑安達（Tengku Antah）和東姑阿末敦卡（Tengku Ahmad Tunggal）爭奪嚴端的職位，使森美蘭分裂成幾個地區，其中兩個主要地區是富錫礦的雙溪芙蓉和林茂。當時林宜河為運輸錫米的主要幹道，許多土酋紛紛沿河設立關卡向來往的船隻收稅。當時在雙溪芙蓉兩位最具影響力的土酋是拿督克拉納（Dato Kelana Sendeng）和拿督班達（Dato Bandar Kulop Tunggal），因爭奪雙溪芙蓉錫礦區的控制和林宜河稅收權而不合。同樣地，林茂土酋也因為林宜河的稅收權和克拉納競爭。

一八七四年，克拉克邀請雙溪芙蓉的土酋會面，只有克拉納親自出席，其他的土酋只是委派代表出席。克拉克和克拉納簽署協定，克拉納被視為雙溪芙蓉的合法統治者，同意公平治理雙溪芙蓉、保護英商，不允許進行對抗英國的活動；英國答應保護克拉納，同時委任一位副參政司泰坦（W. I. Tatham）為克拉納的助手，協助行政管理。拿督萬達無法苟同這項協定，認為此舉已經侵犯他的稅收權利，雙方的關係越來越緊張。一八七五年，班達和克拉納起衝突，前者得到大多數土酋的擁戴為神安池的嚴端，但克拉納拒絕承認；相對地，班達也不承認克拉納為雙溪芙蓉的領袖。最後班達攻擊克拉納，由於班達擁有眾多隨從，慌張的克拉納只好尋求英國的幫忙，英國派出由畢麒麟率領的一百六十人軍隊擊敗班達，並退至柔佛，在柔佛大王阿布峇卡的勸說下於一八七六年十一月停止和英國對立，並和英國簽訂協定；英國承認班達是嚴端，但範圍僅及神安池。之後委派助理參政司泰坦至森美蘭，並逐漸控制全域。此後，英國不再遭到當地土酋的反抗。

彭亨是馬來半島幅員最廣大的一州，但因為地處偏遠，難以接受現代文化的影響，以致發展落後。同樣地，彭亨也爆發連綿六載的王位繼承內戰。一八五七年，首相阿里逝世，長子旺・莫太希（Wan Mutahir）繼承父位，次子旺・阿末（Wan Ahmad）得到關丹和興樓（Endau）的收稅權，但他不知足，在得到登嘉樓蘇丹奧馬（Sultan Ormar）、督卡查（Tok Gajah）和巴哈曼（Dato Bahaman）的支持下，經過數次進攻，終於在一八六三年擊敗其兄，自立為蘇丹，建立彭亨首相王朝，定都北根。

在霹靂森三邦穩定後，一八八〇年上任的海峽殖民地總督威爾德（Sir Frederic Weld）開始注意彭亨。當時各地土酋橫徵暴斂，蘇丹難以收取稅權，導致蘇丹將彭亨河上游的土地特權轉給歐人和華商，讓他們去探尋金礦和銀礦，以換取稅收。此舉令英國坐立不安，擔心德法等國乘虛而入。一八八五年，瑞天咸拜訪彭亨，除了報告彭亨河沿岸村莊的情況，也建議委任參政司到彭亨。一八八六年，威爾德到訪彭亨遊說旺・阿末接受參政司未果；一八八七年三月，克烈馥到訪北根遊說，也沒有成功。同年，在柔佛蘇丹阿布峇卡的勸說下彭亨蘇丹才接受英國的獻議，即英國承認旺・阿末為彭亨蘇丹，彭亨接受英國保護，並接納一位英國代表，長駐北根，克烈馥為首任英國官員。一八八七年，史密斯（Smith）上任海峽殖民地總督，繼續努力促成參政司進入彭亨。一八八八年，華裔英人吳輝在北根皇宮附近被殺，其妻則被帶至蘇丹的皇宮。史密斯施壓要求釋放其妻，並堅持委派參政司以維護司法和秩序，但旺・阿末拒絕，後來在阿布峇卡勸說下只好接受第一任參政司是羅澤爾（J. P. Rodger），駐紮在立卑（Kuala Lipis）。

參政司制度在各州的發展

《邦咯協定》雖然簽訂，但霹靂王位繼承的問題並沒有完好地解決，前蘇丹伊斯邁不接受《邦咯協定》，認為自己才是合法的蘇丹，他掌有權杖法器，致使霹靂蘇丹鬧雙胞。卡・伊布拉欣及其他土酋也不滿稅收權和政治權利被剝奪。第一任參政司伯治（J. W. W. Birch）奉命於十一月就任，但他並非適當的人選，他雖有在錫蘭的行政經驗，為人果敢、忠實而仁慈，但他的孤傲、易怒和凡事操之過急，卻足以壞事。他對馬來習俗缺乏同情的了解，他說：「這裡的古老風俗，在我毫無一顧的價值。」他不接受土酋的勸說，和蘇丹土酋關係不好，招致他們的不滿。[26] 到任後在沒有徵詢蘇丹和土酋的意見，同時也沒有任何補償下，倉促剝奪土酋收稅權並廢除奴隸制度。出於人道主義的同情，他收留逃跑的蘇丹女奴，這被馬來人視為是種侮辱；一八七五年，他威脅蘇丹簽署移交稅收權力的協定，否則將另立新蘇丹取代。他恫言處罰任何自行管理的土酋，曾經派人將繼續收稅的卡・伊布拉欣在美羅的房子燒掉；他重新調整鴉片、酒和賭博的稅收；預先批准砍伐亞答和攜帶武器的申請。

他的激烈舉動，引起公憤，蘇丹伊斯邁和土酋如卡・伊布拉欣、馬哈拉惹里拉（Maharajalela）、督沙谷（Tok Sagor）等人聚集在榴槤色巴當（Durian Sebatang）開會，議決由霹靂八大臣之一的馬哈拉惹里拉刺殺伯治。十一月二日，伯治到馬哈拉惹里拉的轄區巴絲沙叻（Pasir Salak）張貼收稅通告時，被馬哈拉惹里拉的奴隸瑟布圖（Seputum）刺殺，這件血案引來英國軍隊的介入。十五日，來自檳榔嶼和新加坡的英軍開抵時，並沒有碰上多大的抵抗，但游擊戰卻持續至兇手被捕正法後才停止。一八七六年三月督沙貢、卡加巴（Ngah Jabar）和馬哈拉惹里拉在新城（Bandar Baru）被捕，班達因督（Pandak Induk）自首。馬哈拉惹里拉、督沙貢、瑟布圖和班達因督被判死刑，卡·伊布拉欣、水師提督、縉紳大臣和蘇丹則被流放至西塞留群島（Scychelle），退位的蘇丹伊斯邁則在柔佛養老，拉惹尤索夫（Raja Yusof）任攝政王，後被立為蘇丹，此後，英人在處理馬來事務時更加謹慎。

伯治具有傳統英國紳士正直和擇善固執的美德，但在處理手法上欠缺圓滑老練，剛愎自用，在廢除土酋的既得利益後，卻沒有適當的賠償；基於人道主義立場驟然廢除行之有年的奴隸制度，無視馬來社會的風俗，自易招來殺身之禍。有說他庇護兩位女逃奴是垂涎美色，恐怕詆毀抹黑多於事實。

第三任參政司休羅（Hugh Low，任期是一八七七年—一八八九年），採取全然不同的處理方式。他面對的是比伯治更為艱難的局面，除了伯治無法處理的問題，還須解決伯治引發的矛盾。他曾經在砂拉越白人拉惹布洛克的政府服務，累計不少治理方面的經驗，他的馬來話講得極為流暢，能以同理心了解馬來習俗，加上又能與土酋協商，與土酋維持良好的關係，因此較受馬來人喜愛。在馬來統治階級的協力合作下，漸漸建立文明的政府。他成立州議會增強統治體系，使主要土酋和華人代表共處一室開會；建立法制體系；推行新的徵稅方式，土酋在其轄區收稅後上繳中央，每月領取薪水；引進經濟作物如咖啡、茶和橡膠；逐步廢除債奴制度，直到一八八三年完全廢除為止，共有三千名男女和兒童獲得自由；改善運輸系統，一八八五年，半島第一條鐵道太平到砵衛（Port Weld）鐵道通車；成立員警部隊維持治安。在他十二年任期終滿時，霹靂治安良好，經濟迅速發展，不只還清債務，還有很大的盈餘。他不僅拯救霹靂，同時也是參政司制度在馬來半島推行的奠基者，他的成功使得往後各州上任的參政司皆以他為學習的榜樣。

英國在進入雪蘭莪以後，頗不得戰敗的拉惹馬哈地喜歡，拉惹馬哈地雖然為戰敗者，仍有許多追隨者，具有強大的影響力。他曾策劃造反，英國得悉後，馬上採取行動阻止，逮捕其支持者蘇丹布阿沙（Sultan Puasa），並將之移送新山，成功阻止他的陰謀。大衛遜在任時與東姑古丁以及土酋的關係良好，沒有碰上太大的問題。他成立警隊、財務部、發展商貿和採礦，後來被派至霹靂代替被殺的伯治。雪蘭莪第二任參政司為道格拉斯（Kapten Bloamfield Douglas，任期是一八七六年—一八八二年）雖然能幹，但不受英殖民政府信任，在他任內，雪州沒有什麼發展。第三任參政司為瑞天咸，他於一八八二年上任。他同休羅一樣，能操馬來話，了解馬來習俗，更重要的是他很早即與蘇丹和土酋建立良好的友誼，因此在政務的推行上事半功倍。他的改革和休羅大同小異，如成立州議會；調整徵稅方式；引進經濟作物如茶和橡膠；建立鐵路，一八八六年，雪州第一條鐵路即從吉隆坡通車到巴生；建立員警部隊以恢復秩序。在他的努力下，吉隆坡成為該邦的首府。一八八九年，他被調至霹靂替補休羅的職缺。由此可見，他對雪蘭莪的功勞就猶如休羅對霹靂的貢獻，使蠻荒之地得以迅速地發展。㉗

一八八三年，馬丁・李斯特（Martin Lister）被委任為瓜拉比勝（Kuala Pilah）稅收官和法官，隨後英國也先後在日叻務，林茂和神安池派駐官員負責稅務和司法等業務。一八八六年，林茂、淡邊和神安池組成一行政單位，李斯特成為第一任參政司。一八九五年，雙溪芙蓉和日叻務方始加入，神安池的東姑莫哈默（Tengku Mohamad）則被推選為全森美蘭的嚴端，他統治至一九三三年，其子則成為馬來亞首任最高元首。是年森美蘭正式統一，第一任參政司是李斯特，他得到土酋的合作，在管理上沒有碰上太大的問題。但李斯特還不及發揮其長才，即不幸在一八九七年英年早逝。

彭亨首任參政司羅澤爾所推行的改革，尤其在廢除土酋徵稅的權力上，一再引起不滿。巴哈曼和督卡查在旺·阿末王位繼承上貢獻良多，故此巴哈曼被賜色滿當英雄（Dato Setia Perkasa Pahlawan Semantan）封號，地位等同彭亨的四大臣，他也被授權管理色滿當區的土酋。督卡查則被封為大酋長（Orang Besar Raja）。一八八八年，羅澤爾將彭亨分成數個區域並派收稅官和地方推事的官員去管理，而巴哈曼等土酋則被禁止收稅，雖然英國付給他們退休金，但所得卻少於稅收。於此同時，巴哈曼因為沒有被列為四大酋長（Orang Besar Berempat）之一，連帶喪失了每月五百元的津貼，於是向英國人提出抗議。

羅澤爾一些其他的新措施也招致人民的不滿，諸如禁止人民攜帶武器、採集樹枝等物必須申請准證、強迫服勞役和修築鐵路等。最後，彭亨反抗運動的爆發點，是英人逮捕巴哈曼的隨從。事緣於英人在沒有知會巴哈曼的情況下擅自在色滿當的魯沫特普亞（Lubuk Trua）設立警局，此舉觸怒了巴哈曼。最後英國拘捕數位沒有得到英國許可，就在色滿當收稅的巴哈曼隨從，當時負責押送的人員在魯沫特普亞遭到巴哈曼隨從的攻擊，戰爭就此引爆。巴哈曼得到督卡查和其子末·基勞（Mat Kilau）的支持，和英人進行激烈的戰鬥。蘇丹兩面為難，雖支持反抗運動，但在英國的壓力下又不得不派兵討伐反抗者。到了一八九二年，情況更為嚴峻，英國嘗試勸降，但在登嘉樓宗教師巴羅（Tokku Paloh）的精神鼓舞下，反抗情緒更加高昂。一八九四年，在宗教師鼓動下，加上新加坡偷運來的的武器，他們攻擊瓜拉單馬令（Kuala Tembeling）。他們也在日來安徘（Jeram Ampai）築堡，但皆被英國攻破，最後逃至吉蘭丹和登嘉樓。領軍將領克烈馥要求登嘉樓和吉蘭丹統治者對付反抗者，但不得要領。一八九五年，巴哈曼和支持者退至暹羅，督卡查和其子據說則在亂事中身亡，抗爭結束。

整體而言，參政司的職責是在馬來習俗和宗教以外的其他事務上，給予蘇丹統治的諮詢，最重要的工作是恢復和穩定治安，並推行有效的收稅制度，發展經濟，確保收支平衡。參政司制度得以讓英國進入馬來半島，剝削土邦的資源，然於此同時，也恢復了土邦的治安和發展經濟。經濟發展需要大量勞工，致移民大量進入，形成多元社會，隨之而來的還有運輸系統的提升、馬來人得以涉入經濟作物的種植等，都是英殖民統治帶來的發展。

事實上，參政司制度在一開始就沒有一套既定的辦法和規劃，各州參政司根據各自州屬的情況進行統治，因此各州參政司的職責許可權統治方式不一，造成各州發展不一，參政司權力行使也不一。如果說這種統治管理辦法是一種制度，不免言過其實，他其實是在摸石過河的情況下逐漸累積經驗的一種治理的辦法。這情況瑞天咸在《英屬馬來亞》一書中即認為，在一個仍然封閉保守的地區進行治理，對一個白人而言無疑是一項吃力不討好的任務。休羅爵士也曾有所怨言，在霹靂根本沒有可以提供意見的人物和單位，有的只是一位只知人民是收入來源，而對政府組織一無所知的攝政王。政府即便已經設立，但投入的工作遠遠超過僅是「提供意見」的層面。此制在雪蘭莪和霹靂雖成功，但在彭亨和森美蘭就遭到強力反抗，加上沒有太多的資源，基本上成效不大。其中霹靂的成功主要是巴絲沙叻事件以後，所有反對英殖民統治的土酋已經被移除，而有待觀察的攝政王必須證明他是符合標準的方能正式就任蘇丹，加上經驗豐富的休羅爵士接任參政司的職位，推行系列改革，穩定局面，才告就霹靂的成功經驗。[28]

第七章

近代馬來亞雛形的出現

（一八七四年—一九四一年）

第一節　馬來聯邦的成立

在參政司駐紮四邦參政初期，基本上並沒有一套既定的行政體系和方法。但在參政的過程，英國殖民統治者也逐步建立了一些基礎的管理辦法。首先在一八七五年成立由海峽殖民地總督、參政司、蘇丹和幾位馬來土酋參與的州諮詢會議。一八七七年初，海峽殖民地總督耶和斯（Sir William Jervois，在位期間一八七五年－一八七七年）建議，華人領袖也應該成為州諮詢會議的成員。同年三月，雪州成立州議會，取代州諮詢會，葉亞來是其中一位華人代表。同年六月，霹靂州議會成立，鄭景貴為成員之一。一八八三年，森美蘭州議會成立，但直到一八九五年森美蘭州議會仍然沒有華人代表。州議會成立的目的在穩固參政司制度，以便英人和馬來人能有一個商談馬來人事務的管道，避免衝突，甚至刺殺事件重演。

在各邦統治結構方面。一八八〇年，威爾德建議給予參政司發展各州的權力，得到殖民部的認同，認為此舉至少能使參政司的地位和功能有一明確的指南。此外，為使統治體系順暢，參政司將各州劃分為幾個區域，每一區域由一位向參政司負責的區域長官管制，其職責在收稅和執行司法，他們也被稱為「收稅者和推事」，同時監管政府部門長官、管理財務和土地局。一八九〇年，霹靂在各區域成立公共工程局、警察局和醫藥局，由歐洲人擔任各局主管。在各區域內又細分為各大小不等的巫金（mukim）和村莊（kampung），村長（Penghulu）由村內受人尊敬的長者擔任，受蘇丹認可，向區域官負責，職責是通知村民有關政府的政策、收取地稅、保管報告。

在城市方面，衛生局在一八九〇年代開始在城市設立，如吉隆坡衛生局，其功能為發出商業和小販准證、簽批建築圖繪、管理衛生和健康，由政府官員和參政司委任的人選擔任。直到一九一四年，所有城市都設立了衛生局。

參政司制度原為英國在馬來半島採取的一種間接統治手段，但是各邦參政司在處理內政時，英國殖民者並沒有制定一套劃一的管理目標和統治方針，各邦參政司憑其經驗各施其法，導致各邦所施行的政策無法互相配合和統一，形成各邦發展不一的現象。同時，參政司在參政之際，也得面對治理上的難題。首先，各邦是在被威迫的情況下接受參政司，加上土酋向來專斷獨行，大部分皆不歡迎參政司的干預。其次，馬來人對統治者的認同與參政司不同，他們沒有國家觀念，認定土邦歸蘇丹所有，參政司的行政和收稅權無疑損害了統治者的權益。當這些不滿的馬來人群起反抗時，參政司因為沒有軍隊調動權，遂只能向海峽殖民地當局求救。事實上，令參政司最為困擾的恐怕是如何清楚劃分馬來人習俗、宗教與政治上的關係。對英人而言，宗教範圍還好區分，卻難以劃分馬來人習俗與政治的關係，往往會越界侵犯協定中不可過問的宗教事務。

霹靂參政司瑞天咸有鑑於此，便建議將四邦合組成馬來聯邦（Federated Malay States），以便劃一發展，統一四邦的行政、稅收、法律、交通，四邦可共用人員，減少行政的開支。更為重要的是可以利用資源豐富的州屬，如霹靂和雪蘭莪來補助資源匱乏的彭亨，以協助解決財政困難。

在行政組織上，馬來聯邦的行政長官是英國派出的欽差大臣（High Commissioner），由海峽殖民地總督兼任，其下另設一位總參政司（Resident General）為四邦的行政首腦，駐守在吉隆坡以統理聯邦政務，並向欽差大臣負責。總參政司之下分設專門執掌的聯邦部門，計有法庭、聯邦法官、總司令、警察局長、地方土地與資源局長、學校管理局、工程局局長、測量局局長、會計局局長等部門。各邦政府和原有的參政司仍然保留，負責該邦的一切事務，向總參政司負責，但各邦規劃的權力卻歸總參政司，馬來統治者將失去原有的權力。為了安撫各邦統治者及緩和馬來人的情緒，英國於一八九七年成立統治者會議（Durbar），由四邦統治者、四邦參政司及總參政司組成，規定所有法令須由四邦統治者簽署後方為生效，但他們無權審核所有的法令，行政權則掌握在總參政司和吉隆坡各部首長手中。一八九七年第一屆統治者會議在瓜拉江沙（Kuala Kangsar）舉行，主要討論的議題是馬來民族的宗教習俗以及福利問題。❶第一次世界大戰爆發後，歷屆的統治者會議，主要均在吉隆坡舉行。

有鑑於總參政司的權利過大，尤其是依德利斯（Idris）和拉惹朱蘭（Raja Chulan）強力反對總參政司的權力坐大，將造成州議會無法發揮功能，建議實行中央行政分權。由於各州統治者無法恢復舊有的權力，形同傀儡，故此對聯邦體制有所不滿。一九〇九年，總參政司改為輔政司（Chief Secretary），統治者會議終於被取消，改由聯邦議會取代（Federal Council），主席為欽差大臣，成員包括四邦統治者、輔政司、四邦參政司，以及不定額的官方或非官方議員。每年召開一次會議，負責制定一切福利和預算案，但所有福利和預算案仍須欽差大臣簽准才正式生效。❷一九二〇年代，馬來土邦不滿現有制度，要求給予更多的權力，並增加會議成員。一九二四年，霹靂的拉惹朱蘭成為首位馬來人代表，同年華人非官方代表增至二人。一九二八年，威拉三美（S. N. Veerasamy）成為首位印人代表。

馬來聯邦體制的發展，在二十世紀初期因為政治局勢的演變而有了進一步的改變。首先是地方分權的呼聲甚高。在當時聯邦議會的架構下，蘇丹的權力幾乎被剝奪殆盡，而總參政司的權力過大。同時，英人想要馬來屬邦加入馬來聯邦，但沒有一個馬來屬邦願意加入，他們擔心加入以後權力會如馬來聯邦般地流失。在這種情況下，一九二七年，聯邦議會改組，馬來統治者不再是議會成員，改由四位馬來非官方議員代表出席會議，蘇丹們另組統治者會議，每年召開一次。聯邦議會通過的法案必須由他們簽署後，才能生效。一九三〇年，英國殖民部宣布實行地方分權制。原來的總參政司，又從輔政司降格為聯邦政務司（Federal Secretary），位卑於參政司，而農業、教育、醫藥和工務，仍劃歸各邦的議會處理。聯邦議會的權力依舊大於各邦議會，大部分的稅收，仍由其徵收和分配。[3]

其次，馬來人開始逐步參與行政管理。一九一〇年，英人推行初級公務人員計畫（Subordinate Class Scheme），以使社經地位較高的馬來人可成為基層的公務人員，後來改名為馬來行政人員計畫（Malay Administrative Service, MAS）。但透過馬來亞公務人員計畫（Malayan Civil Service, MCS），英人仍繼續掌管高層。這些馬來行政官員大部分皆為英文教育背景，畢業於瓜拉江沙馬來學院，起初擔任書記和執行的工作。馬來行政人員計畫修訂以後，入選的條件漸趨嚴格，如一九一七年，英人在委任公務員時強調考試選拔。一九二一年，英人提出新計畫以方便馬來行政人員計畫中的馬來公務員，可進入英國公務人員體制服務。最早透過這計畫被委任的兩位馬來人，分別是霹靂的拉惹沙益（Raja Said Temply bin Sultan

Abdullah）和雪蘭莪的漢紮（Hamzah bin Abdullah）。

第二節　馬來屬邦的成立

北部四邦與英暹

暹羅和緬甸因為長期攻伐，成為世仇，緬甸曾分別於一五六八年和一七六七年滅亡暹羅。吉打是暹羅的藩屬，每三年一送金花，但在暹緬戰爭爆發時即停止朝貢。戰事結束後，暹羅很生氣，認為吉打暗中勾結緬甸，曼谷王朝成立後，便加緊對吉打的控制。令暹羅更為不滿的是吉打竟然將檳榔嶼和威省割讓給英人。一八〇四年，暹羅遣軍五千護送訪問暹羅的吉打王子達祖丁（Ahmad Tajuddin Halim Shah II）回國。一七九七年，他因為年幼而無法登基為蘇丹。此時，暹羅勒令現任蘇丹阿都拉．慕卡然沙二世（Abdullah Mukarram Shah II）退位，由達祖丁出任蘇丹。暹王對蘇丹達祖丁可謂予取予求，不時要求吉打蘇丹提供軍隊和糧食，令吉打蘇丹窮極應付。一八一六年，暹羅要求吉打攻打拒絕朝貢的霹靂，勒令霹靂向暹羅進貢金銀花。蘇丹達祖丁無奈只得屈服，且不辱使命，擊敗霹靂，逼使霹靂向暹羅進貢金花，但暹羅仍然無法釋疑。一八二一年，吉打蘇丹被要求至曼谷述職，並解釋為何協助緬甸，吉打蘇丹擔心被囚禁和謀殺，故按兵不動。怒不可遏的暹王下令六坤王攻打吉打，吉打蘇丹只好倉皇逃亡檳榔嶼，並尋求英國的援助。英國東印度公司基於奉行不干預政策，為了要得到在暹羅的商業合約，加上英國和緬甸宣戰在即，需要暹羅的合作；英國企圖將暹羅變成印度與北部法屬印支半島的間隔區，因此不願給予吉打蘇丹協助。另一方面，英國卻也不願交出吉打蘇丹給暹羅，擔心暹羅將因此控制半島北部，會損害英國在馬來半島的商業利益。

英國東印度公司以商務為考量，不願得罪暹羅，只在一八二二年派遣克勞馥為特使到曼谷談判，順道探聽暹羅勢力的虛實。由於克勞馥不是稱職的外交人員，加上暹羅無意和英國貿易來往，談判最終以失敗告終。但此行也取得兩項不錯的成果，即暹羅承認東印度公司在檳城的權利，同時進一步了解暹羅實則外強中乾，並非想像中的強大。

一八二四年，東印度公司和緬甸作戰，希望暹羅能保持中立。加上一八二五年霹靂尋求暹羅的協助，以擺脫雪州的剝削和欺壓，因為在一八二二年，雪州曾幫助霹靂擺脫暹羅的羈絆，故被允許徵收霹靂的稅款。好戰的六坤王見機不可失，企圖恢復對霹雪的控制。海峽殖民地總督富勒頓（Robert Fullerton）認為暹羅此舉將危害霹雪的錫礦業，因此派了兩艘戰艦到霹雪岸外阻止暹羅的侵略。

為了解決上述錯綜複雜的利益和雙邊關係，一八二五年，以柏尼為首的英國代表團出使曼谷，其目的是修復雙方的貿易關係，同時為往後派遣大使到曼谷鋪路。這次出使成功與六坤王達成初步協定，六坤王承諾不再攻打霹雪，讓霹靂自行決定是否要送金花給暹羅，英國也同意不再插手吉打的事務，並在不久的將來，和暹王在曼谷協商永久的條款。同年八月，富勒頓委派安德遜（J. Anderson）至霹雪以解決兩州的問題，簽訂了《安德遜條約》（*Anderson Treaty*），霹雪雙方不再干預各自的內務，安南河（Sungai Bernam）則成為雙方的邊界。

印度總督非常滿意柏尼與暹羅達成的協議。一八二五年十二月，柏尼再次出使曼谷，表達英國的善意及修復雙方貿易的意願。一八二六年六月，總共十四條款的《柏尼條約》簽訂，暹羅承認檳城是英國的殖民地，英國也認同吉打、玻璃市、吉蘭丹和登嘉樓為暹羅的藩屬，並同意不再協助吉打取回蘇丹王位；英暹雙方尊重霹靂的獨立自主，霹靂可以自行決定是否送金花給暹羅；吉打蘇丹不被允許居住在吉打、玻璃市、檳城和北賴；英國可在吉蘭丹和登嘉樓進行貿易，但不可插手其事務。事實上，此約目的在於使霹靂、吉打和登嘉樓成為中立地，擺脫暹羅的控制，以免暹羅干預三邦內政，但允許暹羅控制吉打，徵收進口稅。英國則同時擁有四邦的貿易權，這不僅讓英國避免與暹羅的直接衝突，也可使暹羅退出霹靂、吉打和登嘉樓。[4]印度的英國官員雖對此項條約極為滿意，但檳城的官員卻無法苟同此約，棄吉打蘇丹於不顧；暹羅更有被欺騙的感覺，故在一八二六年底違約，要求霹靂貢獻金花，導致英國插手干預並與霹靂簽訂《休羅條約》（*Low Treaty*），條約中英國答應保護霹靂，同時協助掃除海盜。這一條約無疑將得罪暹羅，因此印度總督極為不滿，拒絕承認此條約，但由於此條約完全符合英人的利益，最後也只有被迫接受了。至於英人在吉蘭丹和登嘉樓貿易的條文，由於定義模糊，致使其商業常遭暹羅的干擾。

事實上，《柏尼條約》最大的犧牲者是吉打蘇丹，不僅復國無望，同時被禁足檳城、吉蘭丹、登嘉樓等北部各邦。為了復國，他先後三次發動事變。一八三一年和一八三八年，吉打蘇丹曾兩度自威斯利省衝入吉打，企圖將暹人趕走，但都功敗垂成。主要原因是檳榔嶼政府封鎖沿海，不讓外人接濟，使六坤王得以肅清馬來人，奪回吉打。一八三一年的失敗，吉打蘇丹只好退居馬六甲。一八三六年，他竟利用前往霹靂木歪的機會發動攻勢，反攻吉打。但可想而知的是，最終還是被英國海軍壞其好事，將他押解到檳榔嶼。

吉打蘇丹在多年的努力失敗後，有鑑於其年老力衰，訴諸武力復國已經無望，同時也意識到和暹羅硬碰硬並無好處，加上英國以支持外交的方式解決問題，遂決定向暹羅謝罪乞降，以謀復辟。其時好戰的六坤王已經去世，暹羅也覺得遠戍吉打有損國本，得不償失。一八四一年年底，吉打蘇丹的王儲東姑阿農（Tengku Anom）親攜海峽殖民地總督的調停函件前往曼谷覲見暹皇。一八四二年，吉打蘇丹得到暹皇的允諾復位，並將軍隊撤走，但吉打卻一分為四，除榕城一府歸吉打蘇丹治理外，另外再割出古邦巴素（Kubang Pasu）、石敦（Setul）和玻璃市（Perlis），各立拉惹一人為統治者；後來古邦巴素歸入吉打，石敦成為暹羅版圖，玻璃市則獨立為一州。吉打蘇丹接手時眼見首府阿羅士打（Alor Star）滿目瘡痍，人口銳減，原有的十八萬人因為戰亂，僅餘六萬人，只好遷都至瓜拉穆達（Kota Kuala Muda）。然而，正當吉打蘇丹準備重建大業時，卻不幸於一八四三年過世，其子繼位，是為蘇丹再那・拉昔丁（Sultan Zainal Rasyidin，在位期間一八四三年—一八五三年）。自此，往後的幾任蘇丹皆要每三年奉送金花，並接受暹羅的保護和封號。[5]

到了蘇丹達祖丁・慕卡然沙二世（Sultan Ahmad Tajuddin Mukarram Syah II）時，吉打才得到積極的發展，這時公路和石屋開始在哥打士打（Kota Setar）興建。一八六一年，在巴當立百（Padang Lepai）和哥打士打興建第一所馬來學校。一八七〇年，旺・默哈莫・沙曼擔任宰相，在他的管理下吉打益加進步繁榮。由於他能掌握泰語，所以常隨蘇丹出訪暹羅，對暹羅的水利灌溉印象深刻，回來後決定開挖運河以為灌溉之用。工程從一八八五年開始至一八八九年方始完工，此河起自阿羅士打，終於日萊峰山腳下的莪倫（Gurun），全程三十三公里，寬八公尺，深二公尺。此河大大促進了吉打的農業發展，同時也帶動其他地區運河的挖掘，使吉打州內滿布利於農耕的水利系統。運河兩旁紛紛湧現各類市集和村落，帶動了吉打的繁盛。為了增加稅收和發展空曠的土地，旺．默哈莫．沙曼鼓勵華人到吉打北部種植胡椒、咖啡和丁香，在南部種植木薯和採錫，這些農產無形中均增加了吉打的外匯。他不僅發展經濟，也不忘推展教育，他在各區域如彰侖（Changlun）、居林（Kulim）和阿羅士打建設學校。瑞天咸認為在旺．默哈莫．沙曼的治理下，吉打成為一個進步繁榮的州屬。

玻璃市本為吉打屬地，被稱為英得拉．卡央岸（Indera Kayangan）。一七九五年，武吉斯人東姑阿都拉（Tengku Abdullah）被委任為蘇丹。不久後，暹羅終結武吉斯人的影響，一位阿拉伯商人胡申．加瑪魯來（Syed Hussain Jamalullail）被封為統治者。一八二一年吉打淪陷後，玻璃市成為暹羅屬地。一八四二年，玻璃市與吉打分割時，人口不足六萬。胡申．加瑪魯來被暹王委任為第一任玻璃市拉惹，每三年一貢金花以表示忠誠，但玻璃市自認是主權完整的政權，送金花不過是友誼的象徵。一九〇五年，暹羅派遣一位歐籍顧問擔任拉惹的行政顧問。一九〇九年，《英暹條約》簽訂，英國在拉惹皇宮所在地亞婁（Arow）派駐官員。遲至一九三〇年，玻璃市才正式接受英國顧問官。

一八三〇年代，登嘉樓王室長期處在王位紛爭的狀況，直到一八三九年登姑奧馬（Tengku Umar）在紛爭中脫穎而出，成為蘇丹奧馬後，紛爭才告一個段落。他不只穩固了登嘉樓的政權，並使首府瓜拉登嘉樓成為馬來群島的重要商港，輸出咖啡、黑胡椒、黃金、錫米、武器和森林物產等物。蘇丹再納・阿比丁三世（Zainal Abidin III）繼位後，是位大有為的國君，為了治理上的方便，他將州內分為十三區，並將貿易擴張至新加坡，與暹羅和英國等國維持良好關係，吸引了暹王兩度（一八八七和一八八九年）拜訪登嘉樓。事實上，雙方的關係始於十八世紀的蘇丹曼梳，當時蘇丹曾經協助暹羅擊敗其敵人，暹羅遂將戰利品送給蘇丹。從一七八一年開始，蘇丹每三年送一次金花以為回報，然而暹羅卻認為登嘉樓為其藩屬。一七八七年和一八六二年，暹羅曾策劃攻打登嘉樓，直到蘇丹再納・阿比丁三世時，雙方的關係才回復正常。

由於登嘉樓不曾被邀請派代表出席一八九七年、一九〇二年和一九〇九年，英暹雙方簽訂各項協定的會議，因此拒絕承認一九〇九年的《曼谷條約》。一九〇二年，登嘉樓首先拒絕英國委派的最高專員。一九〇九年，登嘉樓為了維護主權完整，拒絕英國委派的顧問官。一九一〇年，登嘉樓蘇丹與英國簽約，只接受提供意見的諮詢官，其辦公中心在瓜拉登嘉樓，並允許英國協助管理登嘉樓。康萊（W. L. Conlay）擔任首任諮詢官，成功推行幾項新措施，其中有制定憲法和廢除奴隸制度。一九一九年，蘇丹再納・阿比丁三世過世，蘇丹莫哈末二世（Sultan Muhammad II）登基，英人馬上抓緊機會和登嘉樓締約，委派一位顧問官韓普瑞斯（J. L. Humpreys），並成立州議會，由於蘇丹不滿顧問官的行事做風，在一九二〇年宣布退位，由其弟蘇萊曼（Sulaiman）繼位。

吉蘭丹的創建者隆・尤努斯（Long Yunus, 1756–1794）駕崩後，由女婿登嘉樓王子登姑・莫哈末（Tengku Muhammad）繼位，但此舉遭到吉蘭丹王族的反對。其子隆・莫哈末（Long

Muhammad）與之爭奪王位，王室內戰爆發。五年後，登姑・莫哈末失敗，退至登嘉樓，使登嘉樓和吉蘭丹的關係日漸惡化。一八〇〇年，隆・莫哈末登基後，鼓勵開墾農田和果園，使吉蘭丹欣欣向榮。由於擔心因王位爭奪引來登嘉樓的威脅，因此在一八三二年派遣使節到暹羅尋求庇護，並答應貢送金花以為回報。從此暹羅以吉蘭丹為其藩屬，常威脅吉蘭丹，而吉蘭丹則認為他們仍然是主權獨立的國家。一八三五年，蘇丹莫哈末一世駕崩，隆・聶・姆魯・美拉（Long Nik Mulut Merah）和隆・基那（Long Jinal）爭奪王位，在暹羅的協助下，前者擊敗後者，上稱號蘇丹莫哈末二世（Sultan Muhammad II），暹羅封之為「Phya Pipit Pakdi」。一八三七年的登基大典時，暹羅派遣官員觀禮，並將之視為宣誓主權的表徵。除此而外，暹羅也要吉蘭丹定期稟報國內政情，吉蘭丹卻仍認為這是友好和尊敬的表徵，他們仍是主權獨立的政權。

蘇丹莫哈末二世是位較有作為的君主，進行一系列的改革。首先興建水道，命名為拉惹加力河（Sungai Raja Gali），寬四公尺、深六公里，引吉蘭丹河水灌溉農田。其次，他進行土地登記以規劃開發和使用，並於一八四四年以哥打峇魯為首都，在此興建皇城。他駕崩後，蘇丹莫哈末四世（Sultan Muhammad IV）為了開發土地，批准一位從彭亨退休的英國官員杜福（William Duff），開發吉蘭丹東部和北部約七十七萬六千九百九十六英畝的土地，以便挖掘錫礦、金礦和種植農作物等，共占吉蘭丹三分之一的土地。此舉招致暹羅的猜忌，認為這是英國在吉蘭丹擴張勢力的舉動，遂藉此於一八九〇年開始干涉吉蘭丹的內政。

馬來屬邦的形成

自一八七四年，英人參政四邦以後，也逐漸將注意力轉至北部四邦，陸續與暹羅簽署了幾個協定。最早的一個是一八九七年的《英暹密約》，此密約的簽訂主要是維護英人在暹羅的貿易利益，不為其他歐洲國家所侵占，必須確保暹羅作為中立國的地位。條文規定北緯十一度以南不可讓渡於其他勢力，暹羅若要割讓領土必須獲得英國的首肯，英國並承認暹羅在馬來半島北部四邦的權利。這項密約開啟英國積極介入北部四邦事務的先河，暹羅也只得聽從英國對於四邦相關事務的裁決。此外，在一八九九年另外簽訂邊界條款，以解決英國屬地霹靂和暹羅領地雷孟（Reman）之間的領土問題，此事雖然涉及吉蘭丹的領土，但在處理的過程中卻沒有照會之。

進入二十世紀，英國面對歐洲勢力強大的競爭，尤其是蘇聯和德國已經取得與暹羅的商業許可，加上北部各邦紛紛向英國尋求援助，英國他們會另找其他勢力協助，其利益將會受損。故此，英國和暹羅在一九〇二年發表《英暹聲明》，英國讓暹羅主導吉蘭丹和登嘉樓的外交政策，但暹羅在北部的四邦必須委派一位英國顧問官。此聲明無疑使英國對吉蘭丹和登嘉樓的影響力擴大，各州也陸續出現英國委任的顧問官。

真正奠定英國對北部四邦地位的條約是一九〇九年的《曼谷條約》。自十九世紀末法國占領越南以後，就企圖在馬來半島北部的克拉地峽開闢運河，而英國也在此時占領了緬甸。為了避免衝突，英法於一八九六年達致協議，以暹羅為兩國殖民地的緩衝區，由於北部四邦仍然控制在暹羅手中，為免法國將來藉口插手，故設法與暹羅締約，拿回北部四邦的主權。剛好暹羅想要拿回在《鮑寧條約》和《英暹密約》丟失的主權，而北部四邦長期抗拒也令暹羅耗損不少錢財，希望藉此向英國借貸四百萬元修築鐵路。於是，雙方在各取所需的情況下簽訂了《曼谷條約》，暹羅將四邦管制權移交英國，各州的債務由英國承擔；暹羅不割讓叻丕府（Ratchaburi）以南的領土給任何外國勢力，同時不允許任何勢力在其轄區開挖運河；英國借貸四百萬元給暹羅修築連接半島的鐵路，並歸還領事裁判權給暹羅。此條約對馬來半島最大的影響在於讓英國此後得以控制北部四邦，英國可以在四邦委派顧問官，並組成馬來屬邦。

英國雖然取得干預北部四邦政治的權力，但由於顧問官不似參政司般可以直接治理，因此碰上的問題更為棘手。英國接管吉打後，欲委任顧問官，開始時遭到蘇丹阿都・哈林沙（Abdul Halim Syah）拒絕，後來是因為英人協助吉打推行土地法，同時協助吉打解決財政問題，到了一九二三年吉打才正式接受麥司威爾（George Maxwell）的委任。這時，吉打蘇丹在由顧問官和三位馬來人組成的州議會的協助下治國，議會主席則由吉打蘇丹出任。同樣的事情也發生在玻璃市。一九〇九年，玻璃市拒絕顧問官的委派，只接受財經顧問協助改善行政體系和財政問題，以便在一九三〇年清還暹羅的債務。一九三〇年，拉惹賽・阿爾威（Raja Syed Alwi）才正式承認英國的統治，財經顧問弗羅斯特（Meadows Frost）成為第一任顧問官。

英國在吉蘭丹和登嘉樓面對的反抗遠比吉打和玻璃市來的激烈。根據一九〇二年《英暹聲明》，暹羅將委派一名英國顧問官為最高專員，同時配有馬來聯邦委派的助理，以協助吉蘭丹管理國事。一九〇三年，格蘭罕（Graham）為最高專員，湯申（Thomsan）為其助理至吉蘭丹進行系列改革，如建設道路和醫療體系、設立學校、重整警隊、改革司法等。一九〇九年，吉蘭丹成為第一個接受顧問官委派的北部四邦，第一任顧問官是梅申（J. S. Mason）。看似順暢的委任，沒想卻在一九一五年爆發了督央谷（Tok Janggut，本名Haji Mat Hassan，原為那寧村〔Kampung Nering〕的村長）的抗英事件。事緣一九一二年，英國在吉蘭丹巴西富地（Pasir Putih）實行以現金繳付地稅，並規定採集海龜蛋等須申請准證的措施，引起人民的不滿。英國政府乘機指控惹南（Jeram）酋長維持治安失敗，並強迫蘇丹讓英國全權接管此地。一九一三年，英國在此建立警局，引起當地人不滿。同年，新加坡的拉迪夫（Encik Latiff）取代沙雷（Encik Salleh）成為酋長。他不是吉蘭丹人，並準備在一九一五年元旦強硬執行土地法和徵稅——在新法管理之下不管土地是否使用皆要繳稅；同時也加入一些新稅制，如人頭稅、椰子稅、果樹稅、檳榔樹稅等。惹南酋長因對喪失傳統的統治和司法權以及經濟來源，同時還要繳稅等問題而耿耿於懷。一九一四年初，督央谷等人去繳稅時受到不友善對待，因此在沒有繳稅的情況下回來。不久後，督央谷收到法庭傳票，但未予理會，同時唆使村人不交稅，眾人並同意若接到傳票，將群起抗議。一九一四年底，仄萬（Sarjan Che Wan）領著傳票來拘捕督央谷，但被督央谷殺掉。一九一五年四月二十九日，在督央谷的領導與惹南酋長的慫恿下，巴西富地的反抗運動爆發，約二百名支持者成功攻擊警局和辦事處，成功占領巴西富地，成立新政府，另立柏沙（Engku Besar）為蘇丹，督央谷為丞相。一九一五年五月，僅僅占領三天的巴西富地就為英國所奪回，督央谷只好撤退。六月底，他企圖反攻，由於武器不及英國精良而失敗，戰死沙場。他的屍體用牛車運送至哥打峇魯（Kota Bahru），在埋葬前先在廣大人民面前

展示，以摧折馬來人的反抗士氣。❻

在登嘉樓則爆發由哈芝阿都拉曼．林夢（Haji Abdul Rahman Limbong）領導的抗稅運動。他是登嘉樓的宗教司，也是穿梭於登嘉樓、吉蘭丹、彭亨和北大年的商人，他受督央谷的反抗運動影響，以宗教使命來堅持人民反抗英國統治的信念，林夢認為土地是阿拉所有，英國無權徵稅，其抗英活動遍布登嘉樓。由於登嘉樓的農民須繳納地稅和申請准證後，才能開發土地和採集林產品，這些稅收也加重人民的負擔，引發人民對英人的不滿情緒。一九二二年，在哈芝阿都拉曼．林夢的領導下，瓜拉貝朗（Kuala Berang）的內陸人民曾三次展開抗稅運動。第一次發生在一九二二年，導致四十三人被捕並控上法庭，但因無法定罪，只好放人。第二次發生在一九二五年的同樣地點，這次農民將土地清理乾淨，並集體不申請准證耕田。第三次發生在一九二八年，尤以瓜拉貝朗最為激烈，同樣也是開發土地集體不申請准證耕田。五月二十一日，群情激昂的瓜拉貝朗示威群眾在政府公務員撤退至瓜拉登嘉樓以後，即占領政府機構，搗毀警局，然後遊行到皇宮覲見蘇丹，投訴其所面對的問題。英國派出警隊半途攔截遊行隊伍，要求停止遊行，但群眾不理會英警的勸告，警隊只好開槍，造成十一人身亡，林夢等十二人被捕。為免林夢在登嘉樓繼續引發其他的抗爭運動，因此將他放逐到麥加。林夢於一九二九年十一月六日逝世。

自《曼谷條約》簽訂以後，馬來半島除最南端的柔佛，其他各州已經成為英國的囊中物。由於柔佛連續出現兩位英明的統治者，使其可長期維持獨立自主地位於不墜，成為馬來半島最後一個接受英國派員的州屬。

進入十九世紀，柔佛的政權落入天猛公手中。天猛公阿都拉曼於一八二五年過世，由其子達因・依布拉欣（Daeng Ibrahim）繼位，開始推動柔佛的現代化，為現代柔佛的奠基者。達因・依布拉欣經常聽取英人的建議，維持和英人的友好關係。他的其中一個重要政績，是在一八三三年實行港主制度，鼓勵新加坡華人來開墾，種植胡椒和甘蜜。此外，他建立名為丹絨布特里（Tangjung Puteri）的新城市，成為柔佛的首府。一八三五年，蘇丹胡申（Sultan Hussein）之子東姑阿里（Tengku Ali）繼位，但不為英人承認，也不受達因・依布拉欣為主的柔佛政府歡迎。為免發生衝突，雙方在一八五五年簽訂條約，規定蘇丹阿里為柔佛合法統治者，但其王位不能下傳，轄區僅限於麻坡範圍，即吉桑河（Sungai Kesang）和麻坡河（Sungai Muar）之間，並賠償五千元給蘇丹阿里及其後人，至此達因・依布拉欣正式成為全柔佛的實際統治者。

達因・依布拉欣逝世後，其子阿布峇卡（Abu Bakar）繼位。他是一位大有為的國君，自小接受西方教育，可謂是最早接受英文教育的馬來統治者之一。他常到西方遊歷，尤其是英國，深受西方文化和政治的影響。他與英女皇交情甚篤，被封為「Order of Knight Commander of The Star of India」。一八六八年，他被封為柔佛大王（Maharaja Johor）。一八七七年，他趁蘇丹阿里過世後，兼併麻坡河與吉桑河的土地，統一全柔佛。一八八五年，他與英國簽訂友好協定，英國承認柔佛是一主權獨立的國家，並承諾給予保護，但外交權交由英國控制，阿布峇卡則被封為柔佛蘇丹，柔佛天猛公王朝正式建立。由於阿布峇卡對柔佛的革新，死後被封為「柔佛現代化之父」。他過世後，由其子蘇丹依布拉欣（Sultan Ibrahim）繼位。

在阿布峇卡治下的柔佛可說是經歷了一場全方位的革新，政治上他以新山為首都，在此建築王宮。接著他依據新加坡英國殖民政府的行政制度，建立起柔佛的行政體系，設立警察局、財務局和衛生局等機關；成立公共服務局，改善郵政和醫藥服務，在柔佛境內開闢公路；在各主要城鎮建立郵局、醫院、學校和法庭；組織現代化的馬來軍隊和員警部隊負責治安和秩序。為了更有效地治理，他引進歐洲專才，提供專業意見，協助政府部門管理國家。一八九五年，他頒布《柔佛憲法》，是馬來亞歷史上首位頒布成文憲法的馬來統治者。這部憲法內容詳盡，乃是委託新加坡的律師館協助執筆，用詞專精，成為當時第一部成文憲法。[7] 此外，他也依據英國司法體系成立法庭，成立由馬來人組成的議會，以協助蘇丹治國。

在經濟方面，他繼續推行港主制度，在華人港主的努力下，到了一八八〇年代，柔佛已經成為世界上胡椒和甘蜜的主要產區。他也鼓勵歐人種植咖啡、煙草和碩莪，創辦鋸木廠發展木材業。

在教育方面，從一八六〇年代開始，蘇丹阿布峇卡已經大刀闊斧地策劃柔佛教育的發展，並自費興辦教育。一八八三年成立教育局，以依布拉欣・文西（Muhammad Ibrahim Munsyi, ?–1904）為局長，他大力推展教育，使馬來人教育在柔佛遍地開花，先後設立了農業學校、英校和馬來學校，使馬來人的教育不再局限於《可蘭經》的誦讀。到了一九〇二年，依布拉欣・文西立法強制七至十六歲的孩童接受義務教育，人民可自由選擇馬來文、華文、英文學校或研究《可蘭經》。由於他對柔佛教育的貢獻，所以被譽為「柔佛馬來教育之父」。

阿布峇卡的成功，除了個人的才幹，更為重要的是他任用三位精明幹練的大臣。第一位是拿督賈法（Datuk Jaafar bin Haji Muhammad, 1838–1919），他十六歲時開始服務於柔佛政府，一八六三年成為阿布峇卡極為信任的大臣。他也是柔佛第一任州務大臣，直到他逝世為止。他知人善任，任用馬伯（Muhamad Mahbob）、依布拉欣．文西、拉曼（Abdul Rahman bin Andak，Datuk Seri Amar Diraja, 1850–1930）、莫哈末．沙列（Mohd Salleh bin Perang, 1841–1915）等人，共同捍衛柔佛的主權，不讓英人入主。他規定所有英國官員必須穿著官方制服、英國國旗不可高於柔佛國旗、所有官方書信必須使用馬來文書寫。在他任內也開發了好幾個地區，如峇株巴轄（Batu Pahat）、豐盛港（Mersing）、興樓（Endau）、雲冰（Rompin）等。由於深得信任，他數次被委任為攝政王，在蘇丹出國時代行國政。[8]第二位是拉曼，他曾在英國接受西方教育，一八七八年進入柔佛政府部門服務，一八八六年升任助理祕書，是拿督賈法的得力助手。他極力維護柔佛和英國在政務上的平衡，不讓英國有機可乘以控制柔佛；但由於他的姿態強硬，常引起英人的不快。他曾經拒絕英殖民政府對於借款二十萬英鎊予海峽殖民地的獻議，因為其條件是必須接受海峽殖民地委任之稽查官所提供的意見。他任內最大的貢獻是推動柔佛成文憲法的頒布，並以此捍衛柔佛的主權。在蘇丹依布拉欣時期，由於他強烈批判柔佛的諮詢會議，致使他的屬員在一九〇五年被集體解職，他也因此遭革職，英殖民政府則每年償付一千鎊的退休金予他。[9]第三位是莫哈末．沙列，在一八五六年至一九一二年期間，他負責策劃柔佛的發展，在其上任之初即繪製柔佛的發展藍圖，裡面有將要發展和興建的公路和城市、區域劃分和地形。這是半島第一張發展繪製圖。他也是峇株巴轄的開埠和建設者。

柔佛在君臣上下群策群力、同心協力的治理下，國力蒸蒸日上，並且提高警惕，時刻防止外人竊奪政權，柔佛政府雖聘有外國專才，但只允許他們在必要的領域服務。一八八五年英人趁著賜封阿布峇卡為蘇丹的機會，要求安置一位顧問來協助柔佛的事務。一八九五年，甚至立法規定蘇丹和大臣不可將柔佛主權交給任何歐人。英國曾建議貸款給柔佛建造鐵路，但拉曼擔心英國會藉此控制柔佛，故拒絕其獻議。英人知道要控制柔佛，必先對付拉曼，遂逼迫蘇丹要求其退休，同時接受英國的貸款建造鐵路。一九一四年，第一次世界大戰爆發後，柔佛被迫接受英國派駐的顧問官坎貝爾（D. C. Campell），成為英國的保護邦。至此，整個馬來半島淪為英國的殖民地。

第三節　馬來人、華人、印度人的政治醒覺和活動

進入二十世紀，不論是長期處在封閉專制傳統社會的馬來人，抑或是南來謀生，政治意識薄弱的華人和印度人，皆因國內外急速的政治變動，逐漸對政治有所醒覺，各類的政治活動也頻繁地出現。

二戰以前馬來民族主義的發展

馬來社會經過長期的專制統治，在國際民族主義勃興的浪潮下，馬來民族主義在二十世紀初期也蔚為風潮，其興起的背景可歸為外在和內在兩種因素。外在因素主要是受到埃及、日本、土耳其、印尼等國的影響所致。

二十世紀前後，埃及和土耳其的伊斯蘭教改革運動，對馬來人的民族主義運動有著廣泛且深遠的影響。馬來亞早期知名的馬來民族主義份子，如錫．達喜．渣拉魯汀（Syeikh Tahir Jalaluddin, 1869–1956）、賽．錫．哈地（Syed Syeikh al-Hadi, 1867–1934）等人當時皆留學於埃及，無不深受泛伊斯蘭主義（PanIslamism）⑩思潮的感染和激勵，並將之帶回國內，通過其所創辦的刊物進行宣揚鼓吹，在馬來社會中推展革新的思想運動。他們也通過正統的伊斯蘭教義推動馬來民族的教育，以提高他們的社會和經濟地位。另一方面，土耳其民族主義運動在政治和經濟上所取得的重大進展和成就，以及一九〇五年日本在日俄戰爭中擊敗俄羅斯，在在都為這批知識青年，帶來一定的激勵和啟發，除了加強他們提高本族地位和進展的決心，同時也增強擺脫西方列強干預的信心和決心。更為重要的是，印尼伊斯蘭教聯盟於一九一七年明確地提出爭取民族自主、國家獨立的政治目標，讓馬來知識分子更為積極地傳播及評論印尼民族主義運動的發展。一九二八年，由蘇卡諾領導的印尼國民黨，揮起爭取獨立的大旗，這一運動的深入發展，影響了霹靂丹絨馬林蘇丹依德利斯師範學院一群激進的學生。⑪

內在因素方面主要側重在兩個方面，首先是英國在馬來亞所推動的經濟開發以及殖民統治政策日益引起馬來社會的不安和不滿。大量華印移民的湧入，令馬來社會深感工作機會和資源被侵占，也開始意識到他們在經濟上遠遠落後於華印民族。此外，在政治上馬來民族也有切膚之痛，首先是英國準備統一馬來各州政治制度的作法，令蘇丹以及馬來貴族感到傳統權力被蠶食的危機。其次，馬來民族也對海峽華人參政權的訴求感到惶恐。上述種種的不安和不滿都迫使馬來民族主義者心急如焚，思慮如何反抗英國的殖民統治，以維護他們的權益。⑫

二戰以前馬來人的民族主義運動領導人基本上可分為三種類型：第一類是受阿拉伯文教育的伊斯蘭教復興運動者，可分為少壯和元老兩派；第二類是較為激進，接受馬來文教育者；第三類是較為溫和，接受英文教育者及王族。

第一類的代表人物計有錫・達喜・渣拉魯汀、賽・錫・哈地、哈芝・阿巴斯（Haji Abbas bin Mohd. Taha, 1885–?）和錫・莫哈末・沙林（Syeikh Mohd Salim Al-Kalali）。錫・達喜於一八六九年在蘇門答臘出生，一八九三年進入埃及開羅的大學修習天文學。一八九九年返回馬來西亞，在馬來半島、廖內群島、蘇門答臘及中東穿梭擔任宗教學者。他在一九〇六年至一九〇八年間，於新加坡創辦《領導者》（*Al-Iman*）月報，鼓吹伊斯蘭教改革。賽・錫・哈地是著名的伊斯蘭學者及社會改革家；他同時也是馬來小說創作的先驅。一八六七年生於馬六甲，曾留學埃及阿茲哈（al-Azhar）大學，一九〇四年返回馬來半島。他經常在《領導者》、《同胞》（*Saudara*，發行時間為一九二八年至一九四一年）、《弟兄》（*Al-Ikhwan*）等刊物發表文章，鼓吹改革思想及推動宗教教育，著作有《伊斯蘭教育理性》（*Agama Islam dan Akal*）及《法麗達・哈農傳》（*Hikayat Faridah Hanum*）。另外，他在檳城創立馬士爾宗教學校（Madrasah Al-Masyhur Al-Islamiah），此校至今仍在。哈芝・阿巴斯是《領導者》的第二任編輯，一八八五年生於新加坡，曾在麥加留學。一九〇五年返鄉，擔任宗教司，一九〇八年受委為丹戎巴葛（Tanjung Pagar）區伊斯蘭教法官（kadi）；一九一一年創辦《天平》（*Nerachai*）週刊。錫・莫哈末・沙林則來自亞齊，在馬來群島及阿拉伯經商，他為《領導者》提供財政援助。由於他們鼓吹革新的伊斯蘭教思想，因此也被稱為少壯派（Kaum Muda），也是馬來民族主義運動第一階段的代表人物。

第二類的代表人物有三，第一位是彭亨的依布拉欣．耶谷（Ibrahim Haji Yaakob, 1911–1979），他於一九三一年畢業於蘇丹依德利斯師範學院，這期間成立馬來亞青年會（Belia Malaya）。畢業後執教杏壇，一九三八年他決定離開教育界，投身於新聞業，並與一批志同道合者在吉隆坡成立馬來青年會（Kesatuan Melayu Muda），這是馬來半島第一個左傾的馬來政治組織。他主張成立「大馬來國」（Melayu Raya），以團結半島和蘇門答臘的馬來人，由於思想激進，曾被英國監禁，日據時期被釋放。戰後，英國人回來後逃至印尼。第二位是同樣來自彭亨的依薩．莫哈末（Ishak Haji Muhammad, 1909–1991），他也被稱為「Pak Sako」，畢業於瓜拉江沙馬來學院，本為公務員。爾後發現英國太關注本身的利益，他無所伸展其志，因此於一九三三年辭職，投身於新聞界，並參與政治活動。他同時是馬來青年會其中一位創辦人，他的小說《大漢山王子》（*Putera Gunung Tahan*）嚴厲批判英國的政策。一九三九年被英國人囚禁，一九四一年完成另一部小說《惹拉伯瘋癲的兒子》（*Anak Mat Lela Gila*）。一九四五年創辦馬來亞馬來人國家黨（Parti Kebangsaan Melayu Malaya）。第三位是哥打峇魯的布哈努丁（Dr. Burhanuddin al-Helmy, 1911–1969），接受阿拉伯、馬來文和英文教育，也曾在印度學習醫藥，曾經擔任老師和商人。其作品反映了抗英的意識，是馬來青年會的會員，一生致力於爭取獨立，主張同印尼團結一致成立大馬來亞。一九五九年成為回教黨（Parti Islam Se-Malaysia）主席。他們也是馬來民族主義運動第二階段的最主要領導人物。

第三類的人物則有默罕默德・尤努斯（Mohammad Eunos bin Abdullah, 1876–?）、拉惹朱蘭（Raja Chulan）和拿督翁・渣化（Dato Onn Jaafar, 1895–1962）。他們英姿煥發、能言善辯，透過言論為馬來民族爭取權益。默罕默德・尤努斯，一八七六年生於新加坡，在萊佛士學院受教育，曾擔任《馬來前鋒報》（*Utusan Melaya*）及《馬來亞機關報》（*Lembaga Melaya*）的編輯。一九二二年他代表馬來人出任新加坡立法議會議員。拉惹朱蘭則是因巴絲沙律事件被英人驅逐出境的霹靂蘇丹阿都拉的兒子。他反對外來移民，要求英人改善馬來人的經濟困境，同時培訓更多馬來人進入政府體系，製造更多於公共領域服務的機會給馬來人。他也呼籲有能力的馬來子弟必須接受高等教育，他曾質問：「難道他們不能被送到牛津或劍橋就讀，以擔任更高的職位嗎？」（Could they not be sent to Oxford or Cambridge to fit them for higher posts?）。柔佛的拿督翁・渣化是一九四六年巫統的創辦人，他通過《馬來亞新聞》（*Berita Harian*）和《馬來亞機關報》抨擊英殖民政府的政策。

戰前，馬來民族主義得以蓬勃發展，報刊雜誌的啟蒙、高等教育的培養和政治團體的推動，無疑是三大利器。首先是報刊雜誌。進入二十世紀，馬來知識階層開始覺醒，積極推動馬來民族主義的活動，希望可以從政治上擺脫英國的枷鎖，促進馬來社會的進步。除了教育，這些知識分子同時也通過報章雜誌來推動民族主義運動，主要以小說和真實故事、統治者的出外拜訪報告，呼籲馬來社會努力向上奮鬥不懈等形式來推動，對馬來民族產生了社會教育和思想啟蒙的作用。這些報章成為引介國外新思潮，揭露及分析馬來社會問題、傳播伊斯蘭教義、發表評論文章以及刊載具有民族主義色彩的小說的媒介，其中較知名且具有影響力的有《領導者》、《天平》、《弟兄》、《同胞》、《馬來亞新聞》、《論壇》（*Majlis*）和《馬來前鋒報》等。

《領導者》月報，一九〇六年七月二十三日創刊於新加坡，是傳播民族主義最早的報章。主導者為賽・錫・哈地、錫・達喜・渣拉魯汀、哈芝・阿巴斯和錫・莫哈末・沙林，他們都屬於少壯派，因此《領導者》也成為少壯派的喉舌，希望不參雜任何傳統風俗習慣，透過單純的伊斯蘭教教義，來改進馬來社會，以期「提醒那些健忘者、喚醒那些沉睡者、引導那些迷失者，以及傳達有智慧者的呼聲」。《領導者》對二十世紀初期馬來社會的思想啟蒙具有一定的影響力。一九〇八年，《領導者》在出版三十一期後宣布停刊，這刊物的奮鬥精神為其他刊物，如《天平》和《弟兄》等所延續，而元老派則於一九一八年創辦《教育者》（*Pengasuh*）以反擊少壯派的《領導者》。

《同胞》，一九二八年七月由賽・錫・哈地創辦，也是少壯派的報章，其目的是希望通過伊斯蘭教改革，來革新穆斯林。內容以回教為主，其他有政治、經濟、歷史和批判元老派的文章。一九三〇年代有關政治醒覺的文章開始在《同胞》出現，呼籲擺脫英國的統治。一九三四年「筆友」（Sahabat Pena，後易名 Persaudara Sahabat Pena）專欄開設，目的是提倡閱讀興趣、促進馬來社會的關係，並於一九三五年引起極大的反響，招致有關當局的監控，涉及的人物也被嚴厲監視。為了與《同胞》抗衡，元老派也出版了《真實喉舌》（*Lidar Benardan Suara Benar*）。

一九三〇年代以前的馬來文報章雜誌基本上宗教色彩較為濃厚，主要是為因應以宗教為主導的馬來民族主義運動而產生。自一九二〇年代開始，許多馬來知識份子和專業記者，均投身於馬來民族主義運動的洪流中，他們創辦的報章就成為馬來民族自強與團結的精神堡壘。較早的有蘇丹依德利斯師範學院的畢業生所創辦的《禮物》（*Cenderamata*）和一九二四年的《教師雜誌》（*Majalah Guru*），其中一位傑出的馬來知識分子就是札峇（Zainal Abidin bin Ahmad，簡稱 *Za'ba*，一八九六年—一九七三年），他使用批判方式來覺醒馬來社會。⓭ 札峇生於森美蘭，是首位考獲劍橋文憑考試（Senior Cambridge Examination）的馬來人，他也是馬來亞改革運動的代表人物之一，他從一九一六年開始，先後任職於吉隆坡馬來學院、吉隆坡教育部、蘇丹伊德利斯師範學院、新加坡情報局、倫敦大學亞非學院和馬來亞大學，但他一生時光多投注於寫作和進行翻譯工作。他涉獵頗為廣泛，且長期和馬來社會維持緊密的關係，故此他的文章內容，舉凡馬來社會的語文、教育、伊斯蘭教、政治、社會和經濟皆有觸及。他直言不諱地抨擊英國殖民官員、馬來統治者和領導人在維護馬來人利益方面的失職。他也是少壯派的成員之一。⓮

繼《同胞》以後，具有代表性的馬來報章非《馬來亞新聞》莫屬。《馬來亞新聞》於一九三〇年在新加坡發行，文章內容以強調馬來人的重要性和反映馬來社會的落後，並質疑外來勢力進入本土的正當性為主，有強烈的馬來民族和反殖色彩。一九三五年，《論壇》創刊，由知名馬來記者阿都拉欣・卡寨（Abdul Rahim Kajai）擔任第一任編輯，這份報紙被視為第一份國家級的報紙。它的目的是團結馬來人以便在各領域達致進步，同時批判英國殖民統治和鼓吹民族主義，但要求英國堅決維護馬來人的權益和地位，不能將特權開放給外人。一九三九年，

《馬來前鋒報》創辦，主事者是阿都拉欣．卡寨，其抗爭目標是激勵馬來人的精神以便勤奮工作以達致進步，以及注重教育以提升馬來人的生活水準。這是唯一一份完全由馬來人獨自經營的報章，並成為馬來人抗爭的工具，刊載大量有關馬來政治團體的活動，並呼籲馬來人團結一致參與類似活動。不久後，《時代前鋒報》（*Utusan Zaman*）和《寶石月刊》（*Majalah Mastika*）也創辦，成為這份報章的附屬出版品。[15]

在砂拉越，《砂拉越曙光》（*Fajar Sarawak*）則為砂拉越馬來族群而奮鬥，呼籲馬來人努力求進步；強調教育的重要性；要求政府增加馬來人的撥款；呼籲馬來人進入商界；阻止馬來人販售土地，因為土地將給予馬來人回報；呼籲政府分配土地給所有馬來人，土地所有權不得轉換。其口號是「Fajar telah menyingsing，bangunlah wahai bangsaku」（曙光已經升起，朋友們起來吧）。

除了評論文章，刊載於上述報章雜誌的文學著述，對政治醒覺的作用也不容忽視。二十世紀初期，馬來作家開始發表詩歌和長短篇小說來促進政治醒覺。一九一八年一月，《馬來前鋒報》已經刊載奧馬．穆斯達法（Omar Mustafar）的詩篇，其詩傳達馬來人應該及時努力，不應當浪費時間；馬來人必須維護國土自主免遭外來殖民。長篇小說則有伊薩．莫哈末的《大漢山王子》，嘲諷英殖民的貪婪和狡詐，呼籲族人愛國並爭取獨立；賽．錫．哈地的《法麗達．哈農傳》則呼籲女性教育的重要。短篇小說則有阿都拉欣．卡寨的《阿旺布達的故事》，鼓勵馬來族群勤奮積極，並勇於抗爭殖民統治，擺脫其束縛；伊薩．莫哈末的《大宅的柱子》，也展現了抗英的態度。

除了報章雜誌，兩所高校，即成立於一九〇五年的霹靂江沙馬來學院和成立於一九二二年的丹絨馬林蘇丹依德利斯師範學院，在人才的養成方面亦舉足輕重，它們是馬來民族主義的搖籃。馬來學院的成立主要是英國人意識到聘用太多歐洲人將增加政府開支，因此有必要建立一間馬來人寄宿學校，專門培訓良好出身的貴族成為馬來行政管理者，馬來學院也被冠上「通向高層的大門」（Bab ud-Darajat）的稱號。蘇丹依德利斯師範學院的創辦，是為了因應日益膨脹的馬來教育體系，以及對教師的殷切需求。雖然一九〇〇年和一九一三年分別在馬六甲和霹靂開設了師範學院，但顯然遠遠不足，才有了蘇丹依德利斯師範學院的創辦。學生主要來自平民階層，所以鼓勵實用的農業教育。在一九二四年馬來翻譯局（Malay Translation Bureau）從吉隆坡遷移至此後，除了為馬來亞學校出版教科書，同時也創辦隔週發行的報紙和《教師雜誌》，為學生提供了發言平台，培訓了不少推動馬來民族主義的教師和新聞從業人員。

最後，政治團體的號召和推波助瀾，使馬來民族主義運動更為波瀾壯闊。馬新的政治團體遲至一九二六年方始出現，那是由新加坡馬來領袖發起組織「新加坡馬來人協會」（Kesatuan Melayu Singapura），以聲援海峽殖民地立法議會議員默哈末．尤努斯。這個中庸組織走親英路線來爭取馬來人的福利，改善馬來人的生活地位等問題。協會也爭取獎學金，協助馬來子弟出國深造。他們在一九二九年向英殖民政府要求提供海峽殖民地的一塊土地，此地擁有各種設備，並命名為馬來村；同時也要求在海峽會議中須有馬來人代表。新加坡馬來人協會可謂是馬來人最早的政治組織，在它的影響下，以公務員和王室為主幹的馬來人協會先後在各州成立分會。一九三七年，首先在檳榔嶼和馬六甲設立分會，成立於一九三八年的雪蘭莪馬來人協會

（Persatuan Melayu Selangor）則是最活躍的組織。一九三九年，協會的幾位領導籌款創辦《馬來前鋒報》，他們認為有本身的報章，抗爭的成效將更佳。然而，他們的成果並不顯著，主要是因為英政府並沒有滿足他們的要求。[16]

至於其他相關的團體另有王子俱樂部（Kelab Putera）。一九二九年，王子俱樂部在哥打峇魯，由阿薩德・蘇克里（Asaad Shukri bin Haji Muda）和阿都・卡迪爾（Abdul Kadir Adabi）成立，其宗旨是改進馬來人的生活和團結吉蘭丹的馬來人，其口號是「Membangkitkan Semangat Putera-putera Kelantan」（喚起吉蘭丹子民的精神）。其活動包括安排外州的人物，如阿都拉欣・卡寨，伊薩・莫哈末，依布拉欣・耶谷等人，以及出版名為《王子》（*Putera*）的報章。馬來亞青年（Belia Malaya）在一九三〇年成立，由依布拉欣・耶谷創辦，擁有三十五個會員，全都是蘇丹依德利斯師範學院的學生，他們也成為印尼國民黨（Indonesian National Party）的會員，並以改進馬來人的生活和反抗英殖民統治為奮鬥目標。由於會員太少，最後只好解散，但卻為往後的馬來青年會奠下基礎。此外，在檳城《同胞》的主催下，一群受馬來文教育的知識份子在一九三五年創立「馬來亞文友聯誼會」（Persaudaraan Sahabat Malaya），這是第一個超越州屬和地域觀念的全馬性馬來人組織，把千多名會員團結在一個共同組織之下，為提升馬來人的文化水準和社會經濟政治地位而努力。再者，各州亦有馬來人協會的組織，它們較為溫和。霹靂馬來人協會（Persatuan Melayu Perak），一九三七年九月十八日在怡保成立，領導有萬・莫哈末・努爾（Wan Mohd. Nur bin Wan Nasir）和卡欣（Dr. S. Kassim），他們小心翼翼盡量不涉及政治。彭亨馬來人協會（Persatuan Melayu Pahang）則於一九三八年五月成立，領導有東姑莫哈默（Tengku Muhammad）和拿督胡欣（Datuk Hussein bin Mohd. Talib）。此會不活躍，會員也少。雪蘭莪馬來人協會於一九三八年六月五日成立，領導有拉惹博爾（Raja Bot bin Raja Yahya）、東姑伊斯邁（Tengku Ismail bin Tengku Mohd. Yasin），拉惹耶谷和阿都拉欣・卡寨，主要是由王室成員領導，極為活躍，他們奮鬥的目標有：改進馬來人的教育、創辦一所大學、呼籲英殖民政府給馬來人較高的官職、要求增加馬來人的兵員至十個營、反對政府保留地、要求組成馬來人的海空部隊。森美蘭馬來人協會（Persatuan Melayu Negeri Sembilan）成立於一九三八年，旨在要求維護馬來人的風俗習慣並提升各領域的主權。[17]

一九三八年八月，馬來青年會（Kesatuan Melayu Muda）在吉隆坡創立，是吉隆坡第一個政治團體，較激進和左傾，會員大部分是蘇丹依德利斯師範學院的學生。成立宗旨是不計國籍團結馬來人，為馬來人所應有的權益奮鬥，他們認為如果依據國家來爭取將無益於馬來人。它是馬來民族的第一個政治組織，抗爭目標主要有三：一為維護馬來人的權益；二為擺脫殖民統治，爭取獨立；三為將馬來亞和印尼合併，成立大印尼國（Indonisia Raya）或大馬來國。依布拉欣耶谷等人甚至在一九二八年加入印尼國民黨。在蘇丹依德利斯師範學院和宗教學校師生的支持下在全國各地設立分會。日本為了實現入侵馬來亞的意圖，曾經支持他們的活動，使之成為宣揚抗英的工具，以激起抗英的情緒，因此給予財援購買新加坡的《馬來亞新聞》。由於他們的言論與行動極富煽動性，招致英殖民政府的逮捕，好幾位領導人皆被囚禁。整體而言，由於他們過激的政治理念，並無法得到廣泛的認同和支持，激進的馬來民族主義運動也暫時受挫而宣告結束。[18]

另一方面，走中庸路線的各州馬來人協會及馬來亞文友聯誼會，於一九三九年八月在雪蘭莪馬來人協會領導人東姑伊斯邁的推動下，在吉隆坡成功召開全馬來亞馬來人大會（Kongres Melayu Seluruh Tanah Melayu），為溫和的馬來政治運動掀開序幕，這屆大會要求英殖民政府讓馬來人擔任更高職位的公務員。[19]

一九四二年，當日軍入侵馬來亞時，依布拉欣．耶谷等人獲得釋放，他們於一九四五年組織「半島印尼人同盟」（Union of Peninsular Indonesia），並在日人的安排下主張和印尼合組「大印尼」。

華人的政治意識與活動

自洪武實行海禁以來，華人如犯法紀出海，皆視為亂臣賊子，一旦捕獲，將處以極刑。惟其如此，為了謀生餬口，犯險出海者仍然大有人在，尤其是在鴉片戰爭前後，更是不計其數。一八六〇年，英法聯軍之後，清廷被迫開放海禁，解除華工出國的禁令。除了歐美殖民帝國的壓力，清廷也開始認識到海外華人並非完全是封建王朝政府所認定的亂臣賊子，或有損國體的子民。清廷開始意識到華僑的捐款和匯款，其實有助解決清政府的財政問題，同時，讓貧困的流動人口出國，也有助於抒緩國內動盪的局勢。加上許多起義失敗、革命和改良派的志士流亡海外，這些都迫使清政府開始正視問題，並轉而採取保護、爭取、控制和利用的政策。清廷不斷派遣官員和兵艦訪問，宣慰華僑、鬻官賣爵，藉此吸引華僑的資本和技術，投資國內興辦實業。在新加坡設置中國駐新加坡領事館可視作一里程碑，表面上在保護華僑的正當權益，其背後的政治意圖卻代表清政府同革命黨人爭奪華僑的支持，充當清政府在馬新和東南亞各地探聽革命黨人在華僑中活動情報的耳目，同時勾結殖民地當局，並借助英國殖民主義者的實力來迫害華僑和革命黨人。[20]

滿清末期朝政腐敗，顢頇無能，無法處理國內外問題，以致民不聊生。在光緒年間，康有為曾推動百日維新，但很快就被以慈禧為首的守舊派反撲而功敗垂成，維新黨人流亡海外。一九〇〇年，康有為在新加坡設立保皇黨分部，作為海外活動基地，宣揚君主立憲思想。在維新運動展開之前，以孫中山為首的革命運動已經開始策劃起事，在起事失敗後，革命黨人也流亡海外籌款並尋求支持。一九〇六年，孫中山在新加坡創立同盟會，隨後在吉隆坡、檳城等地的分會也紛紛設立。一九一〇年，孫中山決定將革命黨的大本營從新加坡遷至檳城，並創辦《光華日報》為之喉舌。最早的組織有救國十八友，後來革命黨人如黃福、鄧子瑜、尤列等人皆南來宣傳革命。一九一一年的廣州黃花崗起義，其策謀地點就在檳榔嶼，史稱庇能會議。當時不少南洋華僑投身其中，而黃花崗七十二烈士中，有近三十位來自馬新。

馬新作為海外華人最為集中的地區，自然吸引了兩派人員的注意，紛紛匯集於此，展開各種活動，積極爭取支持。兩派人員不約而同地透過興辦教育和報紙來爭取支持，在這種情況下，多間新式學校如雨後春筍般成立，而各類宣揚革命和維新的報紙也紛紛創辦，以爭取輿論支持。兩派的公開論戰最先在《圖南日報》和《天南新報》進行，自一九〇四年起，馬新革命領袖先後創辦八種革命報刊與保皇派論戰，新加坡成為論戰的中心和戰場，論戰結果以保皇派的潰敗，革命黨的勝利而結束。此外，革命派也在馬新各地的城鎮鄉區成立了許多書報社，以展示革命書報雜誌，供人閱讀，開啟民智，宣導革命。革命黨的領袖也不時到來演講，以鼓動革命的情緒。

一般而言，在馬新華僑下層的工農勞動群眾具有濃厚民族意識、愛國熱情和強烈革命要求，成為支持和參加革命運動的中堅力量。小工商業者也是革命的積極擁護和參與者。至於大資本家與中英政府皆有密切聯繫，除個別有民族自尊者支持外，一般皆持反對態度。新加坡的邱菽園（一八七四年－一九四一年）和林文慶（一八六九年－一九五七年）是保皇黨的大力支持者，在一八九八年創辦《天南新報》作為宣揚保皇思想的喉舌，他也是新加坡保皇黨分部主席。而新加坡的中小資產階級如陳楚楠（一八五四年－一九七一年）和張永福（一八七二年－一九五九年）則受影響成為革命黨的活躍份子，於一九〇四年創辦《圖南日報》，宣揚革命思想，與保皇黨抗衡。

一九一一年，辛亥革命成功，中華民國成立，馬新華人在這場世紀革命多有貢獻，孫中山因此稱譽海外華人為「華僑為革命之母」。綜觀馬新華人的貢獻除了經濟上的慷慨解囊，大力支持革命，更為難得的是英勇參加各次的武裝起義，尤以黃花崗起義最為壯烈，其中羅仲霍、李炳輝、郭繼梅、余東雄等十六位烈士，皆是馬新華僑。這場革命也給華僑社會產生不小的作用，它將不同方言的華僑結合在一起，打破幫派界限；為了灌輸革命興辦了不少學校，促進了文教事業的發展；舊觀念被摒棄和批判，注入自由、民主和平等的新觀念；增強反殖反帝反封建的抗爭精神。[21]

一九一二年，中華民國成立以後國民黨支部紛紛在馬來半島各城鎮成立，其任務為在馬新設立分會，吸收會員，鼓勵回到中國投資，同時也透過華校和報章灌輸反殖反帝的愛國思想。國民黨在馬新的活動被英國視為將損害英國的利益，並在一九二〇年立法管制華校。一九二五年，英國禁止國民黨的活動，認為其中有共產的份子帶領罷工和抗英活動。

一九二〇年代，共產主義思潮經由中國和印尼傳入馬新，其中以中國傳入者對馬新華社的影響最大，印尼共產黨在一九二六年至一九二七年的政變失敗後，其在馬新的活動也就沉寂下來。中國共產黨則早於一九二一至一九二三年左右，已開始在吉隆坡一帶活動，吸收黨員、組織夜校學生和工人出版刊物。[22] 一九二三年，位在中國的國共兩黨合作，共產活動通過國民黨支會進入馬新。一九二五年，由於他們的活動有強烈的反英意圖而被禁絕，這導致國民黨的活動同時也遭英殖民政府禁止。一九二七年，蔣介石清共，馬新的國共關係出現裂痕，共產黨遂脫離國民黨成立南洋共產黨，其會員主要來自工會、私校及青年團。一九三〇年，有鑑於南洋共產黨無甚作為，在上海的遠東共產國際決定加以重組，易名為馬來亞共產黨，透過滲透工會、策劃罷工等形式來爭取人民的支持，從而發展成為馬來亞華人政治活動的另一股勢力，易名後的馬來亞共產黨的目標是驅逐英殖民統治，並在馬新建立人民共和國。一九三〇年代的不景氣，給予由礦工、園丘工人和工廠工人組成的共產黨發展的機會。他們在雪霹柔森檳等地發動罷工示威，其中最為知名的是一九三五年雪州煤炭山煤礦工人的大罷工，有六千名礦工參與，馬共成功接管礦區，後來在三百名警員動員下才擺平有關罷工，負責罷工的領導被逮捕並驅逐回中國。一九三七至一九三八年可謂是馬共最活躍的時期，他們過激的活動引來英殖民政府的逮捕並驅逐回中國，其活動才稍為收斂。直至一九三九年，馬共已有三萬七千名會員。

太平洋戰爭爆發以前的馬來西亞，除了上述保皇、革命、國民黨和共產黨的政治活動以外，另外還有一股抗日救亡的運動，隨著日本加緊對中國的侵略，而逐漸擴大其活動和影響範圍。抗日救國運動影響層面和參與群眾，無疑要比上述任一類型活動要來的深廣。它從一九一五年開始，到一九三七年七七盧溝橋事變達到高峰，馬新華人除輿論上譴責日本，也以募捐和抵制日貨來支援中國抗日，這些活動都促進華僑和中國的聯繫，也加強華僑的聯繫和團結。更為重要的是，此運動打破了華人方言群彼此間的隔閡，在抗日救國的大前提下全體團結一致對抗日本。

一九二八年，日本製造「濟南慘案」。對此，新加坡成立了「山東慘案籌賑會」，以陳嘉庚為主席。這場運動初步確立陳嘉庚在救國運動中的領導地位，同時湧現一批優秀骨幹，建立嚴密組織，是馬新華僑抗日救亡運動的高潮，在思想和組織上都做好了準備。一九三一年，九一八事件爆發，馬新華僑開始動員展開各種運動，如要求國際社會的制止、發表文章譴責日本的罪行、師生上街進行抗日宣傳、組織籌賑會，並進行經濟制裁。一九三七年，七七事變和八一三上海戰事進一步激化華僑的抗日決心。先後成立新加坡籌賑會、馬來亞華僑各界抗敵後援會和中華民族解放先鋒隊新加坡隊。

隨著抗日戰爭運動的發展，東南亞華僑期盼建立一個總機關以統一和推動各地的抗日和救亡運動，加強對中國的支持。為此在一九三七年在新加坡成立南洋華僑賑災祖國難民總會，以陳嘉庚為領導，活動為籌款、抵制日貨等。其宗旨為加強團結、反對分裂、鞏固統一陣線；齊心協力，促進籌賑活動的廣泛開展；回國效力，參加中國抗戰。

「海峽華人」（The Straits Chinese）或「海峽僑生」（The Straits Born Chinese）是馬來亞華人社會中另一個群體，最初是指華僑和當地婦女通婚後所生的後代，他們在海峽殖民地土生土長，也被稱為「土生華人」，他們絕大多數接受英文教育，深受西方文化的影響，在政治意識上以英國為認同與效忠的對象。到了十九世紀後期至二十世紀初期，海峽華人與「峇峇」華人同義。海峽華人最大的特徵是其風俗文化是由閩南和馬來文化混合而成，例如家庭語言是一種參雜馬來語和福建話的特殊峇峇馬來語；親屬結構中，中心已經不是以男方家庭為中心的父系家庭制；宗教文化已相當直接地衍生於福建人的習俗；其食衣住三種基本文化更為明顯呈現了兩種文化的合成。[23] 整體而言，他們都相當熱愛中華文化，甚至關心中國的前途，有好一些雖然獲得女皇獎學金前往英國深造，卻成為熱心宣傳中華文化的宣導者，如林文慶和曾錦文等。

十九世紀之際，海峽僑生在從事經濟活動中有著新客移民所沒有的有利條件，許多在新加坡和檳榔嶼的海峽僑生因此致富，經濟勢力雄厚，成為僑領，社會地位崇高，深受英殖民當局的器重。在政治上，由於出身背景與對大英帝國的忠貞不渝，因此有些被委任為非官方立法議員、市政局委員或諮詢局委員等，成為政府與民間溝通的橋梁，扮演著上情下達或下情上達的重要角色。到了二十世紀，由於新移民大量湧入，相形之下，海峽華人變成少數群體，逐漸喪失其優勢的經濟的優勢地位。這種危機意識，使得海峽華人從一九二〇年開始積極爭取參政權。一九三二年，三州府的海峽英籍華人公會聯函向英國政府請願，提出擴大華籍非官方委員代表的要求，其中林清淵和陳禎祿先後一致要求，增加民事服務中的華籍官員。[24]

再者，海峽僑生為了加強彼此間的聯繫和團結，進而維護自身的利益，先後創組慶德會（一八三一年）、威克利俱樂部（Weekly Entertaiment Club，一八九一年），並在一九〇〇年，於新加坡發起成立深具影響力的海峽英籍華人公會（Straits Chinese British Association）；其後，也在檳城和馬六甲也先後成立類似的組織。他們也辦有報章雜誌，為自身群體服務，如一八九七年的羅馬化馬來文日報《東方之星》（*Bintang Timor*）和英文雜誌《海峽華人雜誌》（*Straits Chinese Magazine*）。

海峽僑生以英國子民自居，效忠英國皇室，甚至有人在清末義和團事件中，建議海峽僑生應組織起來協助英國。無可否認地，他們採取了一些相應的舉措來彰顯他們英皇子民的身分，如在一九〇一年組織自願衛隊作為地方的防禦力量，並在第一次世界大戰期間派發手冊強調他們對英國的義務，也慷慨捐獻大筆資金予英國進行抗戰，同時承擔星洲部分的防衛工作。[25]

印人的政治活動[26]

在二戰以前馬來亞的印度社群，由於宗教文化的差異、民族群體的多樣複雜和種姓制度的根深蒂固，導致印度社群四分五裂，一盤散沙。他們只以馬來亞為暫居地，準備在賺取足夠的金錢以後，就要衣錦還鄉，在政治認同上始終以印度為主，鮮少有扎根萌芽的意識，由於極強的流動性和不穩定性，對政治幾乎沒有太大的醒覺。二戰以前，在專業人士和商人的領導下，印度社群雖然也成立了不少政治團體，但會員極少，而且相互對抗，這些團體計有印度青年會（Persatuan Belia India）、馬來亞印度協會（Persatuan India Tanah Melayu）、太平印度人協會

（Persatuan India Taiping）、雪蘭莪印度人協會（Persatuan India Selangor）、新加坡印度人協會（Persatuan India Singapore）等。遲至一九三七年，一個成立統一印人組織的會議才得以召開，會中議決由十二個印人團體和四個商人團體合組馬來亞印度人總會（Persatuan India Pusat Tanah Melayu），第一任主席是 Dr. A. M. Soosay。這是馬新第一個印人政治團體，宗旨在維護印人的政治權益，他們呼籲英殖民政府禁賣椰花酒、要求膠園印人勞工的薪金不被調低，但這組織在戰前基本不活躍，到了二戰以後才逐漸有所發展。

印人在馬來西亞戰前的政治活動屈指可數，也沒有引起太多的社會關注和影響，其中最具有標誌性的社會運動是一九四一年發生在雪蘭莪巴生的大罷工。它的起因是因為印度政府禁止非熟練勞工移往馬來亞。二戰爆發，對橡膠的需求甚殷，英殖民者只好加劇對印度勞工的剝削和壓榨，進一步刺激了印人的民族主義情緒。一九四一年二月至四月間，每個種植園丘組建罷工委員會，以和平、有秩序的方式訴求，呈交請願書，表達他們的政治訴求，如要求印度勞工和華工同酬、提供適當的醫療設施、給予言論和集會自由、廢除十至十二小時的日工作時數、允許組建協會等。但英殖民統治者擔心形勢失控，調動軍警鎮壓，造成五人死亡，多人受傷，二十一人被驅逐出境。罷工雖然在殖民統治者強力鎮壓下告終，但它引發的威力卻在日據時期爆發，印人掀起了聲勢激烈的印度獨立運動。

日據時期，印人眼見英殖民統治者在短時間內為日人所摧折，遂寄望日人能協助擊退印度的英人，恢復印度的獨立自主。日人則利用印人的反英情緒，加強在馬來西亞的統治，並在其協助下從緬甸進攻印度，在這種相互利用的情況下，馬來亞印人的獨立運動才能夠興起。一九四二年三月二十八日，印度獨立同盟成立，總部設於新加坡，並在半年的時間內在馬來亞成立超過五十個分會，有十二萬會員。一九四三年十月二十一日，在日本人支持下，「自由印度臨時政府」在新加坡成立，並對英美宣戰。至此，馬來亞印度人的獨立運動有了統一的機構。一九四四年，他們派出印度國民軍參與日軍對印度本土的進攻，雖然取得短暫的勝利，但最後在英印軍隊的痛擊下潰不成軍。隨著日軍的兵敗如山倒，印人的印度獨立運動最終注定走向消亡，並在戰後面對更為艱苦的政治處境。

砂拉越和沙巴的馬來人團體

一九三七年五月一日，一份通告在古晉馬來社會流傳，呼籲創組一馬來團體以維護馬來人的權益，並冀望籌建會所，拿督巴丁宜（Datu Patinggi）則惠借一塊土地以為團體的倡設。一九三九年，砂拉越馬來人協會（Persatuan Melayu Sarawak）正式成立。創會後雖然不是很活躍，直至一九四一年仍然吸引了七百名會員。此組織舉行年度會議以方便土著領袖能見面討論所面對的問題，也曾參加一九四〇年在新加坡舉行的馬來人協會大會（Kongres Persatuan Melayu）。他們的宗旨是團結馬來人，維護馬來人的尊嚴，鼓勵馬來人從事工商業以改善生活，同時促進教育和文化的發展。

在北婆，由於缺乏領導，二戰以前沒有任何政治團體，其中馬來亞文友聯誼會（PASPAM）沙巴分會只是熱衷於展開社會和教育活動，對政治沒有太大的熱忱。當地的政治課題由相關族群代表直接在原住民酋長諮詢議會（The Native Chief's Adisory Council）裡反映和討論。此議會由北婆公司在一九一五年成立，雖然只有諮詢權力，沒有立法權，但會中反映的議題或多或少均引起北婆當局的關注，並加以改善執行。[27]

第八章

東馬來西亞
砂拉越和北婆沙巴

加里曼丹島（Kalimantan Island），古時稱婆羅洲，為東南亞第一大島，世界第三大島，目前由三個國家分別統治，南部加里曼丹是印尼的領土，北部是沙巴和砂拉越，為馬來西亞的兩州，兩州之間還有汶萊。砂拉越位於加里曼丹島西北，面積約十二萬四千四百五十平方英里，拉讓江（Rajang River）全長五百六十公里，為馬來西亞最長的河流。砂拉越常年濕度高，樹木茂盛，是世界著名雨林帶之一。沙巴則位於加里曼丹島東北角面積約七萬三千六百三十一平方公里，哥打京那峇魯山（Kota Kinabalu Mountain）山高四千零九十五公尺，為東南亞最高峰。

東馬砂拉越和沙巴不論從自然景觀或人文景觀皆與馬來半島截然不同。西馬在伊斯蘭教傳進以前，深受印度文化影響，汶萊早期也信仰佛教，但印度文化影響並不深刻。約莫六世紀時，汶萊已經向中國朝貢，並在十世紀開始和中國有頻繁的貿易往來，東馬似乎受中國文化的影響較深。長屋居民於日常生活中使用中國瓷甕，甚至將之當成珍貴古物收藏，在部落間的媾和大會中還成為彼此交換的重要禮品，由東馬多地常有中國瓷甕的出土，可見一斑。而沙巴的哥打京那峇魯山，俗稱中國寡婦山，流傳著類似中國「望夫石」的傳說，另有以「中國」命名的中國河，就是沙巴最長的河流，皆是中國影響的痕跡。

馬來亞的移民不外豬仔和親屬移民兩種，東馬則另有一種與西馬截然不同的移民方式，即在當地統治者的鼓勵下，華人與政府簽署移民墾殖合約，集體前來墾殖，形成獨立的社區，如黃乃裳開闢的福州墾場、鄧恭叔的廣東墾場、興化人的墾場和沙巴的華北村等均是。

教會在砂拉越的影響極為深遠，上述的墾殖，除廣東墾場外，就是在教會的背景和推動下進行，大部分的福州人皆信仰基督教，即使是當地的土著也有許多信仰基督教。同時，在砂拉越人民的啟蒙上，教會扮演了重要的角色，許多在個別領域有傑出表現者，皆或多或少都曾蒙教會的教育和協助。這與西馬由華人社會自發性興學辦教，教育啟蒙子弟的模式也有不同。

砂沙幅員遼闊，面積比西馬來西亞還大，但人口要比西馬少得多，其中大部分為土著，僅砂拉越就住有三十多種原住民。人口最多的當數達雅人（Dayak），其他較為重要的還有馬蘭諾人（Melanau）、加央族（Kayan）、肯雅族（Kenyah）、加拉畢族（Kelabit）、姆律族（Murut）、普南族（Punan）、本南族（Penan）和比沙耶族（Bisaya）。

達雅族是砂拉越的主要族群，又可區分為海達雅和陸達雅，前者也稱為伊班族（Iban），後者也稱為比達友族（Bidayuh）。事實上，海陸達雅不論在個性、語言和分布區都有很大的差別。伊班的來源有兩種說法，一說源自蘇門答臘、一謂來自婆羅洲，而「伊班」一詞亦有漂泊者和一個人兩種說法。他們尚武，習獵人頭、紋身，以種稻為生，足跡幾乎遍布全州。陸達雅主要集中在第一省，可能源自爪哇，個性溫順，常遭他族俘虜，故以深山窮谷為居。由於群居，故此強調分工合作和守望相助。

馬蘭諾人主要居住在拉讓河口，廣植碩莪。由於是濱海民族，是著名的水手和漁夫，同時也負有藝術天份，善於編制籃子、草席和斗笠。他們的外表雖與馬來人相似，但語言卻相差十萬八千里，習俗反倒與陸達雅相似。但現時大多數馬蘭諾人已經信奉伊斯蘭教，許多風俗都已伊斯蘭教化。

加央和肯雅族常比鄰而居，驍勇善戰，以獵人頭為習，每遷至一地，必以人頭祭祀，以確保平安。他們以種水稻謀生，亦是良匠，能冶鐵成鋼、打造鋒利並刻有圖案的刀，也能製作噴筒和獨木舟。一九七〇年代以來逐漸改信基督教，破除迷信，獵人頭的習俗也隨之消失。❶

沙巴的原住民一如砂拉越，種類繁多，約有二十餘種，其中又以卡達山杜順人（Kadazandusun）最為重要，人數最眾。其他的還有巴瓜族（Bajau）、姆律族、汶萊人和比沙雅人等。

卡達山杜順族占沙巴總人口的三分之一，他們主要生活在內陸平原及西海岸和北部一帶，相傳他們源自中國南方。他們還可細分為三個小族群，即杜亞蘭（Tuaran Dusun）、倫谷斯（Rungus）和蘭瑙（Ranau Dusun），故此也稱為卡達山杜順族。他們服膺傳統習俗的規約，有自身的律法，殺人和通姦將被判處死刑或流放。至於其他罪行主要以償付受害者或長屋居民的損失即可。卡達山人大部分以種稻為生，故此五月的稻米收割季節會舉行節慶，俗稱豐收節（Tadau Kaamatan）。此節日的意義在於祭拜稻神，並感恩稻作豐收。豐收節一般進行三天，同時舉行名為馬嘎哇（magavau）的宗教儀式，由數位備受尊敬的女祭司（Bobohizan）主持，儀式後就是全族大肆慶祝的節日。

巴瓜族（Bajau）是沙巴第二大土著族群，約占沙巴人口的十五％，源於棉蘭老島（Mindanao）和蘇祿，約於十八世紀移入沙巴，分布於東北角。他們曾是勇敢的海員，是海上的遊牧民族，以採集海產為生，也稱海上吉普賽人。西海岸的巴瓜人則從事稻作，並精於馬術。巴瓜人大部分已經信仰伊斯蘭教，但仍然奉行不少與伊斯蘭教不相涉的傳統習俗。❷

姆律族（Murut）住在內陸靠近砂拉越及加里曼丹的邊界地區，大部分還住在傳統的長屋上，他們的祖先曾有獵人頭的風俗。他們主要以種植旱稻、打獵和採集森林產品為生。姆律族相信有一位創造世界、能解決族人問題、醫治百病和帶來豐收的神祇。他們也有名為巴巴里亞（Babalian），能溝通神祕力量的巫師。

第一節 古代的婆羅洲

有關婆羅洲古史記載極少，但其古名卻不少，如婆利、勃泥、佛泥、婆羅乃和渤泥；然而，不論是哪個名稱，皆無法涵蓋全婆羅洲。此外，中國載籍中亦有薄拉國、婆羅剌和沙華公國等名，前二者是指汶萊王國，後者則是砂拉越。❸

婆羅洲於梁時稱「婆利」，這是文獻中最早的記載，故此有謂渤泥或許建國於六世紀。在西元五一八、五二三年及五六一年，先後向中國朝貢。西元五一八年，梁武帝天監年間，中國海舶南下，帶來了勃泥的貢品化歸。唐時稱「勃泥」，最早見於樊綽《蠻書》，《新唐書》則作「婆羅」。這些名稱所指就是後來的汶萊王國。

宋時，渤泥王國勢力甚大，與中國和阿拉伯經營海上貿易，其王嗜中國飲食，似乎已受中國文化的影響，曾分別於九七七年和一〇八二年兩次遣使中國。伊斯蘭教東傳後，其統治者稱「向打」，即蘇丹的對音，顯示其已信奉伊斯蘭教。其國力於宋代一度中衰，並稱臣滿者伯夷，與中國關係斷絕，宋以後始稱汶萊。

元時渤泥仍為南洋大國，受中國文化影響至深，喜愛中國文化，《島夷志略・渤泥》條曰：「崇奉佛象唯嚴，尤近愛唐人」。其風俗物產則「龍山盤礴於其右，基宇雄敞，原田獲利。夏月稍冷，冬乃極熱。俗尚侈。男女椎髻，以五採繫腰，花錦為衫……民煮海為鹽，釀秫為酒。有酋長，仍選其國能算者一人掌文簿，計其出納、收稅，無纖毫之差焉。地產降真、黃蠟、玳瑁、梅花片腦，其樹如杉檜，劈裂而取之，必齋浴而後往。貨用白銀、赤金、色緞、牙箱、鐵器之屬。」元兵曾在北婆羅洲建立中國屬地，有華人黃三品與汶萊國王之女結婚，生女，贅阿拉伯人為婿，後來繼位為蘇丹，其地有王總兵墳墓。

明時與汶萊關係密切，南京有渤泥國王墓，名字為馬哈拉加卡乃（Maharaja Karna），一四〇八年，他率領妻子兒女弟妹陪臣一百五十多人來朝貢，永樂皇帝特派專使到福建迎接，封其為王，賜印誥、敕符、勘合。同年王病死南京，據其「體魄托葬中華」之遺願，葬於中國。

中國商人在西元六世紀或更早時，已經和婆羅洲通商，一直延續至十五世紀中葉。考古學家曾在婆羅洲西北部沿岸發掘刻有漢字的錢幣、鐵刀、鐵鉤和漢代陶瓷器，這證實了早在西元前二世紀，或許已有中國人到此互通有無。中國與婆羅洲長期的經貿關係也可從尼亞、山都望等地出土的石器和瓷器，以及砂拉越內陸土著長屋裡保存之數以萬計的中國古瓷獲得證明。一五八〇年至一八四〇年的兩百餘年間，雙方貿易進貢中斷，史籍沒有任何資料，史家稱為「黑暗時代」。[4]

汶萊王朝雖始建於六世紀，但遲至十五六世紀，其勢力方達至頂峰。據中國文獻記載，從六到十五世紀，汶萊均朝貢中國以尋求庇護，十世紀開始汶萊已經和中國有貿易來往。馬六甲被葡人占領後，由於葡人的不友善政策，致使許多穆斯林商人轉至汶萊，使之發展成為商貿中心。汶萊早期信奉佛教，十五世紀初期，在阿剌貝塔塔（Alak Betatar）統治時期改信伊斯蘭教，改名號為蘇丹莫哈末沙（Muhammad Shah），成為第一位信奉伊斯蘭教的國君。也因為泰米爾穆斯林的到來，逐漸成為婆羅洲和菲律賓的伊斯蘭教傳播中心。蘇丹布基爾（Bolkiah）時期也曾統治蘇祿、砂沙和部分菲律賓，為其國力頂峰時期。

十九世紀以前，砂拉越和沙巴分成幾個部分，十六世紀開始砂拉越沿海和沙巴西岸成為汶萊王朝的殖民地，十八世紀時沙巴東岸成為蘇祿王朝的殖民地，然而砂沙內陸仍然由各不同原住民統制。

汶萊統治砂拉越和沙巴期間，將砂沙分成幾個統治區，每區由一位領袖統制，同時委任三位領導來治理，他們是拿督巴丁宜（Datu Patinggi），職責是每年將貢品上繳汶萊中央，貢品有砂拉越的銻和黃金，沙巴的米、森林物產和海產，奧雅河（Oya）和木膠（Mukah）的碩莪；拿督天猛公（Datu Temenggung）負責維持治安和安全，拿督萬達（Datu Bandar）則專事商貿事宜。在汶萊統治下，砂沙常面對苛捐雜稅，物產只能售予汶萊的苛政，而地方長官也常被汶萊官員隨一己之喜好革除。

除了汶萊，菲律賓的蘇祿王朝也曾經短暫統治沙巴。其版圖介於棉蘭老島和沙巴之間的蘇祿海，曾在汶萊轄下，十七世紀時逐漸壯大。十六、十七世紀，西班牙在菲律賓擴張版圖，並傳播基督教時，曾遭到蘇祿的頑強抵抗。十八世紀時，沙巴北岸和東岸成為蘇祿的屬地，此時，蘇祿因為和英國的非法貿易而成為國際貿易中心。英國將暗中售予蘇祿急需的火藥和武器，以反抗西班牙的統治，蘇祿則將沙巴的物產如珍珠、燕窩、樹藤等賣給英人。沙巴則具有拿督（Datu）封號的蘇祿長官來管理，他們四處搜刮沙巴的物產，如產於沙巴東岸的珍珠、燕窩和海產，以及森林物產，如樹藤、樹脂和蜜。

西方人來到婆羅洲，最早是葡萄牙，接著是西班牙、荷蘭和英國。一五二六和一五三〇年葡萄牙航海家先後抵達汶萊，一五五七年設立商站進行商業活動。一五七六年，西班牙利用汶萊內亂的機會，出兵汶萊，扶立傀儡蘇丹，後來蘇丹之弟才將西班牙人趕出汶萊。荷蘭於一六〇〇年抵達汶萊，並在一六〇九年從葡人手中奪取三發（Sambas），但在一六二三年放棄。荷蘭的影響主要開始於十九世紀的西婆羅洲，然後才逐漸往東部和南部發展。英國人則於一七七三在巴蘭萬安建立商站，但直到一八〇三年，有人始終沒有成功在此建立據點。[5]直到詹姆斯・布洛克（James Brooke, 1803–1868）的到來，英國勢力才進入砂拉越。

第二節　砂拉越：布洛克家族的統治

汶萊王朝雖然由婆羅洲的主導政權，但卻不曾直接統治砂拉越，而是由砂拉越的地方官員自行統治。為了操控砂拉越的經濟，尤其是控制銻和黃金的生產，蘇丹賽夫丁（Sultan Omar Ali Saifuddin）在一八二七年委派貴族馬可打（Pangeran Indera Mahkota）統治砂拉越。馬可打在管治期間實行壓迫和剝奪的政策，他剝奪馬來領袖的政治權利，控制銻和黃金的生產，並以低價收購馬來人的物產，同時也向馬來人徵收各類苛捐雜稅。此外，馬可打逼迫當地土著成為其自身所有的銻礦場勞工，並對他們實行低買高賣策略，如果無法償還債務，則以其妻女為奴抵償。後來不堪壓迫的伊班人連同馬來人在一八三六年起義，由巴丁宜阿里（Datu Patinggi Ali）領導，並得到達雅人的支持，馬可打鎮壓失敗，汶萊蘇丹只好委派其叔父拉惹穆達哈森（Pangeran Bendahara Raja Muda Hashim）接手處理。由於馬可打不予配合，起義持續到一八三九年仍然一籌莫展。馬可打唯一的善策，大概就是將古晉變成政治中心，他也可說是古晉的開闢者。

事實上，汶萊蘇丹因為宮廷紛爭，不想穆達哈森回來。穆達哈森決定尋求外援，這時碰上了海峽殖民地總督派到古晉的詹姆斯・布洛克。詹姆斯原是東印度公司的軍人，參與英緬戰爭，受傷後選擇退役，滿懷冒險之心來到東方。一八三五年其父過世，他利用獲得的遺產買下有武裝裝備的「勤王號」（Royalist），準備在東方從事貿易和探險的活動。一八三九年，經過五個月的航行，終於抵達新加坡。海峽殖民地總督聽聞穆達哈森曾協助營救一艘英國遭難的船隻，並禮待遇難船員，為了答謝穆達哈森，遂吩咐詹姆斯帶一封信函和禮物給穆達哈森。詹姆斯所以接受這個任務，主要是他也希望可以在古晉尋找發展的機會。這是他首次來到砂拉越。[6]

一八四一年，詹姆斯第二次抵達砂

▲詹姆斯・布洛克。
砂拉越華族文化協會蔡增聰主任提供。

拉越，穆達哈森馬上邀請他協助討平叛亂，並答應事成後除以土地為酬，並將賜以「拉惹」封號，讓他出任砂拉越總督，代表汶萊蘇丹統治砂拉越。期間雖然遭馬可打的反對，但雙方最終簽署合作協定。在英國海軍的協助下，詹姆斯在幾個月後成功平定亂事。一八四一年九月二十四日，穆達哈森正式宣布詹姆斯為砂拉越「拉惹」，並取代馬可打成為砂拉越總督。一八四二年，詹姆斯帶領艦隊參拜汶萊蘇丹。懾於英國強大的艦隊，汶萊蘇丹簽署了《一八四二年協定》，承認這項委任，正式割讓砂拉越，詹姆斯則答應每年納貢二千五百元於汶萊蘇丹。事實上，汶萊蘇丹對此心有不服。一八四六年，汶萊蘇丹在地方酋長支持下意圖消滅詹姆斯，取回砂拉越；然而，詹姆斯率軍討伐，迫使蘇丹就範，詹姆斯乘機取消每年的貢銀，汶萊蘇丹被迫再次承認詹姆斯在砂拉越的統治，以及其後裔繼承拉惹的權力，納閩島也移交給他。一八四六年，詹姆斯正式成為砂拉越第一任白人拉惹（White Raja），直到一八六八年在英國逝世為止；他同時也被任命為納閩島總督和駐汶萊總領事。英國對詹姆斯在砂拉越的舉動，起初仍在觀望，直到一八六三年國會才改變看法，承認砂拉越，並委派一位領事駐守古晉。❼

從一八四一年弭平內亂到一八四六年鞏固其拉惹地位期間，可謂是詹姆斯最為艱困的時刻，除了與汶萊政府較勁，還得對付騷擾沿海村莊、劫掠過往商船和從事奴隸買賣的海盜。詹姆斯深切了解達雅人有陸達雅和海達雅之分，居住在砂拉越的陸達雅人雖然偶有獵人頭的習俗，但基本上屬於溫順和愛好和平的民族。他們常遭馬來貴族欺壓，強迫陸達雅人以十倍的價錢購買不值錢的貨物，如果無法支付，則動輒搜刮村莊，甚至將年輕男女帶走為奴。至於海達雅人則是優秀的海上人家，男生以海盜為業，以無畏和兇暴著稱於婆羅洲西海岸。但布洛克認為海達雅並非惡名昭彰的劫掠者，他們也是喜好和平的可愛的農夫和漁夫，是迫於無奈才成為海盜，相較於蘭農海盜，他們其實微不足道。他們不過是被馬來貴族或阿拉伯人所利用，因為他們與大自然為伍，沒有物質的要求，每當在分贓時，竟然可以置贓物於不顧，而只是將人頭和無法出售的虛弱人質帶走。❽為此，詹姆斯宣布三大施政宗旨：一為拯救被壓迫的陸達雅人；二為呼籲海盜恢復那些曾被馬來人誘導而為強盜之海達雅人的和平生活；三為取締獵人頭惡習。

一八四三年，他首先剿滅泗里末（Saribas）和色克朗（Sekerang）地方的海盜，在「狄多號」（Dido）艦長吉貝爾（Henry Keppel）的協助下，先後發動兩次攻擊，一舉平定馬來海盜，至於達雅海盜則四散流竄。

一八四五年，他在北婆馬魯都灣（Marudu Bay）遭遇南中國海上最為彪悍的菲律賓蘭農海盜，將其首領沙立夫・奧斯曼（Sharif Osman）擊傷，在逃亡期間死於森林中。戰爭極為慘烈，雙方死傷慘重，一位英國中尉被擊斃，許多海盜陣亡，是為「馬魯都灣之役」。

但給予海盜勢力致命一擊的是一八四九年的「巴當馬魯（Batang Maru）之役」，這是一八四三年戰役的延續。當時達雅餘眾星散，不久後又漸漸匯聚，出沒於砂拉越和三馬拉漢（Samarahan）河，燒毀劫掠，無所不為。七月二十八日，詹姆斯探知群盜外出劫掠，故率領三艘戰艦，以及其他小戰艇和土人木舟，共三千五百人，埋伏於巴當馬魯河口。當海盜船隻接近河口時，艦隊傾巢而出，經過五小時的鏖戰，百餘艘海盜船被擊沉，約八百海盜死亡，餘眾則投靠伊班首領仁答（Rentap）麾下，繼續反抗。砂拉越往後雖然仍有零星海盜為亂，如一八五五年藍農海盜進攻木膠，一八六二年劫掠民都魯（Bintulu），但均不足為患。海盜最後一次的進攻是在一八六九年四月十二日攻打蘇拉，最後為民都魯人擊敗，從此海盜就永不出沒了。詹姆斯對付海盜的殘酷手段曾引起英國關注，欲調查真相，然最後國會贊成者稀落，而不了了之。[9]

除了蕩平海寇，詹姆斯任內還有一件重要的功績，那就是領土的擴充。詹姆斯最初統治的領土，約相當於今天古晉省的範圍。為了獲取更大的經濟利益，當務之急就是開疆拓土，除了借用消滅海盜的英軍擴充領土，也通過金錢的方式擴大領土。他所以能如此易如反掌地趁虛而入，大肆擴充領土，主要是因汶萊蘇丹懦弱，大權旁落，各地酋長和蘇丹派出的總督不聽其令，不按期上繳賦稅，加上地方官員貪婪腐敗，橫徵暴斂，掠奪百姓，縱容海盜之故。一八五三年，詹姆斯以每年納貢一千英鎊代價，向汶萊蘇丹取得三馬拉漢和拉讓（Rajang）兩地，即現今的第二省成邦江（Simanggang），是一八四一年領土的三倍。汶萊蘇丹同意割讓，是因為從未在這塊土地上取得任何稅收，割讓後反可得到一筆收入。一八六一年，由於連年戰亂，汶萊蘇丹無法從木膠和拉讓江流域取得任何稅收，同時蘇丹認為詹姆斯可使這些地方恢復和平，故將巴登拉讓（Batang Rajang）至丹絨金都隆（Tanjung Kidurong）地區交給詹姆斯，即現今的第三省詩巫大部分地區，以收取每年四千五百元的賠償金。這時他的領土較之一八四一年大了十五倍。[10]

詹姆斯的統治政策糅合西方和本土的特質，他將西方的制度與當地民族的習俗配合，再以漸進的方式推行。他也委任馬來領袖成為他的顧問。政治上，他實行階級統治，詹姆斯家族擁有絕對的行政權力。一八五五年，成立最高會議（Supreme Council）作為制定政策和諮詢的機關。經濟上，拉惹封鎖其他歐人到砂拉越貿易的可能，並規定除了銻和鴉片，其他商品皆可自由交易，採行固定稅率，任何人皆可自由工作。社會上，拉惹廢除奴隸制和獵人頭的陋習；平定海盜的騷擾，成立郵政局，也設立警察局維持治安。他實行法制以維護治安，自行擔任法官，嚴重的罪行則依據傳統汶萊法判決。

詹姆斯對砂拉越的統治雖然功不可沒，但他的一些政策，無疑剝奪了當地人民的利益，故此在他任內，引發了砂拉越人民的激烈抗爭。最早是仁答（Rentap）的抗英事件（一八五三年—一八六一年）。仁答原名李豹（Libau），意即撼動地球的人，生於一八〇〇年的泗里末河，他是色克朗河上游的伊班酋長，有「陸上之王」的稱號。詹姆斯的開疆拓土，侵占了伊班的地區，加上撲滅海盜，阻斷了他們其中一個賴以謀生的手段，以及廢除獵人頭的習俗，這些皆招致仁答極度的不滿。一八五三年，仁答進攻詹姆斯在色克朗河上的堡壘，詹姆斯的官員阿蘭．李（Alan Lee）被殺，堡壘被攻占。一八五四年，詹姆斯反擊，仁答只好撤退，並在色克朗河上游的武吉砂托（Bukit Sadok）築堡，架有一尊從坤甸（Pontianak）搶來的大砲。此山海拔二千七百二十尺以上，山脈起伏，河流湍急，森林濃密，是個難以攻破的堡壘。雖然仁答主要以原始的武器與英人搏鬥，但憑著堅固的堡壘和沙立夫．馬沙荷（Sharif Masahor, 1810–1890）的武器供應，令詹姆斯在一八五七年至一八五八年間的兩度進攻皆鎩羽而歸。一八六一年，詹姆斯在大砲猛烈的助攻下終於打敗仁答。經過幾週在林間逃竄，仁答終於在一八六二年出降，並同意不再造次。他被安置在恩達拜河（Sungai Entabai），並逝世於此。

一八五七年，又有劉善邦和王甲等華工領導的石隆門事件。石隆門原是一個饒富黃金、煤和銻等礦物的地區，吸引不少華工從西婆羅洲的坤甸和三發到來開採。十九世紀，石隆門華工已經多達四千人，他們組織「三條溝公司」進行開採，並實行自治。一八四一年，詹姆斯占領古晉後，石隆門就在其統治範圍內，他認為三條溝公司為非法組織，欲解散之。同時，白人拉惹為了獲取更多稅收，硬性規定三條溝公司不准私自和外界進行國際貿易，不論是鴉片、酒或生活必需品之進口或生產品之出口，都得經過古晉的海關，以抽取一定的稅賦，鴉片和酒等商品的購買，更受到直接的控制，無疑增加了華人礦工的經濟負擔，因此與白人拉惹產生矛盾。一八五二年，白人拉惹政府曾經在石隆門逮捕一非法會員，引起華人反抗，政府要求華人繳械，但遭回絕，而華人也因走私鴉片被政府罰款，種種積怨，最後引爆起義。

一八五七年二月十八日，因為不滿白人拉惹的抽稅制度，同時為抗議英殖民統治者的壓迫與強行施政，華工們推舉劉善邦為起義軍首領，他們在帽山揭竿起義。總司令王甲，聯同劉善邦的妹妹劉珍珍帶領六百多名敢死隊，採取水陸兩路進攻的方式，結果攻克古晉市，詹姆斯倉皇出逃。占領古晉不久，劉善邦馬上召集各族領袖、主教等進行緊急談判，要他們簽署各方和平相處互不侵犯的條約，條約簽訂後，劉善邦即帶領全體軍隊撤離占領了三天的古晉返回帽山。但是沒想白人拉惹重整旗鼓，聯合當時簽約的各方領袖和主教攻打起義軍，這時劉善邦、王甲的大隊人馬在回大本營的路上受到突襲，劉善邦和王甲孤軍作戰，在孤立無援的情況下，王甲率先就義。接著在一八五七年二月二十四日，劉善邦和全軍也在新堯灣友蘭路營地壯烈犧牲，享年五十五歲。

起義軍被擊敗以後，詹姆斯把數千名礦工家屬集中在巴烏洞（Gua Bau）裡，放火燒山洞，裡面的婦孺活活被煙燻窒息而死。洞內傳出令人無法忍受的臭味，所以被稱為臭洞，加上許多被打死的華工屍體散布四處，曝曬在烈日下發出難聞的臭味，一里之外尚可聞到，砂拉越的河水也為之染紅，故此當地居民即以「Bau」（臭味）命名此地。事實上，在石隆門事件發生前，「Bau」一名即已見於外國私人函件和著述中，至於其含義則不明，只是後來石隆門事件發生後，才普遍上以臭味之城來命名。

有關劉善邦的資料極為稀少，只知他生於清嘉慶七年（一八〇二年）陸豐縣羅庚村。一八二一年，與鄉村友人結伴南來，到西加里曼丹的坤甸和三發一帶參與金礦業，後因事故遭到排擠，逼不得以只好另尋出路。最初抵達雙空（Sung Kung，今印尼領土），經文杜乃（Bantunai），於一八三〇年到鹿猛和新山兩地立足，從事採金活動。由於礦工日益增多，加上產金有限，只好向北移動來到石隆門茅山（帽山），並發現金礦，正式在此組織公司開採並管理。據當地父老憶述：「劉善邦蓄長辮，是一位身材高大，體格強壯的大漢。每當他生氣，或要與人打鬥時，把長辮往頸項圍住，三兩個青年，不是他的對手，但為人和藹可親。平時他身上配著一把中國長劍，一支舊式的手槍。」他就義以後，由於他反殖民先鋒的角色，石隆門地區的華人，仍奉他為砂拉越的「開山地主」，每年七月十五中元節請神明降臨時，開頭第一句話必定呼叫：「開山地主劉善邦」之名。[11] 此役華工死難二千餘人，半為孺婦，退往西婆，石隆門遂成死寂。但拉惹損失也不輕，一八五七年以前政府的檔案紀錄和許多建築物皆被燒毀，所幸詹姆斯得到英國婦人免息貸款及慕娘公司（Borneo Co. Ltd.）的大力支持，才得以安然渡過破亡的危機。

此外，另有沙立夫．馬沙荷的抗英事件（一八六〇年）。馬沙荷受汶萊蘇丹委任為泗里街（Sarikei）的總督，深受伊班和馬蘭諾人（Melanau）的擁戴。一八五三年，汶萊蘇丹將拉讓江下游的區域交給詹姆士，但馬沙荷對這種政治人事安排的變動毫不在乎。一八五五年，馬沙荷插手干預兩位木膠酋長的糾紛，並攻擊木膠，詹姆斯懲罰並驅逐馬沙荷出泗里街。一八五七年，他被允許回來，並接受詹姆斯的統轄。不久後，馬沙荷因不滿權力遭到侵犯，同時與汶萊反英派合作，計畫攻擊各地詹姆斯建立的堡壘。這時，詹姆斯卻在拉讓江上游加拿逸（Kanowit）建立一堡壘，這無疑是對他勢力範圍的侵犯。一八五九年，他和古晉馬來土酋拿督巴丁宜阿都．加甫（Datuk Patinggi Abdul Gapur）攻擊加拿逸的堡壘，殺害了兩位詹姆斯的官員。詹姆斯在英國軍隊協助下攻擊加拿逸，數百達雅人和巫人被屠殺。一八六〇年，馬沙荷再次聯合阿都．加甫攻擊古晉，計畫將白人拉惹趕出砂拉越，但計畫走漏風聲，詹姆斯早有所防備。馬沙荷的船隊被擊沉，全軍覆沒。一八六一年，詹姆斯進占木膠，馬沙荷僅以身免，逃至汶萊，詹姆斯擔心馬沙荷捲土重來，強迫蘇丹交出馬沙荷，蘇丹只好將之放逐新加坡，不准再回婆羅洲。一八九〇年，馬沙荷逝世於新加坡。另外，與馬沙荷合作的阿都．加甫企圖在一八五九年通過坤甸進攻古晉，但為荷人攔截逮捕，並囚禁於巴達維亞。

一八六三年加央（Kayan）之役是詹姆斯任內最後一次討平土著反抗的戰爭。加央族為住在拉讓江上游的土著，傳言他們窩藏殺害英人的凶手，並擾亂治安，為此查理斯．布洛克領軍討伐，加央人雖於十月投降，但叛服無常，先後於一八六八年和一九〇〇年反抗政府。⓬ 一八六三年，英國始正式承認砂拉越為獨立國，並在古晉派駐領事。

《英屬馬來亞》的作者米爾斯如此讚譽詹姆斯：「一位僅為財富而來的探險家，絕不會將其僅有財產的大部分投入一個貧困的國度，而不會乘機搜刮富源。布洛克雖擁有總督的職銜，卻無意於財富和權位，只是為了解救飽受壓迫的人民。他從不降低其標準，他的一生即與對他的汙蔑，進行不懈的抗爭。詹姆斯在砂拉越的二十五年實際上是一場對抗暴政的長久戰爭，他慢慢地恢復砂拉越的秩序和繁榮，建立行政體系。他得到馬來人和達雅人的忠心擁戴，汶萊以外其它地區紛紛要求布洛克擴大其統治範圍至他們的區域。」[13]

一八六八年，詹姆斯的外甥，即其妹之子查理斯・布洛克繼位為第二任白人拉惹，任期為一八六八年至一九一七年，共在位四十九年。他二十三歲時即到砂拉越協助其舅平定土著的動亂，也曾參與石隆門事件，以及對仁答、馬沙荷和加央族的戰爭。他擔任多年第二省省長，善於處理詹姆斯無法處理的事務。由於詹姆斯未婚無子，故此視查理斯為理想的繼承人。他上任後不久，馬上設立州議會，由各部族領袖和砂拉越土酋、歐洲官員和居民組成，一年三次會議，讓各區領袖反映問題，並通過法案和制定基本統治政策，以協助詹姆斯家族的統治。

在查理斯任內，海盜已經弭平，達雅人雖常騷擾，但基本上並不影響其統治。他繼續詹姆斯擴張領土的政策，一八八三年，他以每年四千二百元的代價向蘇丹取得峇南（Baram），即今第四省的大片土地。一八八五年，他利用砂拉越的達雅人和馬來人在大老山（Trusan）被謀財害命的事件，迫使蘇丹在不必償付年金的情況下，割讓大老山地區，即今第五省。此時，汶萊蘇丹有見於領土日益縮小，雖加警惕，絕不讓割讓領土事件重演，但仍於一八九〇年將林夢和林夢河割讓給砂拉越。事緣於林夢的地方土著不堪汶萊官吏的苛捐雜稅，起而反抗，持續六年，汶萊無法平定動亂，最後只好接受，每年可得六千元酬金。一九〇五年，查理斯以每年六千元代價，從北婆渣打公司手中買下老越（Lawas），並於一九一二年將之與林夢合為一省，省會在林夢。砂拉越的版圖從第一任白人拉惹開始，經第二任拉惹的經營，領土不斷地擴張，直到一九〇五年，已並有今天砂拉越的整個版圖。⓮

在地方行政上，為了管理上的便利，查理斯將砂拉越劃分為五個省。每一省由一位參政司領導，由地方土酋和官員協助，稱為原住民官（Native Officer），管理地方上最小的行政單位——鄉村，其職務為提供意見、徵稅和領軍出征。故此，從中央到地方分成三級，即省議會、地方議會和鄉村。在公共服務方面，查理斯成立了民事服務部，其下設置法庭、警局、郵政局、海關、稅收局等。他也建造了很多的公路、創立砂拉越博物院，並改善古晉的水供。在經濟上，他成功清還債務，並鼓勵黑胡椒、橡膠、甘蜜和碩莪的種植。

在查理斯統治期間，砂拉越還有一起比較重大的抗英事件，是為萬定（Banting）的抗英事件（一八九三年—一九〇三年）。萬定是馬當魯巴河（Sg. Batang Lupar）上游擁有實權的伊班英雄，為了維護其族人的傳統和權益，帶領族人抗拒白人拉惹的進入。白人拉惹指控他攜帶貨物卻沒有繳稅，故在一八九六年和一八九七年間爆發衝突，衝突事件導致他的侄兒和兒子被殺。一九〇二年，白人拉惹再次攻擊萬定，一九〇八年在白人拉惹的攻擊下，由於勢單力薄，他決定放棄抗爭，他成為砂拉越最後一位反抗白人拉惹的戰士。

一九一七年，查理斯去世，由兒子溫納・布洛克（Charles Vyner Brooke, 1874–1963）繼位，蕭規曹隨，基本上維持前兩任拉惹的政策，沒有太大改動。在他任內，砂拉越各部落間，曾經舉行了兩次和平會議。一次是一九二〇年八月四日在成邦江（Simanggang）舉行，前兩個達雅人部落在拉惹面前殺豬作為和解的象徵。一次是一九二四年十一月十六日，拉惹親赴第三省的加帛（Kapit）主持最大規模的土著媾合大會，這也是砂拉越最後一次的和平會議。一九三〇年代初期，因為世界經濟大蕭條，他在一九三一年宣布加重槍支和扶梯的稅收，引起土人不滿。加拿逸的海達雅人在阿順（Asun, ?–1958）的率領下，糾眾數千人，殺死該地政府官員多人，逼使政府取消加稅。最後阿順雖被捕，但釋放後，政府卻給予薪俸。[15]

溫納統治期間，由於無法解決繼承人的問題，故此在一九四一年白人拉惹統治砂拉越一百週年之際，制定並頒布《砂拉越憲法》，推行新政，將拉惹的立法權和財政權轉移到最高議會和州議會，並保證未來砂拉越的獨立。但不久後日軍南侵，其立憲新政不過曇花一現。第二次世界大戰結束後，砂拉越滿目瘡痍，百廢待興，布洛克家族無力振興，只好在一九四六年二月簽署協定，將政權轉讓給英國，成為英國的殖民地，結束布洛克家族的百年統治。一九四八年，英殖民政府成立地方議會，負責地方的教育、交通和醫藥工作，開始實行憲政。

在英國接管後，一些砂拉越的重要城市，其馬來領袖和伊班領袖，如敦．朱加（Tun Jugah）則強力反對讓渡，並舉行示威遊行和抗議集會，而布洛克家族的安東尼．布洛克（Anthony Brooke）也在新加坡成立反讓渡運動總部，這些反讓渡人士也曾在一九六〇年代初期馬印對抗期間與印尼合作。一九四九年十二月，不幸的事件發生，英國第二任總督史帝華（Ducan Stewart）被年輕的馬來民族主義份子暗殺，為了緩和抗議情緒，英國只好逐步增加非官方議員人數。

實行憲政以後的砂拉越面對的另外一個嚴峻挑戰是砂拉越共產黨的頻繁活動，導致一九五二年宣布砂拉越進入緊急狀態。一九五一年，砂拉越第一個共產主義組織「砂拉越海外華人民主青年聯盟」（Sarawak Oversea Chinese Democratic Youth League）成立，但在緊急狀態以後瓦解。一九五四年「砂拉越解放聯盟」（Sarawak Liberation League）繼起，兩年後瓦解，為「砂拉越先進青年協會」（Sarawak Advanced Youths' Association）所取代，主要在農工和學生之間活動，以爭取支持。[16]

一九五九年開始，砂拉越湧現許多政黨，計有砂拉越人民聯合黨（Sarawak United People's Party）、砂拉越國家黨（Party Negara Sarawak）、砂拉越土著陣線（Barisan Rakyat Jati Sarawak）、砂拉越國民黨（Sarawak National Party）和砂拉越華人公會（Sarawak Chinese Association）等。

第三節　華人在砂拉越的開發

隨著砂拉越版圖的擴大，白人拉惹亟需更多的人力來開發，詹姆斯雖受石隆門事件的影響，而對華人留下不良印象，卻無法否認勤勞刻苦的華人，對砂拉越的開發將有很大的幫助。其繼任者查理斯則極為鼓勵華人遷移來此，協助砂拉越，尤其是中區的發展。他讚譽「如果沒有華人，我們動彈不得」，故致力引進華人到來墾荒。華人移民在砂拉越主要從事採礦及種植胡椒和甘蜜等工作，對砂拉越的經濟發展有很大貢獻。

早期進入砂拉越的華人，最先集中在三個地區，即石隆門、古晉和詩巫（Sibu），之後才逐漸擴展到其他地區。最早到砂拉越尋求發展的是一八五〇年代從西婆羅洲的坤甸和三發一帶，翻山越嶺抵達石隆門的嘉應州籍客家礦工和農民。他們在石隆門自立公司，從事開採金礦，並種植胡椒和蔬菜。他們就是後來參與石隆門事件的華人移民。於此同時，另有一批經新加坡到古晉發展的華人，有者經商，有者務農，著名的有王友海、田考和劉建發等人，以經營新加坡和砂拉越兩地間的商品貿易致富，深受白人拉惹的倚重，成為砂拉越的第一代華社領導。

王友海（一八三〇年—一八八九年），新加坡人，祖籍福建同安，七歲時父親過世，家貧，為了貼補家計，聽說在砂拉越與土人貿易有利可圖，遂在一八四六年從新加坡到古晉經商，以小帆船為交通工具，往返於新加坡與砂拉越之間，進行以貨易貨的貿易，採辦當地人所需的貨物。並在新加坡與其合夥人林英茂成立「友海茂公司」，專事經營土產、雜貨和布匹等貨物的出入口貿易。由於新加坡還沒有類似承銷人的商行，他們的業務蒸蒸日上。一八五六年又開辦「啟章友海公司」，直到一八七二年，他才在砂拉越開設「王友海公司」。在王友海的引介下，許多同鄉陸續南來。由於他熱心社會福利工作，被英殖民政府委任為華人甲必丹，負責處理華人事務。他晚年住在新加坡，並逝世於此。為了紀念他的功績，古晉闢建一條街道，命名為「王友海街」。

田考（一八三八年—一九〇四年），福建詔安人。一八五四年，田考隻身來到馬來西亞當煤礦苦力。一八五六年，他到石隆門發展，開墾荒地，種植蔬菜和木薯，並在其墾殖地上，挖掘到幾塊金礦，便兌錢興建商店住宅。英人聞訊並實地勘探後，以鉅款買下田考的園地，但所得甚微，因此邀請田考主持礦務，合夥開採。田考以其採煤經驗，加上其經營手法，採金日多。他秉性慷慨，樂於助人，尤重鄉誼。在他的引介下不少同鄉同姓者相率南來，並照顧他們起居，安排工作。古晉的「詔安路」就因聚居三千多名詔安籍華人而得名。田考身居異邦，但心繫故鄉，他多次回鄉省親訪友，濟貧恤孤，興辦公益事業，並在家鄉逝世，終年六十六歲。他也被白人拉惹任命為甲必丹，負責管理華人事務。

劉建發，廣東潮安人，年少喪父，十五歲慈母也撒手人寰。他家徒四壁，舉債殮母后，就下南洋尋找生路，於一八五一年間，在古晉附近的山都望登岸，在同鄉的引薦下，他於石隆門一家礦場當起採金工人。幾年後，獲得首任白人拉惹青睞，將一片耕地劃給他開墾，他便從家鄉引進大批的農民種植甘蜜。在此期間，劉建發與同鄉沈亞堯創立義順公司，經營土產生意，開設碩莪粉廠，栽種甘蜜與胡椒，並投資金礦和銀珠礦的開採業務。從一八六七年開始，又獨攬鴉片、酒和賭博業在砂拉越的專利經營權長達二十年之久，因此打造富可敵國的身家。然而一八八四年一場延燒六小時的大火，將他所有的店鋪焚毀，劉建發與沈亞堯也因為在指揮救災時，吸入過量的毒煙，相繼病倒，而先後過世。他們所創的義順公司，也迅速解體。

劉建發、田考和王友海，是十九世紀中葉砂拉越三角鼎立的大亨，其中要以劉建發最具影響力，財力也最為雄厚，他不僅在古晉商場引領風騷三十多年，也是潮州幫的領袖，生前擔任潮州公會前身，即順豐公司的總理多年。在他的影響下，不少潮州人也南來古晉經商。

詩巫的發展遠較石隆門和古晉為遲，它是第二任白人拉惹的重點開發地區。該鎮於一八七二年開埠，一八八〇年十一月查理斯公布「拉讓居留法令」以吸引華人前來開發。從一八六九年至一八九〇年間，華人移民砂拉越主要來自新加坡，一八九〇年由於砂拉越和新加坡政府間的誤會，新加坡移民便告中斷，只好轉向中國招募。

在眾多的墾殖先鋒中，要以黃乃裳（一八四九年－一九二四年）的貢獻最大，影響也最著。黃乃裳，福州閩清人，幼時半耕半讀，累積一定的舊學基礎。他也是閩清縣第一批受洗的基督徒。有鑑於清政府的腐敗，他多次參與維新派的「公車上書」，戊戌政變以後，為了避風頭，並到外散心，他來到新加坡，在友人的介紹下與白人拉惹見面，受邀參與墾荒。黃氏最終選擇拉讓江盆地的詩巫一帶平原地方為墾殖創業地點。一九〇一年至一九〇三年期間，前後分成三批，共一千一百一十八名福州移民來到詩巫。這批福州移民後來成為詩巫，乃至整個砂拉越的主要族群，並在工商、經濟、政治及教育等各領域執掌牛耳。一九八〇年福州人已成為砂州華人人口中占最多數的方言群體，而詩巫也有「新福州」的

▲1903 年福州人初至詩巫墾荒的合影。
砂拉越華族文化協會蔡增聰主任提供。

稱譽。此外，他也是東馬衛理公會創始者、發起人及引進者，此教會後來演變為東馬最大的基督教宗派之一。

事實上，黃乃裳僅在詩巫待了三年（一九〇一年三月至一九〇四年六月）。由於他缺乏足夠的農務實作經驗，也忽略當地的水土條件，更不了解伊班人刀耕火種之法，以致農作物歉收。白人拉惹認為他無法勝任墾殖任務，諭令如果無法償還貸款，就必須打道回府，最後黃氏只得黯然回返中國。惟其如此，他對墾殖民的一些政策，可謂開風氣之先。他的墾殖，皆是自由意願參與，並非賣豬仔；與白人拉惹立約力求平等，保障人身自由；不賣鴉片、不設賭館；謹慎選擇墾殖民，寧缺勿濫。黃乃裳顯然有帶領、拓荒的功勞，因為他的遠見及開闢福州墾場，設置教養兼備的基礎，為往後富雅各教士（Rev. James Matthew Hoover）的設教建校、引進技術工藝，領導福州人邁向成功，奠定了良好基礎。

雖然黃乃裳一生在詩巫的日子才短短三年左右，各方對他領導下的福州墾場，卻有著極高的評價。如一九〇三年正月的《砂拉越憲報》（*Sarawak Gazette*）報導福州墾場的情況：「在拉讓江流域之新福州墾場，發展之情形甚佳，其田園皆井井有條，一望而知其出自著名於世之中華農人之手也。」一九〇二年，詩巫省長形容：「自福州農民首批來到詩巫……他們具有清醒、勤力、守法、成家的精神也！」一九三五年，第三任白人拉惹也讚譽：「福州人為砂拉越的資產」。由於他的功績，詩巫現在設有黃乃裳路、黃乃裳中學、乃裳紀念公園、黃乃裳塑像等，以為紀念。[17]

自黃乃裳墾殖風氣一開，閩粵華民莫不躍躍欲試，繼黃氏之後而來的是廣東人鄧恭叔（一八五五年—一九二五年），廣東三水人，清末孝廉，與維新志士過從甚密，戊戌變法失敗後，與同黨相率避走南洋。他於一九〇一年抵達詩巫，與白人拉惹立約，劃定詩巫南蘭（Lanang）為開墾區，並成立「新廣東農業公司」，從中國招募廣東華工南來拓荒，廣種胡椒。後來因為椒價每況愈下，一包胡椒與一包番薯等價，鄧氏不堪損蝕，只好轉讓墾務，悵然回國。由於南蘭為廣東人集體開墾的地區，也被稱為「廣東墾場」。

除了福州和廣東人之外，興化移民也緊接著抵達詩巫展開墾殖。興化墾場的開發主要得力於在福建興化傳教的傳教士蒲魯士特（Rev. William N. Brewster），他招募百餘名興化人以詩巫新珠山（Sungai Merah）的亞越港（Sungai Teku）為墾場的墾場。是三大墾場中人口最少、開發最晚、規模最小，成果也不理想，該地後來也通稱「興化墾場」。

有關詩巫墾場的評價，砂拉越華人史研究學者黃建淳如此總結：「固然黃乃裳壯志未酬，鄧恭叔敗績而歸，興化墾殖了無成就，但無可否認地，彼等皆為開發詩巫的先驅，為今日的繁榮奠下重要的先基」，可謂一語中的。[18]

第四節 沙巴：北婆渣打公司的統治（一八八一年—一九四六年）

沙巴（Sabah）古稱「Api-api」（火），一張十六世紀的古地圖將沙巴稱為「Fire Island」（火島），那是因為在納閩和亞庇（Kota Kinabalu）之間的迪卡島（Pulau Tiga）存有火山之故。沙巴一名最早在十五世紀時出現，原為一種盛產於西部海岸的香蕉「Saba」。一八八一年，英國殖民統治以前通稱沙巴，接管以後改稱北婆羅洲（North Borneo），簡稱北婆，直到一九六三年參組馬來西亞後，才恢復沙巴的原名正稱。有關沙巴古代史的記載甚少，最早可能是一二九二年成吉思汗的使者曾至京那巴當岸（Chinabatagan 或 Kinabatagan）。至於西方的紀錄，則曾有英國探險家道爾林普（A. Dalrymple）到達沙巴西岸，法人傳教士馬力諾里（Friar John de Marignolli），也有「Saba」一地的紀錄。[19]

十七世紀時原是汶萊王朝的轄區，十七世紀末葉汶萊將北婆東岸到金馬尼士河（Sungai Kimanis）之間的土地割讓給蘇祿蘇丹，以報答蘇祿協助平定一起造反事件。因此，直到十九世紀，北婆可分為汶萊控制的西岸、蘇祿控制的東岸和北岸、土著控制的內陸三個部分。

十八世紀中葉以後，英國東印度公司曾派人到北婆羅洲活動，想在此建立可與西班牙人競爭的商站，最終在一七六二年，於巴南蘭安島（Balambangan Island）和納閩島開設商站，可是由於海盜的劫掠，最後在一七七五年被迫放棄。一八四六年，在詹姆斯的協助下，英國才獲得納閩島的割讓權。十九世紀下半葉，英國開始面對美國、義大利、西班牙等勢力的強力競爭。

在英人取得北婆經營權之前，美國已經捷足先登於一八六五年與汶萊簽訂協定，允許美國派代表到北婆。根據條約，美國委派摩西斯（Charles Lee Moses）前往，他成功說服汶萊蘇丹將其轄區租借給他，取得西岸十年的租借權，而汶萊蘇丹則每年獲得九千五百英鎊的報酬。但他只重視個人財富的累積，而將國家利益拋諸腦後。後來他將此權力賣給香港美商托雷（William Torrey）和哈里斯（Thomas B. Harris）領導的美國公司。一八七五年，香港奧地利商人奧維貝克（Baron von Overbeck）從拖雷處購得租借權，並和英商丹特（Alfred Dent）合作。

由於合約已經到期，他們和汶萊蘇丹於一八七七年重新簽訂新協定。新合約中，汶萊蘇丹同意移交金馬利灣（Teluk Kimanis）和西部固河（Sg. Sibuku），蘇丹每年可獲得一萬二千元的賠償，該公司則擁有北婆的主權。他們也意識到北婆的大部分領土皆屬蘇祿，因此在一八七八年在英國總督德里澤（William Hood Treacher）的陪同下，和蘇祿蘇丹簽訂協定，蘇祿蘇丹同意以五千元的賠償移交西部固河和潘達珊河（Sg. Pandasan），即現在沙巴的大部分領土；同時，為了維護英國的利益，遂規定所有奧維貝克和丹特的土地不可轉移給他方。蘇祿此舉，主要是想得到英國的保護以抵抗西班牙。

由於奧維貝克不是英人，在一八八〇年，他將股份賣給丹特，退出公司。一八八一年，丹特成立英屬北婆臨時聯合公司（British North Borneo Provisional Association LTD.），並取回北婆的所有權。他意識到要成功經營，必須和英國合作，因此向英國申請特許狀。英國覺得如此既可維護英國的利益，又可間接擴大英國對北婆的影響，故以一八八一年頒發特許狀，成立北婆渣打公司（British North Borneo Chartered Company），德里澤受委為北婆第一任總督。由於缺乏資金，無法聘請英國官員，因此採取和當地領袖合作的方式共同管理。一八八八年，英國將汶萊、北婆和砂拉越置於其治下。因為砂拉越和北婆同時欲搶奪汶萊，但英國希望維護汶萊的主權完整，同時英國也擔心這種情況持續惡化，德法勢力將趁虛而入，為了緩和彼此間的矛盾，故由三邦共同簽署協定，同意成為英國的保護領。

北婆渣打公司實行倫敦總公司的政策，北婆總督由倫敦委派，其行政中心在山打根（一八八三年），向倫敦總公司負責。從一八八一年到一九四一年太平洋戰爭爆發的六十年間，北婆一直由渣打公司統治，該公司成立一個由公司高級人員組成的諮詢理事會（Advisory Council）協助總督執行任務。在渣打公司的統治下，北婆分成四個行政區（Residency），首長是駐紮官（Resident），下轄若干縣（District），縣以縣長（District Officer）為首。不論駐紮官或縣長，皆由西方人擔任。在縣之下，則是鄉村，其長官為縣官（District Chief），主要有當地人擔任，協助處理地方事務，如維持治安、處理訴訟、鳩收賦稅、分配土地和監督農耕活動。[20]

在北婆公司治下，北婆社會有長足的進步。對北婆居民的風俗習慣和生活方式，公司不加干預，但在一八九一年，總督克里茲（C. V. Creagh, 1888–1895）禁止奴隸的買賣，公司也向地方居民的貨物買賣徵收貨物稅，必須擁有准證才能持有船隻和武器。公司保留傳統的原住民法庭（Native Court），專門處理與伊斯蘭教及傳統習俗有關的案件，但也設立採用英國法律的法庭。[21]

十九世紀後期和二十世紀初期，北婆渣打公司為了開發荒地、修築鐵路、架設電報線路等工作，急需大批勞動力，開始有計畫地引進大批攜家帶眷的華工，並贈予土地，以從事農業生產。這時客家人大量移入，成為沙巴最大的方言群。一九一三年，北婆向中國天津招請華工開墾，雙方簽訂條款和招殖華民章程，規定每戶需給土地十英畝以上，前二年免繳租金，以招徠二百五十家為限；然而，實際到來招墾戶數僅七十餘家，約八百人。太平洋戰爭爆發前，超過九千名華人安家落戶於亞庇（Jesselton，前稱為哥打京那峇魯）、古達（Kudat）和斗湖。華人在伐木業、建築業、製造業和批發零售業，均扮演重要角色。[22] 其他以華人為主導的新城市還有山打根、拿篤（Lahad Datu）等，使沙巴形成一多元民族的社會。

在北婆公司統治下，沙巴經濟發展比砂拉越更為迅速，他們鼓勵西方到來投資，給予土地的優惠，以便種植商業作物和開礦，但是仍然無法吸引西方的投資，因為北婆的開發不似爪哇、斯里蘭卡和印度，已為西方長期所經營，加上人口太少，無法提供足夠的勞工，既使大量引進華工，也難以解決勞力短缺的問題。北婆仍然依賴出口傳統產品，如樹藤、橡膠、松脂、橡樹、燕窩和珍珠等。而西方人所墾殖的煙草，由於利潤高、免出口稅，遂成為一八九〇年代的主要經濟作物，但在一九〇二年以後，因為病害、水災和橡膠的競爭，煙草的種植也逐漸式微。最後因為鐵路的開通、歐洲良好的市場反應，加上五十年的免稅期，橡膠最終取代了煙草的經濟地位。此外，以山打根為中心的伐木業也有良好的出口前景。鐵路也開始架設，主要由峇考（Bakau）到亞庇，途經威士珍（Weston）和保佛（Beaufort），以及保佛到丹南（Tenom）。

英國勢力在北婆的擴張，也引起當地人民的反抗，其中較著名的有末．沙烈（Mat Salleh，原名 Mohammad Salleh）的抗英事件（一八九四年－一九〇〇年）和倫頓（Rundum）起義。末．沙烈是蘇固（Sukuk）和巴爪（Bajau）的後裔，出生於沙巴東岸的依拿南（Inaman），也是當地的酋長，並和蘇祿公主聯婚。由於北婆公司插手干預其轄區內的事務，剝奪其稅收權，繁重的稅務也給人民帶來負擔。他曾要求公司不要干預其事務，但不受理會。一八九四年，末．沙烈的兩名隨從殺了兩位達雅商人，但他拒絕交出隨從，公司便攻擊他所在的鄉村，末．沙烈只好逃跑。一八九六至一八九七年間，他在加耶島（Gaya Island）設立的堡壘為公司所摧毀，但他卻得以逃脫。在此期間，他領導巴爪人攻擊渣打公司在加耶島的港口，並在拉瑙（Ranau）建了一座堅固的堡壘，準備和公司進行長期的抗爭，但後來再公司的報復性攻擊，焚毀其堡壘，末・沙烈只好逃至內陸。一八九七年十一月，在蘇祿、巴爪和卡達山人協助下，末・沙烈攻擊安奉（Ambong），成功焚燒房子和駐紮官的辦公處，但末・沙烈的城堡也被摧毀。

北婆的情況令渣打公司在倫敦的總部感到擔憂，於是公司總裁科維（William Cowie）在一八九八年四月主動與末・沙烈和談，並承諾結束渣打公司與末・沙烈的敵對關係，同時賦權他管理丹布南（Tambunan）的權力。但公司沒有遵守諾言，在一八九九年派兵攻打丹布南，將之奪回。末・沙烈極為憤怒，向渣打公司發動戰爭。在一九〇〇年二月，他在戰鬥中陣亡，其部下繼續與英人對抗，直至一九〇五年才恢復平靜。

一九一五年，倫頓的姆律人也群起反抗渣打公司的統治。事緣於姆律人向來皆居住在北婆內陸，採用輪耕的方式種植旱稻，但渣打公司為了限制他們遷移農業，頒布法令禁止他們砍伐森林作為新耕地。渣打公司也在不支付薪水的情況下強迫姆律人開闢通往內陸地區的公路，但因為姆律人認為建造公路將會驚擾祖先的靈魂，並導致長達四年的乾旱，使得姆律人的怨恨日深。[23] 一九一三年，渣打公司在大米和木薯上徵稅，加重母律人的負擔。此外，公司廢除奴隸和獵人頭的習制，也引起人民普遍的不滿。雖然早在一九〇九年倫頓地區已經出現零星的抗爭行動，均以失敗告終。

一九一五年，在安達農（Antanum）的領導下，姆律人開始起義。安達農自稱擁有神奇力量，可將公司趕走，以團結四分五裂的姆律族人抵抗英人。他們首先攻陷奔香岸（Pesiangan）

公司的堡壘，並將區政府辦公室燒毀，接著攻打倫頓，但被擊退。安達農隨後率領九百名隨從在雙溪沙拉月（Sg. Selangit）築堡抵抗，但在公司軍隊的反攻下，安達奴和四百名隨從身亡。經此抗爭，姆律人對公司的統治喪失信心，大舉遷至加里曼丹，公司雖想方設法召回，但終告失敗，造成內陸地區人口更加稀少。[24] 此後，零星的反抗仍然此起彼落。

第二次世界大戰期間，北婆受到嚴重破壞。由於缺乏資金，北婆公司無法負起重建的工作，只能在一九四六年七月十五日將北婆交給英國管治，英國殖民部將之與納閩合併為北婆殖民地，並派總督統治。一九五〇年，北婆實行憲制，分成四區，設置行政、立法和地方議會。北婆的政黨活動遲至一九六〇年代初期才活躍起來，計有卡達山人統一機構（United National Kadazan Organisation）、沙巴國民統一機構（United Sabah National Organisation）、巴索黨（Pasok Momogun）和沙巴華人團結黨（Parti Cina Bersatu Sabah）等。

第九章 戰前馬來亞的社會發展

第一節　多元社會的形成

古代馬來人社會

伊斯蘭教傳入之前，島嶼東南亞深受印度文化的影響，社會階級分明。馬六甲王國最高者為王族，婚嫁得以各地王族為對象，但出身於非王族母親的嫡長子不得繼承王位；其次為貴族，再次為教士，之下是一般官吏家族、勇士、國王隨從、平民，最低者是奴隸。這些都是後來馬來各邦社會階級制度的依據。

事實上，在一八七四年英國殖民統治者干預各馬來土邦之前，馬來社會基本上分為兩大階層，即統治階層和被統治階層。統治階層由拉惹（Raja）或蘇丹（Sultan）、大臣（Pembesar）和村長（Penghulu）所組成。被統治階層由平民和奴隸所組成。拉惹或蘇丹為傳統馬來政治的中心所在，對其轄下子民擁有絕對的權力，處於社會等級的最高層，往往蘇丹或拉惹所在，就是中央政府所在，故此馬來文 kerajaan 就是政府的指稱。君王有特定使用的器具，如白傘、權杖等；也有特定使用的語言（Bahasa dalam），如「Beta」（統治者自稱）、「Mangkat」（逝世）、「Santap」（吃）、「Bersiram」（洗澡）和「Beradu」（睡覺）等是，以作為統治者的地位象徵，其他人不得逾越使用。拉惹或蘇丹之下則為皇室成員，他們享有有一定的特權，由於人數眾多，不是所有人皆能配得一官半職。

再往下則為握有統治大權的貴族或各級官員所組成，這些身分的獲取除了家族世襲，也有來自於財富，他們的官職通常是以四的倍數來區分，有者在中央，有者則擔任地方官吏。此外，另有宗教司（Ulama 或 Iman），屬於知識份子，專事處理宗教事務。地方上則有酋長（Pembesar）和村長，酋長負責管理區域（Daerah），村長則負責鄉村，也是傳統馬來地方行政最低級別的領袖。村長一般由村中有財力、名望或為村民所信服者擔任，職責是仲裁紛爭、維持治安和指示分派上頭下達的工作，其薪俸則從其村民所收取稅收中償付。

被統治階層由平民和奴隸組成。平民主要是指從事漁耕，從事貿易和各類工匠的自由民。另有外來平民，以從商為主，其中又以信奉回教的泰米爾商人最多。奴隸是指失卻人身自由並受制於其主人的非自由人，主要可分為皇家奴隸（Hamba Raja）、一般奴隸（Hamba abdi）和債奴（Hamba berhutang）三類。皇家奴隸主要來自囚犯和戰俘，也有因為嚴重刑罰，要求以世代為奴作為赦免的；除非得到統治者的赦免，否則必須世代在宮廷服務，其地位要比其他類型的奴隸來的高。一般奴隸的來源與皇家奴隸大同小異，為統治階層服務，身分也是世襲。債奴則是傳統馬來普遍現象，是指那些無能力償還債務，只好以身抵債，債奴的妻兒往往也成為債奴。有者則是主人無法還債，只好將之交給債主作為抵償。債奴的身分地位要比一般奴隸為高，他們只為主人服務，但主人不能對他們隨心所欲，因此他們也被認為與主人的地位同等。依據其服務類型，可分為兩類，即全職和兼職，後者還有機會工作存錢還清債務。雖然如此，大部分的債奴仍可說是終生為奴，其家人也不能倖免，處境極為悲慘。

許多債奴不僅不能清還債務，甚至連衣食也成問題。當然，並非所有的情況都如此絕對，部分良善的主人會為他們的債奴準備衣食起居，甚至娶妻生子，一生替其主人服務，包括其子女。這種制度最為人詬病之處在於債者須無償的替債主工作，其工作不得抵銷其債務，甚至其本身的財產也將盡歸債主所有，其家人也受制於債主。

在傳統馬來社會中，奴隸是極為普遍的現象，十六世紀馬六甲流傳這樣的說法：「擁有奴隸比擁有土地更好，因為奴隸可以保護主人。」一五一四年，一位貴族就有八千個奴隸，到了十七世紀中葉，馬六甲市的人口有三十%是奴隸，而霹靂則有近六%的人口是奴隸，在近打河谷，奴隸僅值「兩卷粗布、一把斧頭、一把菜刀和鐵鍋」。❶

一般百姓固然遠較奴隸幸運，但統治階層會不定期，隨心所欲地動員人民為他們進行無償的勞役（Kerah），對人民而言，不僅擾民，同時也是個沉重的負擔。奴隸還可以獲得主人飲食和衣物的供應，但服勞役時卻得自備飲食，自謀多福。❷

在傳統馬來社會，統治階層對其治下的子民擁有絕對的權力，只要看到喜歡的物品或婦女，可不由分說，隨意掠奪，占為己有。馬來新文學之父文西阿都拉（Munsyi Abdullah）在其遊記中有一段與吉蘭丹沙白村居民交流的記載：

> 他們說：「每天替拉查（Raja）為牛為馬，妻子、兒女及本身的伙食卻沒有著落，都由自己籌措。不論是船隻或農作物或是其他的東西，只要他喜歡，就隨意取去，分文不付。要是有些財物或美麗的女兒合其意的，也給拿去。我們不能違背其意思。阻止或拒絕的話，他便令人把你活活刺死……

令人訝異的是當文西阿都拉向領路的東姑達拉敏要求到村裡去走走參觀時，竟被允許「你喜歡什麼，椰也好，什麼都好，只管拿去吧。」可想而知，即使是統治階層身旁的人，只要獲得允准，皆可任意妄為。

針對這種情況文西阿都拉有感而發：「住在這裡（指彭亨）的人終日畏懼統治者和高官顯要的貪婪與暴戾行徑。他們想：『勤勞又有何用處？得了些金錢或食物，就給分奪了去。』故此，他們終生都生活在貧苦與懶散的情況中。」「馬來州府內有財產的人很不安穩：王族蠻橫與中傷，是舉世皆知的事實。吉蘭丹的貧窮與蕭條此為主要原因。」實在良有以也。❸

奈斯（W. Knaggs）在其著作《霹靂探訪記》（*Visit to Perak*）中曾提及老百姓離棄鄉村，遷移他處的原因：「……所有的人都害怕種植超過他們可消耗的數量，因為這會招致頭領們到來借貸他們所有的一切，諸如錢財、衣物和食糧。」

由於生命財產處於不安穩狀態，為求生活平安，只好尋求人身依附，投靠一個強而有力的統治者，以人身自由來換取安全，藉此獲得生計，得到強者的庇護，甚至可得到主人的婚配，進而成立家庭。所以尋求庇護在傳統馬來社會可能是種普遍的社會現象。但早期的情況與後來各馬來土邦的情況可能有些許不同。在《漢都亞傳》（*Hikayat Hang Tuah*）中，敘述馬六甲水師提督漢都亞的父親是個小本生意的經營者，有其獨立自主的生活，但他還是選擇依附當時的宰相（Bendahara），成為其附屬子民（hamba）。但是當時的「hamba」和往後的奴隸是有所不同的，前者有如一種社會禮儀，是毫無強迫性質的，就好像孩子在父母面前謙稱「hamba」，次級領袖在上級領袖之前謙稱「hamba」一般。這與清朝臣民在皇帝跟前自貶為奴才有異曲同工之妙。可是這種社會禮儀到了後來逐漸變質，尋找人身依附的平民，不再像漢都亞的父親般仍然是自由人，而成為受制於人，聽其差遣的一種主奴役從的奴隸制度。❹

上述傳統的馬來社會，到了十九世紀下半期英國殖民統治開始，產生了翻天覆地的變化。從前固定不動的階級，這時逐漸鬆動。以前的官職是由統治階層壟斷或世襲，成為他們藉以謀取既得利益的平台，平民百姓向上攀升是不可想像的。自從英國接手以後，不少的官職由英政府委任，一般老百姓只要達到英國制定的標準，即可任有相關工作。公務員在早期的馬來社會成為另一個重要的階級，甚至被視為上層階級。而少部分從商成功的馬來人，主要是來自印尼的爪哇人，成為資產階級，甚至能打入上層，成為貴族階級的一員，這些都顯示了階級流動的現象已經出現。至於本來處於絕對優勢的馬來貴族，許多只能依靠領取英人的賠償金或津貼過活，自然無法支付其揮霍無度的生活，許多生活拮据，甚至窮途潦倒，有者只好從事他們以往鄙視的低下工作，無形中森嚴的上下階級關係也打破了。❺

傳統的馬來農村也因為英人引進的新制度和管理辦法，而出現改變。統治階層可以隨意動員人民為其服務的權力已經廢除，地稅的實行、土地的使用和擁有權也隨著改變。其中改變最大的恐怕是各村的村長，他們已經被收編成為支領薪金，為殖民政府服務的公務員，褪下了以往為自己轄下村莊講話，為村民爭取權益的外衣，已經難以扮演先前為村莊喉舌的角色。❻英殖民的統治，也引進了不少新事物和制度，進而改變了馬來人的生活，如醫療設備的引進；馬來人也逐漸接納，並改變凡事尋求巫醫的態度。火車剛在馬來半島通行時，其龐大的身軀和呼嘯而過的聲響，皆令在遠處觀望的村民瞠目結舌。❼監獄制度實行後，甚至有故意違犯法紀，進入監獄享受免費吃喝和居住者。封建的馬來社會，人人身上皆攜有武器以為防身之用，毆鬥至死時有所聞，對此，英人則明令禁止。❽ 這些現象的出現，皆昭示傳統馬來社會逐漸向現代社會過渡。

華人南移與社會的形成

華人與馬來西亞產生關係的時代相當久遠，自漢唐以來，中國使節、高僧和商人已經途經馬來半島南部和婆羅洲，來往中印之間，並與一些古國建立了外交關係。宋朝開始，中國人僑居馬新不但有考古發現，而且還第一次有了文字記載。宋末陳元靚《島夷雜誌》有如斯記載：「佛囉安……每年六月十五日係佛生日，地人並唐人迎引佛二尊出殿，至三日復回。」佛囉安所在，雖然仍有爭議，但一般上認同在馬來半島上面，這是迄今最早有華僑在馬來半島居住的文字紀錄。顏斯綜寫於一八三〇年代的《南洋測蠡》也有如斯記載：「有唐人墳墓，碑記梁朝年號及宋代咸淳。或云此暹羅極邊境……名之曰新忌利波，招募開墾，近聞已聚唐人雜番數萬。」但這只是後人的記述，並非當時人的記述。元代汪大淵的《島夷志略》謂「男女兼中國人居之」，則第一次以文字明確記載新加坡住有華僑。至於婆羅洲，當時稱「勃泥」，《諸蕃志》記載勃泥市場上充斥各類中印的貨物，並有居民萬餘人，恐怕就有不少華僑在其中。而山都望遺址所發現大量唐宋時代的陶瓷碎片、鐵器、琉璃珠和開元通寶等物，估計是唐宋期間到此從事貿易和冶鐵的商人和工人居停時帶進來的。

到了明朝，馬六甲王朝和中國的關係更為密切，鄭和下西洋甚至還有不少人員滯留馬六甲。葡人統治時期，據葡人繪製的馬六甲地圖上有中國山、中國溪、中國村等名稱，估計馬六甲已經有數百名華人居留。由於葡人對華人橫徵暴斂，極不友善，華人甚至將葡人與鱷魚和老虎同列為三害；葡人統治時期，華人數量極為有限，到了一六四一年荷人占領馬六甲時，華人僅得三、四百名而已。荷人統治時期，華人陸續移入，到一七五〇年已增加至兩千餘人，部分是華巫通婚的混血兒，部分是不願屈服滿清的明遺民，尤其是以泉漳廈的閩南人為多。由於華人日多，荷人必須委任甲必丹以處理華人事務。但是馬來亞華人大幅度的增加，卻是十八世紀末至十九世紀初，英國人占領檳榔嶼、新加坡和馬六甲之後的事情。由於半島錫米的開採，加上十九世紀後期二十世紀初期樹膠的需求，以及中國戰爭頻仍、連年饑荒，迫使成千上萬閩粵沿海居民出海謀生，形成一股移民的熱潮。

早期中國華人移民至少有兩種類型，一種是以親屬關係為基礎，另一種是在十九世紀時極為普遍的契約勞工制，它是從賒單制度發展起來的。在這個制度下，擔任勞工掮客的客頭、帆船船長或勞工代理商為那些希望出洋而又無能為力者墊付船資，待抵達目的地後再轉賣給雇主，由雇主付還船資給掮客，這些新客移民就以其勞動來償還債務，在年限屆滿的，方可從其債務中解放，自由就業。後來這種方法發展成為惡名昭彰的「苦力貿易」或俗稱的「豬仔制度」。「苦力」意即廉價勞動力之謂，在十九世紀五〇年代以後，常常見諸英殖民政府的檔中。「豬仔」則是中國對十九至二十世紀初被擄掠販賣出國的勞工的通稱，因為他們像豬豕一樣被買賣，出洋時成批關在船艙底層運載，運抵目的地後像豬一樣被關在豬仔館的圍柵等待買主，然後像畜牲一樣被使役於礦場、種植園，過著牛馬不如的生活。它實際上是一種變相的奴隸買賣，許多苦力都是在鄉下被誘騙或綁架南來的。由於華工為英人帶來巨大的利潤，因此獲得華工成為英國開發海峽殖民地的保證。這就產生了販賣「豬仔」的狂潮，新加坡和檳榔嶼成為東南亞的苦力貿易中心。❾

在馬新各礦場、種植園從事開發的豬仔華工與雇主所訂立的合同，在不同地區不同行業中是不盡相同的。雖有合同，但往往沒有為雇主所遵守，違反合同虐待華工的事件層出不窮。早期錫礦地帶雜草叢生，瘴氣、毒蛇、害蟲遍地皆是。由於工作繁重，伙食差，容易得病，缺醫缺藥，死亡率極高。有的礦主將患病的苦力折磨至臨死邊緣，然後解雇，任之死於道旁。苦力被虐待、迫害和累死的不計其數。至於在幅員遼闊，人跡罕至的地方伐木開墾，從事種植園的苦力，情況和前者有過之而無不及。不論在礦場或種植園，雇主都有賣鴉片、酒和開賭的專利權，他們曾以此誘騙華工，使他們長期負債。❿

為了對「豬仔販」作有限度的約束，同時為了更有效控制和管理華人社會，英國殖民政府放棄了以往間接統治的方法。根據《華人移民法》的規定，在一八七七年一個直接管理統治華僑的專門機構——華民護衛司署在新加坡成立，首任華民護衛司為畢麒麟。一八八〇年海峽殖民地通過移民法令後，才較有效地制止苦力移民所受的虐待和侮辱。雖然華民護衛司的成立首要目的在解決華工問題，但其他的祕密會黨，以及華僑吸食鴉片、賭博和娼妓問題，也是華民護衛司的業務。⓫

對於華人會黨引起的問題，早期的殖民官員可謂一籌莫展，他們雖有處理印度各種困難的經驗，但對華人的認知極少，有者能操流利的馬來文，卻無法講中國方言，遑論對中國習俗的了解。在警務人員方面也頗感不足，尤其碰上人數較多的會黨械鬥或作奸犯科，只能調動軍隊協助。一八六五年，海峽殖民地政府頒布會黨註冊條例，要求會黨進行註冊，每年呈交會員人數的資料、職位的更迭、收支明細的報告，以便具體掌握會黨的活動，使行蹤無從捉摸的會黨無所遁形，遇有事故，政府可以將其領袖捉將官府，然後驅逐出境。為了應對此項政策，華人會黨則將重要職位交由土生華人擔任，使放逐令失效。殖民政府馬上應變，下令禁止土生華人加入會黨，不僅減少會黨的力量，同時又使驅逐令恢復其作用。一八九〇年元旦，殖民政府勒令所有已註冊的會黨解散，並宣布任何團體如採取天地會拜盟的祕密儀式皆以非法論，一律禁止。會黨就轉入地下祕密活動，大多數黨魁逃到海峽殖民地以外，法律所不及的其它馬來土邦活動。到了二十世紀初期，社團法令陸續在馬來土邦實行，會黨的活動才獲得壓制，逐漸銷聲匿跡。⑫

會黨在早期華社的積極作用是毋庸置疑的，但會黨的作用是雙面刃，它也給華社帶來不少負面作用，甚至與華社漸行漸遠，成為犯罪的淵藪。社團會館的存在與會黨有同樣久遠的歷史，由始至終扮演了積極的作用，是華人社會的三寶之一。早期華人移民大多數來自農村貧苦人民，手無寸鐵，目不識丁，安土重遷，家鄉觀念極為濃厚。來到海外，舉目無親，語言無法溝通，只能投靠有共同語言或血緣關係的家鄉人，各種具有強烈地方色彩、幫派特點的地緣和血緣團體就產生了。這些團體依其性質，主要有地緣（方言會館）、血緣（宗親組織）和業緣三類，其中又以地緣和血緣為最重要。

地緣會館的成立是因為帶有強烈地域觀念的中國移民，為了安全、娛樂和互助起見，操同一方言者自然就緊密聯繫，聚集一塊了。故此，這些會館同時也具有組織宗教和社會活動，諸如祭祀、掃墓、宴會等活動的職能。為了照顧老弱困苦的同鄉，地緣會館也處理喪葬事務，安排康樂等福利業務。方言會館也具備了某種程度的自治，它可以幫助維持基層的法律和秩序，解決細小爭端，諸如遺產糾紛等事。馬來亞最早的華族地緣組織是一八〇一年在檳榔嶼成立的嘉應會館和增龍會館。一八五〇年代以後，有更多的地緣性會館成立，甚至這些在地緣或語言上有密切關係的方言組織又聯合成為更大的聯合會或總會，產生了更具勢力的「幫群」組織，而有福建、廣東、潮州、客家和海南五大幫。

血緣會館主要是指在各地華人聚集的地方所成立的宗祠和氏族宗親組織，其職能與方言會館大同小異。但它在保存中華文化，特別是倫理道德和風俗習慣，具有特殊意義。最早的宗親組織是一八二五年在馬六甲的黃氏宗祠，而成立於一八三五年的檳榔嶼龍山堂邱公司則是最為著名的宗親組織之一。

而業緣團體則是指共同行業之間，為了彼此照應，共謀行業最大的利益而組織的社團，馬新最早出現的業緣團體是一八三二年成立的庇能打金行，其他還有一八五五年成立的魯北行和一八七六年成立的新加坡姑蘇行，以及各地的商會組織等是。某些特定職業，由於技術的掌握或僅局限於某一方言群體，以致出現特定方言群體壟斷行業的現象，如閩人從商、潮州人多種植胡椒和甘蜜、客家廣府人多從事開礦和手藝事業、興化人多從事交通行業。

事實上，在移民的過程中，不僅僅是人的移動，同時也將本身的信仰和宗族也搬移過來。移民為了祈求風平浪靜、順利謀生、健康平安，同時也作為一種精神寄託，一般上都會將原鄉的神祇帶來，待得一切安頓，並在營生有餘後建造寺廟以為神明安頓之所在，並受當地人所崇奉膜拜，由此產生宗教組織，故有「移人移神移鬼」的說法。最早的宗教組織是馬六甲的青雲亭[13]，建於一六七三年，以供奉觀世音菩薩為主，但其側殿則同時也供奉媽祖、大伯公、關帝、孔子和土地神，並有大量華人祖先的牌位。這種民間信仰形式在馬新極為普遍，同一廟宇可以同時容納不同方言群體的神祇，也涵攝儒家和佛教的元素在內，其中最典型的是新山的柔佛古廟。

華人移民事業有成後，需要更多的人手處理業務，一般會回到鄉里，將親朋鄰里一併帶來，除了熟悉的親朋較為可靠的原因，也可以照顧鄉里，往往形成聚族而居的村落形式，如檳城的姓周橋、麻坡的鄭氏、直涼的余姓和廖姓等是。某些城鎮華人移民如潮水般湧入，加上人口增生繁衍，逐漸形成多個大小不等的城鎮，尤其是盛產錫米的礦區和經濟作物墾殖的所在。在這個基礎上，城鎮紛紛發展起來，馬來西亞首都吉隆坡，各州的首府如怡保、新山、古晉、喬治市和芙蓉等，以及遍布全馬各地的大小市鎮，如巴生、詩巫、太平、安順、金寶、雙文丹（Serendah）、萬撓（Rawang）、瓜拉立卑（Kuala Lipis）、直涼、麻坡、峇株巴轄、雙溪大年（Sungai Petani）、山打根等莫不有華人開疆拓土的痕跡。這些城鎮的開發，有者是因為錫米，如吉隆坡、怡保、芙蓉等是；有者是因為橡膠種植，如麻坡和直涼；有者是因為墾殖，如居鑾、詩巫和古晉等是。

吉隆坡的建設和發展是在吉隆坡第三任甲必丹葉亞來手中完成。葉亞來家族世代務農，由於家鄉難以謀生，只好在十七歲南來投靠族叔尋找出路，輾轉數地，先後從事粗工、店員夥計和廚師，後來收購錫米，因緣巧合之下結識了雙溪芙蓉華人甲必丹盛明利和劉壬光。一八六〇年代初期，曾任雙溪芙蓉華人甲必丹一職，時年二十四歲。一八六二年，他應時任吉隆坡華人甲必丹劉壬光之邀，到吉隆坡發展。劉壬光逝世後，他繼任吉隆坡第三任華人甲必丹，從此開展對吉隆坡的建設與發展。他在一八七三年第二次雪蘭莪內戰結束，收復吉隆坡後，勸服華工留下，並在飽受戰火蹂躪，滿目瘡痍的廢墟上重建吉隆坡。在重建過程中又碰上無情大火，將大部分的房子付之一炬，他在一八七九年組織人力燒制磚瓦，建成四百餘間樓房，並修築道路，華人人口也隨著匯集，不僅是雪蘭莪的行政中心，也成為馬來聯邦的首府。葉亞來可謂是馬來亞華人開發各地城鎮的典範。⓮

霹靂首府怡保，是由十九世紀錫礦家姚德勝（一八五九年—一九一五年）所開闢。姚德勝出生於貧農家庭，十九歲離鄉背景南來謀生，稍有積蓄後，到怡保謀發展，並發現了豐富的礦藏，震動整個霹靂。他以新式機器，採用先進採礦法，產量大增，迅速致富。一八九二年怡保舊街場的一場空前大火焚毀了一百二十三間店屋，加上舊街場由於人口增長，其發展已經飽和，英人計畫重新規劃和重建怡保。但這是一項極為冒險的投資，一般建築商都採取觀望態度，不敢輕舉妄動。但姚德勝憑其雄厚的財力和過人的膽識，於一九〇四年答應怡保英殖民政府的邀請，出資興建新市鎮，在近打河東岸興建了二百一十六間兩層樓店鋪。這項龐大的工程於一九〇八年落成，成了今天的新街場。事實上，早在新街場開闢之前，姚德勝就已在怡保興建了一間有一千個座位的華人戲院（一八九〇年），隨後以戲院為核心應運而生的有青樓、鴉片館、酒館、賭館、典當鋪等，形成了夜夜笙歌的娛樂區，帶動了附近一帶的繁榮和產業價格。此外，一八九三年的公共馬廄也非常成功，甚至成為日後類似設施的典範。[15]

詩巫是另一個典型的華人開埠的城市，只是有別於吉隆坡和怡保，它是墾殖而開闢的城鎮。一九〇〇年，黃乃裳來到拉讓江畔勘察，認為這是塊可供墾殖的肥美土地，故此與第二任白人拉惹簽訂合約，從中國福州招募農民，先後分成三批到來墾荒，總數千餘人。由於最早開發的是新珠山，也是福州人在砂拉越的發祥地，故此也別稱「新福州」。[16]

華人對馬來亞建設的貢獻不論是西方學者或殖民官員皆異口同聲加以承認。十九世紀的殖民官員克勞馥認為華人「在亞洲人口中不僅是最大的部分，同時也是最勤勞和有用的部分」，盧卡斯（Sir Charles Lucas）也認為「無法忽視他們對海峽殖民地的重要性」。東方學家紐博（Newbold）則謂華人是「海峽殖民地最有用的階層」，砂拉越第二任白人拉惹斬釘截鐵說：「沒有華人我們動彈不得。」著名殖民官員瑞天咸說：「開始開採錫礦的是中國人並且他們從最初起一直繼續從事這種工作，經他們的努力，世界用錫的一大半都是由馬來亞來供給。他們的精力和事業造成了今日的馬來亞，馬來亞政府和人民對這些勤勞能幹、奉公守法的華僑，無言可表達其感謝之忱⋯⋯」進入二十世紀，學者米爾斯如此表示：「關於海峽殖民地的技術，忽視了華人在其發展中所起的作用這樣重要的部分，將是一種殘缺不全的紀錄。英屬馬來亞的繁榮是建築在中國勞工上面，這種說法毫不過分。」《馬來亞華僑史》著者巴素則說：「真的，假如沒有華人，就不會有現代的馬來亞；這個地方，除各條河口和沿海岸一帶有少數居民外，依然是一片充滿了原始叢林的地帶。」他還附帶說，若沒有現代馬來亞的助力，歐美的汽車工業就永遠也不能有這樣大的發展。[17] 而張禮千在〈馬來亞歷史概要〉曾說：「但英人與吾華人之對於馬來亞也，均有永垂不朽之功績，無英人，馬來亞之秩序無由安定，馬來亞之建設無由規劃，但無華人，則馬來亞之富源無由開發，馬來亞之繁榮亦無由實現。」[18] 應是最為公允之見解。

印人的南移[19]

早在十八世紀末，英國人已經開始將其貿易利益從印度延伸至馬來亞。十九世紀以來，馬來亞的錫米大量開採，橡膠種植業的興旺，英殖民統治者對勞工的需求極大。但生性閒散的馬來人無法勝任這些粗活；華人獨有的勞工運作方式和團體組織，是英人無法跨越的文化障礙，他們企圖控制華工的努力屢遭挫敗；近在咫尺的印尼勞工為荷人控制；歐洲和非洲勞工的成本太高，最後迫使英人打起印度勞工的算盤。十九世紀後期，英國在馬來亞的統治地位確立以後，即大量引進印人以解決勞工不足的問題。透過英國在印度的殖民地機構，大批印度勞工有組織地被徵募到馬來亞，充當種植園和各項市政工程的勞工。最早的勞工是以契約的方式前來，在這種制度下，他們與應募者簽訂種植園勞動的契約合同，一般最短期限為三年，期間他們須為雇主工作來償還，因此他們往往受盡剝削，加上招募的多為城鎮居民，無法適應種植園的工作，因此這方法無法大規模推廣。除了正式勞工外，當時也有不少囚犯被遣送來當政府勞工。於此同時，另有一種「工額尼制度」（Kangany System）也開始盛行，「工額尼」即「工頭」之謂，由他們前往印度鄉下招募，印度勞工的旅費由種植園主支付，然後整批勞工在英殖民政府官員監督下前來工作，但是在執行過程中仍存有不少弊端。

一九〇七年，因為汽車充氣橡膠輪胎的發明導致橡膠價格大漲，馬來亞橡膠園經濟的蓬勃發展，刺激了對勞工的需求，馬來聯邦政府成立了印度移民委員會（Indian Immigration Committee），通過「輔助移民制」（System of Assisted Immigration），建立「泰米爾人移民基金」，規定由英籍雇主撥出基金，援助印度勞工到馬來亞工作，讓他們不再受契約的約束，並允許申請遷入的印度勞工可自由遷入。對勞工需求與日俱增和基金有效的運轉，使印度勞工大量湧入。一九二二年，在印度與馬來亞也設置了官員來管理印度人移民的事務，這些措施實行後，「工額尼制度」才衰落下去，並在一九三八年廢除。

印人移民馬來亞的浪潮在一九三〇年代經濟大蕭條時期呈逐漸放緩趨勢，雖然如此，在二戰結束時馬來半島的印人已達一百四十多萬人。戰後英殖民統治者曾經努力恢復印度勞工輸入的努力，但隨著一九四七年印度獲取獨立，認為勞工移民有損國家體面，禁止印人勞工向海外輸出。據當時的移民統計，印人已占全馬來亞人口的十・三%。馬來亞獨立後，實施嚴格的移民管制，只有專業技術人員才能進入馬來西亞，印人大量移民的歷史才告一段落。

印人移民最大的特點是種植園的勞工，構成馬來亞印度人社會的主體，另有部分受政府雇用為建築工人或擔任警務。由於印度本身即是英國的殖民地，因此在移民中有不少是由英殖民政府招請來協助管理與統治的公務員。除此以外，另有部分為專業人士如律師和醫生，甚至也有從事放貸的商人。種植園中的印度勞工待遇普遍上偏低，平均月收入很少超過十至十五馬幣，但從事同樣工作的華工卻可賺取三十至三十五馬幣。他們還必須忍受高強度的工作、低劣的生活環境、各種疾病的侵襲，故此死亡率偏高。由於在職業選擇上受到政府的設限，即使潔身自愛，不賭不飲的印度勞工，也很難擺脫身處社會底層的命運。這也致使許多看不到前景的印度勞工將所剩無幾的工資借酒消愁而揮霍一空，而予人「酗酒」的刻板印象。

印度勞工移民另一個特徵是流動性非常大，從一七八六年至一九五七年間，大約有四百二十萬的印度人進入馬來亞，但同期離開回國的卻高達三百萬人，約占其總數的七十%左右。而在一九二五年至一九五七年間，返回率更是達到了八十%。

事實上，馬來亞的印度人並不是由單一的群體構成的，其中要以淡米爾人數量居於優勢，所占比例高達八十%。這些泰米爾人有部分來自斯里蘭卡，人數較少，但都受過英文教育，在馬來亞充當專業人士和行政職員，社會地位比南印度的淡米爾人要高，他們也傾向認同英殖民政府。至於其他的移民還有以經商為主要職業的古吉拉特人、充當員警和看守的旁遮普人、從事銀行業和放貸人的切迪亞人。此外還有信德拉人、客拉拉人、安得拉人和孟加拉人。

由於族群複雜，執行制度的隔閡，導致印度社會的分化，無法形成一種同心協力的團結精神。由於大多由歐洲雇主掌控，他們極為缺乏獨立自主的領導，形成印人社會的順從性，以致長期受盡壓迫和被剝削。整體而言印度人在經濟上較為貧困，在政治上默默無聞乃至失聲，他們在馬來亞的社會是處於邊緣化的境況。

第二節　英國的建設

英國雖是殖民統治者，其目的在剝削殖民地的資源以供養殖民母國，但英人在侵占剝削之餘也做了相應的建設，有別於荷蘭專事剝削，不顧當地人民死活的手法。事實上，許多的建設無疑是為了統治和剝削上的便利而進行，然而卻因此為馬來西亞的發展奠下穩固的基礎。

（一）醫藥衛生

馬來西亞在早期乃蠻荒瘴癘之地，大量的歐人和華工為此喪命，客死異鄉。拉惹阿都拉從巴生帶來到吉隆坡開發的第一批華工，大部分就死於瘧疾等熱帶疾病。患病率高，加上缺乏良好的醫藥設施，故此早期馬來亞的人口始終難以大量提升。當時常見的疾病有瘧疾、鉤蟲、赤痢、天花等。隨著政治經濟的發展，醫學也獲得長足的進步。

馬來亞的醫藥工作主要有兩種，即醫院的建設和疾病的預防。華工人數的增加，醫藥設備成為迫切之需。一八八〇年，葉亞來已經在吉隆坡建有一小型醫院，由於設備簡陋，環境惡劣，一八八三年瑞天咸將之改組為政府醫院。一八八九年，現在仍在使用的中央醫院在彭亨路建立了。一八九二年甲必丹葉觀盛在吉隆坡創設同善醫院，此後，馬來聯邦各州的醫院相繼設立。一八九五年，霹靂已有十五間、雪蘭莪有十四間、森美蘭有三間，彭亨則有兩間。新加坡最早，也最知名的醫院當屬由陳篤生出資，興建於一八四四年的貧民醫院，後改名為陳篤生醫院。疾病預防方面，一九〇一年開始，英國即在新加坡的離島設立防疫隔離站，凡是從中國南來的華工皆需在此接受一個星期的隔離，如此有效的防止霍亂、天花和瘟疫的傳入。差不多同一時間，巴生的華德遜（Malcolm Watson）醫生採用從印度傳來的防瘧方法，並於一九一一年成立中央蚊瘧顧問局（Mosquito Advisory Board）以處理防瘧事務，並在各地設立滅蚊局

（Mosquito Destruction Board），從事滅蚊工作。這大大降低了園丘和膠林的死亡率，使膠業能迅速的發展。此外，城市裡設有衛生視察員（Health Inspectors）以督導公共衛生條例的執行，而早期地方政府機構命名為潔淨局（Sanitary Board），亦可見英殖民政府對衛生的重視。

醫藥研究和醫師訓練方面，則有一九〇〇年建於吉隆坡的醫藥研究室（Institute for Medical Research）、一九〇五年創設於新加坡的愛德華七世醫學院（King Edward VII college of Medicine）。此後，新式醫院在半島各地興建，衛生設施也在各地展開，但鄉區的醫藥推廣則極為緩慢，主要是馬來社會長期歧視西方醫學所致。[20]

（二）教育

馬來西亞是個多元種族的國家，故此存有英文、馬來文、華文和淡米爾文四種源流的教育體制，各源流又有其各自的發展情況。

英人發展英文教育，其目的在於培養本土公務員、洋行職員和技術人員，以方便其統治，同時學校也是有效的傳教場所。最早的英校是一八一六年哈京士牧師（Rev. R. S. Hutching）在檳城開辦的檳城義學（Penang Free School），各族子弟皆可自由入學，可以同時學習英文、馬來文、華文和淡米爾文，只是華文班因為缺乏師資而告吹。接著有一八一八馬禮遜（Dr. Robert Marrison）在馬六甲的英華書院（Anglo-Chinese College），讓學生兼通中英文，以為傳教給中國人之用。往後還有一八二三年，萊佛士的新加坡書院（Singapore Institute，後易名萊佛士書院（Raffles Institute）、一八二六年馬六甲的馬六甲義學（Melaka Free School）、一八三七年新加坡的新加坡義學（Singapore Free School）和一八五二年檳城的聖方濟書院（St. Xavier Institute）、一八九四年吉隆坡的維多利亞書院（Victoria Institute）等。

除了上述以「義學」或書院形式出現的英校外，西方教會的學校也為各族學童提供另一形式的英文教育，當這些教會學校的規模日益擴大後，英殖民政府則開始提供經濟援助，並監督其發展。最早的當數倫敦布道會（London Missionary Society）於一八一五年在馬六甲開辦的學校，一八四七年倫敦布道會遷至中國後即關閉，學校自然也就停辦。[21]其他教會，如美國衛理公會團（the American Methodist Mission）、英國聖公會（the Anglican Church）和羅馬天主教會（the Roman Catholic Church）皆有開辦英校，提供英文教育。事實上，類似的教會學校，最成功的是女子教育的推動，不僅開辦好幾所女校，如美以美女校（Methodist Girls' Schools）、武吉免登女校（Bukit Bintang Girls' School）和聖瑪麗女校（St. Mary's Girls' School），並成功吸引家長將子女送入這些學校就讀。[22]

至於高等教育方面則有一九〇五年在霹靂皇城瓜拉江沙成立，以專事培養馬來貴族成為政府行政人員的精英學府馬來學院（Malay College）。這學院是馬來聯邦督學威金遜所建議，第一批錄取的學生共有七十九名，清一色王族男生子弟，包括霹靂王子。這學院以英文為教學媒介語文，培養了第一批土著精英，可說是馬來人進入民事服務的濫觴。這促成馬來民族在馬來亞獨立後掌握政府各個部門，主導政府的行政運作。同年，還有新加坡的愛德華七世醫學院的成立，是馬來亞第一所高等學府。[23]一九二九年，萊佛士學院（Raffles College）成立，有別於僅提供醫學訓練的愛德華七世醫學院，這是一所全面完整的大專院校，提供三年的英文、經濟、數學、物理和化學等專業的學習。一九三一年，沙登農業學院（Serdang Agricultural College）設立，提供農業領域的專業學習。

傳統的馬來文教育主要以《可蘭經》的閱讀和背誦為主，老師一般為地方清真寺的宗教司。事實上，傳統馬來社會更為注重父子相傳的行業技術和生活謀生技能的獲取，故教育並不盛行。至於馬來語文的學習，近乎蔑視的地步，在十八世紀的馬六甲也只有四、五個人具備馬來語文的讀寫能力。因馬來社會認為馬來文是今世的用語，而阿拉伯文則是來世的語文。[24]十八世紀開始才盛行私塾教育制（Sistem Pendidikan Pondok），學習內容不外是伊斯蘭教程，以及一些中小學的課程，修業年限不定，但不論是課程或教學方面都比《可蘭經》班有系統。二十世紀伊始，一批畢業自西亞的伊斯蘭少壯派馬來宗教學者，先後在檳城、新加坡和吉蘭丹等地設立了比私塾更有系統的新式宗教學校「馬德拉沙」（Madrasah）。

十九世紀後半期開始，英國殖民政府開始關注馬來人的教育，對馬來學校進行改革。首先，通過法令強制父母將子女送到附近學校就學，否則將判監或罰款。初始雖面對阻力，久之效果開始凸顯，一八九六年馬來聯邦成立時只有一百三十所馬來學校和四千個學生，一九一六年時增加至三百六十五所學校和一萬八千個學生。但是到了戰前馬來學校基本只到小學階段。[25]其次，設立師訓學校，培育師資。早在一九〇〇年和一九一三年，英殖民政府已經先後在馬六甲和霹靂馬當（Matang）設立馬來師訓學校，但效果不彰。一九二二年，丹絨馬林（Tanjung Malim）蘇丹依德利斯師範學院成立，成為馬來社會第一所高等院校，其學生主要以平民子弟為主，目的在培養馬來師資，課程以歷史文學為主，培育大量馬來民族主義份子，是馬來民族主義的搖籃。

馬來西亞華文教育的發展大約開始於十九世紀前後，華人移民南來，即已意識子女教育的重要，為了解決子女教育問題而紛紛設立私塾。根據馬六甲傳教士米憐（William Milne, 1785–1882）的報告，早在一八一五年，馬六甲已經有三間私塾，一為傳教士所辦，而顏清湟推測至少有一間是由閩人所創辦，另一間則不清楚。[26] 一八二〇年的《印支搜聞》（*The Indo-chinese Gleaner*）則記載有九間私塾，八間是閩人學堂，一間是廣府學堂。一八二九年，德國傳教士則謂新加坡有三間華校，其中一間為閩校。[27] 最早的華校，有者認為是一八一九年檳城的五福書院，事實上，這個說法是有問題的。清乾隆年間為避免家族聯宗聚眾借勢，曾在廣東實行「譜禁」與「祠禁」，逼使廣東各地宗祠紛紛改名避禍，此風延至南洋之各地宗祠。[28] 由此可知五福書院實是一間宗祠，一如吉隆坡的陳氏書院和檳城的慎之家塾，都是宗祠。

一八四九年，新加坡閩商陳金聲創辦崇文閣，這是一間超方言幫派和土生新客的學校，並有明確校史、辦學規章和教育目標，也是目前所知叫得出校名，最早的舊式教育單位，故此有者認為崇文閣才是第一間華文學校。此外，陳金聲也於一八五四年，創辦萃英書院。到了一八八八年，檳城的南華義學創辦，有所謂的十五條規，是目前所見最早的校規。

據一八八四年海峽殖民地的統計，已經有一百一十五間華校的出現。可以說，到了十九世紀後期，華校已經在三州府遍地開花。這些所謂的華校，實際上就是傳統的私塾，一般上可以分成三類。家塾是富裕華僑自請塾師授課，私塾則教師假借廟堂自設講帳，義塾則是華僑共同設立以招收貧窮子弟。這些學校一般環境惡劣、設備簡陋，並以方言為其教學媒介語言，採用的教本自然就是四書五經等傳統教材。這時期屬於華文教育萌芽期，也可稱為私塾教育時期。

進入了二十世紀，迎來了華文教育發展的新景象，從一九〇一年到一九一九年的二十年間，各類的新式學校在維新黨和革命黨人的宣傳競爭下，競相創辦，如檳城中華中學（一九〇四年），是馬來亞第一所新式華校，接著有尊孔（一九〇六年）、育才（一九〇七年）、坤成（一九〇八年）、怡保華人女校（一九一四年）、新加坡南洋華僑中學（一九一九年）、檳城福建女校（一九二〇年）等。此時，新式學校基本取代私塾教育，課程不再局限於四書五經，增設歷史、地理、數學等課程。課本仍然來自中國，教學媒介語遲至一九二〇年代以後才逐漸改為華語。這是馬來西亞現代華校的開始，這時期為華教的勃興期，也可稱之為新式學校期。

華文教育的發展好景進入一九二〇年代，開始面對英殖民政府的管制和封殺。由於華校宣揚反殖反帝的思潮，故此英殖民政府放棄此前對華教自由放任、自生自滅、漠不關心的態度。首先於一九二〇年頒布《學校註冊法令》（*Registration of Schools Ordinance*, 1920），要求所有華校註冊立案，方便殖民政府的掌控，此舉遭莊希泉、余佩皋、鐘樂臣等華社領導反對，結果遭驅逐出境。一九二四年，英殖民政府頒布《註冊學校津貼條例》，規定只有註冊的學校才可獲得政府的撥款，但效果並不顯著，因為仍有不少華校堅持不進行註冊。從一九二〇年至一九四一年日本入侵之前，華校雖然受到殖民政府諸多條例限制，但其發展仍極為驚人，據一九三八年的統計，華校共有一千零一十五所，學生九千一百五十三位，教員三千九百八十五位，是英校的兩倍。這時期經歷了痛苦成長的過程，為華教的管制期，也可以視為發展期。

泰米爾教育是四種源流教育中最弱、規模最小的一環。十九世紀末，種植業的蓬勃發展，大量印度勞工引進，為了應付園丘印裔勞工子女教育的需求，而有印校的創辦，最早的印校是威省提供給甘蔗園丘學童的學校。無論如何，這些少量的泰米爾學校一般皆以失敗收場。雖然教會也提供類似的教育，卻因為奇低的就讀率，最後皆不了了之。更多的家長選擇將子女送進較好的英校就讀。直到一九二三年，《馬來聯邦勞工法令》（*Malay States Labour Code*）頒布，規定凡有適齡兒童的園丘必須設有相關學校，並有政府津貼部分經費，印校才在園丘設立，採用印度課本，師資也來自印度，但最高只到小學四年級。一九三〇年，泰米爾學校才有正式的視學官，直到一九五六年《拉薩報告書》（*Razak Report*）建議完整的國民教育後，完整的泰米爾中小學教育才逐步形成。[29]

（三）文官、律法制度和基礎建設

英人殖民統治馬來亞不外是掠奪經濟資源，為了有效順暢達成此目標，英人必須確保法律和行政管理體系的建構來為此項目標服務。首先維護社會的秩序成為當務之急，除了制定《一八八九年社團註冊法令》，遏止會黨的活動，英人也派駐軍警，尤其是錫克（Sikh）教徒的士兵和員警，是極為有效的維持治安的手段。此外，英人也引進司法和監獄制度，以加強維持治安的力度。其次是引進西方的土地制度，摒棄馬來社會的傳統土地制度，特別是從澳洲引進托倫斯制度（Torrens Title）。土地制度的調整，確保殖民統治者能以大量種植園取代原始森林，也能開展調查以便準確地劃定租約。當然，接踵而來的是各種基礎建設，諸如鐵道、公路、通訊等的發展。[30]

自從英殖民統治進入以後，為了將原產品，尤其是錫米，運送至港口，英殖民政府開始從礦區建造鐵路至港口，故此最早期的鐵路都是東西走向，並且是短程的。馬來半島最初的鐵路有四條，即一八八五年由太平通往缽衛（Port Weld，以海峽殖民地總督威爾德之名來命名，也稱十八丁），是馬來亞的第一條鐵路；一八八六年由吉隆坡通往巴生的鐵路；一八九一年由芙蓉通往波德申的鐵路；一八九五年由安順至打巴（Tapah）到怡保的鐵路。

在鐵路開通以前，將錫產運至海港，並將華工和物品從海港運回礦區，是個既漫長又昂貴的過程。在拿律地區一般使用兩種運輸方式，即小平底船和牛車，通過拿律河運至直落甘當（Telok Kantang）之村莊。當英殖民政府入主霹靂以後，錫產迅速提升，淤塞的河道和雨後泥濘的道路完全無法應付龐大錫產的載送。為此，修羅爵士首倡建設鐵道運輸錫產的良方。當太平至缽衛鐵路完成後，基本解決了北霹靂拿律地區錫產運輸的問題。而近打河谷（Kinta Valley）錫產的運送則有完成於一八九三年打巴至安順，以及完成於一八九五年打巴至怡保的鐵道。另一錫產地雪蘭莪，在鐵路開通以前主要以牛車運至吉隆坡或白沙羅（Damansara），然後再通過駁船運至巴生港口，物品也以同樣方式運入。但此法曠時費日，同時需要大量勞工，運送過程還得面對炎熱和濕氣的干擾、蚊蟲和水蛭的叮咬、老虎和毒蛇的威脅。雖有華商倡議並出資建築鐵道，但英殖民政府欲掌控鐵道控制權，因此沒有批覆，最後由雪州政府出資修建，並於一八八六年通車。由巴生至吉隆坡全程僅耗時九十五分鐘，有別於需耗九小時以上的傳統運輸方式。隨著吉隆坡鐵路的建成，瑞天咸開始構思馬來半島的鐵路網路，此鐵路系統基本在二十世紀初期實現，瑞天咸的遠見為馬來半島交通的便利作出了巨大的貢獻。

一九〇九年，西海岸北起北賴，南抵新山的鐵路也完成，以後又往北延伸到玻璃市的巴東勿殺（Padang Besar），銜接暹羅鐵路。一九二三年，新柔長堤完成後，馬來半島的火車可以直達新加坡。一九三一年，東海岸的鐵路也建成，由柔佛的金馬士（Gemas），途經馬口（Mahau）、文德甲（Mentakab）、瓜拉立卑（Kuala Lipis）和話望聲（Gua Musang），直通吉蘭丹的道北（Tumpat）和雙溪哥洛（Sg. Golok），與暹羅鐵路銜接。[31]

道路的使用最早與錫米有關，一八二〇年代以來為了運送錫產，礦區與港口和市鎮間供牛車和馬車行駛的道路逐漸建造起來，最早有霹靂拿律至武吉幹當（Bukit Gandang）、馬當—太平至甘文丁；雪蘭莪則是吉隆坡至白沙羅和巴生港口；森美蘭則有芙蓉至日叻務；彭亨則有瓜拉古毛（Kuala Kubu）至瓜拉立卑。一八八五年雪蘭莪連接霹靂和雙溪芙蓉的完整道路網基本成形。

一八九〇年代開始，大片原始森林被開墾為膠園，由於膠園面積遼闊，分布又廣，為了運輸橡膠，公路也就大規模地建造起來。一九〇一年雪

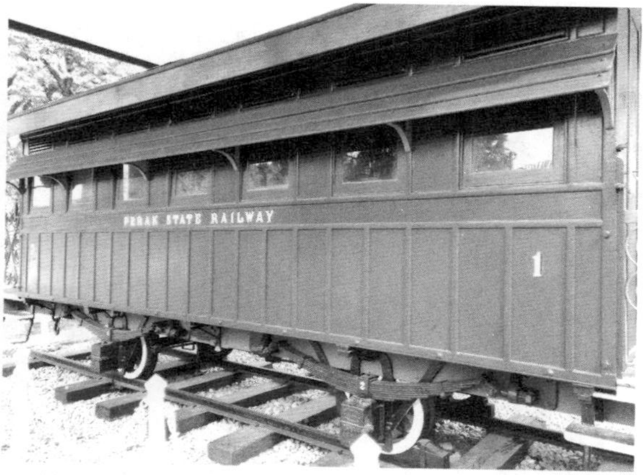

▲英國製造，川行於馬來半島第一條鐵道的火車廂房。
攝於太平博物館。

州的主要城市基本為六百里的道路網連接，而這些道路有一半是屬於較佳的碎石道路。一九〇二年汽車引進馬來亞，現代化的公路開始建設，一八九九年吉隆坡至關丹、一九一一年至北賴的主幹公路率先完成。一九二〇年間，汽車、貨車和公共汽車開始在馬來亞運輸業上嶄露頭角，公路的建設更是刻不容緩，於是舊式馬路被加闊，並鋪上柏油。這些密集的公路網，將分布半島各地，以橡膠為生的大小市鎮聯繫起來，無形中半島的地貌大為改觀。一九二八年，從玻璃市直達新加坡的公路幹線也全線通行，而東岸公路的建設相對遲緩，一九四八年才有新山連接哥打峇魯的主幹公路，而登嘉樓至彭亨的主幹公路則遲至一九四五年以後方始落成。[32] 無論如何，鐵路和公路的聯通，不僅減

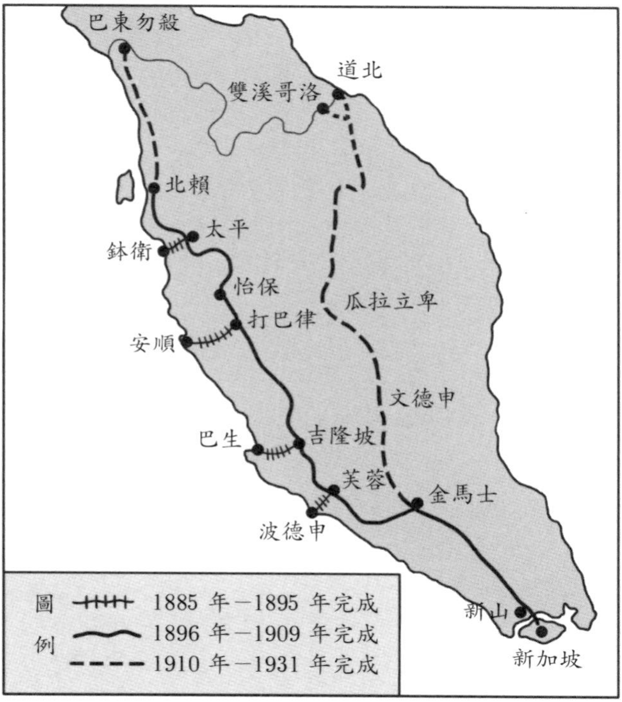

▲馬來半島早期鐵路和公路網圖。

資料來源：董總課程局編，《歷史》（第二冊），加影：馬來西亞華校董事聯合會總會，1992，頁223。

輕運輸成本，且帶來豐厚的盈餘，此不得不歸功於英殖民地官員的高瞻遠矚。

至於東馬陸路運輸的系統發展較為遲緩，無法和西馬相提並論，主要受限於多山的地形，以及遲滯的經濟發展，其公路和鐵路幹線只能沿河岸和海岸建設。公路分布於各主要城鎮，城際之間的公路以紅泥和黃泥路為主。

第十章
戰前的商業與經濟活動

第一節　古代商業與經濟活動

古代商業活動

古代馬來半島已經存在國內貿易和國際貿易，知名的商業中心有五至十四世紀的吉打、十五世紀的馬六甲、十六至十七世紀的柔佛和十八世紀的瓜拉登嘉樓。早期中印之間的貿易以克拉地峽為中轉站，使吉打一躍成為馬來半島最早的國際商港。後來馬六甲海峽成為東西交通孔道，馬六甲王朝成立以後，逐漸發展成為國際海港，雲集了阿拉伯、波斯、胡茶辣、中國、印度、爪哇、暹羅和日本等國的商人。馬六甲王朝退守柔佛廖內以後，由於它位處馬六甲海峽最南端，為航船必經之地，也是一個避風港，逐漸形成另一個具有一定競爭能力的港口。較為特殊的是瓜拉登嘉樓崛起於十八世紀，市易的有布匹、火砲、鴉片和槍枝等物品，蘇丹委任巫人和華人代表進行貿易，許多英國商船皆停泊於此進行交易，儼然為半島東海岸的大港。

早期的商業活動，統治階層扮演重要角色。他們主導了進出口貿易，加上統治階層是土地所有者，他們也掌控了礦物的開採和土地的分配權力，可謂是英殖民統治前的資本家或資源配置者。但他們最普遍的經濟行為是在沿河設立稅收站，向過往船隻鳩收貨物稅或過路費，稅收可以貨幣或實物來支付。稅收是統治者最重要的收入來源，尤其是錫礦產區，成為主要的徵稅來源。稻米一般不抽稅，除了霹靂的吉輦（Kerian）是唯一抽什一稅的稻米產區。此外，另有港口的船稅和貨物進出口稅。後者以兩種方式來徵收，可以是由統治者直接徵收，也可以將這徵稅權以一定期限，一般為六到十年，轉租給代理人，統治者每年只收取固定的租金。蘇丹和王公大臣往往還可以參與貿易活動，甚至擁有某些產品的壟斷權，借此獲取豐厚的收入。另外，還有一種奉獻稅（sistem serah），也是統治階層的其中一個收入來源，這是一種為了感激統治者允許使用土地耕種，而根據收成多寡繳交的稅收。但是在登嘉樓和吉蘭丹卻以兩種不同的方式來徵收，第一種是統治者將日常用品以高於市價多倍的價格拿到鄉村販賣，款項則平均攤派在村民身上，由於貨物和價格不成比例，村民最後所得有限，甚至一無所得。第二種則是統治者以極微量的價錢，採購村民的林產品，然後轉售牟利，為了採集足夠的林產品，村民只得放下自身的活兒，不僅干擾百姓作息，也增加百姓的負擔。

古代馬來社會的稅收大部分屬於強迫徵收形式，加重身無分文百姓的負擔，而這些稅收則成為統治階層支付給更有勢力的拉惹土酋以獲取其保護的費用，但大部分的稅收主要花費在統治階層個人的日常開銷上。

貨幣

早期馬來社會是採用物物交換方式貿易，後來開始使用貝殼和金屬片等原初的貨幣，其價值視其大小而定，這些貨幣也可用來作為裝飾品。在沙巴和砂拉越則採用以玻璃和寶石串成的珠子為貨幣，這種珠子也被視為身分的象徵。在砂拉越內陸，普遍使用銅壺為貨幣；小銅砲則是婆羅洲、汶萊和砂拉越的通行貨幣。中國引進的刀幣、鑵幣等貨幣也在馬來半島使用，而八世紀時從中國進來的銅錢則成為馬來半島重要的貨幣。❶

馬來半島本土自製的貨幣，遲至十五世紀中葉才出現，那是馬六甲的圓形錫幣必第斯（Pitis），是蘇丹目扎法沙時使用。從這時開始，錫幣成為馬來社會中流通最廣，也是最主要的貨幣。此外，另有不規則形的錫幣，如寶塔、金字塔、公雞、鱷魚、魚、龜、象、樹等形，流通於馬來半島各州。公雞形的錢幣在吉打蘇丹莫哈末、智化時使用，一個值五個西班牙元，雞腳則值一個西班牙元。雪蘭莪則使用鱷魚形的錫幣。另有寶塔型錫幣（Jongkong tambang），其底部寬厚，中間突起一方塊的錫塊，則主要流通於雪蘭莪、霹靂、彭亨和森美蘭，直到一八九三年才被廢止。❷ 各州的錫幣有不同的名稱：

州	錫幣名稱
彭亨	淡榜（Tampang）
柔佛	卡頓／克頓（Katun/Ketun）
吉打	德拉（Tra）
雪蘭莪	瑟布亞雅（Tampang Sebuaya）
登嘉樓	必第斯（Pitis）
霹靂	美羅（Bidur）
馬六甲	必第斯（Pitis）
吉蘭丹	必第斯／克丙（Pitis/Keping）

除了錫幣，馬來半島也通行金幣。馬六甲王國時代，外來商人從印度、阿拉伯和中國帶來的金幣，成為當時通行於馬六甲港口，價值最穩定的貨幣。柔佛也在十六世紀發行金幣，稱為第納。吉打在十七世紀也發行金幣，由於受印度文化影響，其金幣刻有一頭牛。吉蘭丹的金幣開始使用於十七和十八世紀，共有三種形式，即羌鹿金幣（Kijang），太陽第納（Dinar Matahari）和硬幣（Mas Kupang）。羌鹿金幣為圓形，正面是羌鹿，反面是阿拉伯文「Malik al-Adil」。吉蘭丹另有樹形的必第斯金幣，其錢幣是掛在樹幹的枝上，要使用時就將之剝下即可，始行於蘇丹莫哈末四世（Muhammad IV），直到一九〇九年，海峽殖民地的貨幣被引介時才廢止。[3]各州金幣的名稱如下表：

州	金幣名稱
柔佛	Mas、Kupang
吉打	Wang Lembu
吉蘭丹	Mas Kupang、Dinar Matahari、Wang Kijang

一五八〇年，西班牙銀元開始引進，成為半島通行的貨幣和其他貨幣衡量價值的標準達三百年之久。葡萄牙統治時期，除了通用的錫幣，為了擴展貿易，也鑄造銀幣和金幣。十九世紀英殖民時期，各州開始停發貨幣，並全面使用西班牙銀元，歐人稱之為「dollar」。一九〇六年，海峽殖民地紙鈔成為流通貨幣，所有外幣停止使用。

度量衡

1. **量器：**早在十五世紀，馬六甲王朝已有完備的稱重制度以為商業用途，主要用在乾物的測量如米、錫等。最早有干冬（gantang，圓筒形量米器，約等於三．六公斤）、朱柏（cupak，容量單位，等於四分之一干冬或九百公克）、卡（kal，米的容量單位，等於二分之一朱柏）和克布（kepul，米的容量單位，約等於四分之一朱柏），後來又有娜黎（nalih，米容量的單位，約等於十六干冬或七二．七三公升）和昆擦（kunca，米的容量單位，等於一百六十干冬）。量衡的劃一和制定則由天猛公負責，符合規格的量稱將由蘇丹蓋上「cap tera」（印章）字樣。這些衡量單位成為馬來傳統社會用以測量顆粒的單位。「卡」是將椰殼剖半，但使用時必須得到蘇丹的御准。朱柏是椰殼較大的部分，較小的則為棱（leng，衡量單位，約等於半朱柏）。干冬最早見於吉蘭丹，首先將正艾木鑿穿，然後在旁邊綁上銅塊，用以測量米、魚、鹽和肉。上述

▲主要用於稱量稻米的干冬（攝於太平博物館）。編著者提供。

的衡量單位幾乎都是專為稱量食用白米而制定，由此可見白米在日常飲食的重要性。但是在商業上較常使用的是兩（tahil）、斤（kati）和擔（pikul），都是由中國引進，而擔則和馬來人的擔混合使用，一斤十六兩，百斤等於一擔。量稱香料時則較常用哥仁（Koyan，約等於二千四百一十九公斤），三十擔為一哥仁。上述的單位一般用以稱量較重的物品，如錫米和香料。金銀則採用印度商人帶來的度量單位，即十二薩迦（saga）等於一馬炎（mayam），十六馬炎等於一布卡（bungkal），十二布卡（bungkal）等於一斤。阿拉伯則帶來巴哈拉（bahara），相等於三百斤，並且成為常用的度量單位之一。到了十七世紀，西方的磅、噸、加侖等才陸續引進。

2.度器：早期沒有標準的長度測量方法，較短的距離主要以身體器官來測量，如使用拇指與其他手指伸開的長度以測量短距離，計有虎口、食指、無名指、中指、小指等距離；⑴手距（Hasta）：從手肘到中指指尖的距離，長約四五．七二公分；⑵臂長（Depa）：兩臂伸張的長度，長約一．八二九公尺；⑶腳掌（Tapak）：腳後跟至腳拇指指尖長度；⑷跨步（Langkah）：一跨步的距離，一腳腳跟和另一腳拇指指尖的距離。

較遠距離的測量，如村落間的距離，則以步行或划船可抵達的時間為測量單位。至於中等距離則採用儂（orlong，一百儂等於一三三．三英畝），如菜園的長短等是。而吉打在蘇丹莫哈末．智化統治時期，有其獨特的土地測量標準，採用惹儂（Relung，約等於〇．七一英畝或〇．二九公頃）為土地度量單位。

古代交通

古代馬來亞的交通主要以水路為主，由於陸路常要穿越森林和沼澤，碰上猛獸的機率極大，危險性高，反觀水路則較為安全，載重量也大，加上統治者的行政所在和鄉村主要皆設在河口或河邊，河流無形中成為最主要交通方法。

河流運輸常使用的交通工具是舢板（sampan）、小舟（perahu）和木筏，也有船隻如雙帆船（bahtera）、舟宗（jong）和帆船（perahu layar）在海上行駛。登嘉樓人最擅長利用正艾木（kayu cengal）造船，他們常用的船計有小貨船（Pinis）。吉打則使用獨木舟（Perahu Sagur）和小舟（Perahu Palung）。龍船（sampan Naga）流行於霹靂，它有划船人睡坐的空間，也有置放武器和劃槳的地方。卡達山人用竹造船叫 kondoh。古代河流的功用除了運輸以外，也有捕魚、水供、灌溉和收稅所在的功用，可以想見河流對古代馬來亞居民的重要性。

陸路運輸方面，小徑成為村落間的主要聯繫道路，大象、水牛和牛則被訓練為運載工具穿過濃密的森林，以到達目的地。無疑的，步行是當時主要的交通方法之一。在馬來半島有五條主要的橫貫幹道，即吉打河至北大年、霹靂河至北大年、沙白河至彭亨河、馬六甲和彭亨間的拉牽道（Jalan Penarikan）、峇株巴轄至興樓（Endau）。其中又以拉牽道最為重要，溝通半島東西兩岸，它聯繫了馬六甲和彭亨，經過麻坡河（Sg. Muar）、瑟丁河（Sg. Serting）而抵達彭亨河（Sg. Pahang），全程崎嶇不平，又要穿越湖沼，必須動用人力拉牽船隻而得名。蘇丹馬末沙在馬六甲城破後，也是沿此河逃難，最後撤退至彭亨。葡人曾敘述從馬六甲到拉牽道步行至彭亨水道只需要六日行程，惠特利（Paul Wheatley）曾考證指出其沿岸一帶皆是產金地。[4]自鐵路和公路開通後，此道即走入歷史。

除了傳統的內陸航運，還有沿岸的船運服務，這些航線主要服務於海峽殖民地、馬來聯邦和東印度群島之間，都由華人掌控。早於一七七〇年代，馬六甲的陳夏觀（Tan Hay Kwan）已從事沿岸船運服務，他的兩個孫子陳俊祥（Tan Choon Sian）和陳俊睦（Tan Choon Bock）在一八七〇年代引進汽船。另一起家於馬六甲，後將業務轉至新加坡的是陳金聲的金聲船運公司（Kim Seng and Company），較後又有新加坡李清淵（Lee Cheng Yan）的珍珠船運公司（Chin Joo Shipping Company）。這些船運公司主要是將馬來土邦的產品運至新加坡出口，然後從新加坡將物品、機械，乃至工人運進馬來半島各鐵路和公路的轉運站，以運送至礦區。一八九〇年，荷人希歐多爾（Theodore Cornelius Bogaardt）成立海峽汽船公司（Straits Steamship Company），他也了解華商在這個領域的優勢地位，故此特邀陳俊祥之子陳恭錫（Tan Keong Saik）、陳若錦（Tan Jiak Kim）等加盟其公司。在接下來的二十五年間，此公司獨占船運業務的鼇頭。除了沿岸航運，還有創立於一八三七年，穿行歐洲、香港和新加坡的國際航運船務公司（Peninsular and Oriental Steam Navigation company，P & O S. N. Co.）。隨著一八九六年蘇伊士運河通行後，其他的國際船務公司也紛紛成立了，如藍囪號（Blue Funnel Line）、賓士號（The Ben Line）、峽谷號（The Glen Line）和分享號（The Share Line）。[5]

第二節　馬來亞的經濟發展

十九世紀以前，傳統馬來社會是屬於自給自足型的經濟，主要的經濟體是以家庭為單位的小農經濟，他們需承擔統治階級攤派下來的勞役，古時也不曾出現以專業為需求的職業。傳統上，任何開發使用或耕耘土地者就是土地的擁有人，但實際上統治階級才是真正的土地所有人，那些耕作者不過是屬於土地暫時擁有者。一般上，農民需繳付收成品的十%作為稅務，可以實物納稅。

傳統的馬來社會以種稻為主，也是馬來亞最古老的農作物。在單馬令河發現的扁平的刀（Pisau Pipih）相信是新石器時代用以收割的工具，這表示五千年前已有稻米種植，水稻則遲至銅器時代方始出現，每個馬來農民平均占有二到三畝的田地，在風調雨順的情況下每年可收成約六百千冬，其中一半供自家食用，其餘則出售、交換物品和繳交稅租。農民平均一年僅需五六十日的農忙時間，其餘時間則用來進行副業，如採集森林產品、捕魚、飼養家禽和家畜，甚至從事手工藝的製作。此外，馬來人也種植蔬果作為輔助食品，如瓜類、薑、黑胡椒、椰子和香蕉等。

稻米為馬來社會最為傳統的農作物，主要有兩種，一為旱稻，種在山上或斜坡上，由原住民以刀耕火種的遷移農耕方式進行。另一為水稻，主要在河谷區，半島的稻米種植主要由外來移民引進，南方由米南加保人，北方則由暹人引進。水稻種植必須有大量的水來灌溉，抽水機、水道和水壩是三種傳統的灌溉法。馬六甲時代吉打是主要產稻區，供應馬六甲的需求，其他則有森美蘭、彭亨和吉蘭丹。吉打是重要的稻米區，可以從其四部法典中有兩部直接反映對稻米種植的關注見其端倪。另外，它也是最早開挖大型運河（旺・沙曼運河，Terusan Wan Saman）的州屬。吉蘭丹平原稻種的重要，在文西阿都拉的著述中有所反映。十七世紀開始，北賴的平原區和玻璃市才成為半島產米區。

除了農耕，漁業是沿海馬來居民主要的收入和蛋白質來源，一般以自給為主。他們也會將魚獲交換稻米，剩餘的則製成魚餅或曬成鹹魚，小魚蝦則製成峇拉煎（belacan）、蝦醬（cencaluk）和江魚仔醬（bulu）等醬料來販賣。東海岸的捕魚時間一般在五月到十月西南季風時期，十一月到二月東北季風時期一般是修補漁船和漁具的季節。傳統的捕魚法有好幾種，沿河居民則用矛或叉戟來捕魚，矛或叉戟的頭是由骨頭或金屬做成，矛身則由竹或木材削尖做成，捕魚時將矛或叉戟，投入河中刺魚。原住民則採用V型防柵來捕魚，他們用石頭或木材來控制水流，然後將由樹根製成的毒藥（tuba）投入河中將魚毒昏並趕入水壩中。卡達山人則以大石頭控制水源，但石與石之間留一空間，每一縫隙都裝有籐籃或竹籃為陷阱，也同時置有尖刺，當魚進入後即被刺著。十九世紀時開始採用較為先進的圭籠捕魚法，以竹圍成欄柵來捕魚。其他的還有用竹或藤製成的魚荃，或竹編的器具捕魚。

馬來人的生活資源是多方面的，他們也在庭園四周豢養各類家畜動物，如雞鴨牛羊等是，除了是食物來源，同時牛還可耕田。打獵捕捉鼠鹿、野雞等亦可幫補家計。捕捉大象是早期一項極為重要的經濟活動，尤其在森林較多的彭亨。大象可以載客、載物，也是統治階層的坐騎，更是一種身分的象徵、還可以成為饋贈的禮物，甚至訓練成為戰象。

手工藝的製作包括織藤、紡織、造船、陶瓷和曲劍（Keris）為主。織藤是馬來人最為普遍的手工藝，這是因為馬來社會日常用品，如籃筐席簍等，即便是撈魚器具和捕獸陷阱，皆可從林中就地取材，採集藤竹製作使用。然而他們所使用的不僅限於藤竹，還有葉子，如孟光樹（mengkuang）葉可以製作籃、席和飯罩，亞答（atap）葉一般用來作為高腳屋屋頂的材料。紡織方面採用一種旋轉軸的紡紗機，與中國舊式的織布機相仿，布料一般採用棉和絲，較有特色的是將金銀線織入布中。馬來人馳名遠近的是其蠟染藝術，不僅色彩斑斕，花紋多樣，極為精美，尤以東海岸為著。馬來人是水居民族，河海是他們起居討生活的場所，故此善於造船。內河航行的船隻一般為舢板式小船，式樣簡單，船底為一塊完整的樹幹鑿成。航海的船隻較為巨大，除了風帆，還有槳櫓，可載重八十至百噸。至於陶瓷製作則較為粗糙簡單，傳統的製作是以手工一環環地疊造和捏造，花紋則用木制的模型印上。成品通常以生活所用器皿為主，但也有製作樣式雄偉的缸甕，其最著者為霹靂的沙雍（Sayong）和浮羅地加（Pulau Tiga）兩地。傳統馬來社會為了防身之用，男性出門無不佩戴一至數支傳統馬來武器——曲劍，也稱克里斯劍，劍呈波浪形，因以得名。故此曲劍的製作亦是馬來社會傳統手工藝之一。此外，他們也製作矛刀，其中又以和豐（Sungai Siput）為著。馬來人也造砲，使用盤鑿法，在大鐵柱中穿通砲孔，砲彈則以黃銅製作，大小不一。❻

至於以森林為住所的原住民則以採集森林資源，將採集所得拿到市場變賣換取生活必需品，或轉賣給住在河邊或海邊的馬來人。森林提供了各種各樣，取之不盡，用之不竭的生活資源，如香料、木材、樹藤、蜂蜜、竹子、打麻兒香（damar）和泥柏棕（nipah）等。打麻兒香為一種樹脂，與沉香、檀香等木材有別，除了作火炬，還可用以填補船縫。泥柏棕為棕櫚樹，葉子除可蓋屋頂，又可制傘、作帽、編籃、織席，幼葉還可作捲煙之用。此樹的葉柄可以制箭，從花苞取得之汁，可釀酒作醋制糖。種子也可以食用，又可作鈕扣，此樹的用途不可謂不廣。

南來的華工，大部分在礦區開礦，以及從事農耕或進行小買賣。另有一些土生華人乃至累計足夠資本的華工則從事仲介商人，他們將馬來人的森林產品與國外商品互通有無。雖然說華人很少直接參與進出口貿易，但是，販賣輸入商品卻被他們獨占，即使在輸出商品方面，在從原料生產者直到出口商的中間過程，華人的勢力也頗大，大部分要由他們來供應，如果沒有他們，馬來亞的商業貿易就不可能進行。華人數較少，估計約有三十萬人，分布在整個馬來亞，哪怕是山間僻壤，不僅向土著乃至華工供給生活必需品和貸款，賺取利潤，而且收購當地的物產，將其轉賣。或許正如一位老馬來人所說，「我雖然一輩子都在這塊土地上生活，但無論如何也說不清後來的中國人積聚起多少財富。僅僅幾年，他們就積聚起資產，逐漸取代了我們」。❼

經濟作物

十九世紀下半期開始，西方資本主義的經濟活動開始進入馬來亞，傳統馬來社會的經濟活動面臨挑戰，不得不作出相應的調整。英國在各領域，諸如政治、法律和土地方面，建構了良好有效的行政管理制度，尤其是金融體系的建立，一九〇四年海峽殖民地貨幣和英鎊掛鉤為外幣兌換提供可靠保障，銀行與保險業的設立也有助於引進外資。這些制度配合完善的基建設施，如公路、鐵路、電報、通訊、碼頭等，保障了大量湧入的人力所生產的資源可以得到有效的管理和分配，並轉化為殖民政府的盈餘，使國家得以永續地發展。❽

最大的改變是馬來亞不再僅是局限與小農的自給生產，雖然馬來半島富含錫米，但英人認為馬來半島未來的經濟發展是在農業，在英殖民政府的主導下，經濟作物成為馬來亞其中一個主要的收入來源。早在一八八〇年代，英殖民政府已經鼓勵經濟作物的種植，如開墾大量的咖啡園，由歐人經營，讓其他居民小規模種植咖啡，而華人則種植胡椒、甘蜜和木薯。雖然經濟作物的開墾迅速發展，但英人並沒有鼓勵馬來人投入種植園。歐人園主更喜歡雇傭印度勞工。英人認為馬來人適合種稻，故十九世紀在霹靂的吉輦種稻區建造了運河，鼓勵馬來人種稻。

十九世紀和二十世紀初，馬來亞種植園農業的發展，主要是華人和歐洲人拓荒者的努力成果，華人墾殖民追求用小本求急利，而歐籍移民則側重長期投資。在十九世紀的大多數時期，華人在開發出口導向農業方面，所取得的成就比歐人大，二十世紀開始歐人的角色才日益吃重。十九世紀華人墾殖民主要是採用「輪耕法」，種植的作物主要是木薯、甘蜜和胡椒。木薯的種植主要在馬六甲和森美蘭，甘蜜和胡椒則在柔佛，早期的檳榔嶼也有引進蘇門答臘的胡椒嘗試耕種，但不成功。另外，在威省和北霹靂則有華人的甘蔗種植園。❾

若論馬來半島最大宗的經濟作物，非橡膠莫屬。橡膠原產地巴西，但中美洲土著很早就知道利用橡膠了。一四九二年，哥倫布發現新大陸時，也記載了在南美洲看到橡膠。哥倫布第二次到美洲時，就已經發現海地島上的土人在玩橡皮球。到了十八世紀，到美洲的歐人陸續發現用膠汁做成的不透水布料、馬靴、火炬染料、水壺、橡皮管、皮圈、皮套和褲帶等物。法人甚至將之製成玩具運回巴黎販賣，價錢自然客觀。此外，英人還陸續發明了橡皮擦、雨衣和膠帶。

橡膠樹開始在美洲以外種植，是英人亨利．魏坎（Henry Wickham）於一八七六年將七萬顆橡膠種子從巴西偷運回英國，並在邱植物園（Kew Garden）試種。發苗後，分送斯里蘭卡、馬新等亞洲國家培植，其中二十二株就移植到新加坡，二十二株中的九株保留在星洲，九株移到瓜拉江沙休羅爵士的官邸，一株到馬六甲，餘下的三株則無法存活，那時是一八八一年。以後馬來亞所有橡膠即原自休羅爵士官邸所種植的膠樹。由於對橡膠種植和割膠法認識的匱乏，加上膠價偏低，難於營利，反不如種植咖啡、黑胡椒和甘蔗等有較高的收益，因而一般人對種植橡膠不感興趣。

一八八八年，李德利被委為新加坡植物園園長，其綽號為「Ridley Getah」（橡膠李德利）或「Ridley Gila」（瘋子李德利）。一八九〇年代開始，在李德利（H. N. Ridley）的努力下，人們對橡膠的態度才有所改變。他首先發明不傷樹身的V字形或魚排形割膠法，一八九七年，他推介樹苗移植法，樹苗既使長途跋涉，也不影響種植。在他積極鼓吹之下，人們才把橡膠種植作為一種新投資。一八九五年，金德斯里兄弟（Kindersley Brothers）首先在雪蘭莪種植了五英畝橡膠樹。但大規模種植，並取得積極成果的是馬六甲的陳齊賢（一八七〇年－一九一六年）。林文慶以他卓越的眼光，認定在馬來亞種植橡膠必定大有可為，和陳齊賢等友好在一八九四年，合資組成聯華橡膠種植有限公司，在楊厝港買地四千英畝，開闢了新加坡第一處橡膠園。他也積極鼓勵推動陳齊賢投資種植橡膠。一八九六年，年僅二十六歲的陳齊賢在馬六甲種植橡膠，兩年後又集資二十萬在武吉阿沙漢（Bukit Asahan）購地五千英畝，栽種橡膠五十萬株。幾年後他成功製成膠片，並在馬六甲舉行第一次公開展覽，吸引了不少人注意，政府憲報還正式公布了這一項成就。後來他將這片膠園以兩百萬元轉賣給英人，可謂一本萬利。由於他大膽投資，最先把橡膠業以企業化經營，使橡膠種植在馬來亞興盛起來，帶動了英人在橡膠業的投資，成為第一代橡膠大王，並奠定了馬來亞橡膠王國地位的基礎。

橡膠種植得以在馬來亞興盛，除了陳齊賢等人成功試種，加強了投資者的信心外，以下的因素亦為關鍵。首先是制膠技術的改進，如一八三九年古德鄴（Charles Goodyear）發明的硫化技術（vulcanization prosess）解決了橡膠過熱變軟，過冷變硬的問題；其次是橡膠用品的發明和廣泛使用，如電器的電線、家庭用品、日常用品均須橡膠來製作，尤其是鄧普勒（J. B. Dunlop）發明的輪胎，一八九五年灌氣輪胎開始使用，使得橡膠需求很大。其三是二十世紀二〇年代，

種族＼膠園數目＼面積	5000 萬畝及以上	1000–4999 萬畝	500–999	100–999	共計
歐洲人	47	467	237	245	996
華人	1	47	94	911	1053
印度人	—	5	21	343	369
其他	5	13	10	63	91

▲1938 年馬來亞各種族膠園數目。

資料來源：董總課程局編，《歷史》（第二冊），加影：馬來西亞華校聯合董事會總會，1992，頁220。

由於巴西大量生產咖啡，使得咖啡在國際市場上的價格滑跌，加上蟲害問題，使種植者紛紛敬而遠之，轉種橡膠。其四是大量廉價印度勞工湧入，減低成本，並解決人力不足的問題。最後是英殖民政府的鼓勵，除減低種膠和膠製品的稅收，並在一九二六年成立橡膠研究所研發改良橡膠的品種和種植法、控制蟲害，以及改進凝結法，使之可以成塊出口。

上述原因使得馬來亞的橡膠種植業在兩次大戰期間快速發展，一九〇五年，馬來亞的橡膠種植面積為四萬英畝，一九二〇年擴大到二百四十七萬五千英畝，產膠十九萬六千噸，占世界產量的五十三%。一九三八年，產量增加到三十六萬一千噸。據一九三八年的統計，論膠園數目則以華人占多數，論膠園面積則以歐人占大部分。

在兩次大戰期間馬來亞的膠業雖然呈現榮景，但同時面對價格波動的問題。一九二〇年，因為橡膠生產過剩，導致膠價大跌，當時馬來亞輸出的橡膠占全世界生產總數的五十三%。一九二二年，英殖民政府引介《史蒂文生方案》（*Stevenson Scheme*），目的在限制膠產以制止膠價的滑跌。由於荷屬東印度在膠價剛上揚時即增產，致使此計畫在一九二八年被迫停止。隨著而來的世界經濟大蕭條，使膠價進一步瀉跌至每磅一角，而生產成本為每磅二角半，許多膠園停產倒閉。從一九三一年到一九三三年間，數以萬計的華工被遣送回國，印度勞工也有超過五分之一被解雇。為了穩定膠價，一九三四年，英殖民政府實行了第二次的生產限制，當時主要產膠國也實行國際橡膠配產計畫，參與國必需依據固定配額限產，同時不可增加膠園面積，參與國家除了馬來半島、北婆、砂拉越，還有荷屬東印度、泰國、汶萊、緬甸、印度支那、斯里蘭卡和印度，這些國家占了總產量的九十八·七%。一九三五年以後膠價才稍微回升，但已經無法恢復到十九世紀以前的水準。此計畫後來因為二戰爆發而中止，二戰後美國發明人造膠對天然膠形成競爭，這是二戰以後天然膠面對的另一個挑戰。

為免馬來亞經濟只依據樹膠和錫米，英殖民政府鼓吹多元種植以分擔風險。一九〇五年成立農業局，除了協助小園主解決問題，也進行研究改良種植法。英殖民政府提倡的多元種植，涉及的作物不少，以下就各種主要經濟作物加以論述。

1. 胡椒和甘蜜：胡椒的種植較早，十七世紀在吉打已經開始種植。一七九〇年代，辜禮歡受檳榔嶼政府的委託從亞齊引進胡椒種子，檳榔嶼成為半島主要胡椒產地。十九世紀初期，英殖民統治者希望將檳榔嶼塑造為第二個摩鹿加，初期的發展前景無疑令人鼓舞，胡椒成為主要的農產品。約於一八一〇年，年平均產量為四百萬英磅，其品質也超越了當時東印度群島任一地方所出產的胡椒，並出口至歐洲。由於價錢持續的下降，胡椒生產也就逐漸地被放棄。在一八三五年其年產量下滑至二十六萬六千六百英磅，到了一八四七

年代＼事項	膠園面積（英畝）	樹膠出口（噸）	每磅價格（馬幣）
1900	4,600	—	$1.70
1905	43,000	400	$2.50
1910	1,000,000	10,900	$5.50
1920	2,400,000	210,000	$0.30
1930	3,000,000	452,000	$0.10
1940	3,500,000	547,000	$0.3−0.7

▲1900 年至 1940 年馬來亞橡膠的種植面積、出口和價格。

資料來源：董總課程局編，《歷史》（第二冊），加影：馬來西亞華校聯合董事會總會，1992，頁221。

年胡椒的生產已經無關宏旨。[10]十九世紀二〇年代開始，柔佛在港主制度推行下，成為主要胡椒和甘蜜種植區，一躍成為世界最大的胡椒和甘蜜輸出地。到了一九一〇年代，柔佛的胡椒和甘蜜的出口量猛降，一九一七年，港主制度廢除後，敲起兩種作物種植的喪鐘。

在種植胡椒的同時，往往會在園內不同的地段兼種甘蜜。由於甘蜜葉子具有可不間斷採集的特性，如此可以確保胡椒員工在一整年的工作日不致投閒置散。更重要的是熬煮甘蜜的渣滓幾乎是胡椒樹唯一的肥料來源，而甘蜜葉的收成又可帶來可觀的收入。[11]

2. 稻米：在古代馬來社會稻米從來不是販售的經濟產品，在十九世紀時只有玻璃市和吉蘭丹有剩餘稻米可供出口，其他地區的稻米主要是從印支半島和暹緬入口。英人入主後，認為水稻種植是馬來人傳統的一部分，英人也認為馬來人從事經濟作物的種植，會損害大種植園的利益，一九一三年橡膠景氣佳時英人頒布《馬來人保留地法案》（*The Malay Reservation Act*），鼓勵他們留在土地上耕種。事實上，由於錫膠的發展，水稻被認為是小規模生產，主要是馬來人在種植，相對錫膠的投入，明顯不足，故此英殖民政府對稻米也沒有採取太積極的政策，因為進口稻米的成本比本地生產還要低廉。殖民時期大米仍需進口，低成本進口大米使水稻種植無利可圖，這是大米始終無法成為出口導向的原因。惟其如此，從一八八六年《馬六甲土地習慣權利條例》（*The Melacca Lands Customary Rights Ordinance*）通過，直到一九三四年《水稻栽培條例》（*The Rice Cultivation Ordinance*）通過為止，英殖民政府陸續公布了許多稻種政策以增加產量。然而這些法令只專為馬來人而設，非巫人則需到戰後方可種稻。除了政策，還需有相應的措施配合。首先是灌溉系統的設立，最早是一八九〇年，英殖民政府在吉輦計畫下，準備將霹靂吉輦區發展成為種稻區，但效果不彰。一九三二年灌溉局成立以增加米產、開闢新稻區，有兩個地區被選中，其一為霹靂的雙溪瑪尼（Sg. Manik），種植面積為五千四百依格，另一為雪蘭莪的丹絨加弄（Tanjung Karang），種植面積為一萬三千二百依格，一九三〇年代稻米委員會成立，研發改良稻種。一九三〇年，也在沙登成立了農業學院教育農民。總體而言，戰前推動種稻的努力，效果不彰，戰後允許華人參與種植，稻米的產量方有明顯的提升。⑫

3. 豆蔻：十九世紀初期，一群歐籍種植人開始在檳榔嶼種植。一九三〇年代新土地條例的推出，解除豆蔻種植的限制，進入種植豆蔻的高潮期，隨著蟲害、價格不穩、勞工短缺等問題，最終豆蔻的種植在一九五〇年代逐漸沒落。在歐人全面棄種豆蔻以後，就有檳城的華人以較小規模來種植，直到今天，在農業經濟中維持不甚重要的地位。⑬

4. 木薯：一八五〇年代開始在馬六甲種植，並在一八七〇年代和一八八〇年代初迅速擴充，成為馬六甲經濟的主要命脈。由於馬六甲地利的衰竭，加上政府對木薯業的敵意和森林保留地的劃分，從一八七〇年代中葉開始，木薯種植者只好轉移到鄰近，同時仍有大片空地的森美蘭。十九世紀馬來亞的木薯業主要由馬六甲華人控制，隨著他們興趣的轉移，在一八九〇年代轉種茶、咖啡、甘蜜和橡膠，以作為木薯的可能替代物，加上價格驟降，木薯種植的榮景告終。⑭

5. 甘蔗：一八四〇年代，由於豆蔻和胡椒價格相繼跌落，歐人即在威省轉種甘蔗。進入一八六〇年代，威省許多蔗園遭受嚴重病害，加上勞工短缺，甘蔗種植面臨困境，一八九〇年代才逐漸有起色。拿律戰爭結束後，從一八七七年開始，在華人帶動下，甘蔗種植逐漸轉移至北霹靂的吉輦，後來歐人資本也進軍北霹靂，甘蔗種植業在世紀之交達到頂峰。甘蔗成為威省園丘的主要農產，蔗糖也成為霹靂最重要的出口農產品，僅次於錫米。但好景不長，約於一九〇五年起，橡膠種植的高利潤，而北霹靂政府鼓勵種稻和設定灌溉區，官方農業政策的改變，進一步打擊甘蔗的種植，使北霹靂和威省的甘蔗種植迅速沒落。[15]

6. 油棕：原產西非，一八七五年在新加坡試種，僅為裝飾植物之用。一九一七年，雪蘭莪種植家福可尼西亞（M. Henry Fauconnier）在瓜拉雪蘭莪以商業方式大面積種植，其他園主陸續跟進，在英殖民政府鼓勵下，在柔佛、霹靂和雪蘭莪等州種植，種植面積從一九二〇年代的兩萬公頃，攀升至一九四一年的三萬六千公頃，開始進入商業種植時期。產量則從一九三〇年全球產量的一％，上升至一九三九年的十一％。由於提煉油粽的設備所費不貲，一般皆由歐人經營。

7. 黃梨：黃梨的種子是由南美洲傳入，最早進行大規模種植的是一八九四年陳杞柏在柔佛墾殖，接著是一九〇五年陳嘉庚繼承父業，後來還有陳楚楠。新加坡為黃梨業的發祥地，新加坡黃梨廠的開設，刺激了黃梨的種植，主要產地在雪蘭莪和柔佛，柔佛亦是黃梨業的發揚地。[16]一九二〇年代，膠價上漲，許多黃梨園改種橡膠。

8. 茶：茶葉的種植主要以紅茶為主，最具代表性的是羅素（J. A. Russell）的（Boh Valley

Plantation Limited）公司在金馬崙高原種植的錫蘭茶，在一九三〇年代中期有約一萬二千依格茶園，共三十萬公斤供出口。

9. 碩莪：碩莪生長在近水的地方，形狀有如椰子樹，葉子可蓋屋，樹幹則磨粉制丸，主要種植在沼澤區，有個漫長的等待期，十二年後方可收成，主要種植在木歪、天定和峇株巴轄。

至於東馬的經濟作物則有別西馬。砂拉越在十九世紀末最重要經濟作物是碩莪，供應國際市場一半的份額。二十世紀初，碩莪的出口關稅仍然是最主要的收入，但林產品的收入也在增加。二十世紀二〇年代開始，橡膠也成為另一主要的出口農產品。至於北婆在二十世紀以前，煙草可說是唯一成功的作物，也是主要的經濟來源，但維持時間不長，仍然需要依靠海產和林產品的貿易，如燕窩、龍腦香和伐木。一九二一年開始，木材成為第二大的出口產品，大多數集中在山打根，伐木業者主要為華人。

礦業

礦業無疑也是早期傳統馬來社會的另外一個重要的經濟來源，主要以錫米和黃金為主另外，在砂拉越還有鎢礦和銻礦。

1. 錫產：馬來半島錫米的開採早於兩千年前就已經開始，西元二和三世紀的印度商人已將錫帶回印度，九世紀的阿拉伯商人甚至到吉打採購錫米。阿拉伯的旅行家阿布・杜拉夫（Abu Dulaf）讚譽馬來半島的錫米為「世上沒有比馬來半島更好的錫米」。十二世紀的義大利作家形容馬來西亞的錫最鈍正並富有光澤，有的商人將之和廉宜的金屬混合以高價出售營利。十三世紀元朝的汪大淵所著的《島夷志略》則記錄「花錫」產於吉蘭丹和彭亨，這亦表示錫已在此時運至中國。十五世紀的錫則由馬六甲（一四一六年）和彭亨（一四四六年）輸出。麥奈爾（J. F. A. McNair）則記下錫在一六一六年的曼絨和木歪開採。隨著葡荷的進來，對錫的要求日殷，十六世紀葡人將錫從馬六甲出口，荷人則在十七和十八世紀同亞齊和武吉斯人爭奪馬來半島錫貿易的控制權。十九世紀英人為了控制錫產，進而在馬來半島進行殖民統治。

錫的用途很廣，在古代馬來半島，錫可以是向蘇丹進貢的貢品，也可以成為向土酋繳稅的物品，同時具有物物交換的功能，可向外國商人交換布匹、珠子和玻璃；更可以製造成錫幣。錫與銅、鋁合金則拓廣銅鋁及錫本身的功用，這些合金可製成武器和錫製品（Pewter）；工業革命以後，則成為罐頭工業不可或缺的鍍錫。

古代的採錫法極為簡陋，有者在山腳下深挖數公尺，直接掏取錫米，另有在黏土內的錫米則用河水清刷之後，將錫倒進熔爐，然後倒進模具做成錫磚，輕者二斤，最重可達五十斤。另有洗琉瑯法（mendulang），是十九世紀中期以前主要採錫法。這兩種開採法主要以馬來人為主，一八二〇年華人湧入開採以前的這一時期可稱為巫人主導開挖時期。[17]

到了十九世紀初期霹靂、雪蘭莪和森美蘭發現大量的錫藏，當地土酋大量雇傭華人採錫，華人也將中國較為先進的砂泵採錫法帶來，為錫礦業的發展奠下牢固的基礎。十九世紀中葉之後，在政府極力鼓勵下，華人成為最大的錫礦開採者，霹靂、雪蘭莪出現許多大礦家，如鄭大平、鬍子春、葉亞來、陸佑等。這一時期起訖年代為一八二〇年代至一九二〇年代，也稱為華人主導開挖時期。

在一九一〇年，華人控有七十八％的錫礦區，這是高峰時期，往後則不斷下滑。那是由於華人錫礦業的成功吸引了歐人的注意。在初期由於歐人不諳華人的經營模式和操作方式，成績並不理想。一九一二年，馬來亞採錫公司（Malayan Tin Dredging）在華都牙也（Batu Gajah）採用鐵船採錫，並推廣到其他地方，財雄勢大的歐洲資本逐漸控有半島採錫業。鐵船可以從一百三十英尺的深水中挖取錫砂，淘洗過程全自動化，是當時最好的採錫法，當時一座鐵船價值約兩百萬元。一九三〇年，歐人已經掌握了六十三％的錫礦，到了日軍南侵前的一九四〇年，歐人已經控有七十三％的錫礦，這時期可謂是歐人主導開挖時期。二十世紀二〇年代開始，馬來半島已經出產世界錫米的三分之一，熔錫業也有相應的發展，熔錫廠主要設在新加坡和檳城。

年代	歐人錫產	華人錫產
1910	22%	78%
1915	28%	72%
1920	36%	64%
1925	44%	56%
1930	63%	37%
1935	66%	34%
1937	68%	32%
1940	73%	27%

▲戰前華人和歐洲人錫產量的比較。

錫產由於需求殷切，致使錫價不斷攀升，但好景不長，歐洲在第一次世界大戰以後供過於求，致使錫價滑落，經濟大蕭條時再進一步下滑。從一九二九年開始，錫產出現過剩現象，錫價由一九二八年每噸二百二十七元跌至一九三一年每噸一百一十八元。許多礦場倒閉，工資也降至每天一角，造成礦工無法維持生計，僅霹靂就有近萬名華族礦工被遣送回中國。為了阻止情況惡化，國際錫產機構於一九三一年成立以控制產量，卻因暹羅和印支沒有參與而失敗。一九三三年，錫價上揚，為平穩錫價，錫產機構實行屯錫達一萬五千噸，但日據時期遭破壞使錫無法出口，戰後需求不穩導致錫價無多大改變。一九五六年，國際錫米協定簽訂以平穩錫價和控制出口，成功穩定錫價。

2. 黃金：西元二世紀，希臘、埃及之天文與地理學家托勒密稱馬來半島為黃金半島，往後的學者如皮里尼（Pliny）和篷普尼斯美拉（Pomponius

年代	馬來亞生產量（噸）	占世界生產量（噸）	馬來亞出口量（噸）	占世界出口量（噸）
1921	36,000	31	34,000	30.4
1922	37,000	30.1	35,000	27.1
1923	39,000	31	38,000	29.9
1924	47,000	33.1	44,000	33
1925	48,000	32.9	46,000	32
1926	48,000	33.6	46,000	32.5
1927	54,000	34	52,000	33.4
1928	65,000	36.5	62,000	35.5
1929	72,000	36.7	67,000	35
1930	67,000	37.4	62,000	36.5

▲1921 年至 1930 年馬來亞錫的生產量和出口量及占世界生產量和出口量的百分比。

資料來源：董總課程局編，《歷史》（第二冊），加影：馬來西亞華校聯合董事會總會，1992，頁218。

Mela）等，則將馬來半島譽為黃金之地（Land of Gold）。馬來亞的金礦，在遠古已經名滿天下，故此馬來亞素有「黃金半島」的美譽，在《馬來紀年》、多墨．皮列士（Tome Pires）和伊里地亞的記載中都認為彭亨是主要的產金地，西元二世紀開始彭亨已經出產黃金。在伊里地亞的《黃金半島提本》一書中，有如下記載：「彭亨為馬來人帝國之第二所在地也，位於馬來半島東岸，在北緯三度，其國之港口為商人所常至，因國多金礦，盡產黃金故耳。彭亨之金礦，實為整個半島中之至佳至大者，故吾人可推斷此地所產之黃金定與亞歷山大（Alexandria）或大開羅（Grand Cairo）間，造成古代主要之貿易矣。」一五八六年，葡治時期馬六甲郡長西爾凡（Josa da Silva），曾收到彭亨國王饋贈的兩碼半金石一塊，如此巨大，其貌不揚的巨石，心以為異，因此命令其隨從將之擊破，沒想石頭內竟然藏有一片闊達一碼的金脈。既使在十八和十九世紀，有關黃金的記載在英國人的著述中不斷出現，可見馬來亞在古代確為一產黃金之地區。十九世紀以後因為澳洲和美洲等區陸續發現金礦，加上錫膠已經成為主要產品和馬來半島黃金的枯竭，「黃金半島」的美譽才逐漸被人淡忘。

彭亨的金礦中心在勞勿和瓜拉立卑，其他如色林星、吉昭（Kechau）和本占（Punjum）也有出產。森美蘭、柔佛的俄斐山（Mount Ophir）和吉打也有一些。馬六甲初期為了與暹羅和平共處，曾經以黃金朝貢暹羅。

3. 鎢和銻：鎢是砂拉越最主要的礦產，尤其是三發和古晉地區的鎢礦最為知名。在汶萊統治時期是由當地土著開採，詹姆斯．布洛克入主以後，則以華人和馬來人為主要開採者。當銻可以加強錫鉛等金屬的硬度和硫化橡膠等功能被研發出來後，吸引了採礦者進入砂拉越開採。從一八七〇年到一九一六年，布洛克政權以每年徵收兩千英鎊的費用，將砂拉越的開採權讓渡予婆羅洲公司，使砂拉越成為歐洲銻礦的主要供應區，出口總值一百九十萬五千零三十一元。此後，銻的經濟價值滑落，婆羅洲公司也將壟斷權交回，銻的開採進入小規模經營的時代。[18]

第十一章

從日本入侵到馬來西亞的成立與發展

第一節　日本入侵馬來亞

一八六八年，日本實行明治維新，制定大陸政策，以實現其侵略的野心。經過二三十年的改革，國勢迅速發展。一八九四年甲午戰爭擊敗中國、一九〇四年日俄戰爭擊敗俄羅斯、一九一〇年控有朝鮮、一九三一年製造「九一八」事變。一九三二年，日本鷹派上台，積極發動對華戰爭，一九三二年發動「一二八」上海事變和成立偽滿洲國，控制中國東北，並於一九三七年七月七日發動七七事變，中日開戰，中國全面抗日。一九三九年，歐洲戰事爆發，德國、義大利和日本組成軸心國。一九四一年十二月七日日本偷襲珍珠港，同時入侵馬來半島。

日本入侵馬來亞，主要原因有三，首先是為了掌控東南亞的資源。日本是個資源匱乏的島國，在發動對中國的侵略和加入德意軸心國後，為了強化其戰爭機器，必須控制東南亞地區的豐富資源。其次，在於切斷東南亞各國對中國的援助。速戰速決一直是日本侵華的戰略目標，而越南北部的滇越鐵路和緬甸的滇緬公路卻是盟國援助物資進入中國的孔道，占據印度支那和緬甸無疑可以切斷盟軍對中國的支援。此外，僑居東南亞各國的華人，基於愛國情懷，都會不間斷地以錢財、物資，甚至在人力上長期援助中國展開抗日，故此占領東南亞還可切斷華人的龐大援助。其三，實現「大東亞共榮圈」的目標。一九四〇年八月，日本提出建立「以皇國為核心，以日、滿、華的堅固結合為基礎的大東亞新秩序」，「確立包括整個大東亞的經濟協同圈」的基本國策。隨後，日本外相首次使用「大東亞共榮圈」一詞。其涵蓋的範圍有中國、朝鮮、印度支那、緬甸、泰國、馬來亞、菲律賓、荷屬東印度、澳洲、紐西蘭、英屬印度、阿富汗和太平洋各島嶼。其做法是摧毀英美荷在西南太平洋的基地，占領東南亞的戰略地點，將西方列強趕出東南亞，進而與德國在中東會師，並南下進攻澳洲和紐西蘭。

為了實現此「共榮圈」，一九四一年十二月八日，日軍分別在泰國南部的宋卡（Songkhla）、北大年和馬來亞吉蘭丹的哥打峇魯（Kota Bharu）登陸。英軍雖在哥打峇魯擊退部分日軍，但仍然無法阻擋日軍大批地湧入。日軍控制哥打峇魯機場後，英軍只好撤退。兩天后，英國兩艘主力艦「威爾斯太子號」（Prince of Wales）和「驅逐號」（Repulse）在關丹外海被日本空軍擊沉，嚴重打擊英軍士氣。十三日，另一支日軍占領了阿羅士打，並南下檳榔嶼，之後兵分兩路，一路南下占領怡保、仕林河（Slim River）、吉隆坡、麻坡和新山，一路沿海陸攻占巴生港口、峇株巴轄，直抵新山，並與東海岸的日軍會合。一九四二年二月十五日，馬來亞英軍總司令白思華將軍（General A. E. Percival）鑑於日軍占據了新加坡的水源供應，只好向日軍統帥山下奉文（Yamashita Tomoyuki）投降，新加坡淪陷。至於北婆羅洲的日軍則從越南出發，瞄準美里（Miri）豐富的石油資源，在美里登陸後，即兵分兩路，東路先後占領納閩、亞庇和山打根，西路則占領古晉和詩巫。由於英軍在南中國海受創，砂沙英軍接獲指示不與日軍正面交鋒，因此日軍很輕易地在一九四一年十二月和次年一月就占領上述各地。

日軍在沒有碰到太多的阻力下，即攻占馬新，究其原因，有如下三點。首先是日軍做好充分的準備以及戰略運用得當。日本對馬來半島的情報收集極為完整，對英軍的攻守據點瞭若指掌，並於一九四一年十二月十一日和泰國簽訂友好條約，可以借道泰南進入馬來半島。日軍在短短的數天內占領哥打峇魯和阿羅士打機場，摧毀英國強大的空軍，迅速掌握制空權，同時，關丹外海擊沉驅逐號和威爾斯太子號，瓦解英國海軍，控有海權。日軍深知半島北部防衛較弱，從北部攻擊較容易，並以迅雷不及掩耳的閃電襲擊進攻，而日軍的腳車隊可以在叢林中迅速移動，加快其南進速度。重要的是，參與行動的日本軍隊都是受過熱帶雨林戰術訓練的部隊，擁有高昂的士氣和良好的紀律，願意為國犧牲。

其次是聯軍的錯誤戰略。以英國為首的聯軍一直認為日軍會從海上進攻，因此將防務重點設在新加坡，而忽略了北馬的防務。聯軍在開戰不久即失掉制海和制空權，完全處於挨打狀態。另一方面，由於英國精銳部隊都安排在歐洲和中東對德國和義大利作戰，在馬來亞的部隊雖軍力和配備都比日軍略占優勢，但英國軍隊皆外來雇傭兵，沒有捍衛國土的意識，也缺乏日本的精良訓練，因此兩軍交鋒，聯軍自然潰不成軍。在婆羅洲北部的防衛軍更微不足道，在沙巴只有軍警部隊（The North Armed Constabulary）和自願軍（The North Borneo Volunteer Force，活動期間一九三八年—一九四二年）[1]兩個軍團，在砂拉越只有後備軍和旁遮普軍團（Regiment Punjabi）而已。

其三是英國無法有效動員馬來亞人民。英國殖民主義觀念根深蒂固，不敢動員及訓練本土人民，直到淪陷前才允許人民行動起來抗日，但為時已晚。而日本卻利用西方殖民國家與東南亞各國人民之間的矛盾，打著「反對白人殖民主義」的旗號，以解放者的姿態入侵東南亞，獲得部分上層人士和民族主義者的支持和配合。[2]

日本的統治

日軍在占據馬來半島和北婆羅洲以後，其基本施政方針為就地取材，以戰養戰，盡可能榨取當地的戰略物資，以此確保日軍能夠自給自足。首先，重新調整行政組織，日軍將馬來亞和蘇門答臘置於同一行政單位，以新加坡為首府，改名昭南島（Syonan），馬來亞改稱馬來，分為十州，檳榔嶼最初改稱東條島，後改為彼南州，而納閩改為美達斯西馬，山打根改為伊羅普拉。檳城和馬六甲的行政直接歸日本軍政府管轄，至於其他各州雖然設置諮詢委員會，由蘇丹擔任副主席，但統治權完全掌握在日本州長官手中。一九四三年四月，馬來半島和蘇門答臘又分屬兩個不同的行政單位。一九四三年八月，日本將北部四邦割讓給泰國，大戰結束後，英國才收回。在婆羅洲，北婆被分為西界州（Seikai Shu）和東界州（Tokai Shu）；而砂拉越則分為古晉區（Kuching-shu）、詩巫區（Sibu-shu）以及美里區（Miri-shu）。[3]

其次，在經濟上，日本軍政府首先沒收了英殖民政府以及英籍商人的土地和園丘，接著以低價收買華人的工廠，或接收華人經營的產業，並由軍部委託日資公司開採及收買主要的礦業和橡膠業。此外，如林業、海運、交通、糧產、畜產、金融業乃至電影業都由軍部委託日資商社控制，日本的大企業則在各地設立商業部組織壟斷市場。再者，日軍發行無保證金的紙幣（軍用票）以便收購物質補充戰爭所需，並作為掠奪民間財富的手段。日本對經濟資源的瘋狂掠奪，直接造成食物短缺，物價暴漲，乃至黑市活動猖獗。[4]

為了執行日軍的基本方針，首要任務在恢復當地治安，故此對各不同的民族採取相異的統治政策，對華人採取鎮壓和殘酷屠殺，對馬來人則採取籠絡政策。總體而言，各族在日軍高壓統治下都生活在水深火熱之中，性命朝不保夕。

由於華人社會長期支助中國的抗戰，馬來亞華人對日軍而言無疑就是肉中刺、眼中釘，故此對馬來亞華社的政策事實上就是對華政策的延續。從一九四二年二月開始，日軍就採行嚴厲措施迫使華人就範。其中要以檢證肅清活動和強迫華人繳納五千萬元的「奉納金」為最。

一九四二年二月十八日，日軍司令山下奉文發出命令，在新加坡對華人身分展開大規模的檢查驗證行動，主要肅清對象為抗日義勇軍、共產黨員、抗日份子、籌賑會成員、捐獻中國政府和資助抗日的人士，凡年齡在十八歲至五十歲之間的華人都必須在日軍指定的地點集中接受檢查盤問。檢查及盤問的方法和內容並無固定和統一的準則，只要回答問題時無法令日軍滿意，隨時遭殃，輕則毒打，重則斷送性命。被驗證認為可疑的華人則以卡車運到偏僻處或海邊集體屠殺，除以機關槍成批掃射，也採挖坑集體活埋的方法。大檢證的行動共三個階段，至三月十日結束。在這期間，日本警備隊也在馬來亞各地進行檢證。其目的不外報復華人支援中國抗日，並恐嚇及警戒華人與日軍合作。日軍在馬新兩地的檢證行動中所屠殺的華人總數，至今尚未有明確及公認的資料，各種說法從五千人到七萬人皆有，但一般相信，這幾個月的血腥屠殺，至少在十萬人以上。❺

一九四二年三月一日，以林文慶為首的華社領袖，在日軍政府的威迫下成立了昭南華僑協會的傀儡團體。協會的成員之中，有者除了被迫為日寇效命，也有自願為虎作倀者。此協會同時成立籌款委員會負責籌措五千萬元的「奉納金」，經過會議討論後，按財產估價抽取八％的方法強制上繳，各州各市按照比例上繳一定數額。由於戰前經濟不景，收入銳減，加上大量賑濟抗日，人民實在生活艱難，無法如期上繳，最後華人只好將產業賤賣、掏盡儲蓄，最後也只得兩千八百七十五萬元，餘款則由日本橫濱正金銀行借出，年利六%，借期一年，此事才告一個段落，但華人已經傾家蕩產。❻

馬來人則是日本軍政府籠絡的對象，承認馬來亞各州蘇丹的特殊地位，保留了警界和民事服務部門中的馬來官員，釋放了被英國殖民地政府所囚禁的原馬來青年會的領導人，並且在一九四四年協助成立了「祖國護衛軍」（Pembela Tanah Air，簡稱PETA），利用他們的反英情緒，以鞏固日本的統治。日據時期，伊布拉欣．耶谷等馬來民族主義份子基本上是與日軍維持合作關係，企圖依靠日軍的支持而獲得國家獨立與自主。戰爭結束前夕，日軍指使伊布拉欣．耶谷公開組織「特別人民力量」（Kekuatan Rakyat Istimewa，簡稱KRIS），答應給予獨立，以爭取馬來人的支持，企圖扳回頹勢。一九四五年八月日軍投降後，「特別人民力量」被迫終止，伊布拉欣．耶谷離開馬來半島到印尼參與該國的政治鬥爭。❼

印度人的境遇雖不如華人般悲慘，但處境也很艱辛。一九四二年有數萬名印度戰俘和勞工，被日軍強迫派往暹緬邊境建築死亡鐵路，他們之中有很多因過度勞累和飢餓而斷送性命。日本人也企圖挑起印度人的反英情緒，唆使印度士兵和文員參加以新加坡為主要基地的「印度國民軍」（Indian National Army）。這支由印度激進民族主義者詹特拉．波士（Subhas Chandra Bose）所領導的部隊在新加坡成立「自由印度」（Azad Hind）的流亡政府。一九四四年，印度國民軍被派往緬甸對抗英國軍隊，在這次的行動中波士與日軍發生許多爭執，印人也因此對

日本人產生懷疑的態度。❽

最後，日本軍政府也通過奴化教育和日本化運動來愚民，以達其控制人民的目的。以日語為主要教學媒介語文，以日人新編教材取代原有課本，每日上課師生必須向東鞠躬朝拜，表示向天皇致敬。廢除英文，日語成為行政語文。❾在思想上，日本人打著「亞洲是亞洲人的亞洲」的旗號，一面宣揚東方文化優越於西方文化，同時灌輸以日本為中心的大東亞「共存共榮」的思想。

抗日衛馬

早在日軍入侵前，馬新華社已經以人力和物力支持中國抗戰。一九三八年十月，陳嘉庚在新加坡成立「南洋華僑籌賑祖國難民總會」，成為抗日救援的總機構。第二年，號召了三千八百多名華僑機工從新加坡出發到中緬邊境全長一千兩百餘公里的滇緬公路，擔任卡車駕駛員和機械工人，負責中國軍事物資的運輸任務。此外，陳嘉庚也曾領導成立新加坡華僑抗敵動員總會和新加坡華僑義勇軍，投入保衛新加坡的鬥爭中。

在馬新抗日衛馬的浪潮中，其中組織力最強，結構最完備，裝備也較完善，曾經給予日軍最大打擊的當數馬來亞人民抗日軍。這支抗日隊伍由馬來亞共產黨領導，其成員以華人為主，是抗日運動的主要軍事力量，共有八個獨立隊，人數近一萬名，以游擊方式伏擊及牽制日軍，干擾日軍的城鄉經濟和交通系統的順利操作。❿他們以代表三大族群的三星紅旗為標誌，成為抗日主力。

當日軍於一九四一年十二月八日入侵馬來亞後，馬來亞共產黨向英殖民政府提出全面抗日、同時積極在全馬各地組織群眾的主張。不過，其建議被拒絕。稍後，鑑於日軍進攻勢如破竹，英殖民政府最終同意共同抗日，除了釋放所有左翼政治犯，也與馬共簽訂互相合作聯合抗日的協議，設立「一〇一特別訓練學校」（101 Special Training School），為各州馬共所選派的黨員提供短期軍事訓練，以便在淪陷後，由英國軍官領導在敵後進行游擊戰爭。[11]

另外，還有籌設於一九四三年的一三六部隊（Force136），它是由英國特別行動執行小組（Special Operations Executive）所組成的部隊，成員為馬來亞人民抗日軍與英軍，總部設在斯里蘭卡的哥倫坡（Colombo）。一三六部隊的任務為敵後工作，和進行抗日游擊戰，成員中最著名的是林謀盛。林謀盛生於殷實之家，生活無憂，年輕時即子承父業，涉足商界，並在商餘參加社會活動，成為新加坡華僑的一個傑出的青年領袖。從日軍侵略中國開始即投入抗日行列，成功發動龍運鐵礦華工罷工，癱瘓日人的鐵礦供應，日本軍火工廠也被迫停產，給日本侵略者以沉重打擊。他於日軍南侵馬來亞時，不惜拋家棄子，投身抗日，成為一三六部隊隊長，從事敵後工作，不幸被捕，受盡酷刑，堅不屈從，壯烈犧牲。[12]

此外，又有馬來亞抗日同盟會專為抗日軍搜集情報、籌措基金、糧食、藥品和衣服等。

在日侵時期的馬來亞，華人雖為主要的抗日力量，但馬來族群也有本身的抗日軍隊，但不論在規模和軍備上皆不及華人的抗日軍。馬來反抗力量在霹靂則有「忠誠馬來軍團」（Askar Melayu Setia），其隊員是由一三六部隊英軍負責訓練。大戰結束前，彭亨的馬來人也在一三六部隊英軍聯絡官的協助下，成立「國家軍「（Tentera Wataniah），由育・馬希丁（Yeop

Mahidin）領導。馬來抗日將領中，阿南中尉（Lieutenant Adnan bin Saidi, 1919–1942）最值稱述。他十九歲即加入馬來軍團到新加坡受訓，日軍入侵期間，他率領馬來部隊堅守英軍軍火庫、軍人醫院等設施所在的巴西班讓崗（Pasir Panjang Ridge，現為肯德崗〔Kent Ridge〕）。一九四二年二月十三日，日軍猛烈攻擊巴西班讓崗，並加以包圍，阿南中尉面臨糧食和軍火短缺的窘境，卻拒絕投降，毫不退讓，最終受傷被擒，日軍將他綁在一棵樹上，並以刺刀將之刺死，就義時僅有二十七歲。

至於東馬方面的抗日活動絕不亞於馬來半島，值得一提的是北婆由郭益（衡）南領導的「神山游擊隊」（The Kinabalu Guerrillas）。他曾於一九四三年將日本軍隊逐出沙巴亞庇（Jesselton, Kota Kinabalu），並自組治安隊，維持治安。三天後，日軍反攻，並以屠殺華僑威脅，逼使郭益南自首，雖遭殺害，但由於他的適時出降，從而挽救了數千無辜華僑的性命。他死時只有二十三歲，他抗日生涯雖短，但他英勇抗日和自我犧牲的精神，卻為本土歷史譜下無可磨滅的英雄事蹟。更為重要的是，是次起事，除了華人，並獲得其他各族原住民，如巴爪人、杜順人和姆律人的廣泛支持，為各族共同捍衛國家領土，立下良好的事例。

北婆在太平洋戰爭期間，本無足輕重，但經過神山游擊隊起義後，其戰略地位突然提高，事後日軍開始加強亞庇的防務。有者認為起義事件致使沙巴人民被大肆屠殺，同時導致大量財物損毀。尤有進者，由於華人反抗力量遭到壓制，導致聯軍在戰爭後期搶攻婆羅洲時，面對一定的阻力，只能依賴當地土著的抗日力量。但無可否認的是，神山游擊隊的抗日舉動鼓舞了北婆其他地區的抗日活動，使日軍在北婆面對多起抗日事件，疲於應付。更具歷史意義的是它燃起各不同族群為捍衛國土的同仇敵愾之愛國意識，迄今神山游擊隊起義仍然是沙巴人民引以為傲的歷史事件。[13]

在砂拉越，則有一九四五年伊班人所組成的隊伍主動出擊恩克利（Engkeli）地方的日軍營地；而以華人為主的砂拉越反法西斯同盟（The Sarawak Anti-Fascist League）提供物資支援，在抗日運動中也發揮了一定的作用。

在抗日事蹟中，巾幗不讓鬚眉。霹靂一位醫生的妻子西碧爾．卡迪卡蘇（Sybil Karthigasu），在日據時期見義勇為，醫治和協助抗日游擊隊員，不幸連同丈夫雙雙遭拘捕，雖飽受酷刑折磨，但堅不屈服，展現了女性不屈不撓，無畏無私，反抗不義的精神。[14]

日本投降

一九四五年八月六日及九日，美國先後在日本投下兩顆原子彈。八月十五日，日本宣布無條件投降，太平洋戰爭終告結束。日軍投降後，馬來亞人民抗日軍陸續開入城鄉進駐各地，設立人民委員會，維持社會秩序和接受敵人投降。在短暫的接管期間，人民抗日軍進行了整肅行動，公審日據時期的親日份子。由於被公審者中有一大部分是馬來人，因此公審的舉動曾引起種族緊張關係，甚至引發種族衝突事件。[15]

在經濟和社會方面，日軍全面掠奪資源和高壓控制的結果，造成糧食短缺、通貨膨脹及失業問題嚴重，民生困頓。由於英軍擔心重要物資落入日軍手中，因此在撤退前，將錫、橡膠加工廠等炸毀，造成在戰後重新生產時面對許多困難。此外，基本設施也遭受嚴重破壞。日軍奴役下的苦難歲月，激發民族主義和政治覺醒。馬來民族主義取得進一步的發展，在戰後對殖民統治的拒絕，表現得更為激進和堅定。華族也深深意識到必須拋棄固有的移民思想，關心居留地的政治經濟，並與其他民族共同建立一個獨立自主的國家。戰後華人開始積極爭取公民權和參與政治活動。[16]

第二節　馬來亞聯合邦的獨立

日本投降後，馬新曾出現兩星期的權力真空，這時主要由人民抗日軍接管，並維持秩序。期間抗日軍曾採取行動對付投敵者，加上日軍於撤退前夕煽動種族問題，因此抗日軍過激的行動，遭致華巫間的誤會，引發衝突，尤其在峇株巴轄、麻坡和霹靂的雙溪瑪尼都發生較為嚴重的衝突事件。一九四五年九月五日，英軍重返馬來亞，即刻成立臨時的軍事政府（British Military Administration，簡稱ＢＭＡ），除了維持秩序，同時也將治權收回，接管各地的人民委員會，抗日軍也於十二月解散並繳械。一九四六年四月一日臨時軍政府解散，並由馬來亞聯邦取而代之。

馬來亞聯邦計畫[17]

一九四一年八月，英美兩國簽訂《大西洋憲章》（*Atlantic Charter*），宣布八項條款，其中尊重各國人民選擇其政府形式的權利一條，成為往後各國獨立自主的依據。英殖民政府深知，讓其殖民國家獨立自治，將無可避免。一九四四年七月，殖民部成立一小組準備了馬來亞聯邦（Malayan Union）計畫的憲法，其原則必須確保英國在遠東的經濟和政治利益不受影響。一九四五年十月，英國特派大臣麥邁克（Harold MacMichael）被委任為英方代表負責遊說各州統治者簽署馬來亞聯邦協議的特使，他以勸導和恐嚇的方式，個別讓各邦蘇丹簽署協議書，取得各邦的管治權。一九四六年一月，英國政府正式發表成立馬來亞聯邦的白皮書，建議實行馬新分治的新政府。四月一日，馬來亞聯邦正式成立，其意圖不外是戰前各自為政的海峽殖民地、馬來聯邦和馬來屬邦統合起來，建立中央政府，以便統一政治，順暢行政體系和減低管理成本，同時發展經濟，進而直接統治，鞏固其在馬來亞的殖民統治。大多數人皆認為馬來亞聯邦計畫是英國為馬來亞自治而做的準備工作，事實上這個在日據時代即已在英國本土進行討論的計畫，不過是英國為剝奪蘇丹主權，以及重新占領馬來亞的藉口。[18]

在這計畫下，有三項重要的改革。首先在政治結構上，九個馬來土邦、檳城和馬六甲合組成一個中央政府，是為馬來亞聯邦；由於新加坡的經濟發展、種族結構和戰略地位，有必要將之分開管理，故此新加坡單獨成為皇家殖民地，由英國直接管理。其次是組織結構方面。為統一各邦的行政與發展，各州蘇丹必須將主權移交給馬來亞聯邦總督，同時削減州議會的權力，蘇丹的地位保持，但只有處理宗教和習俗事務的大權，所有立法已經不須經過蘇丹的認可，至於行政中心則設在吉隆坡。其三是公民權問題。馬來亞聯邦實行出生地主義公民權，馬來人自動成為公民，非馬來人須符合以下三個條件方可成為公民，即至少十八歲並在一九四二年二月十五日起的十五年內在馬新居住達十年、馬來亞聯邦成立前出世並定居者、在馬來亞聯邦成立或之後出生於馬新以外，而其父為馬來亞聯邦公民者。

馬來亞聯邦計畫的提出，在《論壇》和《馬來前鋒報》的報導和分析後，馬來民族不安和不滿的情緒逐漸發酵，這是因為麥邁克在遊說時曾威脅如果蘇丹不簽字，將以英人委派的新蘇丹取代他們，馬來人認為蘇丹是在壓力的情況下簽署，而麥邁克的誘騙手段也令巫人極為憤怒，更何況英國沒有和巫人談商，蘇丹也沒有機會和州議會討論，蘇丹的簽署巫人毫不知情。蘇丹喪失政權，馬來亞將成為殖民地，無疑也引起馬來社會的憂慮。此外，當時華巫人口數量相近，如果非巫人可以輕易取得公民權，和巫人平起平坐，享有同樣權力，甚至更進一步馬來民族可能在政治和經濟上受華人的支配，如此將威脅巫人的特權和地位，加劇馬來民族的危機感。實際上，公民權政策的制定其動機不外是要加強對華社的控制，切斷華人與中國的關係，削弱中國對馬來亞華社的影響，並將華社的政治抱負和政治能量引導向馬來亞的政治領域。更何況公民權計畫中包含太多不平等、容易引發族群衝突的內容，是民族融合的障礙，而非施惠於華人。[19]

此外，這些報章也呼籲巫人團結召開大會進行抗議，同時呼籲成立全國性政黨以維護巫人特權，馬來民族主義前所未有地高漲。不久後，柔佛的翁．渣化（Dato Onn Jaafar, 1895–1962）建議召開大會團結馬來人。三月一日，四十一個團體共一百一十五位代表齊聚吉隆坡召開黨團大會，會商成立一個全國性組織來團結及統一領導馬來民族，以便集中力量反對馬來亞聯邦計畫，維護馬來統治者的主權以及馬來民族的特殊地位。這項會議由雪蘭莪蘇丹主持開幕，並即席成立全馬來亞馬來民族大會（Kongres Kebangsaan Melayu Se-Melaya），會中一致推舉翁・渣化為主席。

三月四日，全馬來亞馬來民族大會發電給英國首相，促請他取消馬來亞聯邦計畫。但是英國一意孤行，決定在四月一日公布馬來亞聯邦計畫。為此，全馬馬來民族大會在三月二十九至三十日於吉隆坡召開緊急會議，議決採取如下手段抵制馬來亞聯邦計畫，即要求巫人不理會這項公布、杯葛四月一日總督的就職禮、統治者也受促不出席總督就職禮、從四月一日開始連續三天在手臂纏上黑布及在宋谷（songkok）纏上白布以示抗議、各州議會馬來議員必須杯葛有關議會。此外，一批曾服務於馬新的英殖民官員如瑞天咸、麥司威爾（G. Maxwell）、溫士德和斯密思（C. C. Smith）也加入抗議行列，紛紛在倫敦的《泰晤士報》（*Times*）撰文抗議，向英國施壓。認為英國正式在一九二七年公開主張巫人優先的原則時並沒有遭到非巫人反對，再者華印主要是移入者，流動性大，很少要求參與政府。惟其如此，英國仍然在四月一日實行此計畫，任命愛德華・仁特（Edward Gent）為首任總督，但沒有任何一位馬來統治者或聯邦議會和州議會的議員出席觀禮。

一九四六年五月十一日，全馬馬來民族大會在新山召開第三次會議，議決成立一個政黨，稱「馬來民族統一機構」（United Malays National Organization，簡稱巫統），推舉拿督翁為主席，同時解散民族大會。會上提出「馬來人萬歲」（Hidup Melayu）的口號來團結及凝聚馬來人。巫統除了上述的示威抗議活動，並電報英國首相重估馬來人的抗議，同時招待兩位英國國會議員珈瑪斯（L. O. Gammas）和威廉斯（Rees Williams）親睹巫人的抗議活動。巫統也領導全國的巡迴說明，在全馬多處召開群眾大會，除了獲得馬來社會群眾的支持，也得到馬來統治者的廣泛支持，這可謂是馬來統治者與馬來民族第一次緊密攜手合作進行政治抗爭。

馬來亞聯邦計畫雖激起馬來社會群情洶湧，但華印社群則顯得極為冷淡，華社主要是向政府和社會呼籲保留華人的身分，實行雙重國籍制，並沒有針對新的政治結構與公民權等重要課題進行深入研究。這時只有多元民族色彩的馬來亞民主同盟（The Malayan Democratic Union）表示在新加坡併入馬來亞聯邦的前提下，才接受新的體制。

馬來亞聯合邦協定

馬來亞聯邦計畫所激起的馬來社會廣泛抗議浪潮，使英國不得不重新思考，如果沒有馬來社會的支持，英殖民政府是無法有效行使其統治。此外，英殖民政府更為擔心馬共和激進馬來人乘機製造叛亂，因此希望通過爭取馬來人的諒解與合作，來削減馬共的政治影響力，並藉此消除馬來民主左翼政黨的勢力。衡量局勢發展，最後英人只好放軟身段，同馬來統治者以及巫統面晤，並於一九四六年七月成立工委會，由四位蘇丹、兩位巫統代表和六位英國高級官員組成，麥唐納（Malcolm MacDonald）則擔任委員會主席，其目的在修撰一部可令巫人接受之憲法。十二月，工委會發表報告，主要建議有：（一）成立馬來亞中央政府，維持各邦的個別性，給予效忠馬來亞的人民公民權；（二）馬來亞聯合邦受英國保護，包括九個邦和檳城、馬六甲；（三）聯邦中央政府包括高級專員、協助和備供高級專員諮詢的聯邦行政委員會（Federal Executive Council），以及聯邦立法委員會（Federal Legislative Council）；（四）取得公民權的資格為：在馬來亞聯邦出生，在過去十五年，連續在馬來亞聯邦居住滿十年；或者是移民，在過去二十年，連續在馬來亞聯邦居住滿十五年。此外，還須有良好品行、懂得馬來語和英語、聲明有長久居住之意，以馬來亞為其故鄉，並效忠之。[20]

馬來亞聯合邦計畫為大多數的馬來人所接受，但非馬來人及左翼的馬來人則強烈反對。在陳禎祿的領導下，他們於一九四六年十二月十四日在新加被成立「泛馬聯合行動委員會」（Pan-Malayan Council of Joint Action），亦稱為「全馬聯合行動委員會」（All-Malayan Council of Joint Action，簡稱AMCJA）。他們主張：（一）成立一個包含新加坡的聯合政府；（二）透過民選的立法機關實施自治；（三）維護蘇丹的自主權；（四）各族群應擁有平等的公民權，並要求在上述原則的基礎上草擬新憲法。於此同時，一些不滿巫統獨攬領導權的馬來左翼政黨，共同組成「人民力量中心」（Pusat Tenaga Rakyat，簡稱PUTERA）。由布哈奴汀和依薩．莫哈默所領導。他們要求馬來亞人民擁有更大的外交和國防權力，並建議馬來語為馬來半島的官方語文、馬來亞的國名稱為「巫來由」並以紅白兩色作為馬來亞國旗的顏色。

一九四六年十二月二十三日，英國公布《馬來亞聯合邦藍皮書》。一九四七年一月，「全馬聯合行動委員會」和「人民力量中心」結盟，發動反聯合邦運動，獲得了馬來亞中華商會聯合會的支持。這一聯合陣線也在三月推出《人民憲法》（*The People's Constitution*），這是第一次以全民的觀點所提出的方案。它認定馬來亞是一個多元種族的國家，所有效忠馬來亞的人士都應享有平等的公民地位和權益。它也要求建立一個充分自治與統一的馬來亞；設置一個民選的聯合邦立法議會和內閣。《人民憲法》的主要內容有：（一）成立包括新加坡在內的馬來亞聯合邦；（二）推行公民權制度，國民稱為「巫來由」；（三）根據出生地原則（Jus

Soli），凡在馬來半島誕生者都是公民；（四）憲法下所有國民都是平等的；（五）以馬來語作為馬來亞聯合邦的官方語文；（六）推行君主立憲制；（七）伊斯蘭教和馬來風俗由馬來人全權管理；（八）馬來民族的發展必須受到特別關注。[21]

最終英方不接受，認為其中有共黨因素，部分要求也顯得激進。

一九四七年七月，工委會經過一年多的討論，公布馬來亞聯合邦憲法，雖說這是個令英殖民政府和馬來民族都滿意的安排，但卻無視於《人民憲法》的建議。故此陳禎祿在八月十七日召開了一場由馬來亞中華商會聯合會，以及各商業團體和社團組成的大型會議，組成聯合陣線，議決在十月二十日於馬新兩地發動全國性的罷市行動（Hartal），企圖通過這個方式來迫使英殖民政府作出讓步。全國罷市雖然取得顯著成果，癱瘓了馬來亞的商業經濟。然而，其巨大的經濟破壞力，卻適得其反，另英國有所忌憚，以致使英國與巫統更加緊密合作，拒絕在政治上做出任何妥協。當「馬來亞聯合邦」宣布時，陳禎祿本擬發動第二波的罷市行動，由於沒有得到任何回應而功敗垂成。[22]

一九四八年二月一日，英國宣布成立「馬來亞聯合邦」，由九個馬來州屬、檳城及馬六甲所組成，新加坡仍為皇家殖民地。英國欽差大臣是英皇的代表，也是中央政府的最高行政首長，下設聯合邦行政議會（Federal Executive Council）和聯合邦立法議會（Federal Legislative Council）。立法議會由二十五位正式和五十位非正式會員組成，各州的馬來統治者擁有自己的主權，他們共同組成馬來統治者會議（The Conference of Rulers），討論國家課題，向欽差大臣提供意見。然而欽差大臣是聯合邦立法議會的主席，他對議會所提出的法令草案擁有否決權。馬來人特權也在馬來亞聯合邦憲法下獲得明文保障。在新的政體下，非馬來人的公民權資格相對嚴格，申請者有如下限制：必須是馬來土邦蘇丹的子弟；必須是在檳甲出生的英國子民並在馬居住十五年；任何人在馬新出生，其父母在馬新出身或居住十五年者；在馬新出生並在十二年中最少有八年居住馬新或二十年中至少十五年在此居住者；申請時要宣誓效忠，懂得巫、英語者。非本地出生的華印居民如果曾經在本邦連續居住十五年者，將可通過口試等手續申請公民權。據估計，在一九四八年的五百萬總人口中，有三百萬成為馬來亞聯合邦公民。㉓

緊急狀態（一九四八年－一九六〇年）

在日據時期與英國合作共同抗日的馬共，由於他們抗日的貢獻，於二戰後成為合法的團體，極積活動，招收會員，一九四六年至一九四七年間先後發動三百至六百場的罷工。當時馬來亞聯合邦雖然已經成立，但基本上仍然是英國的殖民地，並沒有太大的改變，加上馬共的活動常遭英殖民當局的鎮壓和取締，無法取得當政者的認同。一九四八年，馬共決定改變策略，放棄以憲制手段達到政治目標的方式，選擇武裝鬥爭。馬共將未繳付的武器揀出，組織馬來亞民族解放軍（Malayan Races Liberation Army），在林間活動打游擊、攻擊警局、殺害歐人園丘主和國民黨人員、發動罷工。馬共也組織「民運」以傳布共產黨的口號、提供物資援助和情報，並招收自願軍，在抗英行動上發揮極大作用。

一九四八年六月十二日，馬共在柔佛殺死三名國民黨黨員，十五日在和豐殺死三名歐籍膠園經理，由於事態嚴重，迫使英殖民統治者率先在霹靂、柔佛和森美蘭各州發布緊急狀態令，隨後在七月十二日宣布馬來亞聯合邦進入「緊急狀態」。同時也在七月二十三日宣布馬共及其三個週邊組織為非法組織，馬共的活動走入地下。為了有效對付馬共，英殖民政府同時頒布《緊急法令》（*Emergency Regulation*），其主要內容包括，宣布左翼政黨和左翼團體為非法組織，禁止他們從事共產黨活動；可以未經審訊扣留任何涉嫌從事共產黨活動者；將干擾或破壞國家安全者驅逐出境；凡是與共產黨串謀、非法擁有武器、恐嚇公眾人士以及援助共產黨者都將被判處死刑。然而馬共無懼於英國的對付，繼續他們的抗爭，僅在同年七月就有六十七人被殺。

為了鎮壓馬共，英殖民政府調動英軍、辜卡雇傭兵（The Gurkhas）、英聯邦國家軍隊、馬來兵團及員警部隊在各地進行剿共行動。於此同時，也在一些地區頒布戒嚴令，並在全國各地進行路檢，檢查可疑人士，以此鉗制馬共活動。此外，也在全國各地推行身分證制度，凡十二歲以上者皆須登記領取身分證，無法出示身分證者即被視為馬共。

英殖民政府在剿共初期因為軍警人員不足、經費龐大、無法制止馬共游擊戰術，加上馬共得到森林邊緣人民的支持，以及「民運」組織給予物資情報的協助，使得打擊馬共的成效不大。直到畢利斯計畫（The Briggs Plan）的實施，以及鄧普勒將軍（General Gerald Templer）連串的措施，才正式取得成效。

一九五〇年六月，畢利斯（Harold Briggs）受欽差大臣葛尼（Sir Henry Gurney）委任為剿共指揮，畢利斯計畫即是他的首個計畫，其概念是通過集中管理並切斷外界對馬共的支持和關係，尤其是森林邊緣的地區，同時也可起到保護人民免於馬共威脅的作用。其做法是將散居森林邊緣及礦區的居民，遷移到被鐵絲網圍繞著並在軍警控制下的集中營，以斷絕馬共的糧食供應和情報來源。另外，也使用糧票配糧，並限制人民的行動。在這個計畫下，約有五十萬華人被分配到約六百個地區，這些被圍起，有警衛守衛，有基本建設如民眾會堂、水電、診療所等類似集中營的地區，也就是後來所謂的「新村」（Kampung Baru）。同時也進行飢餓行動，迫使飢餓的馬共走出森林給予剿滅，馬共只好轉移，也有部分投降和被殺。畢利斯計畫極為成功的削弱馬共的勢力。

一九五一年十月，欽差大臣葛尼在前往福隆港（Fraser Hill）途中遭馬共狙擊，中彈身亡，是馬共所殺英殖民官員中位階最高者。第二年，鄧普勒繼任為欽差大臣，他發揮了軍人本色，加強剿共力度。為了更有效對付馬共，他加強保安部隊，增加人員，馬來兵團也擴充至七個營，警員增至七萬。此外，二萬九千九百八十七名特備警員（Special Constables）也徵調來管制膠園和礦區。一九五二年警員人數共達六萬七千人，另有一特別隊（Pasukan Tentera Forest）專門對付森林中的馬共，摧毀他們的堡壘，各種武器如大砲、飛機和戰艦也相應增加，他更大肆從英、澳、紐、菲濟和東非等地徵調兵員來支援。一九五二年，鄧普勒推行地方警衛隊（Home Guard），所有十八至二十歲的年輕人必須登記受訓，以協助剿共。一般上警衛團可分成兩類，一類只負責圍籬內新村範圍的巡邏，沒有制服和配槍，另一類則穿有制服並有槍械配備，需要接受特訓，負有在林區巡邏守衛之責，並可隨軍警協助剿共。一九五四年，已有二十三營的軍員。

他引進「黑區」和「白區」的概念，馬共活躍的地區為黑區，英殖民政府繼續嚴密監視，實施戒嚴令，而治安受控制的則為白區，首個白區是馬六甲。他認為只有軍事打壓是無法成事的，因此他也採用心理戰術，如修訂和放寬公民權條例以讓更多人成為公民；開放公務員職務給成為公民的非馬來人；任何逮捕、殺害馬共或提供情報者都有獎勵金作為鼓勵；投降的馬共可獲得寬赦，並允許重新生活；統一各類型學校和教科書，以團結國民；推行市政局和地方議會選舉，以贏取人民對英殖民政府的支持。他的政策極其成功，有效牽制了馬共的活動，到了一九五三年，馬共的武裝活動已減少八十%，至於在《緊急法令》下被逮捕的約有三萬人。一九五四年，他功成身退回返英國，其空缺由麥基里萊（Ronald MacGillivary）接任。

一九五七年八月三十一日，馬來亞宣布獨立。首相東姑阿都拉曼再次宣布自願投誠的馬共將獲得大赦。隨著大批馬共的陸續投誠，政府在一九六〇年七月三日正式宣布結束持續了十二年的緊急狀態。馬共殘餘部隊退到馬泰邊境的森林繼續活動。直到一九八九年，馬共才與馬來西亞及泰國政府簽署協定，正式放下武器，結束武裝鬥爭。

馬共在馬來亞的獨立建國方面到底扮演怎樣的角色？其功過如何，實有討論的必要。以下的資料或許有助於對事實的了解。澳洲國家檔案局的《華玲會談會議記錄》有這麼一段東姑阿都拉曼對馬共的評論：「首先，我要感謝他們對我有信心而出來與我會面。他們一定要記得我不是來裁判他們……他們為獨立而在森林戰鬥。」[24] 東姑阿都拉曼在其回憶錄裡有如下的看法：「華玲會談在馬來亞歷史上具有劃時代的意義」、「緊急狀態產生的唯一好事是我與陳平的會談。由於這次會談，我們把主動權從馬共手裡搶了過來，然後去倫敦，坐在會議桌前同英國人談獨立，為我們的國家爭取自由。華玲直接導向獨立。」陳平也認為：「馬共並不全然失敗，馬共最大的成就就是把英國人趕出馬來亞。有人認為英國被迫提前十年，甚至二十五年讓馬來亞聯合邦獨立。」李光耀在其回憶錄理也有如下的評論：「如果馬來半島不曾發生恐怖主義事件，使得英國人可能蒙受向共產黨投降的恥辱，東姑阿都拉曼也就絕不可能單靠在鄉間向人數越來越多的馬來人演說而爭取到馬來亞的獨立……在戰前的印度，由於沒有共產黨的威脅，消極的憲制抵抗手段，要經過好幾十年才能收效。」如果沒有馬共的武裝鬥爭，如果沒有馬共與東姑阿都拉曼合作的潛在危險，英國將不會讓馬來亞在「緊急狀態」還未結束的情況下實現獨立。㉕從上述言論不難看出，馬共是國家走向獨立的推手，功不可沒。但馬共的武裝鬥爭導致許多人命傷亡，卻也是不爭的事實，故此馬共也被認為是恐怖份子。

馬來亞獨立之路

自一九四六年拿督翁成功領導巫統抵制馬來亞聯邦以後，一九四九年他開始重組巫統的工作，以便讓馬來人可以直接申請為會員，不需經由其所參與團體的引介。接著，拿督翁籌備爭取獨立的工作。然而，由於華人不滿公民權條款，馬共進入森林抗爭，馬來人對就業前景的不滿，諸如此類華巫的摩擦和不滿都阻撓獨立進程。為了一勞永逸解決華巫矛盾，拿督翁首先將各族群領導匯集，在一九四九年一月十日組成社區聯絡委員會，並且獲得英國最高專員署的許可。在族群團結理念下，委員會準備放鬆對華人公民權的限制，同時拿督翁也建議開放門戶讓非馬來人成為巫統的會員。無奈此舉卻招致馬來社會強烈的批判，擔心馬來人的權益將有所損傷，最後拿督翁只好在一九五一年八月辭卸巫統主席職位，並在九月十六日另組馬來亞獨立黨，繼續其未竟之業。拿督翁國民團結的良善美意並沒有得到認同，致使他領導的獨立黨在一九五二年的市議會選舉慘敗，宣布解散，並於一九五四年另創國家黨（Party Negara），雖然開放予各族，但立場轉為激進，只以馬來人的權益為訴求。自拿督翁辭卸主席職後，主席一職就由吉打王族出身的東姑阿都拉曼接任。他是英殖民教育政策下培育出來的典型馬來精英，在國內受基礎教育後，便赴英國進修法律課程。在他的領導下，馬來亞於一九五七年獲得獨立，被尊稱為「獨立之父」；一九六一年他倡組馬來西亞，因此又被譽為「馬來西亞之父」。他主張溫和的種族政策，最後於一九六九年「五一三」事件後在激進派的逼迫下退位。

東姑阿都拉曼接手後採行拿督翁的華巫合作理念，與馬華公會[26]合組「華巫聯盟」，通力合作，處理華巫矛盾，獲得多數人的認同，並在一九五二年市議會選舉中取得勝利。接著一九五四年十月，馬來亞印度人國民大會黨（MIC）也加入華巫聯盟，組成「華巫印聯盟」，或簡稱「聯盟」（The Alliance）。一九五五年打出代表三大民族利益的口號，並以爭取獨立、結束緊急狀態為政綱，參加馬來亞第一次大選，結果取得輝煌勝利，這些無疑都是拿督翁理念的實現。

事實上，自一九五〇年初開始，英殖民政府已準備推行地方議會制，實行民選。此舉的目的在緩和反殖情緒並加強地方的統治。一九五〇年，英殖民政府頒布地方選舉法令，規定州統治者或殖民地高級專員可以頒給每個市一部憲法，使之實行自治。一九五一年三月十三日，中央政府成立行政委員會，作為政府的內閣，成員共九人，採行「閣員制」（Member System），委任馬來亞籍各政黨領袖擔任委員出任六個部門的首長。這六個部門是內政部、衛生部、教育部、土地礦業和交通部、公共工程和房屋部，並向最高專員負責。這對邁向自治政府和獨立無疑是個上佳的培訓。一九五一年底至一九五二年初，檳城、馬六甲和吉隆坡分別舉行市議會選舉。尤其是吉隆坡的選舉是巫統和馬華首次攜手合作，兩黨組成「聯盟」（Alliance）陣線，贏得十二席中的九席，直到一九五二年底，該黨也贏得其他四個市議會的選舉，為一九五五年的大選奠定了合作的基礎。[27]一九五二年市議會的舉行，是鄧普勒將軍為了虜獲民心，引介地方自治，以作為對付馬共的一項政策。在一九五四年離任以前，在他的努力下，促成一九五五年的第一次全國大選。此次大選，聯盟繼續前此的族群合作模式，以狂風掃落葉的姿態，橫掃五十二席中的五十一席，僅有的一席為泛馬回教黨（The Pan-Malayan Islamic Party，簡稱回教黨，PAS，現稱伊斯蘭黨，簡稱伊黨）所贏取。回教黨脫胎自巫統，以組建伊斯蘭教國家為訴求。

一九五五年選舉的勝利，使聯盟得以組織自治政府，由東姑阿都拉曼出任首席部長。然而其許可權卻是有限的，除了五十二位民選議員外，立法議會另有三位歐洲代表、九位大臣、兩位來自檳城和馬六甲的代表，以及三十二位由最高專員署提名，代表少數族裔和商業利益團體的代表。此外，東姑阿都拉曼的內閣成員有十位聯盟的議員，但也有多達五位歐洲代表掌控了政務司司長、總檢查長，以及國防、經濟和財政的首長職位，並且最高專員署對任何通過的立法議案皆有否決權。[28]

甫告成立的馬來亞自治政府，首要處理的課題就是根據其競選政綱，頒布大赦令，呼籲馬共放下武器，與馬共在華玲舉行會談。一九五五年十二月，首席部長東姑阿都拉曼應馬共書記長陳平的請求，於十二月二十八日及二十九日在吉打華玲舉行和談。政府方面的代表除東姑阿都拉曼外，還有新加坡首席部長馬紹爾（David Marshall）以及馬華公會會長陳禎祿。馬共則由陳平、拉昔·邁汀（Rashid Maidin）及陳田代表。

會中馬共提出了三項建議，作為它放棄武裝鬥爭的先決條件，這三項建議是：（一）承認馬共為一合法政黨；（二）取消對馬共人員在放下武器後的各種限制；（三）取消馬共人員的身分調查。但上述的建議遭東姑阿都拉曼全面否決，並建議馬共自行解散，加上馬共無法接受投誠後的忠誠調查，此舉無異於投降，談判在第二天即宣告破裂。

接著是與英國展開獨立談判，一九五六年一月十八日至二月八日，首席部長東姑阿都拉曼率團飛赴英國倫敦洽談馬來亞聯合邦憲法問題。英國也意識到繼續強硬的殖民統治只會引起反效果，使反殖情緒更為高漲，因此英國決定做出讓步。經過三個星期的討論，雙方達致協議，其中最重要的有：（一）馬來亞在一九五七年八月三十一日獨立；（二）設立獨立的憲制委員會以草擬馬來亞聯合邦新憲法。一九五六年五月間，英國委派李德勳爵（Lord Reid）為首的獨立制憲委員會，準備制憲。這個委員會受命在制定馬來亞新憲制時，應顧及馬來人的特殊地位和其他民族的合法權益。這期間，制憲委員會到馬來亞各個主要大城市，與各政黨、各民族的代表會面，以聽取他們的意願。一九五六年底，李德制憲委員會將憲法草案呈交聯盟政府，華巫印聯盟領袖對宗教、馬來人特權、公民權與國語四項主要課題達致協議。[29]

一九五七年八月三十一日，馬來亞聯合邦在第一任首相東姑阿都拉曼在吉隆坡默迪卡草場高呼默迪卡（Merdeka，意即獨立）之下，正式宣告獨立。

第三節　從馬來西亞的成立到「五一三」事件

馬來西亞成立

一九六一年五月二十七日，時任首相的東姑阿都拉曼在新加坡的東南亞外國記者聯誼會上倡議由馬來亞、新加坡以及英屬北婆羅洲的北婆、砂拉越和汶萊三個邦聯合組成馬來西亞，以便在政治和經濟上尋求更密切的合作。這個構想的提出，主要是有鑑於東南亞地區共黨活動的擴散和共黨思想的蔓延，如果左翼勢力在新加坡增長，進而控制新加坡，共黨勢力無疑將會進一步入侵馬來亞，馬來亞的安全將受到威脅，故此希望通過合併以打擊共黨的勢力。新加坡之答應合組馬來西亞，是了解到英國不會讓新加坡獨立，除非與馬來亞合併，在這種情況下，新加坡希望通過與馬來亞和婆羅洲的合併取得獨立，擺脫英國的殖民。可是新加坡高比例的華人人口，將削弱華巫人口的比例，並在人口數量上沒有任何優勢，為此把英屬北婆三邦納入馬來西亞，將可增加馬來人口的數量，從而平衡全國各族人口的比例。同時，英屬北婆三邦倘若要求獨立組成北加利曼丹共和國，如果落入共黨手中，英美西方國家將寢食難安。[30] 至於東姑阿都拉曼在演說中提及的五邦在歷史、地理、民族和文化上具有許多共同點，合併將不會產生太多的不協調，不過是政治人物的政治說詞，不可盡信，因為馬來亞和砂沙不論在人文和自然領域方面實際上是存有相當大的差異。

馬來西亞計畫提出後，首先獲得新加坡自治政府的全力支持。八月二十三和二十四日在東姑阿都拉曼的邀請下，李光耀訪問吉隆坡會談合併事宜，雙方達成協議，並在十一月十六日發表合併備忘錄，新加坡保留教育和勞工問題的主權，並維持自由港地位。由於受到左派社會主義陣線（Barisan Sosialis，簡稱社陣）的反對，新加坡於次年九月，針對併入馬來西亞事宜舉行全民投票，結果超過七十％的人民同意合併。

至於北婆和砂拉越兩邦，由於當地的馬來領袖擔心加入後其地位將不受重視；而非馬來人則焦慮人口比例的減少將使權益受損，計畫提出伊始都不認同加入。一九六二年初，英國派遣以葛波（Lord Cobbold）為首的五人委員會民意調查團，其中三位由英國政府委派，兩位則由馬來亞政府委任，前往北婆和砂拉越調查它們合併的意願。委員會在二月十九日至四月十八日，走訪了三十五個城鎮，舉行了五十場聽證會，面談了四千人以上。結論是兩邦三分之二的人民同意加入馬來西亞，但先決條件是兩州在國會的代表比例應高於馬來亞任何一州，同時擁有控制外來移民的主權、保留英文為官方語言，以及該兩州不設官方宗教。

汶萊的態度則是先贊成後反對，汶萊蘇丹對於合併深感興趣，並在立法委員會的動議中通過。但此決定遭汶萊人民黨（Parti Rakyat Brunei）主席阿扎哈里（Azahari）反對，他主張北婆三邦應合併為一個國家，以爭取獨立。他在一九六二年十二月發動叛變，結果被英國從新加坡調來的辜卡雇傭兵鎮壓。事件之後，汶萊蘇丹雖不改其加入的初衷，但由於馬來亞要求汶萊繳交的石油稅收被認為過高，加上汶萊蘇丹要求其統治者地位應較其他州屬為高的條件遭否決，致使萊蘇丹改變原意，拒絕加入。此後汶萊一直保留為英國轄下的自治區之一，直到一九八四年才宣布獨立。

一九六三年七月九日，馬來亞、新加坡、北婆和砂拉越簽署《馬來西亞協定》（*The Malaysia Agreement*）。當聯合國的調查報告公布後，馬來西亞於九月十六日正式誕生。隔天，印尼宣布不承認馬來西亞，馬來西亞也宣布與印尼和菲律賓斷交。

事實上，印菲是國際上最為反對馬來西亞成立的國家。菲律賓主要是堅持北婆是前蘇祿王朝的屬地，要求索回，但並沒有太激烈的動作，而印尼總統蘇卡諾（Soekarno）則支持汶萊人民黨的叛變行動，因為馬來西亞計畫的成功，無疑將延續西方殖民主義者在本地區的政治與經濟利益。其副總理則於一九六三年一月二十日宣布對馬來西亞採取「對抗」（Konfrontasi）政策。七月二十三日蘇卡諾提出「粉碎馬來西亞」（Ganyang Malaysia）的口號，此後連串的對抗行動紛紛出台。九月十六和十九日，在雅加達先後爆發反英示威和焚燒英國大使館；二十三日宣布禁止輸出石油和天然氣到馬來西亞；十一月二十七日，蘇卡諾簽署沒收所有在印尼的馬來西亞工廠的命令；一九六四年八月十七日、九月二日和十月二十九日，印尼傘兵先後三次在柔佛沿海地區空降，準備在半島發動攻擊，但皆事蹟敗露，沒有得逞。馬來西亞政府也隨即在九月三日宣布緊急狀態。所幸一九六五年九月三十日，蘇卡諾垮台，蘇哈多（Suharto）上任後即推動與馬來西亞和解的政策。一九六六年八月十一日雙方簽署協議，正式結束對抗，八月三十一日，雙方宣布恢復正式外交關係。[31]

新加坡脫離馬來西亞

馬來西亞成立後不久，即發生了馬新分家的不愉快事件。一九六三年九月二十一日，新加坡立法議會選舉，聯盟派出的四十二位候選人全軍覆沒，造成往後半島馬來人對李光耀的不滿。第二年馬來西亞大選，有鑑於東姑阿都拉曼違反不參加新加坡選舉的承諾，故此人民行動黨派出象徵式的候選人競逐議席，但選舉失利，引發其與馬來半島領袖間的緊張關係。往後，新加坡陸續發生穆斯林的示威舉動，並引發種族衝突，雙方關係極為緊張。此時，一些事態的發展也令馬新難以維持友好關係。首先是雙方財政部長在發出新興工業（Pioneer Industry）證書問題上出現歧見；其次中央政府欲使用新加坡出口紡織品和成衣到英國的配額不遂。由於雙方的摩擦日益明顯，最後東姑阿都拉曼和李光耀只好進行祕密談判，李光耀最後忍痛選擇脫離聯邦政府。[32]

馬新在短暫合併後又告分家，主要原因不外是李光耀主張廢除種族差別待遇，倡議「馬來西亞人的馬來西亞」，挑起馬來人的敏感神經。人民行動黨在全馬舉行「馬來西亞團結大會」，串聯反對黨，結果導致新加坡爆發種族衝突，而種族衝突應是馬新分家的主因。其次，由於華巫人口比例接近，甚至華人人口超越馬來人，引起馬來人的緊張，如果將新加坡趕出馬來西亞將可永絕後患。[33] 甚至有者認為馬新分家，「應該是雙方無法融洽圓滿解決問題所致，而其主因是各執己見，無意讓步」。[34]

馬新分家，有學者作了如斯的分析：「總而言之，李光耀的計畫很清楚表明，他是利用加入馬來西亞聯邦之機會脫離英國之控制，然後用盡各種策略杯葛與馬來西亞的關係，使得東姑阿都拉曼不得不將該『麻煩製造者』新加坡逐出聯邦。而東姑阿都拉曼亦有其如意算盤，他先前可能高估其有將新加坡納入聯邦並加以馴服的能力，孰料在利用新加坡種族動亂以及利用吳慶瑞等人起來挑戰李光耀之陰謀又相繼宣告失敗，東姑阿都拉曼自知無法鬥得過李光耀，所以才決定將新加坡逐出聯邦，以絕後患。究實而言，如果李光耀等精英公然主張新加坡脫離馬來西亞聯邦，則新加坡將難以在馬來海中生存，必然遭到周鄰馬來族的圍剿；英國亦不會同意新加坡脫離英國的統治。新加坡必須是因為被迫退出馬來西亞聯邦，才不會引起英國的不滿和馬來族的疾視。」[35]

「五一三」事件

如果說馬新分家令人扼腕，無可避免，而四年後發生的「五一三」事件，無疑令人痛心疾首，因為這是場有計劃的政變，並成為馬來西亞歷史上最嚴重的種族流血衝突，至今仍然是國人胸口的傷痛。「五一三」事件的發生，除了國內各民族和政黨的尖銳矛盾，還有人為的政治操作。首先在語文教育課題上，一九六六年爭取華文為官方語文運動遭遇挫敗，反之一九六七年三月通過的《國語法案》確立了馬來文為官方語文的地位。其次，在經濟領域，國外資本仍然主導操控馬來西亞的經濟活動，社會貧富差距懸殊。其三，貧困的馬來大眾則抱怨華人和印度人竊占國家財富，而華人則普遍上認為馬來人特權是他們貧困的根源，這些認知上的差別，導致族群關係的不和諧。其四，回教黨要求加強伊斯蘭教在國家的地位，無疑加深華人的疑慮。其五，馬來人主要分布於經濟較為落後的鄉村地區，華人則分布於經濟較為發達的半島西海岸和各大城鎮，致使城鄉差距擴大。

上述所有這些矛盾最後匯集在一個臨界點上，而一九六九年五月的大選則成為導火線。選舉結果反對黨不僅否決了聯盟的三分之二國會議席的優勢，同時也在總得票率超越聯盟，在州議席方面聯盟也較上屆少了七十九席。反對黨取得空前勝利，並展開慶祝遊行，一些過激的行為，導致華巫間的衝突和騷亂。這起事件發生在選舉揭曉後的第二天，即五月十三日，衝突事件主要發生在吉隆坡，隨後政府馬上宣布全國進入緊急狀態，事件前後持續了四天才漸漸平復下來，史稱「五一三」事件。

事件爆發的原因，根據官方的說辭，認為第一個因素是馬來亞共產黨和華人祕密會社煽動所致；其次是馬來人和非馬來人對憲法一百五十二條規定馬來語為國語，和一百五十三條規定保障馬來人特權有不同的詮釋，非馬來人對此深感不滿；其三是選舉的激情所致。然而有者認為這是一場巫統內部的矛盾，而以種族衝突來轉移民眾視線的權力鬥爭。甚至有學者利用英國公布的檔案進行研究分析，依據時間順序，從五月十三日開始分析每天發生的連串事件，顯示事件的背後，可能是經過蓄意安排的計畫。他也發現諸多證據顯示該事件之所以爆發，是因為巫統內部的「有優勢的國家資產階級」陰謀藉該動亂發動政變，以推翻首相東姑，而主謀就是副首相阿都拉薩（Abdul Razak）和雪蘭莪的州務大臣哈倫（Datuk Harun bin Haji Idris），其他同謀還有馬哈迪（Tun Dr. Mahathir bin Mohamad）、嘉沙里（Tuan Haji Mohamad Ghazali）。[36]

這起事件對馬來西亞往後的發展影響深遠，也是國家發展史上的分水嶺和轉捩點。敦拉薩執掌政權，穩定局勢以後，出台的系列政策如一九七一年的「新經濟政策」（New Economic Policy）、一九七一年的「國家文化政策」（Dasar Kebudayaan Nasional）和一九七四年成立的「國民陣線」（Barisan Nasional），皆使國家逐漸走上單元趨同的方向。

第四節　一九七〇年以來的發展——馬來民族至上的單元趨同國策

在一九六九年「五一三」事件以前，聯盟執掌政權的時代可說是東姑的時代，「五一三」事件以後，東姑被逼下台。一九七〇年開始由敦拉薩掌政，馬來西亞歷史也就展開新的一章。一九六九年由於巫統高層的權力鬥爭，結果引發了「五一三」事件，造成馬來西亞歷史上不幸的種族流血衝突。此事件以後，原任的首相東姑阿都拉曼黯然下台，由少壯派的阿都拉薩上任。此後，由國陣主導的政權，在政經文教各領域一改前朝對非巫裔族群的寬鬆包容政策，開始通過各種新政策打壓和收緊非巫裔的權益。在政治上，改組聯盟，成立國陣，使巫人掌控政權，一黨獨大。在經濟和社會方面實行新經濟政策，剝削其他族群的經濟利益以扶持馬來企業家，進而提高馬來族群在國家經濟上的占有率，希望進而提升馬來族群的社會地位。在教育上繼續推行一九六一年制定的「最終目標」的教育政策，不少英校在寂靜中改為馬來學校。文化上則頒布國家文化政策，形塑單一的國家文化。

在政治方面。「五一三」事件以後，首相敦拉薩採取親馬來人的政策，並修改憲法，禁止公眾和團體公開討論涉及種族關係的敏感課題，同時也規定憲法中有關馬來人特權的條款不受議會審查。為了改變多黨紛爭的局面，一九七四年以巫統為首的政黨邀請其他十一個黨綱各異的政黨，共同組成「國民陣線」，並在同年的大選大獲全勝，依據不成文的規矩，往後歷屆首相皆由巫統主席出任。

在經濟和社會方面。一九七一年，為了全面提升馬來人的經濟和社會地位，並使國家資本在工商業中占有支配地位，國陣推出了類似集權國家由政府全然介入和主導的政策——「新經濟政策」，以落實「消除貧窮，重組社會」的目標。為了扶助和扶持馬來人在經濟中的表現，實行如下幾個帶有強烈種族導向的政策。首先，有計劃地動用國家資源和預算，大事開發馬來人居住的地區，包括開闢道路、興修水電工程、建築房屋和興辦學校，除了改善馬來社區，也提供了大量就業機會。其次設立各種馬來銀行和基金會，提供各種優惠的貸款利率和獎學金給馬來人，進而改善和提升馬來人的經濟情況。其三，提供教育與升學的配額保障給馬來人，規定華人子弟進入大學的人數不得超過十%。其四，一九七五年通過《工業協調法令》（*Industrial CoordinationAct*）規定所有企業和廠家，必須至少要有三十%的股權屬於馬來人，並雇傭至少三十%的馬來人，如此強制分配在國外是鮮有的。其五，政府提供福利及優惠條例給馬來人申請創業和從事經濟活動，包括貸款和行政程式的方便，反之如果華人將會面對諸多刁難和不便。[37]

一九九〇年代新經濟政策雖然廢除，但卻以國家發展政策（National Development Policy）取而代之，新瓶舊酒，換湯不換藥，種族導向的政策一仍舊貫。尤為令人詬病的土著與非土著的劃分，仍然沿用，許多政策上的不平等皆因之而起。

在教育方面。繼續推行《一九六一年教育法令》的「最終目標」，自一九七二年開始將國民型英校逐步改為國民學校，以國語為教學媒介語文。從一九八三年開始，強制所有大專院校全面使用馬來文為教學媒介語文，並大量增設以馬來語為教學媒介語文的大學，如國民大學、理科大學、工藝大學和農業大學。至於華文學校雖然無法如改制英校般如法砲製，卻以拖延和不發展來企圖使華文教育關閉。華文小學方面長期面對學校撥款不足，需董事籌款解決和增添軟硬各項設備的不足，乃至華小師資短缺，數十年如一日，政府不加以處理解決。許多行將關門大吉的獨中，因為一九七〇年代的全國獨中復興運動，方才得以重生。

在文化方面，一九七一年，幾乎由單一的馬來學者召開了一場文化大會，並制定了塑造國家文化的三項原則，一為馬來西亞的國家文化必須以本地區原住民的文化為核心；二為其他文化中有適合和恰當的成分，可被接受為國家文化的一部分；三為回教是塑造國家文化的重要成分。為了回應這個國家文化原則，華人社會在一九八三年假檳州華人大會堂舉辦「華人文化大會」，並簽署《國家文化備忘錄》。[38] 在備忘錄中華社對國家文化政策提出反對意見，同時也具體提出建設國家文化的四項基本原則，一為馬來西亞各族文化的優秀因素是建設國家文化的基礎；二為科學、民主、法治精神及愛國主義思想，是建立共同文化價值觀的指導思想；三為共同文化價值觀應通過多元民族形式來表現；四為國家文化應基於民族平等原則和通過民主協商來建設。[39]

事實上，這無疑揭開了兩方文化的拉鋸戰。從一九七〇年代開始，不難發現有關當局開始將單元趨同的政策，從政經和教育領域伸進文化領域。從一九七〇年代後期開始，有關單位既再三意圖侵蝕華人文化和習俗，牽動華社的神經，激起華人捍衛文化的意識，形成一九八〇年代所謂華人文化醒覺的年代。首先是舞獅問題。一九七九年開始有舞獅要納入本土文化，必須與其他文化磨合然後產生一種全新的老虎舞蹈的觀點。一九八二年，通令全國各地員警除了農曆新年，停止發出舞獅表演的准證，後來在華社的反對聲浪中禁令才得以解除。其次是廣告招牌事件，除了不允許華文字體大於馬來文字體，甚至還有附上爪夷文的建議，有些州屬招牌上的華文字也被拆除。一九八三年在文良港的拆除招牌事件中，還引發肢體衝突，如此紛紛擾擾，直到一九八七年才在內閣同意劃一全國商店招牌上的中文和馬來文字體大小尺寸後才告一段落。[40]

更為嚴重的是政府兩次藉詞發展，意圖要鏟平華人義山。第一次是在一九八三年，馬六甲政府欲鏟平三寶山，以進行發展，各政黨、華團、民間組織團結一致共同捍衛三寶山，最終逼使馬六甲州政府在一九八六年將三寶山列為歷史文化區，並撥款美化三寶山。第二次是在一九九〇年代後半期開始對吉隆坡市中心的廣東和福建義山的徵用，在雪蘭莪中華大會堂、董教總和華總等社團的強力反對下，逼使內閣在二〇〇〇年作出不搬遷義山的決定。二〇一一年政府為了發展捷運系統，寧可多付五萬元的征地費，也不選擇繞道，一定要徵用早期由華人開發，深具歷史文化價值的蘇丹街，三十四間百年老店難免被拆除的命運。雖然經過民間多方的呈情，但有關單位無動於衷，蘇丹街將無法倖免於發展的洪流。[41]

近十年，反對黨所組成的聯合陣線（民聯），給予國陣極大的威脅。二〇〇八年的大選，民聯一舉奪下雪蘭莪、檳城、吉打和吉蘭丹四個州屬的政權。二〇一三年的大選，國陣雖然拿回吉打政權，但總得票率卻不及一半，僅有四八．六％，比民聯的五一．四％還要少。為了維護國陣的政權，各種極端的種族主義份子和組織開始湧現，在當權者的默許下發表傷害國民團結與族群和諧的言論，使得種族兩極化和宗教極端的問題益發嚴重，例如叫囂華人回唐山的言論，此起彼落，更有甚者，「華人侵略」之論述亦浮出檯面。馬共前總書記陳平在百年後不得回歸祖國，而巫裔馬共領導則不在此限。禁止西馬教會使用「阿拉」字眼，東馬教會卻不在此禁。規定政府考試SPM歷史科必須及格，目的在強制所有學生認真閱讀歷史課程中馬來化和回教化的偏頗史觀。

第十二章

傳統馬來文化

第一節　馬來律法、文學與語言

古代馬來律法

古代的馬來社會基本實行的法律主要有三種：一為母系社會的「母系法」（Adat Perpateh），主要由森美蘭的米南加保所採行；二為混合印度和伊斯蘭教法，普遍通行於馬來半島各州的「父系法」，亦即天猛公法，馬六甲王朝編撰的「海事法」亦屬此種律法；三為伊斯蘭教法。但是有者認為古馬來法典沒有得到法律機構的審查，它們充其量只是「馬來法律的概要」（digests of Malay law），這些「概要」不過是一種參考讀物，其中的條例經常被大權在握的蘇丹或效忠於蘇丹的法官擱置一旁。上述的看法雖點出了部分事實，但古馬來法典在馬來社會確實是長期被執行的，如馬來土地法就是在參考《馬六甲法典》的基礎上制定的。❶

採行母系法的地區主要是森美蘭以及馬六甲的南寧，母系法主要以習慣法或習俗法為主，其特點是世代口耳相傳，主要由蘇門答臘巴東高原的米南加保人帶入，在伊斯蘭教傳入以後，也融入了該教的律法。母系法在律法執行上奉行補償和物歸原主的原則，不鼓勵判監或肉刑。如果有人傷害他人，那麼將以雞羊等物來抵償；又或某甲殺死乙村村長，那麼某甲必須從其村落中物色人選成為乙村村長。這是因為米南加保人極為重視人力資源，故不可隨意傷殘和殺害族人，以確保有人力資源的充足。也因此，在社會價值上甚為強調協商、互助、體諒、共識和尊重，注重榮辱與共的團體精神。在家庭婚姻方面，強調聚族（suku）而居，部族內居住的皆是同一血緣者，並有一共同的族稱，個別成員除了自己和父母的名字以外，通常也冠上族稱以為區別，規定同族不得婚媾，婚後為夫者必須搬至妻子部族所在處與之同住，惟離異或喪偶，為夫方可回到原屬部族；父方對子女沒有撫養權，子女跟隨母方家族。在財產分配上，母系制度規定只有女方才是財產合法繼承人，女方若無兒女，財產將由其姐妹或侄女等繼承，但家中事務則由男人安排及執行。夫婦間的財產可分為三類，一為共同獲皮的錢財；二為女方繼承的財務，離異後仍然掌握在女方手中；三為婚嫁時男方帶來的財物，離異後仍歸男方掌控。在英人入主後，刑事法雖然被英國法律取代，但遺產繼承法仍然獲得保留。

母系法的代表性法典是《米南加保法》（*Undang-undang Minangkabau*）。《米南加保法》由三個部分組成，第一部分是「米南加保王族世系」，第二部分是「習慣法」，第三部分是以伊斯蘭教法視角解釋的習慣法。第一部分主要講述創世故事和阿丹及其子孫的故事。第二部分則闡述米南加保地區實行的習慣法，主要有四種，一為天賜習俗（Adat nan sebenar adat），是指從穆罕默德先知處獲得的習俗，也就是伊斯蘭教教律；二為傳統習俗（Adat nan diadatkan），是指來自祖先的習俗，也稱習慣法。三為約定習俗（Adat nan teradat），是指在各村鎮和地區流行的習俗。四為陋習（Adat istiadat），是指信奉伊斯蘭教以前的一些蒙昧習俗，如鬥雞、賭博、大聲喧譁等。

這四種習慣法中又以「傳統習俗」最為重要，包含四部分，第一為兩種習俗，所指為舊有和新定的習俗，前者指的是「日曬不裂，雨淋不朽」的舊習俗，後者是指由一個城鎮地區首領們所制定的習俗。第二是四類話語，所指是祖輩傳下的話語（Kata pusaka）、智者說出的話語、公眾商定的規矩和尋求一致的話語。第三是四部法規，一為「管轄區法」，是有關國王和所有首領的習俗法規；二為「城鎮法」，規定一個城鎮所應具備的基礎設施；三為「城內法」，是有關城內人犯罪的法律；四為「二十條法」，闡釋犯罪行為和犯罪證據的法律。在闡釋罪證時，其最大的問題是過於強調旁證，諸如一個未婚媽媽只要能夠取得某個男人褲子的一角布片，就足以證明其為孩子的父親；如果以利器殺人，須見到散落的鮮血和僵直的屍體；偷竊須眼見鑿洞的牆壁或可以翻牆入室的梯子；搶劫要聽到尖喊哭叫等，皆是其顯例。認為狗吠就表示有蜥蜴爬過、樹枝斷裂是因為鳥飛過，甚至空穴來風亦可成為證據。第四是「四級村鎮」，指的是第一級的城堡（Kota）、第二級的城鎮（Negeri）、第三級的小村莊（Teratak）和第四級的村落（Dusun）。❷

天猛公法深受印度文化的影響，存在許多印度典律的元素，後來馬六甲王朝改信伊斯蘭教以後，也吸納了伊斯蘭教的法律，尤其是婚姻和財產繼承法。天猛公法可以劃分成兩大類，即馬來政治社會所使用的各類法典和專事處理航海事務的海事法。天猛公法的精神以懲罰和警戒為原則，最高刑罰為判處死刑。

《馬六甲法典》是天猛公法中最重要的法典，成為往後各州制定法典時的主要參考文獻。它是馬六甲統治者伊斯干陀沙下令編寫制定，並由蘇丹目扎法沙增補，「以使文武大臣不再違反法律」。法典中闡明各大臣的職責、各類皇家禁忌、刑事法法規、奴隸的管理和處置、婚姻法和借貸法等。《馬六甲海事法》（*The Maritime Laws of Malacca*）也被編入《馬六甲法》內，成為其中的一部分。《馬六甲海事法》共有二十四條款，皆是與航海有關的法律，如船務人員的職責和許可權、違規的刑罰、交易的條例等。海事法有如一國的法律，管理船上一切大小事務，船長有如蘇丹，其下的舵手則是丞相，為船上的第二把交椅，而海員一如天猛公，負責維持秩序。海事法對船上人員的規訓相當嚴厲，例如對船主作惡、已婚男性船員被發現通姦、圖謀殺害船長等罪行，皆判處死刑。其他諸如行竊偷盜、疏於職守等，有者罰款、有者鞭笞，視情況而定。

《馬六甲法典》以外，曾經在馬來土邦實行的天猛公法還有《彭亨法》（*Undang-undang Pahang*）、《吉打法》（*Undang-undang Negeri Kedah*）和實行於霹靂的《九十九條法》（*Undang-undang Sembilan Puluh Sembilan*），其中又以《九十九條法》最為知名。此法實際上是由賽義德·哈桑·法拉茲（Sayid Hassan〔Hussain〕al-Faradz）從哈德拉馬烏特（Hadramaut）帶到馬來西亞，後來為他的子孫沿用。賽義德·哈桑的後代中，有不少世代為霹靂的大臣，如果面對法律難題，其子孫總會參照《九十九條法》處理問題。《九十九條法》除了闡述一般法典中論及的事宜，講的最多的是擔當各種職務，如國王、首領、宗教法官、政府官員所需的條件，當巫師和產婆的條件也有涉及，也講述朝見國王或推選國王的習慣法，對各種刑事犯罪案件的處罰則相對寬鬆。[3]

其他還有財產的擁有與轉讓、婚禮的有效性，奴隸、巫師和助產婦的工作範圍等。

古典馬來文學

古典馬來文學也是馬來文化精彩豐富的組成部分，呈現繽紛多元的色彩，除了傳統馬來本土文化的元素，也先後吸納了印度和伊斯蘭教文化的養分。如果將馬來古典文學依據其歷史發展加以分類，可以分成九大類。

1. 民間文學：在馬來古典文學史上，民間文學可謂是最為久遠的，通過口耳相傳的方式在民間廣為流傳，尤其是鼠鹿（Kancil 或 Pelanduk）的故事更是家喻戶曉。後來這些口耳相傳的文學也逐漸出現了文本。相對地，也有由書面文學演變為口頭文學的，如《聰明的鸚鵡故事》（*Hikayat Bayan Budiman*）即為一著名的例子。馬來民間文學可以分為四類，即起源故事、動物故事、滑稽故事（Cerita Jenaka）和慰藉故事。起源故事以各類動植物的起源傳說最廣為人知，如叢林河邊為何有許多高大的樹木、玉米表皮為何有許多凹陷、人和動物互相變化等是。此外，地名來源的解釋也是起源故事的一種，如蘇門答臘和新加坡的得名皆屬此類。動物故事則是極為普及的民間文學形式，鼠鹿是馬來民間文學中無可爭議的主角，它先後經歷了三個發展階段，即從一個飽受生命威脅，不得不依靠其聰明機智求生的小動物，發展到叢林中的協助人類和動物排難解紛的法官，最後到成為懲罰一切不肯臣服之動物的叢林之王。滑稽故事是指詼諧可笑的故事，馬來滑稽故事有兩種，一種是原創滑稽故事，如愚蠢到家的《笨伯》（*Pak Pandir*）、極為幸運的《蚱蜢爹》（*Pak Belalang*）、狡猾的《大肚佬》（*Si Luncai*）和晦氣的《倒楣蛋長老》（*Lebai Malang*）和不幸的《蠢伯》（*Pak Kaduk*）；另一種是改編的環境故事，如《瑪傑寧的故事》（*Cerita Mat Jerin*）、《果子狸的故事》（*Cerita Musang Berjanggut*）、《馬哈舒達傳》

（*Hikayat Mahsyodhak*）和《阿布・納瓦斯傳》（*Hikayat Abu Nawas*）。原創滑稽故事裡的人物不論是呆傻，還是聰明、幸運，通常都是人們譏笑的對象，而改編的環境故事，其主角則可能是嘲笑當權者的機敏人物。慰藉故事（Cerita Pelipur Lara）是用以慰撫人心的故事，一般發生在富麗堂皇的皇宮，不孕的皇后在求子後終於如願誕子，並常和動物或奇異武器一起降生。孩子長大以後都會過著漂泊流浪的生活，但憑藉神奇武器和各種助力，總會戰無不勝，最後贏得美人歸，過著幸福的生活。這些故事對馬來人而言都是歷史上真實發生過的事件，主要有《麥拉穆達王子傳》（*Hikayat Awang Sulung Merah Muda*）、《瑪林德瓦傳》（*Hikayat Malim Dewa*）、《瑪林德曼傳》（*Hikayat Malim Deman*）和《穆達王傳》（*Hikayat Raja Muda*）等。[4]

2. 馬來文學中的印度史詩和史詩皮影戲：印度文化對馬來文化的影響，也反映在馬來古典文學上，在印度兩大史詩，即《羅摩衍那》和《摩訶婆羅多》的影響下，出現了馬來文學中的印度史詩和史詩皮影戲兩種創作，前者最著名的有以《羅摩衍那》為創作依據的《希利羅摩傳》（*Hikayat Sri Rama*）和以《摩訶婆羅多》為創作基礎的般度（Pandawan）故事。後者在馬來古典文學中有深遠影響，這類創作的來源為印度，但後來也具有爪哇的特色，由宮廷演奏而逐漸在民間流傳。目前仍有一部包含十九個皮影故事，名為《般度族傳》（*Hikayat Pandawa*）的手抄本流傳。[5]

3. 爪哇班基故事：爪哇班基故事（Hikayat Panji）主要講述的是王子流浪和戰鬥的經歷，其中有引人入勝的愛情故事，也有滑稽的小丑故事。在馬來半島有七個著名的馬來語班基故事，它們是《公主受罰記》（*Hikayat Galuh Digantung*）、《澤克爾・瓦能・巴蒂傳》（*Hikayat Cekel Waneng Pati*）、《班基・固達・斯米朗傳》（*Hikayat Panji Kuda Semirang*）、《班基・斯米朗傳》（*Hikayat Panji Semirang*）、《米薩・塔曼・加英・庫蘇馬傳》（*Hikayat Misa Taman-jayeng Kusuma*）、《德瓦・阿斯瑪拉・加亞傳》（*Hikayat Dewa Asmara Jaya*）和《溫達坎・佩努拉特傳》（*Hikayat Undakan Penurat*），其中又以《澤克爾・瓦能・巴蒂傳》為最著名，荷蘭學者曾說：「這是馬來文學中最重要的文學作品之一，它幾乎影響了所有的其他文學作品。」溫斯德甚至認為無論是民間笑話裡的詼諧故事，動物故事中使用的誇張頭銜，還是《馬來紀年》中向金山（Gunung Ledang）公主求婚，以及《漢都亞傳》（*Hikayat Hang Tuah*）的附加故事，都能在班基故事中找到相應的範例。[6]

4. 印度文化與伊斯蘭文化過渡時期的文學：這時期的文學是由印度文化和伊斯蘭文化因素相互融合而產生的文學，其特點是印度文學的母題，如拯救金翅鳥爪下的公主，或治癒公主的疾病等，仍然被採用，但伊斯蘭的因素也開始滲透，如關於伊斯蘭教問題的對話、對伊斯蘭法典的解答，乃至波斯文學的範例，如劃分章節，並有各自的標題，也被模仿。此外，這時期的作品一般有兩個名稱，一為印度名稱，一為伊斯蘭名稱，但伊斯蘭名稱往往比印度名稱更廣為人知。具有這種特色的作品共有十四部，其中幾部的名稱為《普斯帕・威拉加傳》（*Hikayat Puspa Wiraja*）、《魔刀傳》（*Hikayat Parang Punting*）、《浪人傳》（*Hikayat Langlang Buana*）。[7]

5. 伊斯蘭時期的文學：伊斯蘭文學是關於穆斯林和他們虔誠行為的文學，而馬來伊斯蘭文學就是在馬來地區用馬來語寫的穆斯林文學，此類文學有兩個特點，一為大多數的作品都是以波斯或阿拉伯文學作品翻譯或改寫，二為作品的作者和創作時間都已佚失，也因此不易整理出其發展順序，只能加以分類理解。此類文字可以分為五類，即《可蘭經》故事、穆罕默德先知故事、穆罕默德先知密友的故事、伊斯蘭英雄故事、宗教經典文學。❽

6. 連環串插體故事：連環串插體故事是指故事中又穿插一些其他的故事，這種故事體例源於印度，通常是一個人或幾個人正在講故事，故事中的其他角色也依序講起了故事，以證明所言非虛。在馬來文學中著名的連環串插體故事計有《五卷書》（*Pancatantra*）、《一千零一夜》（*Hikayat Seribu Satu Malam*）和《鸚鵡故事七十則》（*Sukasaptati*）。❾

7. 歷史傳記文學：歷史傳記文學是馬來文學中最豐富也最為重要的部分，其題材一般來自宮廷，讀者也以宮廷中人為主，故這類作品很少在宮廷外出版。馬來文的歷史（sejarah）一詞，源於阿拉伯語的「syajarah」，本意是「樹」。在阿拉伯語中「syajarah al-nasab」和「sisilah」為家譜與世系之意，因此從馬來傳記文學中所使用的名稱，可以知道譜系、世系表是馬來歷史傳記文學的核心。馬來歷史傳記文學其中一個最大的特色是，此類文字往往將神話傳說和歷史事實混雜論述，一般不將之看成是歷史著述，這或許是與馬來人將之用以娛樂和消遣有關。無可否認的是，我們可以從這類著述中獲得馬來人的民族性、法律規定和風俗習慣等資訊，因此在研究馬來人歷史時，是不可忽視的材料，例如在溫斯德針對馬來各王國歷史所進行的各種研究中，馬來歷史傳記文學作品的使用最為廣泛。

歷史傳記文學一般由兩個部分組成，第一部分具有神話或傳說性質，其內容主要講述古時候的概況、各王國帝王們的來歷以及風俗習慣的由來等。第二部分是歷史部分，主要講述作者本人生活的年代。此外，另有武吉斯歷史傳記文學，由於武吉斯人有保存各種日誌、契約和國王譜系的傳統，而其歷史傳記文學之資料又來源於這些文獻，故其可信度較高。其歷史傳記文學也分為兩部分，第一部分同樣講述神話，但作者常會使用「傳說」、「據傳」等詞彙。第二部分是以武吉斯人為中心的歷史論述。著名的歷史傳記文學有：《巴賽列王傳》（*Hikayat Raja-Raja Pasai*）、《馬來紀年》、《梅隆・馬哈旺薩傳》（*Hikayat Merong Mahawangsa*）、《亞齊志》（*Hikayat Aceh*）、《馬來米薩》（*Misa Melayu*）、《柔佛國傳》（*Hikayat Negeri Johor*）、《廖國列王記》（*Sejarah Raja-Raja Riau*）、《馬來與武吉斯王族世系》（*Silsilah Melayu dan Bugis dan Segala Raja-rajanya*）、《珍貴禮品》（*Tuhfat al-Nafis*）、《北大年史記》（*Hikayat Patani*）和《漢都亞傳》。

《巴賽列王傳》是最古老的歷史傳記文學，大約寫於十四世紀，《馬來紀年》還仿效它的寫作方法和風格。此書講述的是一二五〇年至一三五〇年巴賽的故事。

至於最著名，並家喻戶曉的歷史傳記文學非《馬來紀年》（也稱《列王世系》，*Sulalatus Salatin*）莫屬。其內容在記述馬六甲王朝的歷史，但內裡夾雜了許多神話傳說，故嚴格說來它算不上歷史著述，但書中展現的古代馬來社會的清晰圖景，以及馬來民族的世界觀，無疑又是一部記錄馬來歷史的最佳作品。其文辭優美，更是一部上好的馬來文學著作。此書的目的在於顯示馬來王朝的神聖和偉大，使臣民敬畏和忠誠不渝，也使周邊小國恭順臣服。一般認為作者是柔佛王朝的宰相敦斯里拉讓於一六一二年完成。《梅隆．馬哈旺薩傳》是所有歷史傳記文學中偏離歷史事實最遠的一部，講述的是吉打國王皈依伊斯蘭教以前的古老歷史，有許多民間故事至今仍然讓人津津樂道。《馬來米薩》是一部很有價值的歷史傳記文學作品，大量記載馬來王族的習俗，從中可以獲得十八世紀霹靂王國生活的畫面，如國王通宵盛宴的習俗、扎耳孔習俗、登基大典習俗等，大部分的內容集中在一七五六年至一七七〇年蘇丹伊斯干達沙執政時所發生的事情。作者是具有王室血統的拉惹朱蘭，而書名「米薩」原意為牛，象徵勇氣和膽量，因此「馬來米薩」其意為「馬來英雄」。《柔佛國傳》實際上是一部歷史紀錄，每一事件的記載都標上確切日期，而且無事不記，即使是無關緊要的小事亦同。此書不似傳統的歷史傳記文學，以神話傳說開篇，它以柔佛被占卑擊敗的歷史事件開始，這種書寫方法影響了往後歷史傳記文學的著述，開創了一個新格局。《珍貴禮品》是一部內容極為廣泛的作品，記述了馬來、武吉斯、錫國、柔佛等王國的世系，直到萊佛士開闢新加坡。其所記錄的事件都有明確的日期，神話傳說性質的故事也不存在，作者還列出其所徵引的資料，並對同一事件有兩、三種的解釋。但此書以武吉斯人為中心，頌揚推崇武吉斯人，有時不免流露出反馬來人的意識。《漢都亞傳》是另一部家喻戶曉的歷史傳記文學，事實上它是一部歷史小說，由於主人翁漢都亞對國王堅貞不移的效忠，是馬來社會極力頌揚的良好人格，故此書長期受到馬來社會的推崇。[10]

8. 古馬來法典：古馬來法典亦是古代馬來文學的組成部分，其中要以《馬六甲法典》最為昭著，《海事法》也包括在內。此外，還有《米南加保法》、《烏戎河法》（*Undang-undang Sungai Ujung*）、《十二條法》（*Undang-undang Dua Belas*）、《彭亨法》、《吉打法》、《九十九條法》和《馬來王族習俗》（*Adat Raja-raja Melayu*）等多部法典。

9. 班頓和沙依爾：班頓和沙依爾（Syair）是馬來古典文學中兩種最為盛行的傳統詩體。班頓是一種可以頌唱的民間歌謠或詩歌，最初出現在《馬來紀年》和與其同時代的一些通俗故事中。在馬來語中班頓是四行詩（quatrain）之謂，採用「abab」的韻法。班頓的前後兩對詩行之間有時具有意義或象徵關係，但大多數的情況下，除了音韻關聯外，不存在其他聯繫。班頓可能來源於從樹葉語或花卉語發展起來的文字遊戲。

沙依爾也是馬來文學中的古典詩歌，由四行組成，以四行為一個詩節，組成較長的詩歌。沙依爾不似班頓般具有諷刺的作用，依據其類型可以分成五類。第一類為班基沙依爾（Syair Panji），屬散文體班基故事的再創作，著名的有《康・丹布罕》（*Syair Kan Tambuhan*），其他還有《昂列妮之歌》（*Sayir Angreni*）和《達瑪爾・烏蘭之歌》（*Syair Damar Wulan*）。第二類為浪漫沙依爾（Syair romantis），是最受歡迎的沙依爾，因為其所描繪的主題都可在民間故事、慰藉故事和傳奇故事中見到，如《碧達沙麗之歌》（*Syair Bidasari*）、《苦兒救母記》（*Syair Yatim Nestapa*）和《阿都・姆魯克之歌》（*Syair Abdul Muluk*）等是。第三類是寓言沙依爾（Syair kiasan），講述發生在魚鳥、花或水果之間的愛情故事，由於具有隱喻和諷刺作用，也稱諷喻沙依爾（Syair simbolik），如《鯡魚曲》、《貓頭鷹之歌》（*Syair Burung Punggguk*）和《玫瑰花之歌》（*Syair*

Bunga Air Mawar）等是。第四類是歷史沙依爾（Syair sejarah），它是依據歷史事件的創作，又以戰爭的內容所占比例最高，重要的有《望加錫之戰》（*Syair Perang Mengkasar*）、《荷蘭公司與華人之戰》（*Syair Kompeni Welanda Berperang dengan China*）和《蘇丹阿末・達朱丁》（*Syair Sultan Ahmad Tajuddin*）。最後一類為宗教沙依爾（*Syair agama*），哈姆紮・凡蘇里（Hamzah Fansuri）是用沙依爾形式創作詩歌的第一人，這類詩歌的重要著述計有《舟之歌》、《漂泊者之歌》（*Syair Dagang*）、《末日歌》（*Syair Kiamat*）、《解夢歌》（*Syair Takbir Mimpi*）和《算命歌》（*Syair Raksi*）等。[11]

到了十九世紀，萊佛士馬來文老師文西阿都拉（Munshi Abdullah）的著作，不論在內容或形式，皆有別於前此的傳統馬來文學創作，被譽為「馬來新文學之父」。

阿都拉於一七九六年誕生於馬六甲一個阿拉伯和印度的混血家庭，一八五四年，他前往麥加朝聖時在該地與世長辭，享年五十八歲。其先祖乃阿拉伯人，曾祖曾於印度成家，祖父則遷居馬六甲，在當地落地生根。他長期為殖民者服務，思想較傾向西方。其著述頗豐，計有《阿都拉傳》（*Hikayat Abdullah*）、《阿都拉遊記：吉蘭丹之部》、《新加坡焚城記》（*Syair Singapura Dimakan Api*）、《阿都拉吉達遊記》（*Kisah Pelayaran Abdullah ke Negeri Jeddah*）等。其中又以《阿都拉傳》享譽文壇，為其代表作。

《阿都拉傳》雖是部自傳式的文學著作，但裡面卻大量記載了十九世紀上半葉所發生的點點滴滴。首先，它如實地反映荷英時期新加坡和馬六甲社會活動的情況，為十九世紀的馬新社會史保留了彌足珍貴的史料。這些資料包括他親歷天地會的入會儀式，與雅貢人的訪談，以及當時奴隸販賣的情況等。其次，我們也可從阿都拉的記載中了解萊佛士和法夸爾的個性、特徵、興趣、治術等鮮為人知的生活點滴。其三，他在書中毫不留情的針對當時的馬來人及馬來社會進行了嚴厲的撻伐。這種詬詈，不論在之前或當時都是絕無僅有的現象。其四，從《阿都拉傳》中很清晰地反映了作者的思想。由於工作的關係，阿都拉大量接觸西方的知識與觀念，諸如科學、人道主義等等，因此本書顯現了他對西方科學與進步的嚮往，並透過此來反諷馬來社會的迷信與無知。此外，他也大力提倡改革馬來社會，革除不良陋習，極力反對賭博、酗酒、私鬥和迷信。所言皆能針砭時弊，這些觀點無疑具有進步的社會意義。因此，《阿都拉傳》不失為一部研究十九世紀上半葉新加坡和馬六甲的政治和社會史的著作。

其書雖仍沿用傳統馬來文學著作以「Hikayat」（史話）為名的舊例，但他摒棄了傳統馬來文學作品以神話傳說雜糅歷史事實的敘述手法，書中所記皆作者親身經歷或眼見耳聞之事。內容也一反過去慣例，不為帝王將相作族譜，也不以神化王權為主旨。難能可貴的是他開始為某些重要事件紀年，這在馬來傳統著作中是罕見的。阿都拉也是馬來文學界最早採用自傳體和以第一人稱來著述的作家。此書不論從形式與內容上都徹底地改變傳統馬來文學的著作模式。

二十世紀初期，馬來亞湧現了一批作家，創作了不少反映現實的佳作。被譽為打開馬來新文學第二頁的賽·錫·哈地，於一九二八年發表長篇小說《法麗達·哈農傳》，講述了一個爭取男女平等的愛情故事，也強調女子教育的重要。此外，哈侖·阿米魯拉昔（Harun Aminurrashid, 1907–1986），於一九三〇年出版長篇成名小說《吉隆坡的茉莉花》（*Melur*

Kuala Lumpur），是另一位具有較大影響力的馬來作家，而他的詩歌《半島》（*Semenanjung*），也反映了作者對祖國的熱愛。其他還有阿都．拉欣．卡寨的短篇小說《阿旺．布達的故事》，呼籲馬來人勤勞工作，以防止外人在殖民地主義的保護下控制祖國。要求改變現狀，擺脫愚昧，反殖反封建，自由解放的呼籲成為戰前馬來文學的主旨。[12]

三、馬來語文

馬來語屬南島語系中的馬來—波利尼西亞語族，至於馬來語形成於何時，目前仍無法定論。古代馬來語的發展基本可以分成四個階段，第一個階段是遠古馬來語時期，主要指七世紀以前馬來族和其鄰近土著交流用語，此時還沒有出現書寫形式。第二個階段是指七世紀到十三世紀的馬來語，在印度梵文影響下產生了自己的書寫系統，並在語法、詞彙方面有長足發展。十九世紀末期至二十世紀初在蘇門答臘出土，刻於六八三年至六八六年間的四塊碑銘，是梵語影響馬來語的有力證據，也是迄今最早的馬來文字記載。第三階段古典馬來語時期，是指十三世紀至十六世紀初期的馬來語，十三世紀前後阿拉伯文化傳入後，阿拉伯語取代梵文成為影響馬來語文發展的核心要素。這時馬來語改用阿拉伯字母拼寫，即是後來的「爪夷文」字母書寫系統，並成為馬來古典文學和宮廷文學的主要書寫載體。其次，有不少阿拉伯詞彙被借用，在語音上也增加了馬來語輔音重疊的頻率。第四個階段是近代馬來語時期，主要指十六世紀初期至二十世紀中期的馬來語，這時期葡萄牙、荷蘭、英國殖民統治和中國南方閩粵華工的移入，都影響了馬來語的發展。馬來語吸納了這些國家的詞語，豐富了其詞彙。尤其是英文，對馬來語的影響最深遠，許多經濟、政治和科技的詞彙，都借自英語。更為重要的是馬來語拼寫系統的改變。十九世紀後期，在英國殖民統治者的研發推動下，一九〇四年被羅馬字母拼寫的現代拼音馬來文全面取代原有系統。⓭

羅馬拼寫的馬來文，最早出現在十六世紀初，是義大利水手皮加費塔（Antonio Pigafetta, 1491–1534）廣泛收集馬來語詞匯編輯而成，全書共有四百二十六個馬來語詞彙。後來，荷蘭人、阿拉伯人和英國人也相繼編寫類似的辭典，為羅馬字母化的馬來文奠下基礎。在眾多辭典中，最為重要的是威金蓀厚達一千三百頁的《巫英大辭典》（*Malay-English Dictionary*）分別在一九〇一和一九〇二年出版。它廣泛的內容以及詳盡的詞彙解釋，使之成為二十世紀其中一部最重要的雙語辭典，即使到了一九七〇年代，它仍然被視為馬來辭典編撰史上最詳盡的馬來辭典。一九〇四年，威金蓀確立了馬來文的羅馬拼音書寫系統，在簡化馬來文書寫上，居功厥偉。至於馬來文文法主要也是由英人整理，集大成者是溫斯德在一九一三年出版的《馬來語法》（*Malay Grammar*），當時雖已有不少新出版的語法書，可是像它如此從語源、語音、切音、詞品，一直到文章作法與風格等體系完整的語法書籍，可說是第一本。當時馬來知識界流行一句由拉惹朱蘭所講的一句話：「上蒼給馬來人以語言，溫斯德給他們以語法。」當然，不可或忘的是著名的馬來學者兼語文學家紮峇（Za'aba）對馬來語羅馬拼音化的鼓吹和推動，他著有不少馬來語法書籍，使馬來語現代化，也易於學習，是馬來語文現代化和普及化的重要人物。

馬來語在詞彙、語音和語法主要有三個特徵，一為無聲調；二為句子基本詞序為主語在前，謂語居中，賓語在後；三為構詞，構形的主要手段是添加附加成分，附加成分為前綴、中綴和後綴。馬來語另一個明顯特徵是外語借詞特多，涉及的語種也多，大量吸收了梵文、印地語、泰米爾語、阿拉伯語、波斯語、葡萄牙語、荷蘭語、英語和漢語的詞彙，其中又以梵文和英文最多。早期馬來文主要以梵文為主，除了日常生活用語，更重要的是許多抽象思維的表達，皆要借助梵文。現代的馬來文則在法律、工商業、行政、醫學等專業領域大量借助英語詞彙。[14] 至於中國語言方面，其借用詞主要為閩南話。梵文的借詞比率雖因其他語文借詞的增加而逐漸下降，但卻始終扮演日用語和功能詞的作用。在六八三年至六八六年，梵文借詞比率為四五．二％，一三〇三年占三一．八九％，現在則僅剩九．四％。

第二節 馬來禮俗和信仰

日常生活

古代馬來人往往沿河而居，以「sungai」（河）命名的村落市聚比比皆是，甘榜（kampong，即村落或鄉村）是最小的地方行政單位，設有清真寺以便做禮拜，並散布大大小小的祈禱所，是供穆斯林每日五次禮拜之場所。馬來人最基本的住所是用木柱支撐起來的高腳屋（也稱杆欄式建築），牆壁、屋頂和地板是用木板和編貝葉（俗稱亞答葉，attap）構成。馬來人通常以身體來類比房子，分別以「kepala」（頭）、「badan」（身軀）和「kaki」（腳）

來命名屋頂、居住空間和支柱。馬來人的房子分成幾個部分，首先是樓梯和門口。一般而言，傳統民宅皆有兩個出入口，前門在客廳，後門在廚房，後門沒有樓梯，或者台階數要比正門少，主要供自己人或熟人出入；家裡舉行儀式時，女性也以後門進出，男性則由前門進出。在進門之前都要洗腳或脫鞋，除了衛生考量，也有尊重的意味。其次為客廳和廚房，客廳為最重要的組成部分，它兼具了多種功能，客廳是會客待友的交際場所，也是舉行各種宗教儀式及慶典的場所，它也可以當成臥室和休息室，一般只陳列簡單的家具，地上鋪有蓆墊，採席地而坐的方式。櫥櫃是馬來人最重要的家具，其主要功能是用來擺放餐具，其次才是存放衣物。廚房的地位絕不亞於客廳，是燒飯煮菜和用餐的所在，男人除了用餐，不大會逗留其中，此處主要是女人的活動和交際空間。至於臥室，除了已婚的夫婦外，一般沒有隱私可言，也不固定，可以時常更換；有時也必須對外開放，成為禮拜的場所。此外，還有浴室、廁所和涼台。[15]

馬來住宅地板離地數尺，以便防潮和蛇鼠的侵害，房頂為兩面坡式，又陡又長，以利雨水流通，也可遮擋戶外強烈的陽光，按照馬來人的習俗，房門不能開向南方，否則會帶來不幸。海邊漁村的住房通常正面面向大海，房子下面的空間往往有一艘用繩索捆綁的船隻，方便出入。住宅四周種有椰樹、香蕉、紅毛丹和榴槤等果樹，也畜有家禽如雞犬等。[16] 馬來人的住宅一般稱為「亞答屋」，其中一個最大的優勢是可以在短時間內，快則數小時，慢則兩、三天內建造完成。

在馬來半島另有一種源自蘇島巴東高原米南加保人的牛角型房子，也稱為加當屋（Rumah Gadang）。這些房子主要出現在森美蘭州。它最獨特的地方是屋頂，房脊中間凹陷，兩端高高翹起，遠看像船，而翹起的部分像尖尖的牛角，有些甚至會在房脊掛上真的牛角或者木雕牛角。據說這是為了紀念米南加保族歷史上一次重大的鬥牛勝利。

米南加保族是印尼的一個民族，也稱巴卡魯榮族。據說西元十四世紀時，滿者伯夷派遣一支強大的爪哇艦隊，企圖用武力征服這塊土地。面對強敵，巴卡魯榮人向來犯者建議，為免傷亡，雙方各挑選一頭水牛一決勝負，勝者即可統治這個地區。當時印尼各地盛行鬥牛，爪哇水牛凶猛善鬥，爪哇人自以為穩操勝券，滿口答應。他們牽出一頭體格健壯帶有尖角的公牛，巴卡魯榮人則放出一頭未斷奶，角上綁有鋒利尖刀的牛犢。比賽一開始，餓了一天的牛犢誤以為見到了母牛，迫不及待地奔到大牛肚子下找奶吃。大水牛拚命躲閃，小牛犢緊追不捨，使勁往大牛肚子下鑽，不一會，大牛就倒在血泊之中。為了紀念這次勝利，巴卡魯榮人就把名字改成米南加保人。米南意為「勝利」（menang），加保的意思是「水牛」（kerbau），結合起來便是鬥牛勝利的意思，而牛角也作為當地人表現成功的象徵掛在房頂。⑰

此外，在東馬的原住民則集體居住在一種名為長屋，用木樁架空，離地數尺的高架長形建築。長屋的中間是長廊，兩邊是以家庭為單位的住戶。⑱

在飲食方面，馬來人以米飯、糯米糕點、魚肉和蔬菜為主食，喜食辛辣，常以咖哩和辣椒佐料。由於宗教信仰的關係，馬來人不吃豬肉。魚常被製成鹹魚和魚乾，蝦醬（belacan）是馬來人獨有的調味料，氣味極為濃烈，在沃漢（J. D. Vaughan）的著述中就記載了這類味道濃郁的醬料；沙爹（Satey）則是充滿馬來風味的一種燒烤肉串。馬來人喜食雞牛，宰殺時必須請哈芝（Haji）開刀方可食用。清真（Halal）飯菜做好後，盛放在大碗或竹製容器裡，然後端放在地上，不使用餐桌，而是圍坐而食。男人盤腿而坐，女人則身體偏右跪坐，只有上了年紀的女人才有資格盤腿。馬來人習慣用手抓取食物，用餐前必須洗淨雙手，在菜肴之間會擺放供清洗手指之用的清水。拿取菜肴時必須借助叉或湯匙，將之置於自己的餐盤，而不可用手直接拿取，然後再以右手五指撚飯菜入口。馬來人認為左手是不潔的，故飲食慣用右手，左撇子和右手殘疾者則例外。馬來人禁飲酒，故不以酒類招待客人。[19]

嚼檳榔和荖葉是馬來人茶餘飯後最為喜愛的活動，日常生活中隨處可見，尤其是女生，更是喜愛，出門時常隨身攜帶一小鐵盒，內裡裝有檳榔、荖葉、石灰等物。馬來人認為咀嚼檳榔荖葉可除口臭，保護牙齒，還有提神醒腦的作用。此外，荖葉也是馬來傳統草藥，用以治療腹脹。[20]

馬來人的服飾以寬長為主，這是因為馬來人不得在公共場合露出胳膊和腿部，寬長的衣物方便遮蓋手腳。男性上身的衣服叫「巴汝」（baju），沒有衣領，袖子寬大，衣身長可達臀部，有時也穿筒式襯衫。至於女性的服裝，除了布料顏色和圖案不同之外，和男性差別不大。女生會披紗巾，男性則戴名為「宋谷」（songkok）的無邊帽。[21] 由於南洋位處赤道，馬來人日常皆穿著寬大通風的沙籠（sarong）。沙籠在中國古籍中已經有記載，《梁書》狼牙修國條謂：「其俗男女皆袒而被髮，以古貝為幹縵。」《南史》林邑國雲：「男女皆以橫幅古貝繞腰以下，謂之幹漫，亦曰都漫」，幹漫就是俗稱的沙籠，幹是指軀幹，漫是罩滿之意，幹漫意為罩滿軀幹的布塊。[22] 沙籠除了遮身蔽體外，吊掛起來就變成吊床，也可以用來當盛放雜物的布袋。

馬來人另有一種由蠟染（Batik）花布做成的長袖上衣，是馬來人的其中一種手工藝品，通常是正式社交場合的穿著，成為「國服」。

馬來人也有一套自有的醫藥知識，馬來醫藥知識和其他民族的民間醫藥一樣，受客觀環境和宗教的影響，同時也受到外來知識和本身習俗的作用。傳統馬來醫藥常帶有迷信色彩，他們的醫師就是巫師（Bomoh）。在醫病用藥的同時，不免故弄玄虛，以彰顯其特殊地位和醫療的專業。他們所採用的藥物幾乎九成以上都是本土所產，外地進口的極少，動物性和礦物性的藥物更少。馬來人特別鍾情於植物性藥物，以香料為最，如薑、豆蔻（nutmeg）、丁香子（clove）、八角茴香（star anise）、胡椒、椰子、龍腦（camphor）、檳榔和玉桂（cinnamon）等是。動物性的藥物內服的有蜂蜜、人乳、水牛角、蟒蛇膽、蟑螂燒灰、老鼠屎等，外敷的有黑螞蟻、蒼蠅、虎脂、黃蜂窩土和黑山羊糞等，聽來恐怖駭人。礦物質的藥物除常見的鹽、石灰、明礬、硼砂和硫磺外，還有砒霜。至於馬來土醫常用的草藥則有百花蛇舌草、鳳尾焦和茅根等。他們對藥物的處理，不外生服、煎服、外敷和氣蒸，有些藥物須置於戶外隔夜才可使用，有些須置於掌中舔食，有些則須於黎明蒼蠅出現前服用。[23]

傳統馬來社會還有一種治療疑難雜症，以及精神狀態受到干擾的方法，這是種古老的儀式。早於伊斯蘭教傳入以前已經在馬來社會通行，各地有不同的名稱，在彭亨稱為「Main Lukah」，在沙巴稱為「Main Saba」，而較廣為人知的是盛行於吉蘭丹和登嘉樓的「Main Puteri」，這是種透過巫師為媒介，與靈異世界溝通以達成治療的作用。被稱為「Tok Puteri」的巫師在其助手明都（Tok Minduk）的協助下完成整個療程。這種儀式會在大庭廣眾之下進行，通常會持續好幾天。[24]

生活禮俗

要了解馬來文化就必得了解馬來人的生活禮俗，馬來人的生活禮俗可謂是在地原生文化、印度文化和較後傳進來的伊斯蘭教文化的混合，有其獨特性。馬來人的生活禮俗一如其他文化習慣，貫穿人生生老病死的歷程，在不同的階段分別有不同的習俗。馬來人的人生禮俗可以區分為四個主要階段，分別是生育、成年、婚戀和喪葬禮俗，這些禮俗往往包含各式各樣的禁忌。

在生育禮俗方面，有產前、接生、剃髮和命名禮儀。馬來婦女在懷孕滿七個月時，要請接生婆來「擺腹」（Lenggang Perut），以預測生男生女。舉行「擺腹」儀式當天，孕婦必須身穿漂亮衣服，並在「擺腹」前先為接生婆準備七塊顏色各異的布、一干冬（約三．六公斤）大米、一個椰子、一盤蔞葉和檳榔、用盤子盛好的硬幣、線、椰油和蠟燭。「擺腹」時，先將七塊布擺好，讓孕婦躺上，再用椰油慢慢搓揉孕婦的腹部。之後將剝皮的椰子在腹部上下來回滾動七次，到了第七次時就讓椰子落地，若椰眼朝上則生男，朝下則生女。之後，接生婆以兩手分別握住孕婦身下最上層布塊的兩角，將布略微掀起，搖擺孕婦的身軀，搖擺一會後，突然將最上一層的布塊抽出，如斯者多次，直到最底下的一塊布被抽出為止。禮畢，椰子、大米等物全數送給接生婆。[25]

妻子分娩前，丈夫須帶上銀幣、檳榔和蔞葉等禮物，到接生婆處預約，產後則要準備椰子、大米等物給接生婆。接生婆也有固定的酬勞，奇數胎為五零吉，偶數胎為三．二五零吉。嬰兒生下以後，助產婆把唾液吐在嬰兒臉上，是為「吐涎」儀式。為了驅除惡魔，必須將檳榔汁塗在產房的牆壁上，並用木炭熏黑，然後用一枚金戒指為嬰兒啟唇，掏出口中穢物，並為新生兒沐浴。而為免惡鬼來吃產婦的血，會在屋裡產婦的床下掛一些帶刺的樹葉樹枝，使之無法靠近床邊。此外，也在產婦的房門上用念過驅邪咒語的石灰畫上「十」字，嬰兒的額頭正中也會塗上以椰油和木炭混合並念過咒語的「十」字，以作為驅魔之用。至於產婦只有在產後七天方可下床在室內走動，產後四十四天禁止隨意進食、外出和做家務。[26]

為了迎接新生兒的降臨，馬來人都會在第七天舉行家宴，賓主一塊吃黃薑飯，為嬰兒剃頭和命名（Adat Bercukur）。在儀式進行前，主人要預備一個盛有退熱粉、黃薑米和烘乾米的盤子。參加儀式的男女客人都是單數，男在屋外，女在屋內，然後將嬰兒抱出屋外請每位男賓依次向嬰兒撒退熱粉、黃薑米和烘乾米，並剪下嬰兒的一綹頭髮放入盛水的椰殼中，同時也為嬰兒命名。接著，將嬰兒抱入屋內，讓女賓以同樣方式為嬰兒剃頭。最後，由剃髮匠將剩餘的頭髮剃完，並將之放入椰殼中，埋在院子裡，在附近種上一棵小椰樹，作為孩子來到人世的紀念。[27]

古代馬來人的命名多以自然現象和周圍環境有關，印度文化進來以後，曾以梵文取名，伊斯蘭教傳入後，又採用教名和阿拉伯名。馬來人沒有固定的姓，通常以父名為姓，名在前，姓在後，男子則在中間以「bin」間隔，女子則以「binti」間隔。凡是到過聖地麥加朝聖者，名字前皆冠以「Haji」（男）或「Haja」（女）。名字前面冠予「Tengku」、「Nik Wan」、

「Megat」者，為王室家族成員，「Megat」為霹靂王室的稱號。此外，擁有「Nik」、「Wan」之稱號者，為王族之後裔，「Nik」是吉蘭丹王室女子與平民通婚而產生之階級，「Wan」之稱號則來自北大年和彭亨。[28]

馬來人的孩子逐漸長大以後，還要進行一種淨化禮節，才算是成年人，並可完婚，這種禮儀名為割禮（berkhatan），相當於成年禮。接受割禮的男孩一般介於十至十二歲，並且已經完成《可蘭經》的學習。行割禮的孩子必須在前一天洗澡、理髮、穿上新郎衣裝坐在椅子上。如果孩子會誦讀《可蘭經》，則要在其座前的小蓆上面對客人朗讀《可蘭經》，然後送給來賓一朵特製的蛋花，並贈送老師一套新衣服。最後再輕吻老師的手，向出席的長者敬獻食物，並向客人一一問候，方結束當天的儀式。第二天的割禮通常由村長主持，並由割禮師執行，割下的包皮，則用香屑弄乾，放在家中保存。割禮後也有不少禁忌，如不得食用第二份食物、不准切割尖銳的物品等是。[29]

馬來人的婚戀禮俗（Adat Perkahwinan）一如其他民族的習俗，是極為重要的人生禮儀，有其獨特的儀式。在正式婚禮舉行前，要先進行定親禮。馬來男性到了適婚年齡，父母就會為兒子物色對象，是為「明查暗訪」（merisik），如果有屬意人選，則會安排一位老者去求親，女方家長一般在兩天或一週左右才給予明確的回覆，而彩禮、婚禮日期等事宜，則由雙方商定，是為「說親」（meminang）。男方必須準備聘金、婚禮費用若干、鑽石戒指一枚、上衣一件、沙籠兩條、檳榔、蔞葉等物，至於訂婚儀式（bertunang）舉行與否，可自由選擇，若舉行則須安排宗教法官來主持。訂婚後，若男方反悔，女方可不退還禮品，若女方違約（女方因故過世則例外），禮品則要加倍退還。[30]

馬來人的婚禮（bernikah）由「飾法美容禮」、「染指禮」（berinai）、「並坐禮」（bersanding）和「沐浴禮」（mandi sampat）等部分組成。飾法美容禮是指新郎和新娘的容貌要在婚禮儀式舉行前加以一番的修整和裝飾。染指禮是用鳳仙花（inai）磨成染料，塗在一對新人的指甲和掌心上，這是伊斯蘭教結婚禮儀的第一項儀式。「並坐禮」是結婚儀式的高潮，通常在婚禮的最後一天下午舉行，此儀式受印度教影響演變而成。由於馬來人實行「倒插門」婚，所以婚禮都在女家舉行。「並坐禮」是在台階上擺放類似馬來統治者的的王座，新郎新娘並肩而坐，接受家人親友的祝福，一對新人有如「一日君王」般，感到無比幸福和榮耀。婚後七天，一對新人用調有檸檬汁的清水沐浴，以洗去一切邪氣。[31]

婚後如果夫婦不和鬧離婚，男方只要重複說兩遍「瑪拉克」（阿拉伯語），然後到宗教司處登記即可。男方在離婚後隨時皆可再婚，女方則必須在一百天後方可再婚。至於財產，不論是婚前或婚後購置的都歸本人所有，通常家庭所住的房子歸婦女所有，如果妻子有參與土地的耕種，則可獲得三分之一到一半的土地分配。[32]

人皆無法逃脫死亡，馬來人的喪葬禮俗（Adat Pengebumian）包括報喪禮、浴屍禮、入殮禮、弔唁禮和出殯禮等五個儀式。馬來人的葬禮不講究排場，在出殯前，喪家先替死者沐浴，然後以白布裹身移入棺木。根據伊斯蘭教教義，凡是上午逝世的，都在當天下午埋葬，在下午過世的，則最遲第二天傍晚就要入土。[33]

馬來人也有本身的社交禮節要求。在家庭中，父母為一家之主，受到子女的尊敬。到他人家裡拜訪，男人必須頭戴「宋谷」，不戴帽會被認為不禮貌。進屋前要在樓梯或門口脫鞋，因為內廳為馬來人作禮拜的地方，是神聖不可侵犯的場所，穿鞋進屋是有瀆神明的舉動。馬來人認為頭部和背部是神聖不可侵犯的部位，不可隨意碰觸，觸摸頭部會被視為對個人的侵犯和侮辱，觸摸背部則會招致不好的運氣。用餐時尊右手為上，社交活動中也同樣禁用左手，在禮物的贈送上，都以右手持物，否則會被視為失禮。[34]

宗教信仰

在史前文化時期，不難發現史前人類已經有簡單的原始宗教，這些原始宗教從史前以來，部分還保留至今，仍然流傳於相對封閉的土著社會，即便是已經改信伊斯蘭教或基督教的馬來民族或原住民，仍然可以在他們的生活中發現原始宗教的蛛絲馬跡。這些原始宗教一般具有如下幾個特點。首先，他們相信萬物有靈和靈魂不滅，並崇拜多神；其次，他們將宇宙分為三界，上界為神居、中界為人類、下界為魔鬼所在，有部落酋長兼任的巫師則為鬼神的媒介，在部落中有著崇高的地位；其三，原始宗教的儀式通常與伐木、燒荒和播種等生產活動緊密結合，以祈求順利；其四，動植物的圖騰極為普遍。[35]

茲舉數例，以見馬來西亞原始宗教的一般。馬來半島最早的居民塞孟人，有其獨特的巫醫，稱為「布——里安」或「哈拉」，前者能化身為虎，後者則為善靈，不會害人。他們行土葬，深信人死後靈魂將到西方，但會在夜晚回返，化身為鳥，以啼聲嚇人。有者相信婦女懷孕是某種鳥所致。他們對雷電神「卡里」極為敬畏，他們以刀割體，滴血水中，向雷鳴電閃處潑灑以驅趕雷神。[36]

馬來社會的原始宗教信仰是與日常生活息息相關，他們最關心稻穀收成、漁獲和健康平安，故對海神和稻神（Semagat Padi）的崇拜是相當普遍的，通過儀式來祈求神靈保佑，這些儀式綿延千年不絕，然而隨著一九七〇年代以來的伊斯蘭教復興運動而受到壓制，乃至銷聲匿跡。馬來漁民每年都舉行祭海儀式，在吉蘭丹巴西馬（Pasir Mas）地區，他們把羊頭、羊腿、椰漿飯和雞蛋等食物裝載到小船上，並在念完咒語後推向大海，這種給海神供奉食物的儀式，目的在於免除海洋惡神的侵擾。對稻神的崇拜，其儀式更為複雜。在種稻前有一驅趕田地惡神的儀式，將近成熟時，必須選取幾株先熟的稻穀以為稻神的象徵掛起來，收成後還有供奉食物給稻神的儀式，以為酬謝。當然，在稻穀收成前後還須遵守一些禁忌，以免影響收成。此外，馬來人的傳統歌舞劇「瑪詠」開演前的宗教儀式，實際上就是原始宗教信仰的部分，這些儀式，諸如灑水、餵飯和熏香的方法，可以取悅樂器中的靈魂，讓演奏順利進行，而樂曲本身就具備驅魔和治病的功能。在吉蘭丹流行的戲曲特里（Teri）也是為婚喪嫁娶或驅邪治病而舉行的祭祀儀式，其中也有不少原始宗教的色彩。[37]

在東馬的土著，已有豐富的原始宗教傳統，如卡達山人每年五月舉行的豐收節和日常的宗教活動，都是由女祭司波波吉占（Bobojiizan）來主持。伊班人的石節，祭拜石頭即祭拜穀神，祈求豐收，其宗教儀式為蒐集祭品獻給鬼神、遊行迎接穀神、殺豬取出豬肝預測來年收成，最後是在次日清晨將祭拜過的石頭放回田間。其他如砂拉越的鳥節、鬼節和達雅節等拜祭儀式，皆保留古代原始宗教的儀式。[38]

大概在西元前後，印度教和佛教陸續進入馬來半島，後來馬六甲第五任君主定伊斯蘭教為國教，確立了伊斯蘭教在馬來半島的統治地位，取代了先前的印度教和佛教。

伊斯蘭教是一神教，所有的教義都集結在《可蘭經》（*Al-Quran*，也譯作《可蘭經》或《古安天經》）裡，「古蘭」在阿拉伯文的原意為「誦讀」，內容全以阿拉伯文書寫，《可蘭經》不僅是宗教經典，還包括政治、經濟、軍事、天文和地理等內容，也是一部治理國家的政書。其主要教義是除阿拉以外，世上沒有其他的神；穆罕默德是阿拉派來人間的使者；教徒之間的地位平等。伊斯蘭教規定教徒不可拜偶像、不賭博、不飲酒、不借貸牟利，教徒必須盡力傳教，並參與保衛伊斯蘭教的聖戰，他們相信為阿拉戰死，可以進入天堂。更為重要的是，教徒必須遵守「五功」（Rukun Islam），即念、拜、課、齋、朝。念功（Mengucap dua Kaliamah Syahadah）即信仰與背誦「阿拉是唯一真主，穆罕默德是他的使者」。拜功（menunaikan Solat）是每天祈禱五次，分別是破曉時的晨禮（Subuh）、正午過後的晌禮（Zuhur）、下午太陽偏西時的晡禮（Asar）、黃昏時的昏禮（Maghrib）和入夜時的宵禮（Isyak），還有每星期五正午過後的集體禮拜（Solat Jumat）。課功（Berzakat），即天課，凡是能力許可，每年歲末都要捐獻財物來救濟貧苦。齋功（Berpuasa），即每年的伊斯蘭曆九月為齋戒月，規定日出至日落前的期間禁止飲食。朝功（Mengerjakan haji），要求一生中至少一次前往麥加朝聖。

伊斯蘭教採用伊斯蘭曆法，俗稱「回曆」，是陰曆的一種，沒有閏年和閏月，每月二十九或三十天，一年只有三百五十四天，比陽曆少約十一天，因此伊斯蘭曆法無法反映季節變化的特色。

第三節　娛樂和民間競技

傳統的馬來音樂深受外來樂器的影響，在風格上多偏重於柔和的旋律。樂器主要從印度、阿拉伯和波斯傳入，可分為五大類。第一種是鼓，計有木板大鼓、皮革大鼓和銅鼓三類。第二種是銅鑼（gong），計有青銅鑼、小銅鑼（Kenong）和十二個集體的小銅鑼，後二者只在舞蹈時用。第三種是用於音樂會的吹奏器，有十類，包括鼻吹的竹製笛子、竹製喇叭、乾木瓜莖製的號角、貝殼製的哨子、水牛角製的號角、口吹竹管製的長笛、集體的木笛、竹蕭、竹製口琴、橫笛（suling）。第四種是用於娛樂的琴，計有二琴弦（Rebab）、堅達琴（Gender）、木琴（Demong）和夜蘭邦琴（Tjalepong）四種。第五種是任何集會都可使用的銅鈸（ketjer）。[39]

馬來傳統音樂可以分為宮廷音樂和民間音樂，但發展到了後期，宮廷音樂逐漸傳入民間，兩者已經互有交流和重疊。宮廷樂隊名為「諾巴」（Nobat），只在皇宮慶典、蘇丹和孩子的婚葬儀式、配偶的葬禮中演奏。在新任統治者登基時，只有在「諾巴」被敲打時，登基者才正式被確認為合法統治者，事實上「諾巴」就是馬來皇權的象徵。在某些地區，也有將「諾巴」在宮廷外演奏，以示開齋。「諾巴」樂隊的主要樂器由三個鼓和兩個吹奏器組成。其中一個鼓名為「Nengkara」，朝上站立，只有一個敲打面，其他兩個則為「Gendang Nobat」，圓柱型打橫擺放，有兩個敲打面。吹奏樂器為長形銀色的喇叭，名為「Nafiri」，另一則是短形的雙橫管，名為「Serunai」，這是最基本的配置，一般上都是基本配置的一倍。[40] 甘美蘭（Gamelan）則源自爪哇，通常伴隨舞蹈，也是皮影戲的伴奏音樂。

民間音樂主要有如下四種：加薩（Ghazal），是表達愛情的音樂；東當沙央（Dongdang Sayang），是一種以對歌形式進行的馬來民謠；哈得拉（hadrah），是一種宗教讚美歌；羅達特（Rodat），是一種以鼓伴奏的伊斯蘭教讚美歌，與哈得拉相似。另外，還有歌龍重（Kerencong）和子吉爾（Zikir）。[41] 至於宮廷音樂多為舞曲，將於馬來舞蹈的部分一併介紹。

馬來舞蹈不論在形式或風格上，具有相當濃厚的印度文化色彩，後來伊斯蘭教傳入後，也深受其影響。馬來人用舞蹈來表達情感，也用舞蹈來祭拜神靈，是馬來人極為核心的文化表現。馬來舞蹈同樣也可以分為宮廷和民間舞蹈兩種形式。目前仍流傳的舞蹈不在少數，故在此以圖表呈現。

傳統馬來戲劇則有瑪詠、皮影戲，以及幫沙萬（Bangsawan）。瑪詠是一種集舞蹈、音樂和戲劇於一身的舞台表演藝術，流行於四百年前的馬來宮廷。它的源起有三種說法，一為源自模仿爪哇之神所模仿的自然之聲，二為源於馬來人的稻神信仰，三為從北大年傳入。其劇本多以印度史詩《羅摩衍那》、《摩訶婆羅多》或班基故事為本，其角色有六種，即老爺（Pak Yung）、公子（Pak Yung Muda）、夫人（Mak Yung）、小姐（Puteri Mak Yung）、小丑（Peran）、舞者（Dayang-dayang）。瑪詠在開演前都會以祭祀儀式為前奏，目的在祈求演出順利。瑪詠對表演程式、規則和服裝的要求極高，劇中角色的行頭也相當考究。音樂也是瑪詠藝術的重要部分，其演奏樂器主要由三弦或二絃樂器、鼓、銅鑼、木簫和小鑼等組成。馬來西亞的皮影戲共有四種，即馬來皮影戲（Wayang Kulit Melayu）、歌打皮影戲（Wayang Kulit Gedek）、古皮影戲（Wayang Kulit Purwa）、吉蘭丹皮影戲（Wayang Kulit Siam），但目前只有

名稱	特色	流傳
燭光舞（Tarian Lilin）		流行於馬來皇宮
戀舞（Tarian Asyik）	舞者為年輕宮女，節奏舒緩、舞步輕盈，以鼓、弦、琴等樂器為主	流行於吉蘭丹和北大年
甘美蘭舞（Tarian Gamelan）	動作最豐富多變的舞蹈，由數十種舞蹈類型組成，室內外皆可表演，舞者為女性	曾在廖內王朝宮廷表演，後也在登嘉樓宮廷演出；在傳承上出現斷層和頻臨失傳現象
宮女舞（Tarian Mak Inang）		成型於馬六甲王國
依南舞（Tarian Inang）	宮女舞的變體	目前主要在社交宴會中表演
馬來武術（Tarian Silat）	包含防禦性的踢、打和擒抱，以及攻擊性的摔、投等動作	在國家慶典、婚禮或武術比賽中表演
鳳仙花舞（Tarian Inai）	舞者為男性，講求高難度的雜技動作和複雜細膩的手部動作	流行於玻璃市、吉打和吉蘭丹東北部
竹板舞（Tarian Ceracap Inai）	是一種娛樂消遣的集體舞蹈	源自馬六甲宮廷，現流行於柔佛

▲馬來宮廷舞蹈表

資料來源：龔曉輝、蔣麗勇、劉勇、葛紅亮編著，《馬來西亞概論》，廣州：世界圖書出版廣東有限公司，2012，頁153-159。

名稱	特色	流傳
佐吉舞（Tarian Joget）	受葡萄牙影響，類似恰恰舞，活潑而富娛樂性	馬來西亞
原住民舞蹈（Tarian Asli）		馬來西亞
鬥雞舞（Tarian Ayam Didik）		成形於玻璃市，流行於吉打、玻璃市、檳城和霹靂
稻田舞（Tarian Balai）	少女集體舞蹈	源於登嘉樓
查羅舞（Tarian Calok）	婚禮儀式的舞蹈	
獸面舞（Tarian Barongan）		流行於柔佛峇株巴轄
月形風箏舞（Tarian Cik Siti Wau Bulan）	豐收季節所跳的舞蹈	流行於吉蘭丹
惜別舞（Tarian Cinta Sayang）	漁民下海時向家人表達依依之情的舞蹈	
英雄舞（Tarian Dabus）		最早出現在霹靂
碟子舞（Tarian Piring）		源自蘇門答臘的米南加保
假馬舞（Tarian Kuda Kepang）	是爪哇和伊斯蘭教文化融合的產物，是種集體舞蹈	流行於柔佛
甲魚舞（Tarian Labi-labi）	舞者為兩名男子	流行於彭亨北幹
英東舞（Tarian Lagu Anak Indung）	起源於祭拜儀式，與農業生產有密切關係	
鼠鹿舞（Tarian Pelanduk）		源於彭亨

▲馬來民間舞蹈表。

資料來源：龔曉輝、蔣麗勇、劉勇、葛紅亮編著，《馬來西亞概論》，廣州：世界圖書出版廣東有限公司，2012，頁153–159。

吉蘭丹地區的皮影戲較為廣傳，並且還在日常演出。皮影戲的組成元素為舞台、螢幕、皮影人、燈光和皮影藝人，皮影藝人除了操控整個演出，同時也是說書人。幫沙萬是種糅合印度舞蹈藝術和馬來文化，成型於十九世紀的馬來戲劇，但目前已經沒落，劇團寥寥無幾了。[42]

馬來民間傳統的休閒和競技活動五花八門，主要有放風箏、抽陀螺、踢藤球、鬥雞、鬥牛和滑水。放風箏的歷史可以追溯至幾百年以前，源於對稻神的尊敬和致意，本為祭神的活動，後來逐漸演變成為稻米收成以後馬來人的休閒娛樂活動，尤其在東海岸的吉蘭丹和登嘉樓最為風行。馬來人的風箏長度一般在一、兩公尺之間，大者可達十公尺，風箏形狀有青蛙、魚、鷹、貓、孔雀和鸚鵡等，不一而足。馬來人甚至將風箏的繩子沾滿玻璃渣子，互相切割，形成鬥風箏的習俗。[43]

抽陀螺主要流行於吉蘭丹，甚至還舉辦競技比賽，雙方各以十六個陀螺參加比賽，比賽的勝負是由陀螺的速度和旋轉時間的長短來決定。一年一度的賽事，至少要歷時十四週方可圓滿結束。踢藤球在《馬來紀年》中已有所記載，意味著早在馬六甲時代，這項運動已經流行。球是用藤條編織的空心球，直徑十釐米左右，重量則介於一百克至一百五十克之間。比賽時只能以腳踢、頭頂和胸擋。[44]

鬥雞是馬來民間極為流行的賭賽活動，兩隻訓練有素的雄雞，分別在兩腿繫上鋒利的刀片，雙方雞主將之抱至場中央，刺激雄雞的戰鬥情緒。待兩雞怒目相向，才將之放至場中，讓它們相鬥，直到一方被擊敗或筋疲力盡倒地為止。此外，馬來人也流行鬥水牛，尤其是吉蘭丹地區，通常會將牛角裹上銅或銀，以保護其角。通常兩牛在相隔約五十公尺的距離站定，銅鑼一響，兩牛就奮力前衝，以角相牴，直到一方倒地。[45]

另有一種盛行於霹靂的休閒活動則是滑水，一般是在水池般的澗水，並有高數十尺的岩石處進行，雙腳伸直躺坐，兩手放在身側，從上順勢下滑，最後直插入水中。滑水的活動時間是在風和日麗的早晨，男女老幼浩浩蕩蕩出發，沒有參與滑水者在澗水邊採薪升火，準備野餐，直到晌午才盡興而歸。[46]

第四節　傳統馬來工藝

傳統馬來工藝頗為多姿多彩，主要有建築、雕刻、鑄劍、織藤、銀器製作和蠟染。由於伊斯蘭教禁止任何形式的偶像和圖騰崇拜，故此馬來人的藝術創作題材主要以幾何圖形或自然風光為主。

傳統馬來建築主要集中表現在宮殿和宗教建築上。傳統的馬來宮殿基本上都是木構建築，馬六甲王朝的第六任統治者蘇丹滿速沙曾聘用馬來群島各地的工匠，在聖保羅山建造富麗堂皇的宮殿，後因祝融光顧而焚毀。事後雖然重建，但規模已經較小。[47]原始建築已經在葡萄牙人入侵後拆毀，目前所見乃是依據原型製作的複製品。目前僅存較古老的宮殿是建於一七三五年，混合傳統馬來和暹羅建築風格的吉打大殿堂，它是吉打王宮的部分，亦為面聖所在，曾毀於戰火，目前所見是十九世紀末所重建。宗教建築自然是指清真寺，較具代表性的有二，一為建於一九〇九年的吉隆坡占美清真寺（Masjid Jamid），屬印度摩爾式建築；另一為建於一九一二年的吉打查希爾伊斯蘭教堂（Zahir Mosque），是摩爾人的建築風格。[48]

建築一般與雕刻藝術密不可分，不論是宮殿或民房，馬來人皆會進行雕刻其上。馬來民間的房舍則喜歡在房屋四周和家庭用具如廚、鏡框和桌椅雕上美麗的圖案或花紋，而以花鳥魚蟲的題材為多。此外，他們也喜歡將《可蘭經》經文雕刻在銅片或堅硬的木板上作為裝飾。傳統馬來木雕有直接穿孔、半穿孔和凸面雕刻三種技術，而其風格則可分為靜物、場景和混合木雕三種。馬來雕刻藝術則以克里斯劍（Kris）的雕刻為極致。克里斯劍，也有稱波刃劍，以其劍身呈波浪形而得名，是馬來人隨身攜帶的武器，有鎮邪和防身的功用，也是身分地位的象徵。其款式繁多，主要有八種：一為劍身作波紋之「Keris Sempana」；二為蘇門答臘式之「Keris panjang」；三為蘇祿式之重劍「Sundang」；四為粉碎胡椒之劍「Tumbok lada」；五為武吉斯人所用，劍柄如手鋸，劍緣內凹之劍「Badek」；六為滿者伯夷式之「Keris Majapahit」；七為劍身純鋼，上有指紋之「Keris Pichit」；八為劍身銳利有如魚刺，乃殺人利器之「Keris Ikan Pari」。克里斯劍由刃、柄和鞘組成，刃面的焊接花紋、劍柄的雕刻，以及劍鞘的紋飾，皆是馬來雕藝的精華所在。[49]

織藤是傳統馬來社會極為普遍的手工藝，藤製品諸如籃筐蓆簍，更是家庭中最為普遍的器具或日用品，由於原料獲取容易，家家戶戶皆能自行製作，甚至在木構建築從印度傳入以前，早期馬來人的房子還是以藤竹建造的。[50]

談到馬來民族的金銀飾器，即刻會聯想到作為友誼象徵的「金銀花」。製作金銀花的工匠一般被皇室養在宮內，以便能專心致志製作產品。而皇室日常生活和慶典所用的金銀飾品，概由他們製作生產。馬來工匠較常使用凸紋和掐絲技術，也有少數工匠精於黑金鑲嵌，他們所製作的銀器有檳榔盒、香煙盒、各類首飾和容器等。

蠟染藝術，也稱峇迪（Batik），則是馬來人另一重要手工藝術，其起源難以考究，相信爪哇的製作工藝和設計影響了馬來蠟染藝術。馬來蠟染的圖案主要以花葉和幾何圖形為主，也有以蝴蝶為圖案，其上色採毛刷塗裝，色彩鮮明。[51] 傳統馬來人亦有旋轉軸的紡織機織布，其使用材料多為纖維質材，較為突出的紡織技術則是以金銀線織入布中。[52]

其他傳統馬來手工藝還有繪畫、風箏、造船和造砲。繪畫者多為宮廷畫師，宮廷畫卷和伊斯蘭教堂中的壁畫多出自他們之手，民間的藝人則以繪製蠟染的精緻圖案為主。[53] 傳統馬來大風箏製作也相當考究，從選材、捆紮到裝飾，都有一定要求和步驟。一般的風箏為模仿動物形狀製作而成，高度介於一至一．二公尺。[54] 由於馬來人為水上民族，傍水而居，精於航海，故馬來人也擅長造船，登嘉樓的造船技術在馬來半島首屈一指的，他們會在船首雕上各種圖案。馬來船舶可以分為內河行與海行兩種，前者的體積較小，多為轉運貨物或為交通工具之用，主要為舢板或平底小船為主，至於海行船隻多附有風帆。此外，古代馬來人也採用盤鑿法來造砲，即在鐵柱中穿通為砲管，而彈藥主要以黃銅為原料，大小不一。[55]

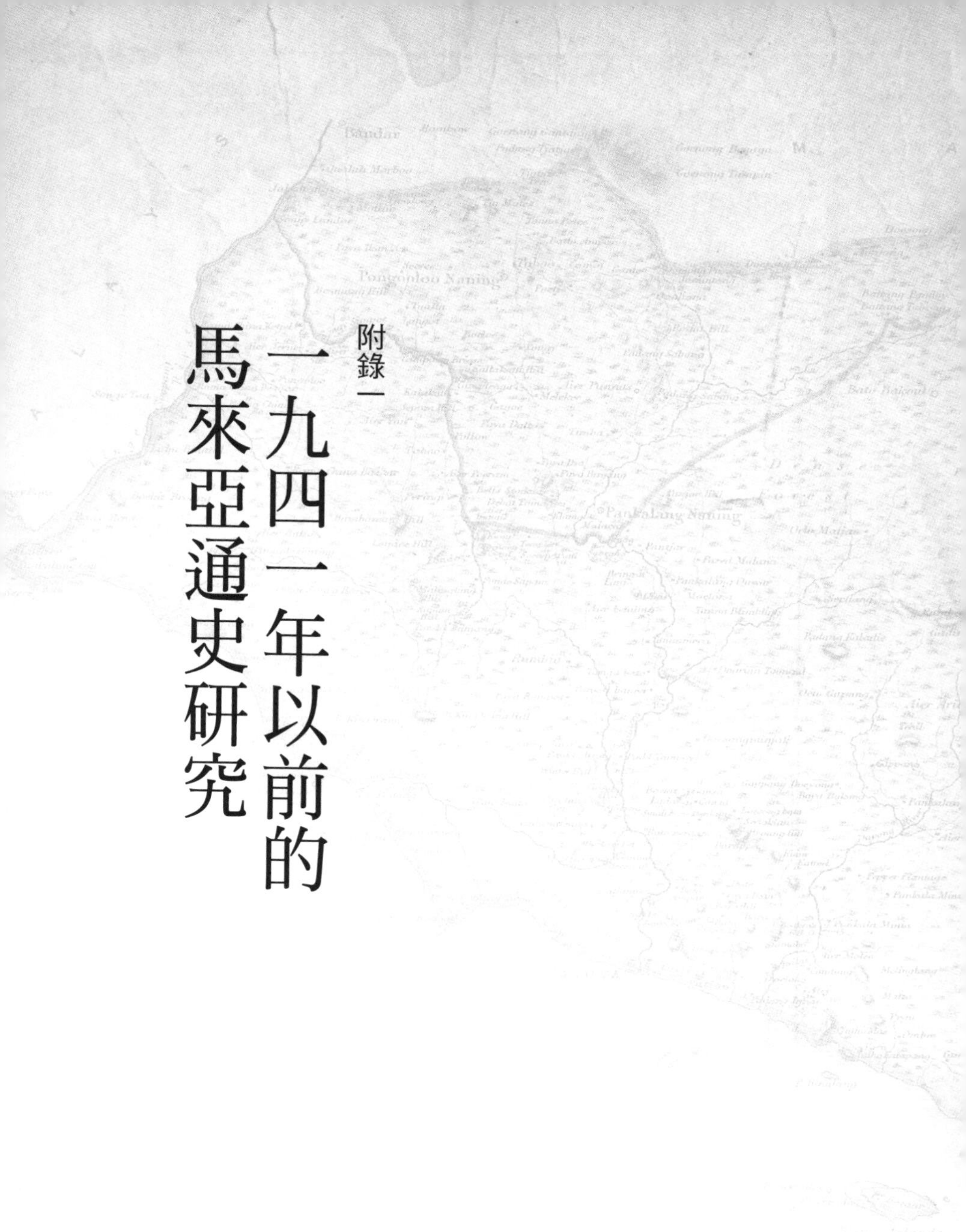

附錄一

一九四一年以前的馬來亞通史研究

所謂馬來亞的範圍從北部的玻璃市起至南部的新加坡止，在英國殖民政府全面介入馬來半島以前，其勢力範圍僅及檳城、馬六甲和新加坡三地，也就是所謂的海峽殖民地，後來勢力滲入霹靂、雪蘭莪、森美蘭和彭亨，而有馬來聯邦的成立。到了二十世紀初期，又將柔佛、玻璃市、吉打、吉蘭丹和登嘉樓組成馬來屬邦。因此，馬來半島地區範圍雖然不大，但連同新加坡卻有十二個州屬，在英殖民統治時期甚至出現了三種不同的行政區劃。

一般上馬來亞史的撰寫都會以馬六甲王朝為起始，如甘迺迪的《馬來亞史》，[1] 巴斯丁選編的《馬來西亞歷史文獻選讀》，[2] 辛格傑西（Joginder Singh Jessy）的《馬來亞史（一四〇〇年—一九五九年）》[3] 等是。這是由於十五世紀以前的古史因史料匱乏，歷史隱晦不明，難以再現完整圖像所致。

通論性質之馬來亞史撰述，一般皆以史京納（Allan Maclean Skinner）於一八八二年在《海峽分會學報》（以下簡稱《海峽分會學報》）發表的《英屬馬來亞史略》（*Outline History of the British Connection with the Malaya*）為最早。全文分兩大部分，通論部分以編年方式，將英國和馬來亞的關係分成四期，並論述各期特點；第二部分為本土部分，簡單介紹馬六甲、檳榔嶼、新加坡以及霹靂、雪蘭莪等土邦之地形位置和歐人東來後被殖民的情況。起迄年限為一六〇二年英人首次接觸馬來半島至作者文章完成發表為止，共二百八十年。[4] 但此文充其量只能算是英國在馬來亞的殖民統治史，作者完全是以英殖民統治的角度切入，如以一六〇二年英國東印度公司成立後為起點、介紹本土各邦皆從殖民史開始談起、以英殖民者在馬來亞發展為分期標準，全無馬來亞的地位。更何況作者在文首已經表明，此文的目的在提供了解馬來亞的管道，訊息處理的作用或許大於學術研究。

真正出現通史性質的馬來亞史著述是在二十世紀的第一個十年，尤其是一九〇六年至一九〇八年的三年時間內，同時出現了三部馬來亞史的著述。其中最早，最有代表性的當數瑞天咸的《英屬馬來亞》，它甚至可視為馬來亞史的標準本，為往後殖民地的學者所仿效。❺此書從一九〇六年出版以來至一九五五年先後再版六次（分別為一九〇六年、一九〇七年、一九二〇年、一九二九年、一九四八年、一九五五年），其中一九二九年和一九四八年是修訂增補版。一九二九年修訂時對文字進行了潤飾，並加上全新的一章論述一九〇五年至一九二〇年代英屬馬來亞最新的發展。全書共十五章和兩個附錄，前面四章為背景論述，介紹馬來半島由英國掌控地區的地理環境以及馬六甲、檳榔嶼和新加坡的早期歷史。第四章開始採編年方式，以海峽殖民地歷任總督、馬來聯邦和馬來屬邦為論述主軸，展開其英屬馬來亞的歷史論述，另外也辟有專章討論馬來人的風俗習慣、語言藝術、文學和思想傾向。最後的兩章則為英國統治下的馬來亞所取得的成就和發展進行總結。

此書正如其副題所示——英國在馬來亞影響的源起和進程，著重於敘述和分析英國入主馬來半島的因由和經過。由於作者本身也是這段歷史的當事人，他對許多事件的來龍去脈瞭若指掌，在分析事件時能鞭辟入裡，切中肯綮，某些觀點成為後來研究者必須參考的材料，有者幾成定論，例如有關英國占領檳榔嶼對吉打所應負的責任和義務、暹羅對半島北部各邦的許可權等等，成為米爾斯《英屬馬來亞》相關論述的依據，甚至照單全收。

作者同為當事人固然因為身歷其事，同時具有參閱各類檔案的利便，雖可使其在分析上占有關鍵資料的好處，較能得出有說服力的解釋。但也是這個雙重身分無疑令作者的論述過程中常常表現出大英帝國主義的心態，並不時流露緬懷大英榮光的心理。在第六章，他認為「外界對他們（馬來土邦）所知極少，如果沒有我們的幹預，馬來土邦間的紛爭只局限於自身的領土同時不騷亂及英國子民，他們極有可能會相互廝殺直至最後一人。」（頁一一四）在著述中作者常常以「失序」（unruly）來形容馬來土邦，並以救世主的姿態出現，作者大概忘記了千年的黑暗中古的情況可能還要糟糕於十九世紀的馬來半島。他也認為英國設立醫院照顧各族群病患是「值得驕傲」的，同時認為馬來各邦能得到早期優秀殖民官員的服務是「幸運」的（頁二四二—二四三）。

在內容上作者對十九世紀至二十世紀上旬的馬來亞史許多特定重要歷史事件，如伯治事件的前因後果、對柔佛天猛公和蘇丹要求的處理、英殖民部是否接管海峽殖民地的爭論、參政司制度的引進、各土邦的情況等等，皆能以文獻資料再配上親身經歷，做了極為細緻詳盡的論述和分析。正因為如此，此書讀來讓人有強烈夫子自道的意味，各事件在他生花妙筆下娓娓道來，彷如天寶宮女細說從頭。在論述過程中夾雜了許多他的親身經歷和見聞，如雪州蘇丹曾經屠殺九十九人；扣扳機打鳥前唸一聲「Bismillah」，則打下的獵物即成為伊斯蘭教徒可食用（halal）的食物（頁一二八）。可謂泥沙俱下，固然增加了著述的可讀性，但不免與史著體例不符。有的地方甚至過於細碎，如第十章論及鐵路發展時，連鐵軌長寬重量皆一併論述（頁240）。有者是作者有感而發，如言及公路建設時大有感觸說當時的人難以了解公路建設從零到有的困難（頁二三七—二三八）。由於作者任職時勤於跑動，深入窮鄉僻壤，搜集資料，與當地人訪談，故此對馬來半島，不論是馬來民族、社會、文化乃至地理和歷史，皆瞭若指掌。《英屬馬來亞》是瑞天咸退休後才執筆撰寫的，是他最為人注意的著作。瑞氏以當事人的視角敘述以他個人為主體的歷史事件，對他個人的特性和偏見卻也毫無掩飾。儘管經過詳盡的考慮和修訂，瑞天咸刻意地不過分強調他個人在這些歷史事件中的角色，仍不免令人無法忘記他確實是這段歷史時期中的主角。這是一部論及英國在馬來亞的影響之起源和發展的歷史述，完全涵蓋了他的官宦生涯；由此，有論者認為，這部英屬馬來亞歷史堪稱「他的故事」（His Story），毋寧是他個人經驗和成就之憶舊，讀起來很有夫子自況的意味。此書其實充斥英殖民統治者白人至上，發展落後偏遠地區的心態，這種心理強烈又明顯的反映在序文中，卻對殖民統治者的資源掠奪隻字不提。此書旨在記述英國人在馬來亞政治和行政的鋪展，冀為英屬馬來亞前期殖民史的讀本。在相關的殖民地政府官方檔開放以前，《英屬馬來亞》是唯一的權威著述，影響不可謂不深遠。在將近五十年的日子裡，這部歷史著作確實是一部最重要的馬來亞史著。[6]

此書主要處理的是英殖民時期的馬來亞，嚴格意義上應屬斷代史，但此書出版後成為英殖民官員了解馬來亞的入門書，這是因為書中的內容遠遠超出了有關主題，通讀此書基本上對馬來亞的社會和文化發展就能有一概略式的了解，具備通論的性質，但要對馬來亞歷史有通盤認識，則不得不借助於兩年後面世的《半島馬來民族史》（*A History of the Peninsular Malays*）。

《半島馬來民族史》作者為威金遜，原為《馬來研究叢稿》（*Papers on Malay Subjects*）

而寫，於一九二〇年再版時補進四章有關霹靂和雪蘭莪歷史的研究，經修訂後於一九二三年出版第三版，全書十三章，兩個附錄。相較於瑞天咸的通史著述，此書無疑篇幅單薄，連同附錄僅有一百五十一頁，也不似瑞著般旁及馬來社會文化習俗，威著是純粹政治史導向，從遠古半島原住民和早期文化為起點，敘述馬來半島政權興衰更迭，以至十九世紀，最後以霹靂和雪蘭莪的歷史發展為結。瑞著的論述時段主要仍以英屬馬來亞為主，以英國殖民官員為視角，側重敘述英國統治下的馬來半島，除了文獻檔案的徵引，也夾雜作者的觀察所得。威著則呈現了一幅上下縱橫數千年的通史框架，半島歷史的各階段、重要史事和人物基本觸及，並且也能跳脫英殖民立場來論述歷史；書中徵引古典馬來文學文本、參照考古遺存、碑銘以及少數中國文獻，不論從材料引用和內容架構來看，皆粗具通史規模。威著美中不足的是有關海峽殖民地時期的著筆太少，不值一提，這恰好是瑞著的重點所在，兩書恰可相輔相成。

在同一年，另一本集眾人之力而成的《二十世紀英屬馬來亞印象》（*Twentieth Century Impressions of British Malaya: its history, people, commerce, industries, and resources*）也同時面世，主編為倫敦的阿諾德·賴特（Arnold Wright），副主編為新加坡的卡特賴特（H. A. Cartwright），此書雖由企業機構策劃出版，其目的一如百科全書式的書寫，有濃厚的商貿指南的味道，但對馬來半島古史以至當代史的發展有詳盡論述，同時此書有極豐富和引人入勝的歷史圖片和各類統計圖表，是一冊極富史料價值的歷史文獻。[7]

不論是威著或瑞著，從通史的角度要求，皆有其不足與偏失，直到一九三五年溫斯德在《馬來亞分會學報》第十三卷，第一部分發表《馬來亞史》（*A History of Malaya*），十二章），一部不論從內容結構或材料使用皆完全符合通史體例的馬來亞通史論著，才算正式誕生，同時也標示馬來亞通史著述完整體系的完成。論著雖然已經發表，但溫斯德後來在英國倫敦大學亞非學院執教時，仍不懈地搜集馬來亞考古學、民族學的資料，同時吸收各國學者的研究成果，加以修訂、補充、改寫、重寫，以求精益求精，並於一九六二年付梓出版。馬來西亞歷史學者李業霖將之稱譽為一部「篳路藍縷，以啟山林」的著述，認為增訂版的《馬來亞史》「對時人與後人研究前天與昨天的馬來亞作出了很重大的貢獻。」他曾在馬來亞各政府部門服務三十二年，熟悉馬來亞事務，結交許多馬來上層人物以及各州蘇丹，深諳馬來皇家宮廷生活，搜集資料比一般學者方便。他的《馬來亞史》搜羅宏豐，採用了英、巫、葡、荷以及中文的文獻，全書十六章，三百頁。內容從史前原始民族講起，中經印度化時代、馬六甲王朝、葡荷英的殖民統治、日據時代，以至馬來亞的獨立。[8] 戰後，不論在國內外，有關馬來亞通史的著述有如雨後春筍般出版，但溫斯德《馬來亞史》的經典地位仍然無法取代，其中一個重要的原因是他大量參考引用官方檔案文件，而這些檔案有者已經毀於戰火，更增益它的史學價值。[9] 此外，它的通史論述框架，也成為後人撰述的參考，只能在其基礎上修飾補充，不易超越。

或許，這裡有必要補充論述的是馬來亞古史的研究，由於古史研究始於史前考古，縱橫萬年以上，以時間長度來論，實為通史而有餘，故此將之納入通史部分來考察。[10] 英人對馬來亞古代史研究最有貢獻的當數布蘭爾德，他曾任皇家亞洲學會馬來亞分會正副會長，馬來亞大學成立後授予榮譽文學博士學位。白德爾本人幼年（一九〇五年）曾蒞新加坡，並有志於馬來亞古代史的探究。他的代表作為〈馬來亞古史研究導論〉（An Introduction to the Study of Ancient Times in the Malay Peninsula and the Straits of Malacca），先後連載於一九三五至一九四一年的《馬來亞分會學報》[11]，以及〈古代馬來亞考〉（Notes on Ancient Times in Malaya），先後刊於一九四七至一九五一年的學報。[12]

當時對馬來亞史前史進行研究的主要是考古學和人類學的工作，歷史學方而沒有太多著墨之處。他撰述〈馬來亞古史研究導論〉的目的在重新喚醒對馬來亞古史研究的興趣，同時糾正馬來亞古史是東南亞研究的黑點、不值一提的不當觀念。因此他積極鼓吹在考古和人類學研究的基礎上進行馬來亞古史的研究，並嘗試從人類學的種族、文化和語言三個面相，配合地下考古挖掘來建構古代史。他也強調馬來亞古史研究必須同時注意印度、中國、印支半島和阿拉伯的影響，尤其是印度的作用，特別在前扶南時期綜論印度文化的影響，以見馬來亞歷史文化的淵源。他將古史分成前扶南、扶南、室利佛逝、新加坡拉和馬六甲五期，由於戰事爆發，他僅完成至室利佛逝的部分。戰後本想繼續其未竟之業，沒想賽代斯的名著《東南亞的印度化國家》（*Histoire Ancienne des Etats Hindouises d'Extreme Orient*）在一九四四年出版，基本已經涵蓋了他所要處理的課題，故此他改變撰述方式，以古史文化分期和地名為研究對象，綜合評述當代各家的研究成果，再經自己的考證提出本身的觀點，而有《古代馬來亞考》。

無論如何，此作可以視為馬來亞古史研究的劃時代巨構，他對古史不論在研究方法和內容上的全盤關照和論點，至今仍然是不易之論。馬新知名學者許雲樵極為推崇，並深受其影響，他的《馬來亞史》基本上即仿照白德爾，只是白德爾不諳華文，雖對中國載籍中的資料非常重視，凡有英法文譯本的都充分予以利用，但所能掌握的仍然有限，而《馬來亞史》正好補充這方面的不足。一直到一九六〇年代惠特利的《黃金半島：西元一五〇〇年以前馬來半島歷史地理研究》（*The Golden Khersonese, Studies in the Historical Geography of the Malay Peninsula Before A. D. 1500*，Kuala Lumpur : University Malaya Press, 1961）和《古代馬來半島印象》（*Impressions of the Malay Peninsula in Ancient Times*，Singapore: D. Moore, 1964）出版後，才正式取代了布蘭爾德的著述地位。

（節錄自廖文輝〈戰前馬來亞史英文文獻概述（一八七七年—一九四一年）〉，台灣中興大學《興大歷史學報》第二十五期（二〇一二年八月）頁一四九－一七九。）

附錄二

大馬民族英雄芻議

在華小五年級《地方研究》第二十課〈可敬的民族英雄〉，將蘇丹馬末沙、拉惹哈芝、仁答、拿督馬哈拉惹李拉、末．沙烈和一三六部隊列為民族英雄，並有如斯說明：「馬來西亞歷史上曾出現不少民族英雄，他們帶領人民勇敢反抗外來勢力的侵占與剝削，表現了過人的膽識和高尚愛國情操，深受後人敬仰。」這樣的說明如果放在蘇丹馬末沙的身上，恐怕值得商榷。馬末沙的失國，在於其用人不當，引發派系鬥爭，加上其殘暴不仁，揮霍無度，事實上就是亡國之君，如果說他「深受後人敬仰」，更與事實有一大段的距離。在中國歷史上，只有將史可法、鄭成功視為民族英雄，卻不曾視南明諸王為民族英雄。馬末沙的反抗外來勢力不過是其既得利益丟失後不得不然的行為，並沒有涉及任何民族大義，更何況他還是昏君暴君類的君主。這個「深受後人敬仰」的馬六甲民族英雄，惟有兩次擊退暹羅侵略的敦霹靂當之無愧。

如果要列出抗日時期的民族英雄，林謀盛和郭衡南庶幾當之，因為一三六部隊的抗日貢獻其實存有太多過譽之處。林謀盛生於殷實之家，生活無憂，但從日軍侵略中國開始即投入抗日行列。組織龍運鐵礦華工集體罷工，逼使鐵礦停產，日本軍火工廠也被迫停產，給日本以沉重打擊，不僅震動新馬，而且轟動世界。為了協助英殖民政府趕建防禦工事，他供應了數萬名勞工，同時組織華僑抗日義勇軍，並於一九四二年二月，英殖民軍撤退之際開赴前線，與日軍進行四晝夜激戰，消滅了大量的入侵之敵。新加坡淪陷後，日人震懾於林謀盛的威名，指其住所為抗日大本營，動員兩百餘名日軍包圍其家，家屬八人被捕，不久後被殺害，可謂一門忠烈。在日軍南侵馬來亞時，不惜拋家棄子，投身抗日，成為一三六部隊隊長，從事敵後工作，不幸被捕，受盡酷刑，不吐一言半語，日人無法取得任何情報，無計可施之下，將之殺害，壯烈犧牲。最新的獨中初中歷史教科書為免過於高捧一三六部隊，將林謀盛抽出不論，這實在是璧懷其罪了。林謀盛的抗日不是因為一三六部隊才抗日，反而一三六部隊應以他為榮，主次必須搞清楚。

在馬來西亞抗日歷史上，郭衡南是另一位無法忽略的民族英雄。他是日據時期北婆羅洲神山游擊隊抗日領袖，曾於一九四三年將日本軍隊逐出沙巴亞庇，並自組治安隊，維持治安。後日軍反攻，並以屠殺華僑威脅，逼使郭益南自首，雖遭殺害，但由於他的適時出降，從而挽救了數千無辜華僑的性命。他死時只有二十三歲，他的抗日生涯雖短，但他英勇抗日和自我犧牲的精神，卻為本土歷史譜下無可磨滅的英雄事蹟。

至於拿督馬哈拉惹李拉，他是既得利益者，在利益被侵犯後進行抗爭，不無為私之成分，其含金量與嶽飛和文天祥等無私為民族家國成仁就義實不可道理計。但「久假不歸」，亦不失其為民族英雄，此又不得不注意者。另有一近似的人物，即砂拉越拉讓江下游泗里街總督沙立夫．馬沙荷，本為海盜頭子，專事劫掠和人口販賣，因為白人拉惹擴張勢力，牽制他的權力，故聯合古晉的馬來土酋，計畫將布洛克掃地出門，結果全軍覆沒。布洛克擔心他會捲土重來，將之放逐新加坡，並在新加坡逝世。

至於南寧的督．沙益，為保衛家園，帶領部族反抗侵略，也讓英人吃了不少苦頭，後來英軍以優良火砲壓境，不得不屈從，每月領取津貼，屬於接受招安一類的人物，但其可貴在能將津貼用於救濟部落中有需要者，而非獨占，故被譽為「聖人」，此又可注意者。此位人物，亦是自一九九七年以來，國家歷史教科書極力推崇的民族英雄，其在教科書的比重日益增加。一九九七年的初二歷史教科書主要以圖片並輔以文字說明介紹，到了二〇〇三年新編初二教科書改以文字論述為主，圖片為輔，先後兩種教本督・沙益約占三頁的篇幅，較之華裔歷史人物，有天壤之別。

如果要舉出較無爭議的民族英雄，除了敦霹靂，武吉斯人的「戰神」拉惹哈芝，亦是其一。他為了維護武吉斯人的尊嚴和權益，終生與荷蘭人鏖戰，最後在攻打馬六甲期間，不幸為砲彈所傷，為國捐軀。近代人物則有柔佛的拉曼，他極力維護柔佛和英國在政務上的平衡，不讓英國有機可乘以控制柔佛，由於他的強硬姿態，常引起英人的不快。他曾經拒絕英殖民政府獻議海峽殖民地二十萬英鎊的借款，條件是必須接受海峽殖民地委任的稽查官所提供的意見。他任內最大的貢獻是推動柔佛成文憲法的頒布，以此捍衛柔佛的主權。在蘇丹依布拉欣時期，由於他強烈批判柔佛州議會，致使他的屬員在一九〇五年被集體解職，他也因此遭革職，英殖民政府每年償付一千鎊的退休金，移走這個阻礙英人控制柔佛的絆腳石。至於督・央谷、哈芝阿都拉曼・林夢、末・沙烈和巫統創辦人翁・查化等，皆屬較無爭議的民族英雄。

人物評論的困難在於人有階段性的表現，能始終如一，一以貫之，堅持到底者，即「有始有卒」的聖人，但類似人物在馬來西亞歷史如鳳毛麟角。故此老師在教導時要儘量呈現這些人物的多面和多樣性，如果鐵板一塊凡是曾經抵抗外來侵犯者皆目為民族英雄，違背歷史實事求是原則事小，對人物評價是非價值混淆，恐怕危害更大，這在歷史教書的編寫和教學上，不得不費神的地方。

文天祥的衣帶詔和正氣歌，岳飛的滿江紅和他說的「文官不貪財，武將不怕死」，都是民族英雄的典範，綜觀馬來西亞歷史，誰足當之，讀者諸君自有分曉。事實上，奉公守法，定時納稅的平常百姓，雖非民族英雄，但卻是如假包換的愛國者。反觀位居廟堂，高官厚祿，如果貪贓枉法、濫權腐敗，皆可位列廿六史中的貳臣或佞幸傳。孔子謂治理諸侯之國，必「敬事而信，節用而愛人」，言簡意賅，足為天下法。

附錄三
馬來西亞各州蘇丹任期表*

* 為了方便讀者了解各州蘇丹的任期，特附此整理自維基百科的蘇丹任期表。

1. Parameswara, 1402–1414
2. Megat Iskandar Shah, 1414–1424
3. Seri Maharaja, 1424–1444
4. Seri Parameswara Dewa Shah, 1444–1446
5. Sultan Mansur Shah,1459–1477
6. Sultan Alauddin Riayat Shah, 1477–1488
7. Sultan Mahmud Shah, 1488–1511, 1513–1528

吉打

1. Sultan Mudzafar Shah I, 1136–1179
2. Sultan Mu'adzam Shah, 1179–1201
3. Sultan Muhammad Shah, 1201–1236
4. Sultan Mudzaffar Shah II, 1236–1280
5. Sultan Mahmud Shah I, 1280– 1321
6. Sultan Ibrahim Shah, 1321– 1373
7. Sultan Sulaiman Shah I, 1373–1422
8. Sultan Ataullah Muhammad Shah I, 1422–1472
9. Sultan Muhammad Jiwa Zainal Adilin I, 1472–1506
10. Sultan Mahmud Shah II, 1506–1546
11. Sultan Mudzaffar Shah III, 1546–1602
12. Sultan Sulaiman Shah II, 1602–1625
13. Sultan Rijaluddin Muhammad Shah, 1625–1651
14. Sultan Muhyiddin Mansur Shah, 1651–1661
15. Sultan Dziaddin Mukarram Shah I, 1661–1687
16. Sultan Ataullah Muhammad Shah II, 1687–1698
17. Sultan Abdullah Mu'adzam Shah, 1698–1706

18. Sultan Ahmad Tajuddin Halim Shah I, 1706–1709
19. Sultan Muhammad Jiwa Zainal Adilin II, 1710–1778
20. Sultan Abdullah Mukarram Shah, 1778–1797
21. Sultan Dziaddin Mukarram Shah II, 1797–1803
22. Sultan Ahmad Tajuddin Halim Shah II, 1803–1843
23. Sultan Zainal Rashid Al-Mu'adzam Shah I, 1843–1854
24. Sultan Ahmad Tajuddin Mukarram Shah, 1854–1879
25. Sultan Zainal Rashid Mu'adzam Shah II, 1879–1881
26. Sultan Abdul Hamid Halim Shah, 1881–1943
27. Sultan Badlishah, 1943–1958
28. Sultan Abdul Halim Mu'adzam Shah, 1958– 迄今

霹靂

1. Sultan Mudzaffar Shah I, 1528–1549
2. Sultan Mansur Shah I, 1549–1577
3. Sultan Ahmad Tajuddin Shah, 1577–1584
4. Sultan Tajul Ariffin, 1584–1594
5. Sultan Alauddin Shah, 1594–1603
6. Sultan Mukaddam Shah, 1603–1619
7. Sultan Mansur Shah II, 1619–1627
8. Sultan Mahmud Shah I, 1627–1630
9. Sultan Sallehuddin Shah, 1630–1636
10. Sultan Mudzaffar Shah II, 1636–1653
11. Sultan Mahmud Iskandar Shah, 1653–1720
12. Sultan Alauddin Mughayat Shah, 1720–1728
13. Sultan Mudzaffar Shah III, 1728–1752

14. Sultan Muhamad Shah, 1744–1750
15. Sultan Iskandar Zulkarnain, 1752–1765
16. Sultan Mahmud Shah II, 1765–1773
17. Sultan Alauddin Mansur Shah Iskandar Muda, 1773–1786
18. Sultan Ahmaddin Shah, 1786–1806
19. Sultan Abdul Malik Mansur Shah, 1806–1825
20. Sultan Abdullah Muadzam Shah, 1825–1830
21. Sultan Shahabuddin Riayat Shah, 1830–1851
22. Sultan Abdullah Muhammad Shah I, 1851–1857
23. Sultan Jaafar Safiuddin Muadzam Shah, 1857–1865
24. Sultan Ali Al-Mukammal Inayat Shah, 1865–1871
25. Sultan Ismail Al-Muabidin Riayat Shah, 1871–1874
26. Sultan Abdullah Muhammad Shah II, 1874–1877
27. Sultan Yusuf Sharifuddin Mudzaffar Shah, 1887–1887
28. Sultan Idris Murshidul Adzam Shah I, 1887–1916
29. Sultan Abdul Jalil Nasruddin Muhtaram Shah, 1916–1918
30. Sultan Iskandar Shah, 1918–1938
31. Sultan Abdul Aziz Al-Mutasim Billah Shah, 1938–1948
32. Sultan Yussuf Izzuddin Shah, 1948–1963
33. Sultan Idris Iskandar Al-Mutawakkil Alallahi Shah II, 1963–1984
34. Sultan Azlan Muhibbuddin Shah, 1984–2014
35. Sultan Dr. Nazrin Muizzuddin Shah, 2014—迄今

雪蘭莪

1. Sultan Salahuddin Shah, 1745–1778
2. Sultan Ibrahim Shah, 1778–1826

3. Sultan Muhammad Shah, 1826–1857
4. Sultan Sir Abdul Samad, 1857–1896
5. Sultan Sir Alaeddin Sulaiman Shah,1896–1937
6. Sultan Sir Hishamuddin Alam Shah Al-Haj,1937–1942, 1945–1960
7. Sultan Musa Ghiatuddin Riayat Shah, 1942–1945
8. Sultan Salahuddin Abdul Aziz Shah Al-Haj,1960–2001
9. Sultan Sharafuddin Idris Shah Al-Haj, 2001—迄今

馬六甲

1. Parameswara, 1402–1414
2. Megat Iskandar Shah, 1414–1424
3. Seri Maharaja, 1424–1444
4. Seri Parameswara Dewa Shah, 1444–1446
5. Sultan Mansur Shah,1459–1477
6. Sultan Alauddin Riayat Shah, 1477–1488
7. Sultan Mahmud Shah, 1488–1511, 1513–1528

柔佛

馬六甲王統

1. Sultan Alauddin Riayat Shah II, 1528–1564
2. Sultan Muzaffar Shah II, 1564–1570
3. Sultan Abdul Jalil Shah I, 1570–1571
4. Sultan Ali Jalla Abdul Jalil Shah II, 1571–1597
5. Sultan Alauddin Riayat Shah III, 1597–1615

6. Sultan Abdullah Ma'ayat Shah, 1615–1623
7. Sultan Abdul Jalil Shah III, 1623–1677
8. Sultan Ibrahim Shah, 1677–1685
9. Sultan Mahmud Shah II, 1685–1699

首相王統

10. Sultan Abdul Jalil IV, 1699–1720

馬六甲——柔佛王統

11. Sultan Abdul Jalil Rahmat Shah (Raja Kecil), 1718–1722

首相王統

12. Sultan Sulaiman Badrul Alam Shah, 1722–1760
13. Sultan Abdul Jalil Muazzam Shah, 1760–1761
14. Sultan Ahmad Riayat Shah, 1761–1761
15. Sultan Mahmud Shah III, 1761–1812
16. Sultan Abdul Rahman Muazzam Shah, 1812–1819
17. Sultan Hussein Shah (Tengku Long), 1819–1835
18. Sultan Ali Iskandar, 1835–1877

天猛公王統

19. Raja TemenggongTun Ibrahim, 1855–1862
20. Sultan Abu Bakar, 1862–1895
21. Sultan Ibrahim, 1895–1959
22. Sultan Ismail, 1959–1981
23. Sultan Iskandar, 1981–2010
24. Sultan Ibrahim Ismail, 2010 – 迄今

吉蘭丹

1. Maharaja Srimat Trailokyaraja Mauli BhusanaVarma Deva Brahma, 1183–1233
2. Maharaja Suran, 1233–1253
3. Maharaja Thilam, 1253–1267
4. Paduka Maharaja Sri Sakranta, 1267–1296
5. Paduka Maharaja Sri Sang Tawal, 1296–1318
6. Raden Galuh Gemerenchang Paduka Che Siti Wan Kembang I, 1318–1348
7. Sultan Mahmud Ibni Adullah, 1339–1362
8. Sultan Baki Shah Ibni al-Marhum Sultan Mahmud, 1391–1418
9. Sultan Sadik Muhammad Shah, 1418–1429
10. Sultan Iskandar, 1429–1467
11. Sultan Mansur Shah, 1467–1522
12. Sultan Gombak ibni almarhum Sultan Mansur Shah, 1522–1526
13. Sultan Ahmad Shah, 1526–1547
14. Sultan Mansur Shah Ibni Sultan Ahmad, 1547–1561
15. Sultan Ibrahim Ibni al-Marhum Sultan Mansur, 1561–1565
16. Sultan Umar Bin Raja Ahmad, 1565–1570
17. Sultan Ibrahim Ibni Sultan Mansur, 1570–1579
18. Sultan AdiludinIbni Al-Marhum Nik Jamaluddin, 1579–1597
19. Sultan Muhammad Ibni Sultan Ibrahim, 1597–1602
20. Sultan Samiruddin, 1605–1616
21. Sultan Abdul Kadir, 1616–1637
22. Raja Sakti ibni Almarhum Sultan Abdul Kadir, 1637–1649
23. Raja Loyor, 1649–1663

24. Raja Bahar, 1663–1667
25. Puteri Saadong , 1667–1671
26. Sultan Abdul Rahim, 1671–1676
27. Sultan Umar, 1676–1721
28. Long Bahar Ibni Wan Daim, 1721–1734
29. Raja Long Sulaiman, 1734–1739
30. 王位爭奪，懸空， 1739–1746
31. Raja Long Sulaiman, 1746–1756
32. Raja Long Pandak, 1756–1758
33. Raja Long Muhammad, 1758–1763
34. Long Yunus, 1763–1795
35. Yang Di-Pertuan Muda Tengku Muhammad, 1795–1800
36. Sultan Muhammad I , 1800–1835
37. Yang Di-Pertuan Muda Long Zainal, 1835–1837
38. Sultan Muhammad II, 1837–1886:
39. Sultan Ahmad ibni al-Marhum Raja Muhammad ibni al-Marhum Sultan Mansur I Riayat Shah,Trengganu, 1886–1890
40. Sultan Muhammad III, 1890–1891
41. Sultan Mansur, 1891–1900
42. Sultan Muhammad IV, 1900–1920
43. Sultan Ismail, 1920–1944
44. Sultan Ibrahim, 1944–1960
45. Sultan Yahya Petra, 1960–1979
46. Sultan Ismail Petra, 1979–2010
47. Sultan Muhammad V, 2010—迄今

登嘉樓

1. Sultan Zainal Abidin I, 1725–1733
2. Sultan Mansur Shah I, 1733–1793
3. Sultan Zainal Abidin II, 1793–1808
4. Sultan Ahmad Shah I, 1808–1830
5. Sultan Abdul Rahman, 1830–1831
6. Sultan Baginda Omar and Mansur Shah II, 1831
7. Sultan Mansur Shah II, 1831–1837
8. Sultan Muhammad Shah I, 1837–1839
9. Baginda Omar, 1839–1876
10. Sultan Mahmud Shah, 1876
11. Sultan Ahmad Muadzam Shah II, 1876–1881
12. Sultan Zainal Abidin III, 1881–1918
13. Sultan Muhammad Shah II, 1918–1920
14. Sultan Sulaiman Badrul Alam Shah, 1920–1942
15. Sultan Ali Shah, 1942–1945
16. Sultan Ismail Nasiruddin Shah, 1945–1979
17. Sultan Mahmud al-Muktafi Billah Shah, 1979–1998
18. Sultan Mizan Zainal Abidin, 1998– 迄今

彭亨

1. Muhammad Shah, 1470–1475
2. Ahmad Shah, 1475–1497
3. Abdul Jamil Shah reign jointly with Mansur Shah I, 1497–1512
4. Mansur Shah I reign jointly with Abdul Jamil Shah, 1497–1519

5. Mahmud Shah, 1519–1530
6. Muzaffar Shah, 1530–1540
7. Zainal Abidin Shah, 1540–1555
8. Mansur Shah II, 1555–1560
9. Abdul Jamal Shah, 1560–1575
10. Abdul Kadir Alauddin Shah, 1575–1590
11. Ahmad Shah II, 1590–1592
12. Abdul Ghafur Muhiuddin Shah, 1592–1614
13. Alauddin Riayat Shah, 1614–1615
14. Abdul Jalil Shah III, 1615–1617
15. 懸空， 1617–1623

柔彭廖內蘇丹

16. Abdul Jalil Shah III, 1623–1677
17. Yamtuan Muda Raja Bajau, 1641–1676
18. Ibrahim Shah, 1677–1685
19. Mahmud Shah II, 1685–1699
20. Abdul Jalil IV, 1699–1720
21. Sulaiman Badrul Alam Shah, 1722–1760
22. Abdul Jalil Muazzam Shah, 1760–1761
23. Ahmad Riayat Shah, 1761–1761
24. Mahmud Shah III, 1761–1770

首相王朝

25. Tun Abdul Majid, 1770–1802
26. Tun Muhammad, 1802–1803
27. TunKoris, 1803–1806
28. Tun Ali, 1806–1847
29. TunMutahir, 1847–1863
30. Tun Ahmad（後稱蘇丹）, 1863–1881
31. Sultan Ahmad Muazzam Shah, 1881–1909
32. Sultan Mahmud Shah, 1909–1917
33. Sultan Abdullah, 1917–1932
34. Sultan Abu Bakar, 1932–1974
35. Sultan Ahmad Shah, 1974– 迄今

Britain Publishing Company Ltd., London, 1908.

❽ 李業霖，〈欲知大道，必先知史——讀溫斯德《馬來亞史》〉，《東方日報‧東方文薈》，2006 年 12 月 1 日。

❾ Khoo Kay Kim, “Preface”, W. Linehan, *A History of Pahang*, Kuala Lumpur: *Malaysian Branch of the Royal Asiatic Society*, 1973.

❿ 這裡有需要補充說明的是，馬來亞的考古學最早也是開端於英國考古學者。在馬來亞獨立前的考古學可以分為兩期，第一期從 1860 年至 1912 年，第二期從 1912 年至 1957 年。最早從事有關工作的是俄爾（J. W. Earl），他於 1860 年在北賴（Seberang Prai）發現史前遺跡，並撰寫成東南亞地區最早的史前遺跡的報告。接著有海爾（Abraham Hale）在 1885 至 1888 年間針對霹靂新石器時代的石器進行的研究。1880 年和 1897 年霹靂和雪蘭莪博物院先後成立，促進了半島的考古工作，這時主要的考古人員有維萊（L. Wray）、烈爾治（J. A. Ledge）和 J‧D‧摩根（J. D. Morgan），他們主要在霹靂和雪蘭莪進行挖掘和研究。第二期是馬來亞考古工作正式邁入現代化和學術化的開始，這時期最為重要的一個學者是卡倫飛爾（Dr. P. V. van Stein Callenfels），他在 1920 年代的參與引進了現代和系統性的考古方法，並影響了伊凡（I. H. N. Evan）以科學和系統的方法從事研究和挖掘工作。伊凡退休以後，萊佛士博物館的謙先（F.N. Chasen）及其助理推棣（M. F. Tweedie）和科林（H. D. Colling）成為馬來亞考古的先鋒。以上所述皆是馬來亞考古學的先驅，他們對馬來亞古史的重建，有相當的貢獻。詳參 Zulkifli Jaafar, “Arkeologi Semenanjung Malaysia: Satu Pegenalan Asas”, dalam Seminar Jumpaan Arkeologi Terkini di Malaysia, dianjur oleh Muzium Seni Asia, Kuala Lumpur: University Malaya, 26 June 2000.

⓫ 發表的時間順序為 13(Oct 1935):70−109; 14(Dec 1936):10−71; 15(Dec 1937):64−126; 17(Oct 1939):146−212; 19(Feb 1941):21−74。

⓬ 發表的時間順序為 20(June 1947):161−186; 20(Dec 1947):1−19; 22(Mar 1949):1−24; 23(Feb 1950):1−36; 23(Aug 1950):1−35; 24(Feb 1951):1−27。

51 龔曉輝、蔣麗勇、劉勇、葛紅亮編著，《馬來西亞概論》，廣州：世界圖書出版廣東有限公司，2012，頁 172–173。

52 葉華芬，〈馬來民族的歷史及其文化〉，傅無悶編，《星洲日報二周年紀念刊》，新加坡：星洲日報社，1931，頁 34。

53 龔曉輝、蔣麗勇、劉勇、葛紅亮編著，《馬來西亞概論》，廣州：世界圖書出版廣東有限公司，2012，頁 166。

54 龔曉輝、蔣麗勇、劉勇、葛紅亮編著，《馬來西亞概論》，廣州：世界圖書出版廣東有限公司，2012，頁 174。

55 葉華芬，〈馬來民族的歷史及其文化〉，傅無悶編，《星洲日報二周年紀念刊》，新加坡：星洲日報社，1931，頁 34–35、37。

附錄一

1 J. Kennedy, *History of Malaya*, London: Macmillan, 1962.

2 J. Bastin and Robin W. Winks, eds., *Malaysia: Selected Historical Readings*, Kuala Lumpur: Oxford University Press, 1966.

3 Joginder Singh Jessy, *History of Malaya (1400–1959)*, Penang: Jointly pub. by United Publishers and Peninsular Publications, 1965.

4 文載 *Journal of the Straits Settlement Branch of the Royal Asiatic Society*, vol. 10, 1882, pp. 269–280.

5 Khoo Kay Kim, *Pensejarahan Malaysia*, Kuala Lumpur: Kementerian Kebudayyaan, Belia dan Sukan, University, Malaya, 1919, pp. 12.

6 葉漢倫，〈英屬馬來亞史學的詮釋者——瑞天咸〉，《中文・人》，第 4 期，2007 年 12 月，頁 64–65。詳見 “Preface to the Original Edition”, “Introduction to the 1948 Edition”, Frank Swettenham, *British Malaya: An Account of the Origin and Progress of British Influence in Malaya*, London: George Allen and Unwin LTD., 1955, xv–xvi.

7 Arnold Wright, *Twentieth Century Impressions of British Malaya: its history, people, commerce, industries, and resources*, Lloyd’s Greater

㊲ 姜永仁、傅增有，《東南亞宗教與社會》，北京：國際文化出版公司，2012，頁 314–315。

㊳ 姜永仁、傅增有，《東南亞宗教與社會》，北京：國際文化出版公司，2012，頁 315–316。

㊴ 劉強，《馬來人的文化》，新加坡：國家語文發展局，1962，頁 19。

㊵ Mubin Sheppard, 2011. Malay Arts and Crafts. Kuala Lumpur: The Malaysian Branch of the Royal Asiatic Society, pp.19–20.

㊶ 龔曉輝、蔣麗勇、劉勇、葛紅亮編著，《馬來西亞概論》，廣州：世界圖書出版廣東有限公司，2012，頁 149–151。

㊷ 龔曉輝、蔣麗勇、劉勇、葛紅亮編著，《馬來西亞概論》，廣州：世界圖書出版廣東有限公司，2012，頁 161–166。

㊸ 張運華、張繼焦編著，《馬來人》，中國：中國民族攝影出版社，1996，頁 72–74。

㊹ 張運華、張繼焦編著，《馬來人》，中國：中國民族攝影出版社，1996，頁 74–75。

㊺ 劉強，《馬來人的文化》，新加坡：國家語文發展局，1962，頁 20–22。

㊻ 劉強，《馬來人的文化》，新加坡：國家語文發展局，1962，頁 21。

㊼ 張禮千，〈馬六甲史〉，廖文輝編《張禮千文集》（中卷），加影：新紀元學院，2013，頁 51–52。

㊽ 龔曉輝、蔣麗勇、劉勇、葛紅亮編著，《馬來西亞概論》，廣州：世界圖書出版廣東有限公司，2012，頁 168–169。

㊾ 龔曉輝、蔣麗勇、劉勇、葛紅亮編著，《馬來西亞概論》，廣州：世界圖書出版廣東有限公司，2012，頁 171–172；張禮千，〈馬六甲史〉，廖文輝編《張禮千文集》（中），加影：新紀元學院，2013，頁 42。

㊿ 葉華芬，〈馬來民族的歷史及其文化〉，傅無悶編，《星洲日報二周年紀念刊》，新加坡：星洲日報社，1931，頁 34。

㉓ 許雲樵，〈馬來醫藥的特徵〉，《東南亞研究》第 3 卷，1967，頁 83–86。

㉔ Mubin Sheppard, Malay Arts and Crafrs, Kuala Lumpur: MBRAS, 2011, pp. 225–237。

㉕ 張運華、張繼焦編著，《馬來人》，中國：中國民族攝影出版社，1996，頁 18。

㉖ 張運華、張繼焦編著，《馬來人》，中國：中國民族攝影出版社，1996，頁 19–20。

㉗ 張運華、張繼焦編著，《馬來人》，中國：中國民族攝影出版社，1996，頁 20–21。

㉘ 張運華、張繼焦編著，《馬來人》，中國：中國民族攝影出版社，1996，頁 21–22。

㉙ 張運華、張繼焦編著，《馬來人》，中國：中國民族攝影出版社，1996，頁 22–25。

㉚ 張運華、張繼焦編著，《馬來人》，中國：中國民族攝影出版社，1996，頁 26–28。

㉛ 張運華、張繼焦編著，《馬來人》，中國：中國民族攝影出版社，1996，頁 28–31。

㉜ 張運華、張繼焦編著，《馬來人》，中國：中國民族攝影出版社，1996，頁 32。

㉝ 龔曉輝、蔣麗勇、劉勇、葛紅亮編著，《馬來西亞概論》，廣州：世界圖書出版廣東有限公司，2012，頁 81。

㉞ 張運華、張繼焦編著，《馬來人》，中國：中國民族攝影出版社，1996，14–16。

㉟ 姜永仁、傅增有，《東南亞宗教與社會》，北京：國際文化出版公司，2012，頁 297–298。

㊱ 姜永仁、傅增有，《東南亞宗教與社會》，北京：國際文化出版公司，2012，頁 297–298。

⑩ 廖裕芳著，張玉安、唐慧等譯，《馬來古典文學史》（下卷），北京：崑崙出版社，2011，頁 138–249。

⑪ 廖裕芳著，張玉安、唐慧等譯，《馬來古典文學史》（下卷），北京：崑崙出版社，2011，頁 312–390。

⑫ 張運華、張繼焦編著，《馬來人》，中國：中國民族攝影出版社，1996，頁 67；龔曉輝、蔣麗勇、劉勇、葛紅亮編著，《馬來西亞概論》，廣州：世界圖書出版廣東有限公司，2012，頁 143–145。

⑬ 龔曉輝、蔣麗勇、劉勇、葛紅亮編著，《馬來西亞概論》，廣州：世界圖書出版廣東有限公司，2012，頁 131–137。

⑭ 張運華、張繼焦編著，《馬來人》，中國：中國民族攝影出版社，1996，頁 54–57。

⑮ 康敏，《「習以為常」之蔽：一個馬來村莊日常生活的民族志》，北京：北京大學出版社，2009，頁 79–94。

⑯ 張運華、張繼焦編著，《馬來人》，中國：中國民族攝影出版社，1996，頁 8–9。

⑰ 〈蘇門答臘房子的長犄角〉，網路資料：http://www.china.com.cn/culture/txt/2009-03/07/content_17393931.htm，2014，閱讀於 2014 年 1 月 20 日。

⑱ 龔曉輝、蔣麗勇、劉勇、葛紅亮編著，《馬來西亞概論》，廣州：世界圖書出版廣東有限公司，2012，頁 76。

⑲ 張運華、張繼焦編著，《馬來人》，中國：中國民族攝影出版社，1996，頁 11–12。

⑳ 張運華、張繼焦編著，《馬來人》，中國：中國民族攝影出版社，1996，頁 13–14。

㉑ 張運華、張繼焦編著，《馬來人》，中國：中國民族攝影出版社，1996，頁 9–10。

㉒ 梁志明、李謀、吳傑偉，《多元交匯共生——東南亞文明之路》，北京：人民出版社，2011，頁 47–48。

㊴ 全國 15 華團領導機構，〈國家文化備忘錄〉，張景良編《國家文化備忘錄特輯》，全國 15 華團領導機構，1983，頁 12-17。

㊵ 廖文輝、朱錦芳，〈隆雪華堂在文化領域所扮演的角色〉，2015，陳亞才《堂堂九十：隆雪華堂 90 周年紀念特刊》，吉隆坡：吉隆坡暨雪蘭莪中華大會堂，頁 243-248。

㊶ 廖文輝、朱錦芳，〈隆雪華堂在文化領域所扮演的角色〉，2015，陳亞才《堂堂九十：隆雪華堂 90 周年紀念特刊》，吉隆坡：吉隆坡暨雪蘭莪中華大會堂，頁 248-253。

第十二章

❶ 廖裕芳著，張玉安、唐慧等譯，《馬來古典文學史》（下卷），北京：崑崙出版社，2011，頁 264-265。

❷ 廖裕芳著，張玉安、唐慧等譯，《馬來古典文學史》（下卷），北京：崑崙出版社，2011，頁 283-293。

❸ 廖裕芳著，張玉安、唐慧等譯，《馬來古典文學史》（下卷），北京：崑崙出版社，2011，頁 301-302。

❹ 廖裕芳著，張玉安、唐慧等譯，《馬來古典文學史》（上卷），北京：崑崙出版社，2011，頁 4-74。

❺ 廖裕芳著，張玉安、唐慧等譯，《馬來古典文學史》（上卷），北京：崑崙出版社，2011，頁 76-192。

❻ 廖裕芳著，張玉安、唐慧等譯，《馬來古典文學史》（上卷），北京：崑崙出版社，2011，頁 194-243。

❼ 廖裕芳著，張玉安、唐慧等譯，《馬來古典文學史》（上卷），北京：崑崙出版社，2011，頁 246-314。

❽ 廖裕芳著，張玉安、唐慧等譯，《馬來古典文學史》（上卷），北京：崑崙出版社，2011，頁 320-458。

❾ 廖裕芳著，張玉安、唐慧等譯，《馬來古典文學史》（下卷），北京：崑崙出版社，2011，頁 4-55。

㉓ 過錄自董總課程局編，《馬來西亞及其東南亞鄰國史》，加影：馬來西亞華校董事聯合會總會，1999，頁 221。

㉔ 文件編號：A1838/TS383/5/2。

㉕ 張祖興，《英國對馬來亞政策的演變，1942–1957》，北京：中國社會科學出版社，2012，頁 188、200。

㉖ 馬華公會成立於 1949 年 2 月 27 日，初期著重華人的社會福利工作，包括推動申請公民權運動、通過發行福利彩票籌募基金，以援助受緊急法令影響遷移新村的華人。馬華初期的成員以海峽華人、商人及會館的領袖為主，首任會長是陳禎祿。

㉗ 陳鴻瑜，《馬來西亞史》，台北：蘭台出版社，2012，頁 277–278。

㉘ Tan Ding Eing, *A Portrait of Malaysia and Singapore*. Singapore: Oxford University Press, 1975, pp. 244–245.

㉙ 董總課程局編，《馬來西亞及其東南亞鄰國史》，加影：馬來西亞華校董事聯合會總會，1999，頁 282。

㉚ 陳鴻瑜，《馬來西亞史》，台北：蘭台出版社，2012，頁 315–317。

㉛ 陳鴻瑜，《馬來西亞史》，台北：蘭台出版社，2012，頁 336–344。

㉜ 陳鴻瑜，《馬來西亞史》，台北：蘭台出版社，2012，頁 352–353。

㉝ 陳鴻瑜，《馬來西亞史》，台北：蘭台出版社，2012，頁 345–352。

㉞ 陳鴻瑜，《馬來西亞史》，台北：蘭台出版社，2012，頁 359–360。

㉟ 陳鴻瑜，《馬來西亞史》，台北：蘭台出版社，2012，頁 360。

㊱ 有關論點，詳閱 Kua Kiat Soong, *May 13: Declassified Document on the Malaysian Riots of 1969*, Petaling Jaya, Selangor: Suaram Komunikasi, 2007, pp. 23–28，這裡轉引自陳鴻瑜，《馬來西亞史》，台北：蘭台出版社，2012，頁 373–374。

㊲ 顧長永，《馬來西亞獨立五十年》，台北：台灣商務，2009，頁 210–213。

㊳ 張景良，〈草擬國家文化備忘錄的起因及經過〉，張景良編《國家文化備忘錄特輯》，全國 15 華團領導機構，1983，頁 2–9。

校董事聯合會總會，1999，頁 212。

❾ 林水檺等編，《馬來西亞華人史新編》（第一冊），吉隆坡：馬來西亞大會堂總會，1998，頁 101。

❿ 林水檺等編，《馬來西亞華人史新編》（第一冊），吉隆坡：馬來西亞大會堂總會，1998，頁 104。

⓫ 董總課程局編，《馬來西亞及其東南亞鄰國史》，加影：馬來西亞華校董事聯合會總會，1999，213。

⓬ 廖文輝，〈林謀盛〉，何啟良編，《馬來西亞華裔人物志》，八打靈：拉曼大學中華研究院，2014，頁 826–829。

⓭ 廖文輝，〈郭益南〉，何啟良編，《馬來西亞華裔人物志》，八打靈：拉曼大學中華研究院，2014，頁 394–397。

⓮ 有關其事蹟，詳參西碧爾．卡迪卡蘇（Sybil Karthigasu）著、陳文煌譯，《悲憫厥如》，吉隆坡：燧人氏事業，2005。

⓯ 董總課程局編，《馬來西亞及其東南亞鄰國史》，加影：馬來西亞華校董事聯合會總會，1999，頁 214。

⓰ 董總課程局編，《馬來西亞及其東南亞鄰國史》，加影：馬來西亞華校董事聯合會總會，1999，頁 214。

⓱ 本小節的史實主要整理自董總課程局編，《馬來西亞及其東南亞鄰國史》，加影：馬來西亞華校董事聯合會總會，1999，頁 215–219。

⓲ 張祖興，《英國對馬來亞政策的演變，1942–1957》，北京：中國社會科學出版社，2012，頁 228。

⓳ 張祖興，《英國對馬來亞政策的演變，1942–1957》，北京：中國社會科學出版社，2012，頁 228。

⓴ 陳鴻瑜，《馬來西亞史》，台北：蘭台出版社，2012，頁 262–263。

㉑ 董總課程局編，《馬來西亞及其東南亞鄰國史》，加影：馬來西亞華校董事聯合會總會，1999，頁 219–220。

㉒ Tan Ding Eing, *A Portrait of Malaysia and Singapore*. Singapore: Oxford University Press, 1975, pp. 228–229.

⓰ 許雲樵編，《星馬通鑑》，新加坡：世界書局，1959，頁 79。

⓱ Tan Ding Eing, *A Portrait of Malaysia and Singapore*. Kuala Lumpur: Oxford University Press, 1976, pp. 174.

⓲ Dewan Bahasa dan Pustaka, *Ensiklopedia Sejarah dan Kebudayaan Melayu*, Kuala Lumpur: Dewan Bahasa dan Pustaka, 1998, pp. 1901.

第十一章

❶ 有關自願軍的論述，詳見 Danny Wong Tze Ken, *The War*. Kota Kinabalu: Opus Publications, 2010, pp. 24–30.

❷ 以上各點主要整理自董總課程局編，《馬來西亞及其東南亞鄰國史》，加影：馬來西亞華校董事聯合會總會，1999，頁 207。

❸ 董總課程局編，《馬來西亞及其東南亞鄰國史》，加影：馬來西亞華校董事聯合會總會，1999，頁 208。

❹ 林水檺等編，《馬來西亞華人史新編（第一冊）》，吉隆坡：馬來西亞大會堂總會，1998，頁 96–98；董總課程局編，《馬來西亞及其東南亞鄰國史》，加影：馬來西亞華校董事聯合會總會，1999，頁 208–209。

❺ 林水檺等編，《馬來西亞華人史新編》（第一冊），吉隆坡：馬來西亞大會堂總會，1998，頁 93–94。

❻ 各州奉納金數額如次：昭南島 1,000 萬、雪蘭莪 1,000 萬、霹靂 850 萬、彼南 700 萬、馬六甲 550 萬、柔佛 500 萬、森美蘭 200 萬、吉打 80 萬、彭亨 50 萬、吉蘭丹 30 萬、玻璃市和登嘉樓各 20 萬，合共 5,000 萬。此外，在砂拉越和北婆也強行勒索 310 萬元的奉納金。詳林水檺等編，《馬來西亞華人史新編》（第一冊），吉隆坡：馬來西亞大會堂總會，1998，頁 94–95。

❼ 董總課程局編，《馬來西亞及其東南亞鄰國史》，加影：馬來西亞華校董事聯合會總會，1999，頁 211。

❽ 董總課程局編，《馬來西亞及其東南亞鄰國史》，加影：馬來西亞華

❷ Bank Negara. *The Currency Legacy:A Guide to Bank Negara Collection*, Kuala Lumpur: Bank Negara, 1989, pp. 6, 8, 10.

❸ Bank Negara. *The Currency Legacy:A Guide to Bank Negara Collection*. Kuala Lumpur: Bank Negara, 1989, pp. 10, 12.

❹ 黃元文，〈彭亨古代史一頁——兼考拘利國之方位〉，劉崇漢編著《彭亨華族史資料彙編》，關丹：彭亨華團聯合會，1992，頁 31。

❺ Tan Ding Eing, *A Portrait of Malaysia and Singapore*. Kuala Lumpur: Oxford University Press, 1976, pp. 191–192.

❻ 葉華芬，《馬來民族的歷史及其文化》，《星洲日報二周年紀念刊》，新加坡：星洲日報社，1931，頁 34–37。

❼ 崔丕、姚玉民，《日本對南洋華僑調查資料選編（1925–1945）：第一輯》，廣州：廣東高等教育出版社，2011，頁 190–191。

❽ Barbara Watson Andaya and Leonard Y. Andaya, *A History of Malaysia*. London: Palgrave, 2001, pp. 211–214.

❾ James Jackson 著、賴順吉譯，《墾殖民與冒險家》，《資料與研究》，第 26 期，1997，頁 55–57。

❿ L. A. Mills, British Malaysia, Kuala Lumpur: MBRAS, 2003, pp. 219。

⓫ James Jackson 著、賴順吉譯，《墾殖民與冒險家》，《資料與研究》，第 26 期，1997，頁 53、61。

⓬ Tan Ding Eing, *A Portrait of Malaysia and Singapore*. Kuala Lumpur: Oxford University Press, 1976, pp. 180–185, 198–199.

⓭ James Jackson 著、賴順吉譯，《墾殖民與冒險家》，《資料與研究》，第 31 期，1998，頁 33–38。

⓮ James Jackson 著、賴順吉譯，《墾殖民與冒險家》，《資料與研究》，第 28 期，1997，頁 44–58。

⓯ James Jackson 著、賴順吉譯，《墾殖民與冒險家》，《資料與研究》，第 33 期，1998，頁 65–69、第 34 期，1998，頁 54–59、第 35 期，1998 年，頁 41–47。

Colliel）所譯的《四書》最早完整譯本，是 1828 年在馬六甲出版的。詳見黃堯，《星馬華人志》，香港：明窗出版社，1967，頁 131–134。

㉒ Tan Ding Eing, 1976. *A Portrait of Malaysia and Singapore*. Kuala Lumpur: Oxford University Press, pp. 200–201.

㉓ Babara Watson Andaya, Leonard Y. Andaya, *A History of Malaysia*.London: Palgrave, 2001, pp. 232–237.

㉔ Tan Ding Eing. *A Portrait of Malaysia and Singapore*. Kuala Lumpur: Oxford University Press, 1976, pp. 194.

㉕ Tan Ding Eing, *A Portrait of Malaysia and Singapore*. Kuala Lumpur: Oxford University Press, 1976, pp. 195–196.

㉖ 顏清湟，〈戰前新馬閩人教育史實〉，載《馬來西亞福建人興學辦教史料集》，吉隆坡：馬來西亞福建社團聯合會，1993，頁 2。

㉗ 顏清湟，〈戰前新馬閩人教育史實〉，載《馬來西亞福建人興學辦教史料集》，吉隆坡：馬來西亞福建社團聯合會，1993，頁 2。

㉘ 錢杭，《血緣與地緣之間——中國歷史上的聯宗與聯宗組織》，上海：上海社會科學院，2001，頁 311–312。

㉙ Tan Ding Eing, 1976. *A Portrait of Malaysia and Singapore*. Kuala Lumpur: Oxford University Press, pp. 198–199.

㉚ Babara Watson Andaya Leonard Y. Andaya, *A History of Malaysia*, London: Palgrave, 2001, pp. 212。

㉛ Tan Ding Eing. *A Portrait of Malaysia and Singapore*. Kuala Lumpur: Oxford University Press, 1976, pp. 187–189.

㉜ Tan Ding Eing. *A Portrait of Malaysia and Singapore*. Kuala Lumpur: Oxford University Press, 1976, pp. 190–191.

第十章

❶ Bank Negara *The Currency Legacy:A Guide to Bank Negara Collection*, Kuala Lumpur: Bank Negara, 1989, pp. 4。

李為經等人所建。

⓮ 劉崇漢，〈葉亞來〉，2014，何啟良編，《馬來西亞華裔人物志》，八打靈：拉曼大學中華研究院，2014，頁 1438–1441。

⓯ 廖文輝，〈姚德勝〉，2014，何啟良編，《馬來西亞華裔人物志》，八打靈：拉曼大學中華研究院，頁 1386–1389。

⓰ 劉子政，〈詩巫埠發展史略〉，《詩巫福州墾場八十周年紀念刊》（4），詩巫：詩巫福州公會，1980，頁 389。

⓱ 林遠輝、張應龍，《新加坡馬來西亞華僑史》，廣州：廣東高等教育出版社，1991，頁 138–139。

⓲ 張禮千，〈馬來亞歷史概要〉，廖文輝編，《張禮千文集》（中卷），加影：新紀元學院，2013，頁 357。

⓳ 本節據以下四文綜合整理：石滄金、潘浪，〈二戰前英屬馬來亞印度人的政治生活簡析〉，《世界民族》，第 6 期，2010，頁 60–68；羅聖榮，〈馬來西亞印度人的由來及其困境研究〉，《東南亞研究》，第 4 期，2008，頁 36–40、50；羅聖榮、汪愛平，〈英殖民統治時期馬來亞的印度人移民〉，《南洋問題研究》，第 1 期，2009，頁 74–80；石滄金，〈二戰時期馬來亞華人與印度人政治活動的比較分析〉，《南洋問題研究》，第 4 期，2011，頁 62–71、80。

⓴ 陶德甫著、許雲樵譯，《馬來亞史略》，新加坡：聯營出版有限公司，1959，頁 153–154。

㉑ 倫敦佈道會在馬六甲雖然只有數十年，但此會的宣教事業所做的業務卻對東西文化的交流和清朝歷史有重要影響。洪秀全所拿到的教會小冊子，就是此會傳教士廣府人梁發的手筆，影響他以後創組拜上帝會和太平天國，可謂播下太平天國的種子。同時梁發也是第一本華文的基督教讀物《勸世良言》的作者。世界上第一份華文報紙《察世俗每月統紀傳》，是此會牧師米憐所創編，而梁發則成為第一位華文記者。馬禮遜在馬六甲創辦英華書院，除了培養華人牧師梁發，同時也是西方牧師兼漢學家的養成所在，由書院的第三任院長高大衛（David

年，閱於 2018 年 1 月 30 日。

❷ Fuziah Shaffie, Ruslan Zainuddin, *Sejarah Malaysia*. Shah Alam: Fajar Bakti, 2000, pp. 78−95.

❸ 廖文輝，〈馬來社會問題形成的一些可能歷史解釋——馬來社會史的一個側寫〉，《人文雜誌》，第 17 期，2002，頁 45。

❹ 廖文輝，〈馬來社會問題形成的一些可能歷史解釋——馬來社會史的一個側寫〉，《人文雜誌》，第 17 期，2002，頁 46。

❺ J. M. Gullick, *Malay Society in the Late Nineteenth Century*. Singapore: Oxford University Press, 1989, pp. 71−88.

❻ J. M. Gullick, *Malay Society in the Late Nineteenth Century*. Singapore: Oxford University Press, 1989, pp. 98−116.

❼ J. M. Gullick. *Malay Society in the Late Nineteenth Century*. Singapore: Oxford University Press, 1989, pp. 196−197.

❽ J. M. Gullick. *Malay Society in the Late Nineteenth Century*. Singapore: Oxford University Press, 1989, pp. 239−240, 249−250.

❾ 顏清湟著、栗明鮮等譯，《新馬華人社會史》，北京：中國華僑出版社，1991，頁 4−8。

❿ 林遠輝、張應龍，《新加坡馬來西亞華僑史》，廣州：廣東高等教育出版社，1991，頁 126−132。

⓫ 林遠輝、張應龍，《新加坡馬來西亞華僑史》，廣州：廣東高等教育出版社，1991，頁 216−217、221−234。

⓬ 許雲樵，《馬來亞近代史》，香港：教育出版社有限公司，1962，頁 155−158、162−163；陶德甫著、許雲樵譯，《馬來亞史略》，新加坡：聯營出版有限公司，1959，頁 122−124。

⓭ 明末清初，時局動亂，不少反清復明的志士，為了避禍，或者不願接受滿清統治，紛紛逃到南洋，馬六甲即是其中一個避難的地方。1644 年李為經與兄長及數位族人逃離廈門，遠赴馬六甲，被委任為華人領袖甲必丹，成為當地的僑領，開啟其在海外的另一天地。青雲亭即為

283–286。

⓯ 劉子政，〈布律克的入主與砂勞越版圖之形成〉，詩巫福州公會慶祝墾荒 70 周年大會編《墾荒七十年》，詩巫：福州公會，1971，頁 286–287。

⓰ 陳鴻瑜，《馬來西亞史》，台北：蘭台出版社，2012，頁 301–302。

⓱ 黃孟禮，〈黃乃裳：利他主義的墾荒者〉，何啟良編《馬來西亞華裔人物志》，八打靈：拉曼大學中華研究院，2014，頁 498–501。

⓲ 黃建淳，《砂拉越華人史研究》，台北：三民書局，1999，頁 275–281。

⓳ Zakiah Hanum, Asal-usul Negeri-negeri di Malaysia. Selangor: Times Books International, 1989, pp. 66–67；Hugh Clifford. *Further India*. London: Lawrence and Bullen, 1904, pp. 40–43.

⓴ 董總課程局編，《歷史》（第二冊），加影：馬來西亞華校董事聯合會總會，2007，頁 158。

㉑ 董總課程局編，《歷史》（第二冊），加影：馬來西亞華校董事聯合會總會，2007，頁 159。

㉒ 文平強〈沙巴華人與社會經濟〉，文平強編，《馬來西亞華人與國族建構——從獨立前到獨立後五十年》（上），吉隆坡：華社研究中心，2009，頁 348、350、355；陳鴻瑜，《馬來西亞史》，台北：蘭台出版社，2012，頁 309。

㉓ 董總課程局編，《歷史》（第二冊），加影：馬來西亞華校董事聯合會總會，2007，頁 160。

㉔ 董總課程局編，《歷史》（第二冊），加影：馬來西亞華校董事聯合會總會，2007，頁 160。

第九章

❶ Joshua Woo Sze Zeng, “Time to concede it was the west who stop bumiputera slavery”，網路資料：https://www.malaysiakini.com/letters/408944，2018

❸ 陳鴻瑜，《馬來西亞史》，台北：蘭台出版社，2012 年，頁 69–70。

❹ 以上整理自劉子政，《婆羅洲史話》，詩巫：砂拉越華族文化協會，1997，頁 1–9。

❺ 劉子政，《婆羅洲史話》，詩巫：砂拉越華族文化協會，1997，頁 105–106。

❻ 劉子政，〈布律克的入主與砂勞越版圖之形成〉，詩巫福州公會慶祝墾荒 70 周年大會編《墾荒七十年》，詩巫：福州公會，1971，頁 274–275。

❼ 劉子政，〈布律克的入主與砂勞越版圖之形成〉，詩巫福州公會慶祝墾荒 70 周年大會編《墾荒七十年》，詩巫：福州公會，1971，頁 275–277。

❽ L. A. Mills *British Malaya*, Kuala Lumpur: MBRAS, 2003, pp. 286。

❾ 劉子政，〈布律克的入主與砂勞越版圖之形成〉，詩巫福州公會慶祝墾荒 70 周年大會編《墾荒七十年》，詩巫：福州公會，1971，頁 277–279。

❿ 劉子政，〈布律克的入主與砂勞越版圖之形成〉，詩巫福州公會慶祝墾荒 70 周年大會編《墾荒七十年》，詩巫：福州公會，1971，頁 281–282。

⓫ 廖文輝，〈劉善邦：石龍門開發先驅暨華人抗英先鋒〉，2014，何啟良編《馬來西亞華裔人物志》，八打靈：拉曼大學中華研究院，頁 930–932。

⓬ 劉子政，〈布律克的入主與砂勞越版圖之形成〉，詩巫福州公會慶祝墾荒 70 周年大會編《墾荒七十年》，詩巫：福州公會，1971，頁 281。

⓭ L. A. Mills, 2003. *British Malaya*, Kuala Lumpur: Malaysia Branch of the Royal Asiatic Society, pp. 289.

⓮ 劉子政，〈布律克的入主與砂勞越版圖之形成〉，詩巫福州公會慶祝墾荒 70 周年大會編《墾荒七十年》，詩巫：福州公會，1971，頁

出版社，1991，頁 178–206。

㉑ 張應龍、林遠輝，《新加坡馬來西亞華僑史》，廣州：廣東高等教育出版社，1991，頁 271–298。

㉒ C. F. Yong, *The Origins of Malayan Communism*. Singapore: South Seas Society, 1997, pp. 50–57.

㉓ 李金生，〈借用、調適、優化、兼收：「峇峇」一詞的新詮釋〉，《亞洲文化》，第 31 期，2007，頁 180–181。

㉔ 董總課程局編，《馬來西亞及其東南亞鄰國史》，加影：馬來西亞華校董事聯合會總會，1999，頁 202。

㉕ Tan Ding Eing, *A Portrait of Malaysia and Singapore*, Singapore: Oxford University Press, 1975, pp. 214.

㉖ 本小節整理自羅聖榮，〈馬來西亞印度人的由來及其困境研究〉，《東南亞研究》，第四期，2008，頁 36–40、50；羅聖榮、汪愛平，〈英殖民統治時期馬來亞的印度人移民〉，《南洋問題研究》，第一期，2009，頁 74–80、50；石滄金，〈二戰時期馬來亞華人與印度人政治活動的比較分析〉，《南洋問題研究》，2011，頁 62–71、80 等文。

㉗ Fuziah Shaffie, Ruslan Zainuddin, *Sejarah Malaysia*. Shah Alam: Fajar Bakti, 2000, pp. 403–405.

第八章

❶ 廖東初，〈漫談砂羅越各民族與其特性〉，詩巫福州公會慶祝墾荒 70 周年大會編《墾荒七十年》，詩巫：福州公會，1971，頁 265–273；沈慶旺，《銳變的山林》，吉隆坡：大將出版社，2007。

❷ Halina Sendera Mohd. Yakin & Andreas Totu, “Signifikasi Konsep Proxemics dan Chronemics dalam Ritual Kematian Bajau: Satu Kajian dari Perspektif Komunikasi Bukan Lisan”, *Journal of Communication*, Jilid 30(2), 2014, pp. 71–90, 80–81.

1001–1002

❾ Dewan dan Pustaka, *Ensiklopedia Sejarah dan kebudayaan Melayu*, Kuala Lumpur: Dewan dan Pustaka, Kementerian Pendidikan, Malaysia, 1994, pp. 45.

❿ 泛伊斯蘭主義興起於埃及，主張嚴格奉行《可蘭經》的教義和穆罕默德的《聖訓錄》（Hadith），呼籲穆斯林團結起來，共同抗拒西方列強的殖民擴張，以及從不符合伊斯蘭教義的舊思想的桎梏中解放出來。

⓫ 董總課程局編，《馬來西亞及其東南亞鄰國史》，加影：馬來西亞華校董事聯合會總會，1999，頁 193–194。

⓬ 董總課程局編，《馬來西亞及其東南亞鄰國史》，加影：馬來西亞華校董事聯合會總會，1999，頁 194。

⓭ Fuziah Shaffie, Ruslan Zainuddin, *Sejarah Malaysia*. Shah Alam: Fajar Bakti, 2000, pp. 341–343.

⓮ 馬強、張梓軒編譯，〈馬來人及其宗教〉，《東南亞研究》，第 5 期，2013，頁 106–107。

⓯ Fuziah Shaffie, Ruslan Zainuddin, *Sejarah Malaysia*. Shah Alam: Fajar Bakti, 2000, pp. 349–350.

⓰ Fuziah Shaffie, Ruslan Zainuddin, *Sejarah Malaysia*. Shah Alam: Fajar Bakti, 2000, pp. 371–373.

⓱ Fuziah Shaffie, Ruslan Zainuddin, *Sejarah Malaysia*. Shah Alam: Fajar Bakti, 2000, pp. 373–375.

⓲ Fuziah Shaffie, Ruslan Zainuddin, *Sejarah Malaysia*. Shah Alam: Fajar Bakti, 2000, pp. 379–383；董總課程局編，《馬來西亞及其東南亞鄰國史》，加影：馬來西亞華校董事聯合會總會，1999，頁 198。

⓳ 董總課程局編，《馬來西亞及其東南亞鄰國史》，加影：馬來西亞華校董事聯合會總會，1999，頁 199。

⓴ 張應龍、林遠輝，《新加坡馬來西亞華僑史》，廣州：廣東高等教育

㉕ 有關事件，張禮千，2013，〈馬來亞華僑錫礦業〉，廖文輝編，《張禮千文集》（上卷），加影：新紀元學院，頁 380–391 中有詳細論述。

㉖ 陶德甫著、許雲樵譯，《馬來亞史略》，新加坡：聯營出版有限公司，1959，頁 134；許雲樵，《馬來亞近代史》，香港：教育出版社有限公司，1962，頁 170–171。

㉗ 陶德甫著、許雲樵譯，《馬來亞史略》，新加坡：聯營出版有限公司，1959，頁 137。

㉘ Tan Ding Eing, *A Portrait of Malaysia and Singapore*. Kuala Lumpur: Oxford University Press, 1976, pp. 153.

第七章

❶ 董總課程局編，《馬來西亞及其東南亞鄰國史》，加影：馬來西亞華校董事聯合會總會，1999，頁 112–113。

❷ 董總課程局編，《馬來西亞及其東南亞鄰國史》，加影：馬來西亞華校董事聯合會總會，1999，頁 112–113。

❸ 許雲樵，《馬來亞近代史》，香港：教育出版社有限公司，1962，頁 189。

❹ 陳鴻瑜，《馬來西亞史》，台北：蘭台出版社，2012，頁 162。

❺ 許雲樵，《馬來亞近代史》，香港：教育出版社有限公司，1962，頁 142–143。

❻ Mohd. Isa Othman, *Gerakan Protes: Dalam perspektif Sejarah Malaysia Pada Abad ke–19 dan Awal Abad ke–20*, Kuala Lumpur: Utusan Publications & Distributors Sdn Bhd, 1999, pp. 132–149.

❼ 董總課程局編，《馬來西亞及其東南亞鄰國史》，加影：馬來西亞華校董事聯合會總會，1999，頁 118。

❽ Dewan dan Pustaka, *Ensiklopedia Sejarah dan kebudayaan Melayu*, Kuala Lumpur: Dewan dan Pustaka, Kementerian Pendidikan, Malaysia, pp.

❾ 鍾敏璋，《馬來亞歷史》，吉隆坡：東南亞出版有限公司，1959，頁 208–209。
❿ 姚楠、張禮千，《檳榔嶼志略》，重慶：商務印書館，1943，頁 17。
⓫ 鍾敏璋，《馬來亞歷史》，吉隆坡：東南亞出版有限公司，1959，頁 209–212。
⓬ 陳鴻瑜，《馬來西亞史》，台北：蘭台出版社，2012，頁 145–147。
⓭ 鍾敏璋，《馬來亞歷史》，吉隆坡：東南亞出版有限公司，1959，頁 220–221。
⓮ 鍾敏璋，《馬來亞歷史》，吉隆坡：東南亞出版有限公司，1959，頁 235。
⓯ 有關條文詳參張禮千，〈馬六甲史〉，廖文輝編，《張禮千文集》（中卷），加影：新紀元學院，2013，頁 154–156。
⓰ 董總課程局編，《馬來西亞及其東南亞鄰國史》，加影：馬來西亞華校董事聯合會總會，1999，頁 87。
⓱ 陳鴻瑜，《馬來西亞史》，台北：蘭台出版社，2012，頁 151。
⓲ 董總課程局編，《馬來西亞及其東南亞鄰國史》，加影：馬來西亞華校董事聯合會總會，1999，頁 87。
⓳ L. A. Mills, *British Malaya*, Kuala Lumpur: MBRAS, 2003, pp. 235
⓴ 鍾敏璋，《馬來亞歷史》，吉隆坡：東南亞出版有限公司，1959，頁 214。
㉑ L. A. Mills, 2003. *British Malaya,* Kuala Lumpur: MBRAS, pp. 114.
㉒ 上述有關海盜的論述，整理自許雲樵，《馬來亞近代史》，香港：教育出版社有限公司，1962，頁 151–155。
㉓ 許雲樵，《馬來亞近代史》，香港：教育出版社有限公司，1962，頁 155–158；陶德甫著、許雲樵譯，《馬來亞史略》，新加坡：聯營出版有限公司，1959，頁 122–124。
㉔ 有關論述，詳參 C. D. Cowan, *Nineteenth-century Malaya: The Origins of British Political Control*. London: Oxford University Press, 1961 一書。

㊴ 鍾敏璋，《馬來亞歷史》，吉隆坡：東南亞出版有限公司，1959，頁178–179。

㊵ Tan Ding Eing, *A Portrait of Malaysia and Singapore*. Singapore: Oxford University Press, 1975, pp. 101–102.

㊶ 許雲樵，《馬來亞史》，新加坡：青年書局，1961，頁 216–231。

㊷ 許雲樵，《馬來亞近代史》，香港：教育出版有限公司，1962，頁102–103。

第六章

❶ 本節主要據鍾敏璋，《馬來亞歷史》，吉隆坡：東南亞出版有限公司，1959，頁 113–120；張禮千，〈一五七九年至一七八六年英荷在東方之鬥爭〉，廖文輝編，《張禮千文集》（下卷），加影：新紀元學院，2013，頁 246–2599 整理而成。

❷ 許雲樵，《馬來亞近代史》，香港：教育出版社有限公司，1962，頁82–84。

❸ 陶德甫著、許雲樵譯，《馬來亞史略》，新加坡：聯營出版有限公司，1959，頁 92。

❹ 陶德甫著、許雲樵譯，《馬來亞史略》，新加坡：聯營出版有限公司，1959，頁 92–95。

❺ 陶德甫著、許雲樵譯，《馬來亞史略》，新加坡：聯營出版有限公司，1959，頁 91–92。

❻ 鍾敏璋，《馬來亞歷史》，吉隆坡：東南亞出版有限公司，1959，頁205–206；許雲樵，《馬來亞近代史》，香港：教育出版社有限公司，1962，頁 84–85。

❼ 許雲樵，《馬來亞近代史》，香港：教育出版社有限公司，1962，頁84–85。

❽ 姚楠、張禮千，《檳榔嶼志略》，重慶：商務印書館，1943，頁23–24。

㉖ 鍾敏璋，《馬來亞歷史》，吉隆坡：東南亞出版有限公司，1959，頁163–164。

㉗ 鍾敏璋，《馬來亞歷史》，吉隆坡：東南亞出版有限公司，1959，頁166–168。

㉘ Sadika Raja 全稱為「Orang-Orang Kaya Seri Adika Raja Shahbandar Muda」，亦為一方之主，擁有在河口徵稅之權。

㉙ 許雲樵，《馬來亞近代史》，香港：教育出版有限公司，1962，頁95–96。

㉚ 鍾敏璋，《馬來亞歷史》，吉隆坡：東南亞出版有限公司，1959，頁170–171。

㉛ 馬來半島北方各州向有貢送金花給暹羅的傳統，各州統治者皆認為這是種友誼的象徵，然而暹羅則認為這是稱臣的舉動。由於雙方在金花作用的詮釋有如此大的差距，當半島北方各州不再奉送金花時，常遭致暹羅的進攻。這種現象的出現，是因為金花的奉送往往出現在要求暹羅派兵援助或暹羅侵占，懇求和解之後，難免令人產生誤會。詳 Tan Ding Eing, 1975. *A Portrait of Malaysia and Singapore*. Singapore: Oxford University Press, 1975, pp. 109–110。

㉜ Zakiah Hanum, 1989. *Asal–usul Negeri–negeri di Malaysia*. Selangor: Times Books International, pp45.

㉝ 鍾敏璋，《馬來亞歷史》，吉隆坡：東南亞出版有限公司，1959，頁174。

㉞ 鍾敏璋，《馬來亞歷史》，吉隆坡：東南亞出版有限公司，1959，頁175–177。

㉟ 顏清湟，《森美蘭史》，新加坡：世界書局，1961，頁11。

㊱ 顏清湟，《森美蘭史》，新加坡：世界書局，1961，頁2–4。

㊲ 顏清湟，《森美蘭史》，新加坡：世界書局，1961，頁13–14。

㊳ 張禮千，〈馬六甲史〉，廖文輝編，《張禮千文集》（中卷），加影：新紀元學院，2013，頁156–162。

⑫ 陶德甫著、許雲樵譯，《馬來亞史略》，新加坡：聯營出版有限公司，1959，頁 69。

⑬ 鍾敏璋，《馬來亞歷史》，吉隆坡：東南亞出版有限公司，1959，頁 190–191。

⑭ 張禮千，〈馬六甲史〉，廖文輝編，《張禮千文集》（中卷），加影：新紀元學院，2013，頁 129–131。

⑮ 溫斯德著、姚楠譯，《馬來亞史》，北京：商務印書館，1974，頁 242–243。

⑯ 溫斯德著、姚楠譯，《馬來亞史》，北京：商務印書館，1974，頁 244–247。

⑰ 鍾敏璋，《馬來亞歷史》，吉隆坡：東南亞出版有限公司，1959 年，頁 147–148；董總課程局編，《馬來西亞及其東南亞領國史》，加影：馬來西亞華校董事聯合會總會，1999，頁 78。

⑱ 馮立軍，〈略論 17—19 世紀望加錫在馬來群島的貿易角色〉，《東南亞研究》，第 2 期，2010，頁 80–81。

⑲ 鍾敏璋，《馬來亞歷史》，吉隆坡：東南亞出版有限公司，1959，頁 151–152。

⑳ 鍾敏璋，《馬來亞歷史》，吉隆坡：東南亞出版有限公司，1959，頁 154。

㉑ 陳鴻瑜，《馬來西亞史》，台北：蘭台出版社，2012，頁 122。

㉒ 許雲樵，《馬來亞近代史》，香港：教育出版有限公司，1962，頁 73–74。

㉓ 鍾敏璋，《馬來亞歷史》，吉隆坡：東南亞出版有限公司，1959，頁 156–158。

㉔ Zakiah Hanum, *Asal–usul Negeri–negeri di Malaysia*. Selangor: Times Books International, 1989, pp. 51–53.

㉕ 鍾敏璋，《馬來亞歷史》，吉隆坡：東南亞出版有限公司，1959，頁 160–161。

1983，頁 74、80。

⑰ 余思偉，〈葡萄牙人在馬六甲殖民統治的特點及其衰亡的原因〉，《東南亞歷史學刊》，廣州：中山大學東南亞歷史研究所，第 1 期，1983，頁 80。

第五章

❶ 鍾敏璋，《馬來亞歷史》，吉隆坡：東南亞出版有限公司，1959，頁 108–111。

❷ 鍾敏璋，《馬來亞歷史》，吉隆坡：東南亞出版有限公司，1959，頁 111–112。

❸ 鍾敏璋，《馬來亞歷史》，吉隆坡：東南亞出版有限公司，1959，頁 112–113。

❹ 鍾敏璋，《馬來亞歷史》，吉隆坡：東南亞出版有限公司，1959，頁 112、121–122。

❺ 鍾敏璋，《馬來亞歷史》，吉隆坡：東南亞出版有限公司，1959，頁 122–123。

❻ 鍾敏璋，《馬來亞歷史》，吉隆坡：東南亞出版有限公司，1959，頁 123–125。

❼ 鍾敏璋，《馬來亞歷史》，吉隆坡：東南亞出版有限公司，1959，頁 125–128。

❽ 鍾敏璋，《馬來亞歷史》，吉隆坡：東南亞出版有限公司，1959，頁 127–128。

❾ 鍾敏璋，《馬來亞歷史》，吉隆坡：東南亞出版有限公司，1959，頁 130–131。

❿ 鍾敏璋，《馬來亞歷史》，吉隆坡：東南亞出版有限公司，1959，頁 131–132。

⓫ 張禮千，〈馬六甲史〉，廖文輝編，《張禮千文集》（中卷），加影：新紀元學院，2013，頁 126–129。

❼ 董總課程局編，《馬來西亞及其東南亞鄰國史教師手冊》，加影：馬來西亞華校董事聯合會總會，2002，頁 55。

❽ 余思偉，〈葡萄牙人在馬六甲殖民統治的特點及其衰亡的原因〉，《東南亞歷史學刊》，廣州：中山大學東南亞歷史研究所，第 1 期，1983，頁 73−74。

❾ 董總課程局編，《馬來西亞及其東南亞領國史》，加影：馬來西亞華校董事聯合會總會，1999。

❿ 余思偉，〈葡萄牙人在馬六甲殖民統治的特點及其衰亡的原因〉，《東南亞歷史學刊》，廣州：中山大學東南亞歷史研究所，第 1 期，1983 年，頁 77−78；鍾敏璋，《馬來亞歷史》，吉隆坡：東南亞出版有限公司，1959，頁 103−104。

⓫ 余思偉，〈葡萄牙人在馬六甲殖民統治的特點及其衰亡的原因〉，《東南亞歷史學刊》，廣州：中山大學東南亞歷史研究所，第 1 期，1983，頁 73−74。

⓬ 余思偉，〈葡萄牙人在馬六甲殖民統治的特點及其衰亡的原因〉，《東南亞歷史學刊》，廣州：中山大學東南亞歷史研究所，第 1 期，1983，頁 72−74。

⓭ 余思偉，〈葡萄牙人在馬六甲殖民統治的特點及其衰亡的原因〉，《東南亞歷史學刊》，廣州：中山大學東南亞歷史研究所，第 1 期，1983，頁 74−75。

⓮ 余思偉，〈葡萄牙人在馬六甲殖民統治的特點及其衰亡的原因〉，《東南亞歷史學刊》，廣州：中山大學東南亞歷史研究所，第 1 期，1983，頁 77−79。

⓯ 余思偉，〈葡萄牙人在馬六甲殖民統治的特點及其衰亡的原因〉，《東南亞歷史學刊》，廣州：中山大學東南亞歷史研究所，第 1 期，1983，頁 79。

⓰ 余思偉，〈葡萄牙人在馬六甲殖民統治的特點及其衰亡的原因〉，《東南亞歷史學刊》，廣州：中山大學東南亞歷史研究所，第 1 期，

影：新紀元學院，2013，頁 57–58。

㉞ 廖文輝，〈馬來民間傳說與人物隨札二則〉，《人文雜誌》，第 22 期，2004 年 3 月，頁 49–52。

㉟ 許雲樵，《馬來西亞近代史》，香港：教育出版有限公司，1962；張禮千，〈馬六甲史〉，廖文輝編，《張禮千文集》（中卷），加影：新紀元學院，2013，頁 63–65。

㊱ 董總課程局編，《馬來西亞及其東南亞領國史》，加影：馬來西亞華校董事聯合會總會，1999，頁 53。

㊲ 張禮千，〈馬六甲史〉，廖文輝編，《張禮千文集》（中卷），加影：新紀元學院，2013，頁 60–61。

㊳ 董總課程局編，《馬來西亞及其東南亞領國史》，加影：馬來西亞華校董事聯合會總會，1999，頁 58–59；陳鴻瑜，《馬來西亞史》，台北：蘭台出版社，2012，頁 99。

第四章

❶ 陳鴻瑜，《馬來西亞史》，台北：蘭台出版社，2012，頁 105。

❷ 上述復國運動整理自董總課程局編，《馬來西亞及其東南亞領國史》，加影：馬來西亞華校董事聯合會總會，1999，頁 63–64；溫斯德著、姚楠譯，《馬來亞史》，北京：商務印書館，1974，頁 131–141。

❸ 溫斯德著、姚楠譯，《馬來亞史》，北京：商務印書館，1974，頁 263–265。

❹ 溫斯德著、姚楠譯，《馬來亞史》，北京：商務印書館，1974，頁 138。

❺ 三角戰爭的原因整理自董總課程局編，《馬來西亞及其東南亞領國史》，加影：馬來西亞華校董事聯合會總會，1999，頁 65。

❻ 上述有關三角戰爭的經過，主要整理自溫斯德著、姚楠譯，《馬來亞史》，北京：商務印書館，1974，頁 141–159。

㉑ 龔曉輝、蔣麗勇、劉勇、葛紅亮編著，《馬來西亞概論》，廣州：世界圖書出版廣東有限公司，2012，頁 94–95。

㉒ 董總課程局編，《馬來西亞及其東南亞領國史》，加影：馬來西亞華校董事聯合會總會，1999，頁 39–42。

㉓ 董總課程局編，《馬來西亞及其東南亞領國史》，加影：馬來西亞華校董事聯合會總會，1999，頁 45。

㉔ 張禮千，〈馬六甲史〉，2013，廖文輝編，《張禮千文集》（中卷），加影：新紀元學院，頁 40–41。

㉕ 陳鴻瑜，《馬來西亞史》，台北：蘭台出版社，2012，頁 125–127。

㉖ 張禮千，〈馬六甲史〉，2013，廖文輝編，《張禮千文集》（中卷），加影：新紀元學院，頁 31–32。

㉗ 張禮千，〈馬六甲史〉，廖文輝編，《張禮千文集》（中卷），加影：新紀元學院，2013，頁 32–35；Datuk Zainal Abidin bin Abdul Wahid, 1983. “Power and Authority in the Melaka Sultanate: the Traditional View”, in Kernial Singh Sandhu, Paul Wheatley(eds.), *Melaka: The Transformstion of a Malay Capital, c.1400–1980*, vol.1, Oxfort University Press, Kuala Lumpur, pp. 101–112。

㉘ 張禮千，〈馬六甲史〉，廖文輝編，《張禮千文集》（中卷），加影：新紀元學院，2013，頁 42。

㉙ 張禮千，〈馬六甲史〉，廖文輝編，《張禮千文集》（中卷），加影：新紀元學院，2013，頁 47。

㉚ 張禮千，〈馬六甲史〉，廖文輝編，《張禮千文集》（中卷），加影：新紀元學院，2013，頁 48、51。

㉛ 張禮千，〈馬六甲史〉，廖文輝編，《張禮千文集》（中卷），加影：新紀元學院，2013，頁 51–53。

㉜ 張禮千，〈馬六甲史〉，廖文輝編，《張禮千文集》（中卷），加影：新紀元學院，2013，頁 56–57。

㉝ 張禮千，〈馬六甲史〉，廖文輝編，《張禮千文集》（中卷），加

最早的漢字文件。

❽ 葉華芬，〈馬六甲華人史〉，張清江，《新馬華人史譯叢》，新加坡：青年書局，2007，頁 65。

❾ 張禮千，〈馬六甲史〉，廖文輝編，《張禮千文集》（中卷），加影：新紀元學院，2013，頁 33。

❿ 張禮千，〈馬六甲史〉，2013，廖文輝編，《張禮千文集》（中卷），加影：新紀元學院，頁 25。

⓫ 楊保筠，《中國文化在東南亞》，鄭州：大象出版社，2009，頁 54–55。

⓬ 顏清湟，〈伊斯蘭教傳入西里伯史略〉，《南洋文摘》，第 1 卷第 10 期，1960 年 10 月，頁 48–49。

⓭ 東南亞島嶼地區的伊斯蘭教源於何處，有源自阿拉伯、印度和中國三種說法。詳龔曉輝、蔣麗勇、劉勇、葛紅亮編著，《馬來西亞概論》，廣州：世界圖書出版廣東有限公司，2012，頁 91–93。

⓮ 蔣永仁、傅增有，《東南亞宗教與社會》，北京：國際文化出版公司，2012，頁 91–93。

⓯ 梁志明、李謀、吳傑偉，《多元交匯共生——東南亞文明之路》，北京：人民出版社，2011，頁 89–90。

⓰ 龔曉輝、蔣麗勇、劉勇、葛紅亮編著，《馬來西亞概論》，廣州：世界圖書出版廣東有限公司，2012，頁 90–91。

⓱ 鄒啟宇，〈伊斯蘭教在東南亞〉，《亞非叢刊》，北京：北京外國語學院，1982，第 1 期。

⓲ 董總課程局編，《馬來西亞及其東南亞領國史》，加影：馬來西亞華校董事聯合會總會，1999，頁 39。

⓳ 馬六甲王朝前二位統治者，曾有是否為同一人，後因改教以致有兩個名號的論爭，但《明實錄》的記載卻清楚說明兩者是父子關係。

⓴ 張禮千，〈馬六甲史〉，廖文輝編，《張禮千文集》（中卷），加影：新紀元學院，2013，頁 32、42–43。

Routledge & Kegan Paul LTD, 1972, pp. 174。

㊴ 本節主要參考整理自周偉民、唐玲玲《中國和馬來西亞文化交流史》第2至4章，故本節中徵引部分不一一詳注。

㊵ 本節主要參考整理自周偉民、唐玲玲《中國和馬來西亞文化交流史》第3及4章，故本節中徵引部分不一一詳注。

㊶ 許雲樵，〈中華文化在馬來西亞〉，《南洋文摘》，第6卷第11期，1965年11月，頁7–11。

㊷ 楊保筠，《中國文化在東南亞》，鄭州：大象出版社，2009，頁69–70、89、104、107、135。

第三章

❶ 張禮千，〈馬六甲史〉，廖文輝編，《張禮千文集》（中卷），加影：新紀元學院，2013，頁13–14。

❷ 葉華芬，〈馬六甲華人史〉，張清江，《新馬華人史譯叢》，新加坡：青年書局，2007，頁59。

❸ 張禮千，〈馬六甲史〉，廖文輝編，《張禮千文集》（中卷），加影：新紀元學院，2013，頁12。

❹ 有關細節各家說法略有不同，可參見陳鴻瑜，《馬來西亞史》，台北：蘭台出版社，2012，頁78–80。

❺ 許雲樵，《馬來亞近代史》，香港：教育出版有限公司，1962年，頁1–10；張禮千，〈馬六甲史〉，廖文輝編，《張禮千文集》（中卷），加影：新紀元學院，2013，頁20–22。

❻ 葉華芬，〈古代馬六甲王國入貢中國考〉，《星洲日報·南洋研究》，1933年1月22日，頁2。

❼ 明朝期間，華文曾經是東亞地區的國際用語。在專收琉球與明清二朝通使有關的文檔《歷代寶案》，收錄了六封明朝成化年間馬六甲與琉球通商所奉遞的華文國書，這些國書固然存在辭不達意、文法錯誤、行文粗疏等問題，亦不知成於何人之筆，或許可以將之視為馬來西亞

㉓ 本節主要參考整理自許雲樵《馬來亞史》一書，故本節中徵引部分不一一詳注。

㉔ 陳鴻瑜，《馬來西亞史》，台北：蘭台出版社，2012 年，頁 44。

㉕ 許雲樵，〈馬來亞古代史研究〉，許雲樵輯，《馬來亞研究講座》，新加坡：世界書局，1961，頁 8–18。

㉖ 陳鴻瑜，《馬來西亞史》，台北：蘭台出版社，2012，頁 37–38。

㉗ 陳鴻瑜，《馬來西亞史》，台北：蘭台出版社，2012，頁 47。

㉘ 2009 年，有學者通過衛星圖像在柔佛東北部的哥打格朗宜（Kota Gelanggi）發現深埋油棕園內，可能會改寫國家歷史的印度化國家遺址，但相關的考古挖掘卻因某些因素，最後不了了之。

㉙ 陳鴻瑜，《馬來西亞史》，台北：蘭台出版社，2012，頁 61–62。

㉚ 梁英明，《東南亞史》，北京：人民出版社，2010，頁 17–19。

㉛ 桂光華，〈室利佛逝王國興衰試析〉，《南洋問題研究》，第 2 期，1992，頁 55–60。

㉜ Babara Watson Andaya and Leonard Y. Andaya, *A History of Malaysia*, London: palgrave Macmillan, 2001, pp. 26.

㉝ 桂光華，〈室利佛逝王國興衰試析〉，《南洋問題研究》，第 2 期，1992，頁 60–61。

㉞ 桂光華，〈室利佛逝王國興衰試析〉，《南洋問題研究》，第 2 期，1992，頁 61–62。

㉟ Babara Watson Andaya and Leonard Y. Andaya, *A History of Malaysia*, London: palgrave Macmillan, 2001, pp. 25.

㊱ Babara Watson Andaya and Leonard Y. Andaya, *A History of Malaysia*, London: palgrave Macmillan, 2001, pp. 25.

㊲ Babara Watson Andaya and Leonard Y. Andaya, *A History of Malaysia*, London: palgrave Macmillan, 2001, pp. 46–47.

㊳ 宋韻錚主編，《馬來亞新志》，1957，頁 53，吉隆坡：中國報有限公司； R. O. Winstedt, *The Malays: A Cultural History*, London and Bostan:

地統治者們接受。但是婆羅門教的祭祀萬能的信條，卻是當地統治者所歡迎的、可利用的。」詳梁志明等編，《東南亞古代史》，北京：北京大學出版社，2013，頁 215–216。

❿ Babara Watson Andaya and Leonard Y. Andaya, *A History of Malaysia. London: palgrave Macmillan*, 2001, pp. 27.

⓫ 梁志明、李謀、吳傑偉，《多元交匯共生——東南亞文明之路》，北京：人民出版社，2011，頁 70。

⓬ 梁志明等編，《東南亞古代史》，北京：北京大學出版社，2013，頁 214、218、226。

⓭ 李業霖，〈馬來亞歷史上的印度化時代〉，《東方日報》，A18 版，2005 年 7 月 24 日。

⓮ 鄭文泉，〈大馬文化史是不是印度文化史？〉，《當代評論》，第 1 期，2012，頁 25。

⓯ 許雲樵，〈印度佛教文化對東南亞的影響〉，載南洋大學佛學會編《貝葉》，第 3 期，1968，頁 31–34。

⓰ 姜永仁、傅增有，《東南亞宗教與社會》，北京：國際文化出版公司，2012，頁 300。

⓱ 龔曉輝、蔣麗勇、劉勇、葛紅亮編著，《馬來西亞概論》，廣州：世界圖書出版廣東有限公司，2012，頁 112–113。

⓲ 梁志明等編，《東南亞古代史》，北京：北京大學出版社，2013，頁 228。

⓳ 龔曉輝、蔣麗勇、劉勇、葛紅亮編著，《馬來西亞概論》，廣州：世界圖書出版廣東有限公司，2012，頁 131–135。

⓴ 梁立基，《印尼文學史》（上冊），北京：崑崙出版社，2003，頁 81。

㉑ 張玉安、裴曉睿，《印度的羅摩故事與東南亞文學》，北京：崑崙出版社，2005，頁 277–279。

㉒ 上述數項可參閱本書〈傳統馬來文化〉一章，此不贅述。

㊱ 周偉民、唐玲玲，《中國和馬來西亞文化交流史》，海口：海南出版社，2004，頁 1–31。

第二章

❶ 梁志明，〈古代東南亞的「印度化」問題歸議〉，載氏著，《東南亞文明之路》，香港：香港社會科學出版社，頁 24–25。

❷ 李業霖，〈馬來亞歷史上的印度化時代〉，《東方日報》，A18 版，2005 年 7 月 24 日。

❸ 陳鴻瑜，《馬來西亞史》，台北：蘭台出版社，2012，頁 26–28。

❹ 賽代斯，《東南亞的印度化國家》，北京：商務印書館，2008，頁 41–64。

❺ 霍爾著、中山大學東南亞研究所譯，《東南亞史》（上冊），北京：商務印書館，1982，頁 31。

❻ 賽代斯，《東南亞的印度化國家》，北京：商務印書館，2008，頁 64。

❼ Abdul Manaf bin Saad, *Lembah Bujang: Entrepot Kedah Terbilang*. Kedah: Persatuan Sejarah Malaysia, 1980；陳鴻洲，〈古吉打文化發源地：布讓河谷〉，網路資料：http://cforum1.cari.com.my/viewthread.php?tid=1115769&extra=page%3D5，2011，閱於 2011 年 12 月 3 日。

❽ R. J. Wilkinson 曾撰有 Early India Influence in Malaysia 一文，載於 *Journal of Malayan Branch of Royal Asiatic Sociaty*, 13(2): 1935，pp. 1–16，但主要論述重點為政治史。

❾ 有者認為：「印度文化開始傳入的時間是公元前後東南亞早期國家開始建立之初，這些國家的統治者剛剛得到政權，希望得到外部力量的支持鞏固自己的統治地位，不可能將鞏固得到的權力拱手出讓。而來到東南亞的婆羅門也已不再是印度的強勢人物，相比之下，同時進入東南亞的佛教信仰對當時的統治者用來統一人們的思想意識更加有利，所以婆羅門教四種姓的主張得不到人們的支持，尤其是難以讓當

京：人民出版社，2011，頁 25。

㉘ 朱飛，〈馬來西亞巨石文化追蹤〉，《南洋文摘》，第 4 卷第 8 期，1963 年 8 月，頁 3。

㉙ 澳大利亞人種也是東南亞的原始人種，尼格羅—澳大利亞人，或稱澳大利亞—美拉尼西亞人。現今他們之中很多已經改操南島或南亞語系語言，生活和謀生方式也不再以搜尋採集和漁獵為生了。詳梁志明、李謀、吳傑偉，《多元交匯共生——東南亞文明之路》，北京：人民出版社，2011 年，頁 36–38。尼格利陀人源自何處，仍是個謎團，有者認為源自非洲，途經印度進入東南亞，最後抵達澳大利亞。也有認為他們是在舊石器時代末期才從中國大陸南遷而來，但這些說法仍有待證實，詳梁志明等編，《東南亞古代史》，北京：北京大學出版社，2013，頁 104。

㉚ 根據 2008 年聯邦及鄉區發展事務部（Kementerian Kemajuan Luar Bandar dan Wilayah）統計，馬來半島各州共有 141,230 名原住民，並依據他們的語系和特質，將之分為三類：塞孟人、先奴伊人和原始馬來人，其下又依語言習俗各分為六大族群。塞孟人包括 Kintak 、Kensiu、Jahai、Mendriq、Bateq 和 Lanoh，人口約 3000 多人；先奴伊人包括 Semai、Temiar、Jah Hut、Semoq Beri、Che Wong 和 Mahmeri，人口約 8 萬；原始馬來人包括 Temuan、Semelai、Jakun、Orang Kanaq 和 Orang Seletar，人口約 6 萬。

㉛ 梅井，《馬來亞的兄弟民族》，新加坡：青年書局，1960，頁 4–20。

㉜ 梅井，《馬來亞的兄弟民族》，新加坡：青年書局，1960，頁 33–46。

㉝ 梅井，《馬來亞的兄弟民族》，新加坡：青年書局，1960，頁 53–59。

㉞ 有關南島語族和族群的介紹，可參翁青志，〈南島語系：台灣獻給世界的禮物〉，網路資料：www.taiwancenter.com/sdtca/articles/10-08/14.pdf，2014 年，閱於 2014 年 12 月 5 日。

㉟ Paul Michel Munoz, *Early Kingdoms of the Indonesian Archipelago and the Malay Peninsula*. Singapore: Edition Didier Miller, 2006, pp. 34–35.

人馬修斯（J. M. Matthews）發現，共錄得 80 幅史前壁畫，並發現 49 件史前石器。1984 年，佛斯迪琦（Paul Faulstich）又發現更多的壁畫和新石器時代的陶瓷碎片。2009 年，理科大學的師生在同一區域的 11 個山壁區塊中找到 600 幅壁畫。詳見卓衍豪，〈怡保的另一種壁畫〉，《星洲日報‧發現大馬》，第 23 版，2016 年 4 月 3 日。

⑰ 梁志明、李謀、吳傑偉，《多元交匯共生：東南亞文明之路》，北京：人民出版社，2011，頁 23–24。

⑱ 許雲樵，《馬來亞史》，新加坡：青年書局，1961，頁 45；邱新民，《東南亞文化交通史》，新加坡：亞洲研究學會、文學書屋，1984，頁 47。

⑲ 邱新民，《馬來亞史前史》，新加坡：青年書局，1960，頁 107。

⑳ 龔曉輝、蔣麗勇、劉勇、葛紅亮編著，《馬來西亞概論》，廣州：世界圖書出版廣東有限公司，2012，頁 39。

㉑ 銅鼓文化是東南亞早期文化的集大成者，也是東南亞歷史文化的黎明，古代銅鼓也是中國南方和東南亞青銅時代的代表性文物，其特點是通體皆銅，一頭有面，中空無底，側附四耳。銅鼓的始源有銅釜、陶釜和革鼓等。說法。其用途廣泛，是祭祀中的樂器，並逐步發展為象徵權威的神器，用於集合部眾和號令出征，也可作為象徵財富的重器、賞賜品或殉葬品等。詳梁志明、李謀、吳傑偉，《多元交匯共生——東南亞文明之路》，北京：人民出版社，2011，頁 29–31。

㉒ 許雲樵，《馬來亞史》，新加坡：青年書局，1961，頁 89–90。

㉓ 梁志明等編，《東南亞古代史》，北京：北京大學出版社，2013，頁 40–42。

㉔ 許雲樵，《馬來亞史》，新加坡：青年書局，1961，頁 49–50。

㉕ 許雲樵，《馬來亞史》，新加坡：青年書局，1961，頁 50–53。

㉖ 梁志明等編，《東南亞古代史》，北京：北京大學出版社，2013，頁 40–42。

㉗ 梁志明、李謀、吳傑偉，《多元交匯共生——東南亞文明之路》，北

for a Late Pleistocence Site", in *Journal of Malaysia Branch Royal Asiatic Society*, 61:2, Perak: Kota Tampan, 1988, pp. 123−134.

❺ Adi Haji Taha, 2011. *Tamadun Prasejarah Malaysia*. Kuala Lumpur: Muzium Malaysia, 2011, pp37, 46.Nik Hassan Shuhaimi Nik Abdul Rahman(ed), *The Encyclopedia of Malaysia, Early History*. Kuala Lumpur: Archipelago Press, 1998, pp. 19, 30.

❻「莫氏線」理論係於 20 世紀 40 年代初期，由哈佛大學人類學家莫維斯所提出，他按照早期人類的技術和行為能力，把歐洲和亞洲地區劃分開來。他認為在舊石器時代，前者是能掌握先進工具製造技術的先進文化圈，後者則是只能使用簡單砍砸器文化的滯後邊緣地帶。

❼《星洲日報》，〈發現一百八十萬年前手斧列世遺．玲瓏谷改寫人類歷史〉，網路資料：http://news.sinchew.com.my/node/252771 2014，2014 年，閱讀於 2014 年 1 月 5 日。

❽ 邱新民，《東南亞文化交通史》，新加坡：亞洲研究學會、文學書屋，1984，頁 47−48。

❾ 陳鴻瑜，《馬來西亞史》，台北：蘭台出版社，2012，頁 22。

❿ 梁志明等編，《東南亞古代史》，北京：北京大學出版社，2013，頁 40−42。

⓫ 許雲樵，《馬來亞史》，新加坡：青年書局，1961，頁 29−30。

⓬ 許雲樵，《馬來亞史》，新加坡：青年書局，1961，頁 32−33。

⓭ 龔曉輝、蔣麗勇、劉勇、葛紅亮編著，《馬來西亞概論》，廣州：世界圖書出版廣東有限公司，2012，頁 34、36。

⓮ 許雲樵，《馬來亞史》，新加坡：青年書局，1961；鄭文輝，1964，〈馬來西亞史前文化〉，《南洋文摘》，第 5 卷第 11 期，1964 年 11 月，頁 41。

⓯ 梁志明等編，《東南亞古代史》，北京：北京大學出版社，2013，頁 45−46。

⓰ 霹靂怡保的考古遺跡在 2010 年被列入國家遺產名錄。1959 年由英國軍

⑳ 張禮千，〈馬六甲史〉，廖文輝編，《張禮千文集》（中卷），加影：新紀元學院，2013，頁 14。

㉑ D. G. E. Hall, *Sejarah Asia Tenggara*, Kuala Lumpur: Dewan Bahasa dan Pustaka, 1987, pp. 281.

㉒ 顏清湟，《森美蘭史》，新加坡：世界書局，1962，頁 91。

㉓ 這裡有必要加以說明的是，馬來屬邦不似馬來聯邦有一總參政司統領四州參政司，並有一中央部門統籌統辦四州事務，向海峽殖民地總督負責。馬來屬邦由始至終都沒有一統一的中央部門來統籌五邦事務，五邦的顧問官是直接向海峽殖民地總督負責。

㉔ J. M. Gullick, *Malay Society in the Late Nineteenth Century*, Singapore: Oxford University Press, 1989, pp.92.

㉕ 轉譯自 Khoo Kay Kim, *Pensejarahan Malaysia*, Kuala Lumpur: Kementerian Kebudayaan, Belia dan Sukan，1975，pp. 10。

㉖ 1925 年該會出版了米爾斯的《英屬馬來亞》一書，涵蓋馬來半島和北婆羅洲的歷史，似乎已界定了馬來亞的範圍。

㉗ 李業霖，《讀史與學文》，吉隆坡：紅蜻蜓出版有限公司，2010，頁 54–55。

㉘ 李業霖，《讀史與學文》，吉隆坡：紅蜻蜓出版有限公司，2010，頁 63–73。

第一章

❶ 龔曉輝、蔣麗勇、劉勇、葛紅亮編著，《馬來西亞概論》，廣州：世界圖書出版廣東有限公司，2012，頁 34。

❷ Zulkifli Jaafar, Arkeologi Semenanjung Malaysia: Satu Pegenalan Asas, dalam Seminar Jumpaan Arkeologi Terkini di Malaysia, dianjur oleh Muzium Seni Asia, University Malaya, Kuala Lumpur, 26 June 2000.

❸ 許雲樵，《馬來亞史》，新加坡：青年書局，1961，頁 26。

❹ Zuraina Majid and H. D. Tjia, “The Geological and Archaeological Evidence

⓬ 許雲樵譯，《黃金半島提本》，新加坡：世界書局，1961。

⓭ 在古代許多城市和國家都把香料當著貴重貨幣來使用，可換取土地或作陪嫁物品。中世紀的歐洲人甚至把富豪商賈戲稱為「胡椒袋」，香料的價值由此可見。見謝崇安，《雨林中的國度：追蹤東南亞古代文明》，重慶：重慶出版社，2001，頁 77、166；陳怡，《東南亞的智慧：七彩陽光下的多元文化》，台北：林郁文化事業有限公司，2000。

⓮ M. Rajantheran, 1999. *Sejarah Melayu: Kesan kebudayaan Melayu dan India,* pp. 22. Kuala Lumpur: DBP.

⓯ 許雲樵，《馬來亞叢談》， 新加坡：青年書局，1961，頁 13；許雲樵，《馬來亞史》，新加坡：青年書局，1961，頁 1−8。

⓰ 許雲樵，《馬來亞叢談》，新加坡：青年書局，1961，頁 19。D. G. E. Hall, *Sejarah Asia Tenggara*, 1987, pp274. Kuala Lumpur, Dewan Bahasa dan Pustaka 則指出此地應為占卑（Jambi），而其字之拼寫為「Malaiur」，與許雲樵之拼寫稍有出入。

⓱ 許雲樵，《馬來亞叢談》，新加坡：青年書局，1961，頁 19；許雲樵，《馬來亞史》，新加坡：青年書局，1961，頁 9；張禮千，〈馬六甲史〉，廖文輝編，《張禮千文集》（中卷），加影：新紀元學院，2013，頁 13。

⓲ 邱新民，《時代風帆：亞澳地中海文化》，新加坡：青年書局，1993，頁 99−107。

⓳ 葡萄牙歷史學家科瑞亞（Gasper Correa）指出，馬六甲稱為 Malagas，意為製作鹹魚的地方。另有義同避難一說。這或許與馬六甲的開國君主逃避滿者伯夷和暹羅軍隊的追剿有關，故以之立名。但逃難乃至避難時唯一醜事，斷無大肆宣揚之理，遑論以之為國名，此舉有悖常理。因目前仍未見任何相關之著述與文獻，在此僅備存一說，有待識者匡正。以上各點詳見張禮千，〈馬六甲史〉，廖文輝編，《張禮千文集》（中卷），加影：新世紀學院，頁 1−182。

注釋

概論

❶ 許雲樵，《馬來亞史》，新加坡：青年書局，1961，頁 21–23。

❷ 許雲樵，《馬來亞史》，新加坡：青年書局，1961，頁 2。

❸ 許雲樵，〈古代南海航程中地峽與地極〉，《南洋學報》，第 5 卷第 2 輯，1948，頁 26–37。

❹ 黃元文，〈彭亨古代史一頁——兼考拘利國之方位〉，劉崇漢編著，《彭亨華族史資料彙編》，關丹：彭亨華團聯合會，1992，頁 31。

❺ 陶德甫著、許雲樵譯，《馬來亞史略》，新加坡：聯營出版有限公司，1959，頁 71。

❻ 許雲樵，〈東西洋考中的針路序〉，廖文輝編，《張禮千文集》（上卷），加影：新紀元學院，2013，頁 108。

❼ 許雲樵，《馬來亞叢談》，新加坡：青年書局，1961 年，頁 166–167；吳振強編著，《東南亞史綱》，新加坡：青年書局，1966，頁 19–20。

❽ R. Rajakrishman, M. Rajantheran, *Pengantar Tamadun India*, Petaling Jaya: Farja Bakti, 1994, pp. 179.

❾ 吳振強編著，《東南亞史綱》，新加坡：青年書局，1966，頁 20。

❿ 此為 P. Wheatley 在其著作 *The Golden Khersonese* 的觀點，轉引自 M. Rajantheran, *Sejarah Melayu: Kesan kebudayaan Melayu dan India*, Kuala Lumpur: DBP, 1999, pp. 17。

⓫ M. Rajantheran, *Sejarah Melayu: Kesan kebudayaan Melayu dan India*, Kuala Lumpur: DBP, 1999, pp. 30.

論文

- Halina Sendera Mohd. Yakin & Andreas Totu, 'Signifikasi Konsep Proxemics dan Chronemics dalam Ritual Kematian Bajau: Satu Kajian dari Perspektif Komunikasi Bukan Lisan', *Journal of Communication*, Jilid 30(2), 2014, pp.71–90.
- Zulkifli Jaafar, 'Arkeologi Semenanjung Malaysia: Satu Pegenalan Asas, dalam Seminar Jumpaan Arkeologi Terkini di Malaysia', dianjur oleh *Muzium Seni Asia*, Kuala Lumpur: University Malaya, 26 June 2000.

- K. G. Tregonning, *Under Chartered Company Rule: North Borneo 1881–1946*, Kuala Lumpur: Synergy Medis, 2007.

巫文文獻

專著

- Mohd, *Isa Othman*, Gerakan Protes: Dalam perspektif Sejarah Malaysia Pada, 1999.
- M. Rajantheran, *Sejarah Melayu: Kesan kebudayaan Melayu dan India*, Kuala Lumpur: DBP, 1999.
- Fuziah Shaffie, Ruslan Zainuddin, *Sejarah Malaysia,* Shah Alam: Fajar Bakti, 2000.
- Dewan dan Pustaka, *Ensiklopedia Sejarah dan kebudayaan Melayu*, Kuala Lumpur: Dewan dan Pustaka, Kementerian Pendidikan, Malaysia, 1994.
- Zakiah Hanum, *Asal-usul Negeri-negeri di Malaysia*, Selangor: Times Books International, 1989.
- Abdul Manaf bin Saad, *Lembah Bujang: Entrepot Kedah Terbilang*, Kedah: Persatuan Sejarah Malaysia, Cawangan Kedah, 1980.
- Adi Haji Taha, *Tamadun Prasejarah Malaysia*, Kuala Lumpur: Muzium Malaysia, 2011.
- D. G. E. Hall, Sejarah Asia Tenggara, Kuala Lumpur: Dewan Bahasa dan Pustaka, 1987.
- Khoo Kay Kim, *Pensejarahan Malaysia*, Kementerian Kebuayaan, Kuala Lumpur: Kementerian Kebudayaan, Belia dan Sukan, 1975.
- R. Rajakrishman, M. Rajantheran, *Pengantar Tamadun India*, Petaling Jaya: Farja Bakti, 1994.

- R. Rajakrishman, M. Rajantheran, *Pengantar Tamadun India*. Petaling Jaya: Farja Bakti, 1994.
- Tan Ding Eing, *A Portrait of Malaysia and Singapore*, Kuala Lumpur: Oxford University Press, 1976.
- C. F. Yong, *The Origins of Malayan Communism*. Singapore: South Seas Society, 1997.
- C. D. Cowan, *Nineteenth-century Malaya: The Origins of British Political Control*, London: Oxford University Press, 1961.
- R. O. Winstedt, *The Malays: A Cultural History*, London and Bostan: Routledge & Kegan Paul LTD, 1972.
- Nik Hassan Shuhaimi Nik Abdul Rahman(ed), *The Encyclopedia of Malaysia, Early History*, Kuala Lumpur: Archipelago Press, 1998.
- Paul Michel Munoz, *Early Kingdoms of the Indonesian Archipelago and the Malay Peninsula*, Singapore: Edition Didier Miller, 2006.

期刊論文

- Kernial Singh Sandhu, Paul Wheatley(eds.), *Melaka: The Transformation of a Malay Capital*, c.1400–1980, vol.1, Kuala Lumpur: Oxford University Press, 1983.
- Zuraina Majid, H. D. Tjia, Kota Tampan, Perak, 'The Geological and Archaeological Evidence for a Late Pleistocence Site', in *Journal of Malaysia Branch Royal Asiatic Society*, 61:2, 1988, pp. 123–134.

網路資料

- Joshua Woo Sze Zeng, 'Time to concede it was the west who stop bumiputera Slavery', https://www.malaysiakini.com/letters/408944, 2018. 閱於 2018 年 1 月 30 日。
- Hugh Clifford, *Further India*, London: Lawrence and Bullen, 1904.

（4），詩巫：詩巫福州公會，1980，頁388-392。
- 鄭文泉，〈大馬文化史是不是印度文化史？〉，《當代評論》，第1期，2012，頁24-28。

網路資料

- 《星洲日報》，〈發現180萬年前手斧列世遺・玲瓏谷改寫人類歷史〉，網路資料：http://news.sinchew.com.my/node/2527712014，2014年。閱於2014年1月5日。
- 〈蘇門答臘房子的長犄角〉，http://www.china.com.cn/culture/txt/2009-03/07/content_17393931.htm，2014年。閱於2014年1月20日。

西文文獻

專著

- Bank Negara, *The Currency Legacy: A Guide to Bank Negara Collection*, Kuala Lumpur: Bank Negara, 1989.
- Babara Watson Andaya and Leonard Y. Andaya, *A History of Malaysia*, London: Palgrave, 2001.
- Danny Wong Tze Ken, *Historical Sabah: The War*, Kota Kinabalu: Opus Publications, 2010.
- J. M. Gullick, *Malay Society in the Late Nineteenth Century*, Singapore: Oxford University Press, 1989.
- Kua Kiat Soong, *May 13: Declassified Document on the Malaysian Riots of 1969*. Petaling Jaya, Selangor: Suaram Komunikasi, 2007.
- L. A. Mills, *British Malaya, 1824–67*, Kuala Lumpur: MBRAS, 2003.
- Mubin Sheppard, *Malay Arts and Crafts. Kuala Lumpur: The Malaysian Branch of the Royal Asiatic Society*, 2011.

1963 年 8 月，頁 1-5。

- 李金生，〈借用、調適、優化、兼收：「峇峇」一詞的新詮釋〉，《亞洲文化》，第 31 期，2007，頁 171-186。
- 李業霖，〈馬來亞歷史上的印度化時代〉，《東方日報》，2005 年 7 月 24 日，A18 版。
- 卓衍豪，〈怡保的另一種壁畫〉，《星洲日報．發現大馬》，2016 年 4 月 3 日，第 23 版。
- 張景良，〈草擬國家文化備忘錄的起因及經過〉，張景良編，《國家文化備忘錄特輯》，吉隆坡：全國 15 華團領導機構，1983。
- 黃元文，〈彭亨古代史一頁——兼考拘利國之方位〉，劉崇漢編著，《彭亨華族史資料彙編》，關丹：彭亨華團聯合會，1992，頁 26-31。
- 葉華芬，〈古代馬六甲王國入貢中國考〉，《星洲日報．南洋研究》，1933 年 1 月 22 日，頁 1-3。
- 葉華芬，〈馬來民族的歷史及其文化〉，傅無悶編，《星洲日報二周年紀念刊》，新加坡：星洲日報社，1931，頁 1-41。
- 廖文輝，〈馬來民間傳說與人物隨札二則〉，《人文雜誌》，第 22 期，2004 年 3 月，頁 49-52。
- 廖文輝，〈馬來社會問題形成的一些可能歷史解釋——馬來社會史的一個側寫〉，《人文雜誌》，第 17 期，2002，頁 44-55。
- 廖文輝、朱錦芳，〈隆雪華堂在文化領域所扮演的角色〉，陳亞才編，《堂堂九十：隆雪華堂 90 周年紀念特刊》，吉隆坡：吉隆坡暨雪蘭莪中華大會堂，2015，頁 239-260。
- 廖東初，〈漫談砂羅越各民族與其特性〉，詩巫福州公會慶祝墾荒 70 周年大會編《墾荒七十年》，詩巫：福州公會，1971，頁 265-273。
- 劉子政，〈布律克的入主與砂勞越版圖之形成〉，詩巫福州公會慶祝墾荒 70 周年大會編，《墾荒七十年》，詩巫：福州公會，1971，頁 274-287。
- 劉子政，〈詩巫埠發展史略〉，《詩巫福州墾場八十周年紀念刊》

- 馬強、張梓軒編譯，〈馬來人及其宗教〉，《東南亞研究》，第 5 期，2013，頁 106-112。
- 許雲樵，〈中華文化在馬來西亞〉，《南洋文摘》，第 6 卷，第 11 期，1965 年 11 月，頁 7-11。
- 許雲樵，〈古代南海航程中地峽與地極〉，《南洋學報》，第 5 卷第 2 輯，1948，頁 26-37。
- 許雲樵，〈印度佛教文化對東南亞的影響〉，載南洋大學佛學會編，《貝葉》，第 3 期，1968，頁 31-34。
- 許雲樵，〈馬來醫藥的特徵〉，《東南亞研究》第 3 卷，1967，頁 83-86。
- 許雲樵輯，《馬來亞研究講座》，新加坡：世界書局，1961。
- 馮立軍，〈略論 17—19 世紀望加錫在馬來群島的貿易角色〉，《東南亞研究》，第 2 期，2010，頁 79-84。
- 顏清湟，〈伊斯蘭教傳入西里伯史略〉，《南洋文摘》，第 1 卷，第 10 期，1960 年 10 月，頁 48-49。
- 羅聖榮，〈馬來西亞印度人的由來及其困境研究〉，《東南亞研究》，第 4 期，2008，頁 36-40、50。
- 羅聖榮、汪愛平，〈英殖民統治時期馬來亞的印度人移民〉，《南洋問題研究》，第 1 期，2009，頁 74-80。

報章雜誌特刊

- 石滄金，〈二戰時期馬來亞華人與印度人政治活動的比較分析〉，《南洋問題研究》，第 4 期，2011，頁 62-71、80。
- 石滄金、潘浪，〈二戰前英屬馬來亞印度人的政治生活簡析〉，《世界民族》，第 6 期，2010，頁 60-68。
- 全國 15 華團領導機構，〈國家文化備忘錄〉，張景良編，《國家文化備忘錄特輯》，吉隆坡：全國 15 華團領導機構，1983 年。
- 朱飛，〈馬來亞巨石文化追蹤〉，《南洋文摘》，第 4 卷，第 8 期，

- 鍾敏璋，《馬來亞歷史》，吉隆坡：東南亞出版有限公司，1959。
- 顧長永，《馬來西亞獨立五十年》，台北：臺灣商務印書館，2009。
- 龔曉輝、蔣麗勇、劉勇、葛紅亮編著，《馬來西亞概論》，廣州：世界圖書出版廣東有限公司，2012。

期刊論文

- James Jackson 著、賴順吉譯，〈墾殖民與冒險家〉（Planters and Speculators），《資料與研究》，第 25 期，1997，頁 54-60。
- James Jackson 著、賴順吉譯，〈墾殖民與冒險家〉，《資料與研究》，第 26 期，頁 52-65。
- James Jackson 著、賴順吉譯，〈墾殖民與冒險家〉，《資料與研究》，第 28 期，頁 44-58。
- James Jackson 著、賴順吉譯，〈墾殖民與冒險家〉，《資料與研究》，第 31 期，頁 32-38。
- James Jackson 著、賴順吉譯，〈墾殖民與冒險家〉，《資料與研究》，第 33 期，頁 65-70。
- James Jackson 著、賴順吉譯，〈墾殖民與冒險家〉，《資料與研究》，第 34 期，頁 54-61。
- James Jackson 著、賴順吉譯，〈墾殖民與冒險家〉，《資料與研究》，第 35 期，頁 41-48。
- 文平強，〈沙巴華人與社會經濟〉，文平強編，《馬來西亞華人與國族建構：從獨立前到獨立後五十年》（上），吉隆坡：華社研究中心，2009。
- 余思偉，〈葡萄牙人在馬六甲殖民統治的特點及其衰亡的原因〉，《東南亞歷史學刊》，廣州：中山大學東南亞歷史研究所，第 1 期，1983，頁 72-83。
- 桂光華，〈室利佛逝王國興衰試析〉，《南洋問題研究》，第 2 期，1992，頁 55-62。

- 葉華芬，〈馬六甲華人史〉，張清江編，《新馬華人史譯叢》，新加坡：青年書局，2007。
- 董總課程局編，《馬來西亞及其東南亞鄰國史》，加影：馬來西亞華校董事聯合會總會，1999。
- 董總課程局編，《馬來西亞及其東南亞鄰國史教師手冊》，加影：馬來西亞華校董事聯合會總會，2002。
- 董總課程局編，《歷史》（第二冊），加影：馬來西亞華校董事聯合總會，1992。
- 董總課程局編，《歷史》（第三冊），吉隆坡：馬來西亞華校董事聯合會總會，1992。
- 鄒啟宇，〈伊斯蘭教在東南亞〉，《亞非叢刊》，北京：北京外國語學院，第 1 期，1982。
- 廖文輝編，《張禮千文集》（上、中、下三卷），加影：新紀元學院，2013。
- 廖裕芳著、張玉安、唐慧等譯，《馬來古典文學史》（上卷），北京：崑崙出版社，2011。
- 劉子政，《婆羅洲史話》，詩巫：砂拉越華族文化協會，1997。
- 劉強，《馬來人的文化》，新加坡：國家語文發展局，1962。
- 錢杭，《血緣與地緣之間——中國歷史上的聯宗與聯宗組織》，上海：上海社會科學院，2001。
- 霍爾著、中山大學東南亞研究所譯，《東南亞史》，北京：商務印書館，1982。
- 賽代斯，《東南亞的印度化國家》，北京：商務印書館，2008。
- 顏清湟，〈戰前新馬閩人教育史實〉，《馬來西亞福建人興學辦教史料集》，馬來西亞福建人與學辦教史料集工委員會編，1993。
- 顏清湟，《森美蘭史》，新加坡：世界書局，1961。
- 顏清湟著、栗明鮮等譯，《新馬華人社會史》，北京：中國華僑出版社，1991。

- 張玉安、裴曉睿，《印度的羅摩故事與東南亞文學》，北京：崑崙出版社，2005。
- 張祖興，《英國對馬來亞政策的演變，1942-1957》，北京：中國社會科學出版社，2012。
- 張運華、張繼焦編著，《馬來人》，中國：中國民族攝影出版社，1996。
- 張應龍、林遠輝，《新加坡馬來西亞華僑史》，廣州：廣東高等教育出版社，1991。
- 梁立基，《印尼文學史》（上冊），北京：崑崙出版社，2003。
- 梁志明，《東南亞歷史文化與現代化》，香港：香港社會科學出版社，2003，頁 24-43。
- 梁志明、李謀、吳傑偉，《多元交匯共生——東南亞文明之路》，北京：人民出版社，2011。
- 梁志明等編，《東南亞古代史》，北京：北京大學出版社，2013。
- 梁英明，《東南亞史》，北京：人民出版社，2010。
- 許雲樵，《東南亞史綱》，新加坡：青年書局，1966。
- 許雲樵，《馬來亞史》，新加坡：青年書局，1961。
- 許雲樵，《馬來亞近代史》，香港：教育出版社有限公司，1962。
- 許雲樵，《馬來亞叢談》，新加坡：青年書局，1961。
- 許雲樵編，《星馬通鑒》，新加坡：世界書局，1959 。
- 許雲樵譯，《黃金半島提本》，新加坡：世界書局，1961。
- 陳鴻瑜，《馬來西亞史》，台北：蘭台出版社，2012。
- 陶德甫著、許雲樵譯，《馬來亞史略》，新加坡：聯營出版有限公司，1959。
- 黃建淳，《砂拉越華人史研究》，台北：三民書局，1999。
- 黃堯，《星馬華人志》，香港：明窗出版社，1967。
- 楊保筠，《中國文化在東南亞》，鄭州：大象出版社，2009。
- 溫斯德著、姚楠譯，《馬來亞史》，北京：商務印書館，1974。

參考資料

中文文獻

專著

- 西碧爾．卡迪卡蘇著、陳文煌譯，《悲憫厥如》，吉隆坡：燧人氏事業，2005。
- 吳振強編著，《東南亞史綱》，新加坡：青年書局，1966。
- 宋韻錚主編，《馬來亞新志》，吉隆坡：中國報有限公司，1957。
- 沈慶旺，《銳變的山林》，吉隆坡：大將出版社，2007。
- 周偉民、唐玲玲，《中國和馬來西亞文化交流史》，海口：南海出版社，2004。
- 林水檺等編，《馬來西亞華人史新編》（第一冊），吉隆坡：馬來西亞大會堂總會，1998。
- 芭芭拉．沃森．安達婭納德及倫納德．安達婭著、黃秋迪譯，《馬來西亞史》，北京：中國大百科全書，2010。
- 姚楠、張禮千，《檳榔嶼志略》，重慶：商務印書館，1943。
- 姜永仁、傅增有，《東南亞宗教與社會》，北京：國際文化出版公司，2012。
- 崔丕、姚玉民，《日本對南洋華僑調查資料選編（1925-1945）：第一輯》，廣州：廣東高等教育出版社，2011。
- 康敏，《「習以為常」之弊：一個馬來村莊日常生活的民族志》，北京：北京大學出版社，2009。

South書房
馬來西亞：多元共生的赤道國度

2019年3月初版
2019年9月初版第二刷

定價：精裝新臺幣470元
平裝新臺幣420元

編著	廖文輝
叢書編輯	林莛蓁
校對	王育姿
封面設計	謝佳穎
內文排版	李信慧
編輯主任	陳逸華
總編輯	胡金倫
總經理	陳芝宇
社長	羅國俊
發行人	林載爵

出版者	聯經出版事業股份有限公司
地址	新北市汐止區大同路一段369號1樓
編輯部地址	新北市汐止區大同路一段369號1樓
叢書主編電話	(02)86925588轉5315
台北聯經書房	台北市新生南路三段94號
電話	(02)23620308
台中分公司	台中市北區崇德路一段198號
暨門市電話	(04)22312023
台中電子信箱	e-mail：linking2@ms42.hinet.net
郵政劃撥	帳戶第0100559-3號
郵撥電話	(02)23620308
印刷者	文聯彩色製版印刷有限公司
總經銷	聯合發行股份有限公司
發行所	新北市新店區寶橋路235巷6弄6號2樓
電話	(02)29178022

行政院新聞局出版事業登記證局版臺業字第0130號

本書如有缺頁，破損，倒裝請寄回台北聯經書房更換。
聯經網址：www.linkingbooks.com.tw
電子信箱：linking@udngroup.com

ISBN 978-957-08-5276-9 (精裝)
ISBN 978-957-08-5275-2 (平裝)

國家圖書館出版品預行編目資料

馬來西亞：多元共生的赤道國度/ 廖文輝編著．初版．新北市．聯經．2019年3月（民108年）．528面．14.8×21公分（South書房）

ISBN 978-957-08-5276-9（精裝）

ISBN 978-957-08-5275-2（平裝）

[2019年9月初版第二刷]

1.馬來西亞史

738.61 108002093